本书系 2014 年度国家社科基金青年项目"奥古斯丁与罗马帝国政教关系研究"（14CZJ002）结项成果

帝国屋檐下

奥古斯丁政治哲学研究

花威 著

中国社会科学出版社

图书在版编目(CIP)数据

帝国屋檐下：奥古斯丁政治哲学研究／花威著. —北京：中国社会科学出版社，2023.9（2025.8重印）

ISBN 978-7-5227-2402-7

Ⅰ.①帝… Ⅱ.①花… Ⅲ.①奥古斯丁（Augustine，Aurelius 354-430）—政治哲学—研究 Ⅳ.①B503.1

中国国家版本馆 CIP 数据核字（2023）第 168930 号

出 版 人	季为民
责任编辑	韩国茹
责任校对	张爱华
责任印制	张雪娇
出　　版	中国社会科学出版社
社　　址	北京鼓楼西大街甲 158 号
邮　　编	100720
网　　址	http://www.csspw.cn
发 行 部	010-84083685
门 市 部	010-84029450
经　　销	新华书店及其他书店
印　　刷	北京君升印刷有限公司
装　　订	廊坊市广阳区广增装订厂
版　　次	2023 年 9 月第 1 版
印　　次	2025 年 8 月第 2 次印刷
开　　本	710×1000　1/16
印　　张	25.75
插　　页	2
字　　数	373 千字
定　　价	128.00 元

凡购买中国社会科学出版社图书，如有质量问题请与本社营销中心联系调换
电话：010-84083683
版权所有　侵权必究

多纳图派分裂下的政治思考

——花威《帝国屋檐下》序

  2022年下半年,刚刚读完花威的专著《奥古斯丁早期意志哲学研究》,我就又收到花威的信息说,他的新作《帝国屋檐下:奥古斯丁政治哲学研究》已经完稿,很快就要出版了,并请我写序。这个写作速度令我非常惊叹,第一反应是,恐怕暂时没有时间读完他的新书稿,不要因为我迟到的序言耽搁了此书的出版。等到今年夏天,我才找到时间细读此稿,并理出了花威的研究脉络。

  其实,《奥古斯丁早期意志哲学研究》作为花威的博士论文,于2012年就已经完成了初稿,但他又于2013年申请了教育部的课题,不断修订,直到2022年才最终出版。而在2014年,花威又申请了国家社科基金的课题,开始研究奥古斯丁的政教关系思想。他没有像很多人那样,用一个内容申请两个课题,而是在修订前书书稿的同时,着手进行第二项研究。因而,花威对前部书稿的修订和这部新书的撰写,应当在相当长时间内是同时进行的。两本书的出版时间虽然非常接近,但花威都投入了相当长的时间,并分别在华侨大学和岳麓书院开设多门课程,逐渐完成。这恰恰显示出,花威长期以来专心致志地在奥古斯丁研究这一领域辛勤耕耘,从两个很不同但都非常重要的角度同时理解奥古斯丁,相辅相成,形成一幅越来越清晰而全面的奥古斯丁思想形像。现在,他在短时间内拿出这两部书稿,使我回忆起来,他在博士毕业后长达十年的时间里,其实一直没有出版任何专著,而是如蚂蚁搬家般进行着自己的研究。他在本书后记中说,自己"已经在奥古斯丁研究这条小园香径上徘徊了14年之久",一个意气风发的少年已经成为年过不惑的父亲。这两部书的相继出版,恰恰是对十多年比慢功夫的最终收获。

花威在后记里谈到了在北大修我课程的经过，其中许多具体情况我已经不大记得了，印象比较深刻的是，除了修习我开设的《上帝之城》课程之外，花威申请加入我主持的读书班，深度阅读《〈创世记〉字解》。他对保罗思想和外文研究文献的掌握，都让我记忆犹新。后来，花威博士毕业后就到了华侨大学，我几次到厦门的机会，都见到了花威，直接的印象是，他在如此美丽安逸的南国，充分享受着天伦之乐。后来他又到了岳麓书院，这个我非常熟悉的千年学府。或许正是这种让读书人非常羡慕的生活方式，为花威的研究提供了最丰厚的营养，使他能有今天这样骄人的成绩。研究奥古斯丁的著作中偶尔跳出的唐宋诗词，正是这种状态的反映，并成就了花威笔端的节律与韵味。

花威这两部书的研究主题，我都很感兴趣并有所涉猎。我最早关注奥古斯丁，其实就是从自由意志进入，也写过相关论文，开过相关课程，但深感这个问题过于重大，而自己短时间内很难取得真正的突破，所以就搁下了，不敢写太多的东西。读了花威的《奥古斯丁早期意志哲学研究》之后，虽然对他的具体结论尚有保留意见，但对于他勇于独辟蹊径，在国内外众多成说之外提出新说的做法，是非常敬佩的。并且也正是花威的这项研究，以及他对奥古斯丁诠释《罗马书》早期著作的翻译，使我澄清了许多疑惑，激发我再次思考奥古斯丁对自由意志问题的讨论。在这个方面，是必须要感谢花威的。

而花威这本书中讨论的政治哲学，则是我在《心灵秩序与世界历史：奥古斯丁对西方古典文明的终结》中曾着力处理的，但他和我的写作方式和角度都很不同。拙著的思路，是希望从思想史的古今之变出发，从奥古斯丁的哲学整体来看他的历史哲学与政治哲学。其中虽然不可避免地会关注历史背景，但在这方面并没有特别用力，以致还有一些错误。至于奥古斯丁政治哲学，则亦多有沿着我对奥古斯丁的理解，发挥出奥古斯丁并未直接讲过的内容。但花威此书的一个最大特点是，将奥古斯丁的政治哲学放在罗马帝国和早期基督教历史背景之下，做非常严谨和细密的历史与文献分析，因而充分展示其哲学、神学思考与历史考据和演绎相结合的功夫。花威一再强调，奥古斯丁并非一个书斋里的哲学家，他是希波主教，在大公教会并不占优势的北非宗教格局中，他要处理教会内外的诸多事务，更要与罗马帝国官员发生各种各样的交往，特别是在410年罗马城陷落之际，又必须将宗教与帝国事务交织在一起来思考。而正是这些纷繁的事务，才成就了我们今天看到的奥古斯丁。如果他没有在391年戏剧性地进入希波教会，并被强行留下，而是如他一开始所愿的那样，与若干同道一起进行哲学沉思，不仅奥古斯丁将会走完全不同的道路，基督教历史也很可能会改写。花威没有满足于单线条地呈现奥古斯丁的思想体系，而是将他放在如此复杂的政教历史当中来看待，看上去线索有些多，是因为奥古斯丁的生活时代本来就有如此多的线索，他就是在如此复杂的情境之下，完成他的哲学思考的。

花威利用国外许多新的研究成果，对多纳图派分裂做了尽可能详细的梳理。我们读到全书最后，才会理解花威的总体考虑，因为多纳图派分裂，正是理解奥古斯丁政治哲学的要害。关注奥古斯丁的国内学者或多或少对多纳图派这个奥古斯丁长期与之斗争的基督教异端，会有一些了解，但对于多纳图派的主张究竟是什么，他们究竟是如何形成的，与奥古斯丁之间到底是什么关系，大多数人不会花太多时间来了解。毕竟，奥古斯丁的敌人太多了，他一生都在与各种对手辩论，甚至可以说，正是与这些派别的辩论，才激发他深入思考许多特定的问题，使他完成其思想体系中的某些方面。

早期的摩尼教、中期的多纳图派、晚期的佩拉鸠派，是奥古斯丁一生最重要的三大对手，但三者对奥古斯丁的意义是不同的。摩尼教是灵知运动中的一个派别，并且是奥古斯丁早年加入的教派，但灵知主义被判为异端，在奥古斯丁之前许久已经发生了，奥古斯丁与他们的斗争虽然亦有在哲学上澄清一神教、三位一体等重要教义的意义，但摩尼教对大公教会的实质威胁已经式微，奥古斯丁与他们的辩论在很大程度上也是在告别早年的自己；晚年与佩拉鸠派的斗争，主要是在原罪、自由意志、恩典等神学问题上澄清他的理论立场。早晚这两场大的辩论，更多是在理论和教义上的。但中期的多纳图派非常不同，它除了在理论上也提出一些挑战之外，更多是威胁到了大公教会在北非的地位。奥古斯丁在面对他们的时候，主要考虑的是如何以最恰当的方式化解政教危机，而面对多纳图派的思考与实践，正是奥古斯丁完成其政治哲学的关键环节，且有着极其深远的历史意义。

多纳图派分裂是一个有着重大政治影响的事件，它所涉及的不仅是基督教中不同教派之间的争端，更是刚刚基督教化的罗马帝国宗教宽容政策的深刻调整，而奥古斯丁在面对多纳图派分裂时摸索出来的方式，更成为基督教会应对宗教分裂的重要历史和理论资源。等到宗教改革之后，这个事件再次成为人们热衷讨论的话题。多纳图派成为一些新兴教派的模仿对象，奥古斯丁处理多纳图派的做法则成为宗教宽容争论的重要理论资源。在十六、十七世纪的欧洲，如何处理宗教争端无疑是最重要的政治问题之一，奥古斯丁思想的现代意义不仅体现在他成为路德和笛卡尔思想的来源，同时在于他是宗教宽容双方共同诉诸的理论权威。花威以多纳图派争论进入奥古斯丁的政治哲学，有着深刻的洞察力和敏锐的历史关切。

罗马在对众多民族的征服中，将各种宗教崇拜的神祇纳入自己的万神殿，同时要求被征服者也要礼敬自己的皇帝，因而发展出一套相当成熟的宗教宽容政策。犹太教和基督教由于其不拜偶像的禁令，拒绝礼敬罗马皇帝像，这成为早期基督教与罗马帝国发生冲突的一个重要原因。即便如此，罗马帝国与基督教的关系逐渐磨合，在《米兰敕令》中将基督教纳入宗教宽容的范围，仍然以相当高明的政治智慧平衡着帝国内的政教关系，虽然其后也偶有像朱利安这样迫害基督教的皇帝和基督教暴力攻击异教的事情发生。多纳图派分裂将这种并非常态的冲突推到了极端，对罗马帝国的宗教宽容提出了严峻挑战。

多纳图派分裂始于对戴克里先迫教中上交圣经、圣器的基督徒的排斥，虽然在策略上也会借助于帝国的政治力量，但倾向于拒绝帝国对宗教事务的干涉，其游荡派则以各种极端的暴力行为威胁着社会秩序。多纳图派的兴起和壮大，导致北非基督教会严重分裂。而奥古斯丁则在与多纳图派长期的近身交手中，不断调整着其对待异端的策略。按照花威的研究，奥古斯丁起初是主张以辩论和劝说等和平方式为主的，但面对多纳图派的强硬态度，特别是游荡派的极端暴力行为，不得不改变策略，使罗马帝国采取一定的宗教强制政策，成功使很多多纳图派信徒回归到大公教会。在调整其实践策略的同时，奥古斯丁也进行着理论上的总结。他深信，任何人的信仰只能出自内心，没有人可以被强制改变信仰，这是宗教宽容思想的理论基础。但在实践中，一定程度的强制会使某些人有机会接触宗教真理，从而导致其内心的改变，并且，面对如游荡派那样的暴力异端，没有必要的强制手段，大公教会又确实无能为力。所以，奥古斯丁越来越倾向于借助帝国的政治介入，强行使多纳图派信徒改变信仰，虽然始终坚持限定在一定范围之内。而罗马帝国对北非宗教问题的政治介入，始终未能达到一个理想的均衡状态。虽然大公教会最终在更大范围内取得了强势，但未能彻底征服北非。北非最终被伊斯兰化，也和多纳图派分裂未能获得完满的解决有着密不可分的关系。

多纳图派分裂以及奥古斯丁在其中的态度变化，展现的更实质问题是：宗教宽容究竟意味着什么？希腊罗马古典宗教本来就是多神教，而且本就有从异族引入神祇的历史，所以，罗马万神殿中神谱的变化不会从根本上改变罗马的政教格局和宗教形态，只要各民族人民认可罗马的政治形态。到君士坦丁之时，罗马帝国的神谱已经和古典时期非常不同了。有着如此多元的宗教格局，罗马在维护其政治统一的前提下，宽容各种形态的宗教，也就是顺理成章的了。但一神教的引入在根本上改变了这一状况。一神教的信仰本就拒斥多元，与罗马帝国的这种宗教格局格格不入。君士坦丁既是基督徒又是帝国大祭司的双重身份，只能是一种过渡形态。多纳图派虽然极端，但它将这种宗教特质最鲜明地展示了出来。从奥古斯丁对古典宗教的批判可知，他前期之所以认可宗教宽容，并不是因为他认可多元宗教格局的存在，他始终坚信基督教是唯一正确的宗教，并希望它能击败和取代异教；在与诸多异端的争论中，他也毫不妥协，只是他希望人们都能以和平的方式进入信仰，因为只有内心认可的信仰才是真正的信仰。他后来之所以认可帝国政治的介入，也是因为，只要人们有了真正的信仰，究竟是通过强制手段间接获得的，还是如他一般通过自己的摸索认信的，并无本质区别。当大公教会强大起来之后，教会对异教和异端越来越严厉的态度，正是这一思路的进一步发展。

但在宗教改革之后，多纳图派争论再次成为讨论的焦点。各种新教教派之所以脱离大公教会，并不是因为它们主张宗教多元，而是因为教义上的分歧，至于对自己宗教是唯一正确宗教的认信，它们丝毫不弱于大公教会。因而，奥古斯丁当年面临的问题和种种尝试，在这时又重新被提了出来。比如在英国，宗教宽容与否的争论，在都铎和斯图亚特两个王朝都伴随着最核心的政治斗争。

在这场争论最精彩的一幕，洛克以《论宽容书》诠释了光荣革命之后英国的宗教格局后不久，普鲁斯特就对洛克发起了旷日持久的往复争论，直到洛克去世。普鲁斯特所援引的正是奥古斯丁对待多纳图派的态度。无论洛克还是普鲁斯特都非常清楚，只有出自内心的认信才有意义，但洛克由此推出，任何外在的宗教强制都是不该有的，普鲁斯特认为其间存在逻辑错误。在他看来，虽然很多时候宗教强制不能使人皈依真正的信仰，但某些外在强制有可能使人们关注从未关注的内容，由此就会真正产生内心的变化。如果可能通过外在强制间接使人走上真正的信仰，又怎能完全否定宗教强制呢？普鲁斯特的这一推理确实比洛克更加严密，洛克虽然写了远超过《论宽容书》十倍的篇幅来反驳，但大多数冗长论述并无足够的说服力，而普鲁斯特的宗教态度背后，正是奥古斯丁经过艰苦实践得出的结论。洛克所能找到的不同于奥古斯丁和普鲁斯特的一点是：宗教强制的前提是，必须清楚什么是唯一正确的真宗教。奥古斯丁在面对诸多异端的时候，当然毫不讳言他对唯一宗教的认可；面对洛克的质疑，普鲁斯特也同样坦然承认：当然，英国国教就是唯一正确的真宗教，而作为英国国教的信徒，难道洛克没有同样的信念吗？洛克只能不无尴尬地回应，他确实也认可英国国教，但出于政治现实的考虑，为了使英国和欧洲不要再次陷入宗教战争当中，诸多教派的信徒只能将这种认信保留在自己内心深处，而不能将自己的信仰强加到别人身上，包括国王和教士在内。这才是现代英美宗教宽容思想不同于古罗马的实质：它并不认可万神殿中的每一个神，而是面对教派多元的现实，在承认只有唯一一种正确信仰的前提下，将这种判断和选择完全交给每个人的内心。

洛克的模式，似乎使世界宗教格局走出了奥古斯丁式的困局，欧洲文明在经过宗教改革和宗教战争的阵痛之后，终于彻底走出了中世纪。但这并不意味着，奥古斯丁的多纳图派问题就彻底消失了。洛克和普鲁斯特争论的，只是新教教派之间的关系，二人不仅完全排斥了伊斯兰教等非基督教，甚至都没有将天主教作为宽容的对象。各新教教派之间的诸多共同理念，是洛克主义得以成立的前提。但在数百年后的今天，当世界宗教版图吸纳了完全不同的文化背景下成长起来的信仰体系，当如同游荡派那样的情形出现在宗教多元的世界，当许多宗教信仰与暴力、恐怖直接绑定的时候，奥古斯丁式的难题便再次严峻地呈现在我们面前。而这一点，正是花威如此细密地研究多纳图派分裂的现实意义。

在花了两章的篇幅详细讨论多纳图派争论之后，花威才进入传统的政治哲学领域，即奥古斯丁对政教关系的讨论和对罗马帝国的态度。这种独具心裁的章节安排，展示了作者未曾明言的思想关切：多纳图派，并不只是奥古斯丁所面对的诸多异端之一而已，奥古斯丁在此一争论中的实践与思考，正是理解他的政治哲学的要害。从圣经开始，基督教思想家就已不像希腊政治哲学家那样，将政体问题作为中心关注，而是将政教关系作为终生讨论的核心问题。如何看待帝国与教会关系，在上帝之下如何看待尘世统治的合法性，如何面对异族的入侵与罗马的陷落，以及如何评价罗马的历史地位，都从属于这一根本问题。在对这些问题的深入讨论中，花威非常清晰地得出了他的卓见：罗马虽然属于地上之城，却并非魔鬼之城，虽然奥古斯丁并不认可第三座城，但罗马这样的尘世政治仍然在一定限度内有其积极意义。

我非常欣赏花威这种清晰和明确，特别是相对于拙著《心灵秩序与世界历史》而言。我在此书的写作过程中，一直坚定地认为，奥古斯丁将罗马当作地上之城，但地上之城就是魔鬼之城，因而罗马只能是魔鬼之城，因为如果不是上帝之城就是魔鬼之城，不可能存在第三座城。由于一直将第三座城之说当作批评的靶子，所以我特别强调奥古斯丁对罗马的否定，尤其是相对于优西比乌和奥罗修斯而言。但在全书完稿之后，我却越来越感到事情并非如此简单，比如，一个基督徒皇帝，当然是罗马帝国的首领，而如果罗马帝国就是魔鬼之城，难道这个基督徒皇帝也会是魔鬼之城的领袖吗？那他岂不就成了魔鬼或其代言人？奥古斯丁对基督徒皇帝的讨论，明确否定了这种可能。

于是在拙著即将出版之际，我就写了"地上之城与魔鬼之城：奥古斯丁政治哲学中的一对张力"一文来调整自己的判断。其中得出的结论是，无论上帝之城之善还是魔鬼之城之恶，都是就心灵秩序而言的，尘世中的地上之城当然不是上帝之城，因为它不存在于心灵秩序层面。一方面，地上之城并不能完全代表魔鬼之城的恶；但另一方面，不属于上帝之城的，归根到底还是会进入魔鬼之城，因为并不存在第三个城。我以前过度强调了后一个方面，而忽略了前一个方面。正是由于这两方面之间的张力，在地上之城与魔鬼之城的中间地带，才会有基督徒皇帝。地上之城与魔鬼之城的差异，其实是基督教政治哲学中一个非常根本，但又不常被注意到的问题。这个问题发展到但丁的《神曲》中，地狱就是魔鬼之城，但诸如佛罗伦萨这样堕落了的地上之城，当然不能等同于地狱，因为它虽然在源源不断为地狱输送着众多的公民，却仍然可以培养出不少天堂的居民。这正是奥古斯丁思想中的差异的进一步发展。而这种差异，是奥古斯丁本人并未明确讲出来的，却贯穿于他最根本的政治哲学思考当中。我在修订《心灵秩序与世界历史》时，只是将"地上之城与魔鬼之城"一文作为附录，而全书的主体内容既经成形，也就难以做太大调整。而从花威的写作中看，他并未直接受到我后来思路的影响，而是自己独立发现了罗马作为地上之城与魔鬼之城的差别，并在此书全面贯彻了这一点。这一点，弥补了我的研究中的一个缺憾。

总之，花威此项研究清晰地呈现出来，奥古斯丁开启了以政教关系为中心的政治哲学传统，以区别于以城邦政体为中心的古典政治哲学，和以个体自然权利为中心的现代政治哲学。希腊罗马对政体问题的讨论虽然在中世纪教会和国家制度中也得到了一定程度的保留，但已经不再作为政治哲学的第一问题。正是思路上的这一重大转变，才产生了许多新的政治哲学问题，也塑造了中世纪欧洲的基本格局。等到政体问题在马基雅维利、博丹、霍布斯等近代思想家笔下重新被发现之后，大家已经是在新的欧洲格局之下，再来讨论这些问题了。此时，政教关系已经不再像中世纪那样作为第一位的政治问题，但它始终伴随着最重要的政治哲学争论乃至战争，伴随着现代人对自然权利的思考，使人们不得不回忆起一千多年前的北非与罗马。

吴飞

癸卯立秋序于仰昆室

序 二

花威的前期研究

我原本不认识花威。2012年,《圣经文学研究》发表了我一篇文章,同期有花威一篇,是关于保罗身体观的,写得扎实有力。办公室同事王梓看我赞赏这篇论文,便说,花威原是她北大同班同学,毕业后去了福建华侨大学教书,他的博士论文还是关于奥古斯丁的。

去年,时隔十年之后,花威的博士论文《奥古斯丁早期意志哲学研究》终于由商务印书馆出版,我觉得是中国奥学史可记载的大事之一。花威对奥古斯丁原著下过笨功夫,对国际奥学界前沿的讨论,皆能据自己读书的心得提出见解,宛如高手下棋,纵横捭阖。他曾从杨克勤先生那里接受过经学训练,对"保罗新观"一类的经学进展甚为熟悉,这使他在看待奥古斯丁"分裂的自我"(不安的良心)时,能够看出奥古斯丁对保罗原意的"偏移",从而具备一种"双重视野",达到一种思想史的客观性。奥古斯丁对保罗"分裂自我"(知、愿、能的分裂)的阐释对后世影响巨大,路德、加尔文即其显例,其对保罗的理解是否到位,直接涉及基督教各宗的"判教"。保罗所说的"知而不愿,愿而不能"的"分裂的自我",到底是指律法之下、恩典之前的慕道者,还是指恩典之中的基督徒,在后世重要的神学家那里,都曾引起过争论。这涉及到预定、自由意志、信仰起点、恩典是否可以抗拒、信徒是否会重新堕落等等问题。宗教改革运动后,路德与伊拉斯谟、路德与梅兰希顿、加尔文派与阿米尼乌、加尔文极端主义与卫斯理等,都就这些问题有过争议。花威回到问题的源头,回到保罗和奥古斯丁各自的生存问题语境，指出奥古斯丁对保罗思想的置换，我觉得是准确得体的。

至于奥古斯丁早期与晚期思想到底有无"断裂"，花威既不同意"断裂"说，也不同意"一贯"说，而是另提"改革"说，确有一定的道理。从奥古斯丁思想的演变来说，受各种论战的刺激较大，有些观点因环境而变化了，但是相连带的观点一时还没有变化，要等待契机，过一些时间再因对手的反驳才产生变化。比如关于信仰起点的预定问题，是到了他去世前的几年才正式提出的。就关键范畴的演变各不同时而言，奥古斯丁思想可以说是一种"渐变"。但是如果我们能够确定关键范畴中的"核心范畴"比如"预定"之先于"预知"，"恩典"之先于"行为"，则可以发现这时他的思想发生了一种"格式塔转换"。所以，还是要看我们如何定义"断裂""革命""变革"这类词汇。就演变的根据而言，其实正反双方都用了同一批文本，只不过判词有所不同。商务在出版该书前，曾经请我评审，因此我得以先睹为快。书出后我再读，还是忍不住为作者对于圣经、对于整个教父思想演变的了解而赞叹。没有多年的涵养，是写不出这样的著作来的。

奥古斯丁－多纳图派论战与奥古斯丁政治哲学

如果说花威《奥古斯丁早期意志哲学研究》所论的是奥古斯丁关于个人意志、责任与上帝的关系问题，主要涉及奥古斯丁与摩尼教的论战，对保罗书信的个人存在主义式的理解，那么，花威新作《帝国屋檐下：奥古斯丁政治哲学研究》，则将探讨的重点放到了奥古斯丁的政治哲学（或政治神学）上，涉及奥古斯丁与多纳图派的纠葛，对教会与帝国关系的态度。奥古斯丁的政治哲学有一些普遍的原则，但这些普遍的原则却是从具体的历史遭遇中萌生出来的。

当花威将主教奥古斯丁放回到公元四、五世纪之交风云激荡的北非社会中时，就让我们看到了思想家奥古斯丁诸多政治观念的生成过程。比如，在基督教与政权的关系上，奥古斯丁的时代已跟保罗、彼得的大为不同，教会与帝国不再敌对，但是在教会应该如何与帝国相处，教会该如何援用帝国的力量维护自己的统一，帝国又该如何处理教义分歧和教派分裂，业已出现了不同的思路和做法。奥古斯丁所处的北非公教会和具有北非本土性的多纳图派势同水火，双方都力图争取政府官员的支持。双方一面"武斗"，多纳图派中激进的"游荡派"对公教会时有暴力之举，奥古斯丁就险些中伏被杀，公教会也不乏以牙还牙以眼还眼之举；一面"文攻"，两方都引经据典，唇枪舌战，以己之是，攻彼之非，对同一句经文作出截然不同的解释。在与多纳图派的斗争中，经过实践验证和理论反思，奥古斯丁发展了其"强制"理论，认为为了维护教会的统一，对于分裂教派可以采取强制的手段，使之因惧怕而进入大公教会，虽然开头是不情愿的，但是时间久了也就渐渐回心转意，灵魂得救。总之，为了最终的善好，强制是可行的。这背后是有奥古斯丁的真理观和末世论作为理论支撑的。当然，这种强制论在后来（如中世纪）导致了一些不良后果，照现代的通识来看，是违背了信仰自由的原则的。在教会论上，奥古斯丁实际上深受多纳图派理论家提康尼（Tyconius）影响。提康尼认为，教会是圣贤和罪人的混合，今生人眼无法区分，只是到了末日审判时，才可由上帝将二者判然分开。奥古斯丁指出，多纳图派认为自己人是"纯洁派"，而公教徒是罪人，这是在把自己当上帝，在今生对他人实行审判，是一种僭越，一种自义，只会造成教会分裂和悲剧。在长期的牧养经验中，在与多纳图派的斗争中，奥古斯丁充分地认识到，虽然教会之外无拯救，但是教会之内并非都能得救。因此，他具有了"无形教会"的观念，真正得救的人是很少的，只有上帝才能区分开真信者和伪信者。这里重要的是要看到其教会观的末世论维度。

在处理多纳图派分裂的过程中，奥古斯丁与罗马政府各部门的官员有不少来往，官员虽然有行政权力，但是作为基督徒，却有听从主教教导的必要。在与官员的交往中，奥古斯丁逐渐形成了他的政教关系思想，而这种思想又跟他的自由意志思想一样，也不断地在发展。一方面，在压制、取消和改造多纳图派的斗争中，奥古斯丁得到了政府官员（如马科林）的大力支持，使北非教会最终"合一"，效果看上去还算是"好"（起码表面上）；另一方面，帝国政治的诸多弊端也暴露在奥古斯丁面前，使他意识到尘世政治的罪性、有限性和不可依赖性。马科林悲剧性的死使他更深地认识到这一点。罗马城陷落引发的争论（是否基督教要为之负责），使他从圣经的观点来看待整个人类的发展，视之为"上帝之城"和"地上之城"这"两个城"的交织演化史。在这里，他的整个神学得到了一个深度的统一：他在早期强调的自由意志（意愿），也即是人的最终的爱的趋向，决定了个人是怎样的个人，群体是怎样的群体，城是怎样的城。

奥古斯丁的哲学带有深刻的个人烙印，他从自己的生存经验体会到，人做不到苏格拉底所说的"知识即美德"，人的"知"和"意"之间有着深深的鸿沟。知而不愿，愿而不能，人有一个分裂的自我，陷于自我瘫痪，处于一种病中或罪中。我们从《忏悔录》中看奥古斯丁花园皈依的过程，他的理性已经认为基督教是"真理"，但他的意志分裂，不能做出决断，是无能无力的。这时，是上帝的"声音"（借助幼童的声音"拿起来读"）和"话语"（保罗书信中的一段话）替他作了了断，使他投身于基督。可以说，这是上帝为他作了决断，而不是他自己做的决断。他不是诉诸于自己（他也无法诉诸于自己，因为他处在瘫痪状态），而是听命于上帝。这是什么？这就是典型的"他力得救"。象保罗在路上被基督的强光照得眼盲从而得救一样，奥古斯丁的决断也是上帝"棒喝"或"强制"的结果。

奥古斯丁的人观迥异于古典哲学

柏拉图学园派从求真出发，最后走向了怀疑论①，认为真理是不可知的，亚里士多德仍然认为真理是可知的，斯多亚派对人的求善能力怀有希望，对人凭自身能力过上美好生活（比如心灵的平静）怀有信心，奥古斯丁根据他自己的生存遭遇，认为虽有真善美的存在，但是人自己认识不到真理，人自己也没有能力达到善，做到合乎道德。他把一切都归之于神。在早期的《论教师》中，他就有了光照论的萌芽，认为人

---

① 在柏拉图时期，实际上是以数学、几何这类纯粹的形式真理来挽救关于物理世界和道德世界的实质真理，但学园派的发展最终证明，形式真理无法挽救实质真理。

只有在基督的光照下，才能认识真理。在与辛普里西安的通信，以及在与佩拉纠派的论战中，他更是指出，人只有在得到圣灵浇灌（恩典）的情况下，才会拥有纯正的动机，做出道德的行为。在《论三位一体》里，他更是通过三一类比，指出，在罪性状态中的人，业已丧失对上帝的记忆，认识不到真理，没有能力产生善念善行，但是圣父在人的心灵里埋藏了上帝的记忆，圣子基督则光照人心，唤醒人的记忆，使人认识到上帝和真理，圣灵则赋能予人，使人产生信心，行出真理，过道德生活。奥古斯丁的记忆论、光照论、恩典论，在此是三而一，一而三的。在奥古斯丁身前，记忆论已不太受到人们的重视，光照论则持续到中世纪后期方才熄灭，恩典论则另有一番经历，它经过路德、加尔文等人的加持，直到今天仍在基督教内盛行。

奥古斯丁的"罪"（失忆、失知、失爱）与"恩"（回忆、光照、赋能）的观点，投射到了他的政治哲学当中，是他的"两城"论的理论前提。所谓"世上之城"，实即堕落后陷在罪性状态中的人类，他们的所忆、所知、所爱，都是世上之物，并为世物而轻慢上帝；所谓的"上帝之城"，实即得到了上帝提醒、光照与恩典的圣徒，他们的所忆、所知、所爱，都是上帝，并为上帝而轻看世物。所爱决定了爱者何人。在如何区分两城之人的标准上，奥古斯丁依据圣经提出了一些标准（如生活纯洁信仰虔诚），但是最终判决权要留给上帝，留到末日审判。所以，其最终的神学基础是末世论的，是神学正义。以上是我所略作的一点奥古斯丁神学上的补充。

奥古斯丁的原罪论、人性论和预定论在施用于政治社会时，会自然地涉及到一些问题。预定论会导致理论上的后果，比如对于自由意志的折损。因此，一些宗派会有所修改，以缓冲其理论上的矛盾。在政治哲学上，天主教在处理教会问题时，要讲清在"上帝之城"和"世上之城"的二元对立（"上帝"对"撒旦"）中，教会是个什么东西，归属哪一边，处于哪种位置？在基督徒掌权的国家，是否有可能形成所谓的"基督教国家"？教会或者"基督教国家"是否可以构成"第三座城"，是否可以"在世但不属世"？对此历史上不乏讨论。天主教认为教会是天上耶路撒冷在地上的投影，是上帝之城在世上的先锋队，是天国之滋味的"预尝"。鉴于肉身受灵魂的指引,世上之物受精神世界的指引,世上之城也应当服从天上之城的指导,具体说来,王权治身,教权治心,心高于身,故王权当服从教权。不能说奥古斯丁没有这样的思想,只是奥古斯丁在具体的历史处境中,尤其在晚年面对山河破碎、异族入侵、帝国无望的混乱情境,更倾向于将灵与肉、教会与帝国、宗教与政治、今生与来世、教权与王权切割,脱钩断链,将平安与和平归予天国,尘世断断不可依靠。在坚信灵魂必将上天(审判时则再次灵肉复全),依其善恶各得报应的那时代,这种切割在理论上是可以的。教会作为鱼龙混杂之地,跟世上之城并无二致。是靠着末世论,上帝之城才成为盼望。末世方有上帝的绝对正义(神学正义),此世只有相对正义(哲学正义),国家、政府之类地上组织只具有相对的作用,维持世上的和平,但远远做不到"擦干每一滴眼泪"的绝对正义。如果我们着重于奥古斯丁晚期的末世论思想,则容易达到新教的理解,即奥古斯丁并没有给教会(以天主教为代表的)留下"教权至上"的空间。末世论解释实际上已经涉及解释者的立场和利益问题。新教要打破天主教的权威,必须将奥古斯丁的政教"脱钩"进行到底。但在实际上,依照奥古斯丁对于国家、教会、天国的由疏到密的理解,在他心目中,教会虽然不成器,却仍比国家离上帝近。这个问题仍可讨论。中国学者作为"局外人",理应摆脱西方的教派之争,而力求中立地研究奥古斯丁思想的演变,在这方面,花威已经做了很好的示范。

花威做到了三点

读完全书,我感到,花威做到了三点:

第一,对于奥古斯丁思想的源头有着深入的了解,这跟他在经学和古典学方面的训练有关。比如在对奥古斯丁直接源头保罗思想的阐释上,其对保罗思想及其当代研究进展的熟悉,使他对奥古斯丁对保罗的继承与偏离有着精微的把握。

第二,对于跟奥古斯丁政治哲学相关的主题相当熟悉,各作了简明扼要的介绍。如早期基督教与罗马帝国的关系,从尤西比乌的"帝国神学"到奥古斯丁"天国神学"的转变,相当于就各主题做了系统梳理。

第三,"还思想于历史"。哲学家做哲学史,常陷入"体系"的泥潭,对范畴进行纯逻辑推衍,而不顾它们是如何在思想家的生存情境中产生出来的,它们跟思想家的情感、倾向、遭遇、利益有何关连,这种哲学史常常"可爱而不可信",在词语、观念、概念、范畴之间排列高低,搞出一个词语金字塔体系,成为一个"抽象"的"钻牛角尖史"。反之,历史家的毛病则是陷于史实,不能从具体中见普遍,经验中见超越。

"思想史"的写作则在"具体"与"普遍"之间走钢丝,相当于描绘一朵莲花的全景,他既要画出莲花所在池塘的淤泥及其生境,也要画出莲花的成长,花朵的美丽及其种子的味效。淤泥及其生境就是具体的历史情境,作者卑下而具体的遭遇,而莲花的高洁和莲子的味效,就是超越于一时一地的普遍思想。以往哲学史写作强调逻辑性,常常超出思想家的实际,为思想家构造一个完美的理论闭环。实际上,如果我们将思想家的思想重置于其书信、日记、友人讨论、与论敌的争辩中,就可以很快地领会其所关注的问题,进入其思想脉络。它们虽都是针对当时的问题而提出,但可适用于相似的历史情境。历史不会重复,却会押韵,前人提出的理论在后代的生存情境中不可套用,却有借鉴意义,这大概就是哲学思想的"普遍性"。

花威关于奥古斯丁政治哲学的讨论,将其思想置于其生存遭遇中,放回到他与多纳图派的斗争,以及罗马帝国面临的危难与一系列理论争辩中,让我们易于理解,这无疑是一种朴实但极有力的写作方法,让我们既看到了奥古斯丁政治哲学的莲花和莲子,也看到了它们所由以生长出来的淤泥和时代风暴,从而让我们对莲花与莲子倍感珍贵,也对其时代淤泥和生境所导致的局限性有着充分的理解。

在当代中国,奥古斯丁的译介已开始摆脱纯粹中立的立场,而或轻或重、或左或右地卷入中国本身的理论场域。比如,奥古斯丁既然这么"神本主义",那么他对于人性的"贬低"是否有合理性,尤其在跟儒教的性善说相冲突之时?如果上帝之城的建立意味着对所有异教传统的清算(排他论),"政教"(这里泛指政治与宗教,而非单指政府与教会）无法分离，那么，是否应该容忍一个不宽容他教的一神论宗教？考虑到罗马宗教最终被基督教取代和摧毁，中国宗教是否也会面临这样的问题，这个国家是处于基督化前夜的一个国家，就象当初罗马帝国那样吗？基督教在政治上服从于国家，但在宗教信仰上只服从于自己的上帝，是否会导致其跟世俗意识形态的思想冲突，或跟作为民族主义根基的儒释道的深层冲突？如果有冲突，应该如何化解？

近年来，一些研究罗马帝国转型的学者或从右边或从左边强调基督教对罗马的改善（右）或破坏（左），强化其精神力量（右）或摧残其世俗力量（左），跟西方思想界的观点有所对应（如吉本和尼采对基督教的看法）。我认为都不太中肯。中国并非罗马，当代也不是古代，即便有某种历史的"押韵"，也很可能是押偏韵，而不是尾韵，造不成决定性的音效。中国世俗"人本主义"过分强大，传统上儒教极少关心创世（造物主）与来世（灵魂归属或神学正义），无神论（作为西方启蒙主义结果之一）强化了这一传统，宗教在精英知识界从来不是主流，作为其补充的佛道教也只侧重于来世（轮回报应），即使政治思想和制度可能有变迁，但其宗教思想应该不会有大的变化。在西方，基督教近五百年来一直处于世俗化过程中，在其母体中都很难说占据了精神主位。认为一神论必然跟帝国礼教发生整体冲突，因此防范之，有些时代错置，因为无论中西，礼教传统都已式微，世俗人本主义成为主流。认为中西方各有一个固定不可变的传统，双方应该"井水不犯河水"，固守传统不变，都是成问题的。问题不在于可变不可变，而在于是变得更文明，更合乎人性和理性，还是变得更野蛮，更束缚人性和违背理性。

教父哲学沃野千里

在学术上，各个领域是有不同的"耕耘度"的，一般是由概论，到做主要的思想家，再到做其主要思想，再到各种细节。这个学术分工细化的过程也就是该领域被"耕耘"得越来越深越细，越来越"饱和"的过程。比较德国哲学和教父哲学，在"耕耘度"上就完全不同。前者有些"过度耕耘"，每一块石头都被犁过几十遍了，内卷非常厉害，而教父哲学则差不多是一块乏人耕耘的"千里沃野",还存在着大量"成家立业"的机会,可以结出累累硕果。改革开放四十余年,我们的西学研究越来越跟西方同步,在广度、深度和精度上都有所扩展,有时细化到了我觉得"琐碎"的地步。但在教父哲学和中世纪哲学领域,我觉得还是有做重要思想家概论和专论的必要性,提供中国学者的视角。

在奥学领域,我自己写过一本概论《奥古斯丁的基督教思想》,初步介绍了奥古斯丁的整个思想系统,但就其思想的体量和份量来说,其各方面都值得有专论进行深入研究。最近二十年,中国学者关于奥古斯丁的历史观、意志论、政治观、教会观、人性论、认识论、婚姻论、三一论等已有相当优秀的成绩(如张荣、周伟驰、夏洞奇、吴天岳、吴飞、徐龙飞、杨小刚、孙帅、任卓贤等人),亦开始在常见的奥古斯丁三大名著之外,涉及其书信集、布道集、各类论战著作(如王涛、汪聂才等人),花威的这两部著作在精细化上更进一步,将专论再予细化,但又不是枝节上的琐碎研究,从而把"大问题"化整为零地变成一些"小问题",在解决这些"小问题"时使"大问题"得到了更加清晰的解决,从而在前人的研究上有所推进(如《奥古斯丁早期意志哲学研究》就专注于奥古斯丁著作,而不泛论其总观点)。他对"整体之大"与"局部之小"做了很好的平衡,于细微之中使人对于奥古斯丁所论意义之重大有一个全局的把握。

奥学领域的刺猬与狐狸

2014年,我在复旦见到夏洞奇,他提出了一个"学术忠诚度"的问题,批评一些人(包括我)在学术上见异思迁,打一枪换一个地方,这大概就是伯林所谓"狐狸"与"刺猬"两类思想家的引申。我觉得他重视学术积累是对的,但是一些人表面上是"见异思迁",实际上却是一种"顺延",将原有学术积累在新的领域作了发挥,那也是一种做学术的方法。

就中国的奥学来说,有"铁粉"级的"奥学家"。据我的观察,这一般要具备两个条件：第一，在北大待过，第二，在复旦待过。目前符合这两个条件的只有四个人：第一，夏洞奇，由北大毕业到复旦教书；第二，花威，由复旦到北大读书毕业；第三，孙帅，由复旦到北大读书毕业；第四，贺腾，由北大毕业到复旦教书（我这说法具有"开玩笑性"和"待观察性"）。其中夏洞奇和花威到目前为止，基本上所发表论文都是关于奥古斯丁的，的确是真正意义上的"奥学家"，国内发表相关论文最多的就是他俩。孙帅则有"半路出家"（转去搞加尔文）之虞，贺腾年轻，还有其他可能性，现在不敢遽定。

至于其他人，大多"半路出家"，将奥学上的积累"顺延"到了其他领域，如张荣顺延到了德国哲学，吴天岳顺延到了中世纪，吴飞顺延到了中国经典比较，一般都大有所成，这是因为奥学犹如思想"珠峰"，攀珠峰的训练虽然辛苦，但登上珠峰，视野极其开阔，由上而下容易，再去爬别的山就轻而易举了。至于我，虽然"半路出家"，但是"浪子回头"，我在中国基督教思想史领域的"游荡"中，发现了一个明清以来四百余年的"中文奥古斯丁世界"，算是重回奥古斯丁怀抱，"半路回家"了。这大概就是花威嘱我写序，把我当作"自家人"的缘故。

花威对我国奥学的奉献

说起我"半路回家"，也跟花威有点关系。2015年年尾，花威在华侨大学办了一次"教父哲学青年论坛：奥古斯丁与罗马帝国"，以奥古斯丁及教父学研究的青年才俊吴功青、孙帅、陈越骅、齐飞智、汪聂才、杨小刚、刘春阳等人为主，还邀请了我和复旦大学的夏洞奇参加，大概是将我们两人作为国内较早做奥古斯丁的代表了。会前，我们参观了摩尼光佛、伊斯兰二圣陵墓，并到有"中国宗教博物馆"之称的泉州参观了佛寺和清真寺，那里的博物馆有不少景教遗迹。

本来我以为这次会议口头发言即可，不料花威一定要我写篇文章。我在《奥古斯丁的基督教思想》后，学术兴趣转移到了中国基督教思想史，经他一番"命令"，只好就我所见奥古斯丁汉文资料略做介绍，不料竟从此打开了我的"奥古斯丁在中国"之旅，让我在随后的几年里，系统搜集奥古斯丁中文文献，到今年竟已达百万言，编写了一套厚著了。如果中国竟有"奥古斯丁汉传史"，其缘起便要追究到花威这里。

"教父哲学青年论坛"后，大家觉得余兴未了，决定来年继续开会，于是有了一个"没有固定机制，只凭热爱发电"的"教父哲学论坛"，到去年竟已举办了六届，今年即将举办第七届。在其中，花威、吴功青、孙帅等人起到了"幕后推手"的作用。2019 年，图宾根大学 Johannes Brachtendorf 教授在德国召开了第一届中德奥古斯丁会议（在德召开），花威、杨小刚等人也出力不少。在中国奥学的推进和建设上，花威以其著作和行动，默默贡献，功莫大焉。

《帝国屋檐下：奥古斯丁政治哲学研究》是继夏洞奇《尘世的权威：奥古斯丁的社会政治思想》（2007）和吴飞《心灵秩序与世界历史：奥古斯丁对西方古典文明的终结》（2013）之后，中国学者探讨奥古斯丁政治社会思想的又一部力作，它对那些关注罗马帝国政治制度和思想演化，关注基督教与帝国转型，关注耶儒对话乃至宗教间关系，以及沉思尘世悲欣与永久和平的读者，会有着莫大的借鉴意义。

周伟驰
北京大兴西思来斋
2023 年 6 - 7 月

目 录

绪 论 ……………………………………………………………… 1
  一 旧瓶装新酒 ………………………………………………… 1
  二 4—5 世纪政教关系中的基本问题 ………………………… 5
  三 本书的篇章结构 …………………………………………… 8

第一章 奥古斯丁与多纳图派分裂 ……………………………… 12
  第一节 多纳图派分裂的研究史 ……………………………… 13
  第二节 多纳图派的兴起 ……………………………………… 20
  第三节 多纳图派的发展 ……………………………………… 38
  第四节 奥古斯丁与多纳图派的交锋 ………………………… 43

第二章 帝国屋檐下的教会：与多纳图派的斗争 ……………… 53
  第一节 消除游荡派的暴力 …………………………………… 53
  第二节 帝国敕令：作为宗教强制的法律惩罚 ……………… 58
  第三节 奥古斯丁与帝国官员的政治交往 …………………… 75

第三章 宗教强制与国家的功用 ………………………………… 102
  第一节 初代教会、爱与罗马帝国 …………………………… 102
  第二节 罗马帝国、异端与教会分裂 ………………………… 130
  第三节 宗教强制：从反对到认可 …………………………… 155
  第四节 温柔的严厉：国家作为惩罚者 ……………………… 173

第四章 风雨中的帝国与教会 …… 191
- 第一节 卡拉马暴乱与奥古斯丁的回应 …… 192
- 第二节 罗马陷落与奥古斯丁的回应 …… 214
- 第三节 蛮族入侵威胁与奥古斯丁的回应 …… 234
- 第四节 风雨如何同舟：刀剑之侧的大公教会 …… 242

第五章 肯定还是否定：奥古斯丁论罗马帝国 …… 256
- 第一节 是否存在第三座城：奥古斯丁论尘世国家 …… 259
- 第二节 能否成为上帝的朋友：奥古斯丁论罗马皇帝 …… 276
- 第三节 何为共和：奥古斯丁论罗马帝国 …… 294
- 第四节 何为信仰：奥古斯丁论宗教身份 …… 313
- 第五节 "政治奥古斯丁主义"？ …… 324

结　语 …… 332

参考文献 …… 334

后　记 …… 383

绪　论

基督教诞生于罗马帝国统治下的巴勒斯坦地区，在 1 世纪就已经传遍帝国主要城市和地区。对于如何应对这一新兴的一神论普世宗教，皇帝们采取了怀柔与限制、迫害与默许的交替政策。在 313 年，基督教迎来了历史性的命运转折，东、西部皇帝君士坦丁（Constantine）与李锡尼（Licinius）在米兰会晤，承认所有臣民可以自由选择其崇拜形式，且明确支持基督教与其他宗教具有同样的地位和权利。这一决定的正式文书被称为《米兰敕令》。从根本上说，《米兰敕令》的实质是承认基督教为一种宗教，从而适用于帝国长期坚持的宗教宽容和信仰自由政策，这使得基督教会也可以被纳入到帝国既有的政教关系模式中。

一　旧瓶装新酒

承认基督教为一种宗教，这一看似不言自明的说法其实有着深刻的历史背景。在宗教信仰上，罗马主要承继了希腊的奥林匹斯神系，在从共和国到帝国的开疆扩土中，不断接纳被征服地区的宗教，将其神像运到首都万神殿中供奉，同时认可地方的各种神祇信仰。在罗马人看来，宗教是以有具体形象的神为崇拜对象，而不可能崇拜没有形象的神。基于摩西十诫的第二诫，"不可为自己雕刻偶像"（《出埃及记》20：4），[①]犹太人不能为其所信仰的上帝制作形象，耶路撒冷圣殿的至圣所中也没有神像，这使得犹太教被怀疑为一种无神论。而基于第一诫，"除了我以外，你不可有别的神"（《出埃及记》20：3），犹太人也不崇拜皇帝

---

① 本书所引用的圣经经文皆选用《圣经·和合本》（上帝版）。

的雕像,这使得他们被怀疑政治上是否忠诚。由于犹太教是犹太人的民族宗教,经历了1—2世纪的三次起义失败和大流散,犹太人得到罗马帝国的特别许可,可以保有其会堂崇拜,不受滋扰。

脱胎于犹太教母体,基督运动热衷于向外传教,非犹太人很快成为基督教会的主体。而继承犹太教的神学,基督徒也不制作上帝的形象,不崇拜皇帝的雕像,因此也被指控为无神论。基督教的传播引起了帝国的注意,其信众不积极参与公共事务和崇拜皇帝也引发了不满,但他们在其他方面顺服于帝国的统治,不主动卷入各种叛乱,因此在大部分时间里都得到了默许。① 不过,由于基督教没有被承认为一种宗教,这使得教会不能得到宗教宽容政策的保护,而容易成为帝国在应付内忧外患时的替罪羊。

无论是出于个人信仰,还是出于政治考量,《米兰敕令》的颁布意味着帝国首次正式认定,基督教是一种宗教和有神论。

> 对于我们来说,这些事项有益于所有人的福祉。其中最优先的事项乃是,我们决定颁布敕令,确保对神的尊重与敬畏;也就是说,把自由给予基督徒和其他所有人,让他们可以遵循各自喜欢的崇拜仪式。②

而基于如此定性,基督教随即在法律层面上实现了合法化,在政治层面上则适用于宗教宽容政策,可以享有与帝国承认的其他宗教同样的权利。《米兰敕令》是针对帝国内所有宗教发布的,但目的是解决基督教的问题,因为帝国以罗马传统宗教为国教,一贯宽容各地方宗教,没有必要重申这一政策。而在合法化之际,敕令就赋予了教会以财产权,要求将迫害时期充公变卖的财产立即归还给教会和信徒。在写给迦太基

---

① 参见小普林尼,《书信》10.96;奥利金,《驳凯尔苏斯》第1卷;德尔图良,《护教篇》7-8。
② 优西比乌,《教会史》10.5。对于优西比乌《教会史》,本书以下皆援引瞿旭彤译本,不再一一注出。具体版本参见[古罗马]优西比乌:《教会史》,保罗·梅尔英译,瞿旭彤译,生活·读书·新知三联书店2009年版。

主教的信中，君士坦丁许诺赐予北非教会以丰厚的钱财，并免除其公共义务。

由于相信基督很快就会再临，在纳粮上税之外，初代教会普遍冷淡对待帝国权力。但由于基督再临被不断推迟，教会不得不重新思考与帝国的关系。虽然德尔图良主张，基督徒应该全面脱离社会生活，比如不参军、不出任公职和不参与公共庆典等，但到3世纪基督教已经吸引了各阶层人士，甚至包括宫廷官员和军队士兵。这就使得，新约中对帝国权威的有限认可和护教作品中对皇帝的祝福得到了发扬，教会在经历戴克里先（Diocletian）的"大迫害"之后也更渴求帝国的正式承认。基于上述理论上和心理上的准备，在《米兰敕令》颁布之后，主教和教会史家优西比乌（Eusebius）就在其著作中热情颂赞了君士坦丁，称他为"上帝的朋友"和"主教中的主教"；① 而哲罗姆（Jerome）后来也称罗马帝国为"世界上最亮的光"和"各民族的母亲"。②

除了获得合法身份而结束被迫害，教会欢迎帝国权力的介入，还有其他重要原因。首先，经过三个世纪的发展，教会面临着愈发严重的异端和分裂问题，但缺乏有效的应对能力。除了与罗马传统宗教和摩尼教（Manichaeism）论战，教会内部在三位一体、基督的神人二性、新旧约关系、洗礼的本质、主教的权威等议题上产生了严重分歧，虽然地方性宗教会议可以决定何为正统和异端，但开除教籍或剥夺圣职根本不足以压制异端派和分裂派。其次，教会需要索回之前被充公的聚会场所，确认其财产所有权，以维持教会的生存和扩张。正因如此，在获得信徒的财产捐赠和遗产继承权之后，教会很快成为帝国财富的主要持有人之一，广泛修建教堂、洗礼堂、避难所和修道院等一系列建筑，供养神职人员和朝圣者，最终形成了完整的信仰生产与消费的生态系统，增强了自己的生存能力。

从共和国到帝国，宗教信仰一直是罗马的公共事务，从属于政治学的范畴，是维护政制稳定和君主权威的重要策略。对于基督教会来说，

---

① 参见优西比乌，《教会史》10.9。
② 参见哲罗姆，《书信》126，127；亦参见吴飞：《奥古斯丁与罗马的陷落》，《复旦学报》2011年第4期，第68—69页。

《米兰敕令》是其命运的转折点；但对于罗马帝国来说，基督教的合法化不过是延续了帝国既有的政教关系模式，即政主教从和皇帝主导宗教事务。在动力上，《米兰敕令》是皇帝主动做出的决定，而不是教会有了左右皇帝的能力，更像是赐予，而非赢得。在目的上，这只是为了扩展皇帝对帝国范围内的宗教事务的主导权，而非将之让渡给教会和主教。

作为第一位基督徒皇帝，君士坦丁仍然是罗马传统宗教的大祭司（pontifex maximus），是非基督徒臣民的崇拜对象，这一头衔直到格拉提安（Gratian）皇帝在382年才主动放弃。与此同时，君士坦丁下令召开地方和帝国范围内的主教会议，调查裁决北非多纳图派（Donatism, the Donatists）的分裂问题和东方阿里乌派的异端问题。后者史称尼西亚大公会议（The Council of Nicaea），所颁布的尼西亚信经（The Nicene Creed）成为得到帝国认可的第一部信经。以法律为手段，以暴力为后盾，对分裂派和异端派处以流放、罚金或剥夺部分公民权等，帝国的举措有效维护了正统教义的地位。以信仰内容上的一致来塑造政治身份上的认同使得，君士坦丁在教会中的威望达到了顶点。其后，狄奥多西（Theodosius）皇帝在380年签署《帖撒罗尼迦敕令》，使基督教被提升为帝国国教。而到了5世纪初，在处理多纳图派分裂时，希波主教奥古斯丁（Augustine of Hippo）仍然需要求助于皇帝和帝国官员，以获取法律和政策的持续支持。

在帝国与教会的关系上，皇帝主导着教会的发展进程，君士坦丁及其后继者"宣称自己在灵性上顺服于教会，但在现世上则统治着教会"[1]。即使随后基督教成为国教，罗马传统宗教被禁止继续存在，这也不过是帝国找到了宗教替代品，而罗马帝国的基督教化正展现了这一替代过程。虽然有些主教可以影响皇帝的部分决策，但更多时候是依赖皇帝的政治权力来处理教会内部纠纷，最终成为帝国基层治理的有益帮手。

---

[1] 参见 Robert Dyson, *St Augustine of Hippo: The Christian Transformation of Political Philosophy*, London: Continuum, 2005, p. 158.

正如 4 世纪的罗马帝国历史所表明的，从教会占有财富并享有特权起，大量贵族子弟就开始谋求成为神职人员，进入教会的权力系统，从而改造了教会的阶层构成和神权结构，并成为皇帝和贵族阶层的同盟者。由此可见，基督教在征服罗马帝国的同时，也被罗马帝国所吸纳，经历着深刻的罗马化和帝国化。这为教会在中世纪有能力挑战蛮族国家的政权奠定了基础，使得政教关系模式可以从当前的政主教从转变成之后的政教博弈，甚至教权高于政权。

二　4—5 世纪政教关系中的基本问题

4—5 世纪的政教关系涉及从君士坦丁皇帝到霍诺里（Honorius）皇帝、从优西比乌到奥古斯丁的时期，大致可以划分为：（1）君士坦丁及其儿子治下的蜜月期；（2）背教者朱利安（Julian）皇帝和信奉阿里乌派的瓦伦廷二世（Valentinian II）皇帝引发的激烈冲突；（3）狄奥多西皇帝确立大公基督教为国教与帝国的基督教化；（4）奥古斯丁代表北非大公教会向霍诺里请愿，要求强制多纳图派回归大公教会。

这一时期的总体特征是，皇帝所代表的政权主导主教所代表的教权，不仅决定着大公基督教在帝国信仰系统中的位置，也以召开和介入宗教会议的方式确认其正统教义。这一时期还出现了两个特点。其一是，大公教徒、分裂派和异教徒在彼此冲突中都容易诉诸宗教暴力，损害着罗马帝国的政治权威和基层治理；其二是，大公教会从要求宗教宽容转而论证宗教强制（religious coercion）的必要性，使得罗马帝国的宗教政策从宽容转向不宽容。

其中，蜜月期表现为：在政权主导的模式下，政权承认教权的地位，赋予其内部治理自由；教权承认政权的权威并赞美皇帝，在教义分歧和教派分裂时寻求其支持。在处置多纳图派和阿里乌派争端时，君士坦丁分别批准召开三次调解会议和尼西亚会议，以主教的共同决议作为最终依据。多纳图派起初也承认政权的权威，在斗争失败后就转而敌视之，但在需要时会再度求助之。总体上，政权主导教权，驯服教权成为附属，以主动调解教会内部的教义、教区和教派争端来维护帝国的政治权威。

激烈冲突表现为皇帝背教和主教训诫皇帝。在获得合法地位之后，基督教开始借助皇室信仰来反对罗马传统宗教，把这种"多神论"（polytheism）贬称为"异教"（paganism）。[①] 在短暂统治期间，朱利安皇帝转而背弃之前的大公信仰，试图复兴罗马传统宗教，不仅发布《教育敕令》和流放大公教会主教，还故意支持异端派别和多纳图派，以双管齐下来打击大公教会，加剧了各地区的教派冲突和社会动荡。在基督教合法化之后，著名主教的权力和影响力得到显著增强，他们在教区内拥有部分司法裁决权，不仅会积极游说各级官员以寻求支持，对帝国政策提出建议和批评，甚至还敢于训诫皇帝为错误命令而悔罪。米兰主教安布罗斯（Ambrose of Milan）就代表了这一特例。与此相应，皇帝可以颁布法令来插手教会内部纠纷，支持某一教派，放逐反对派主教，例如放逐亚历山大里亚主教亚塔纳修（Athanasius）和君士坦丁堡主教克里索斯托（John Chrysostom）等，以维护政权对教权的权威。

其中，针对是否应当把胜利女神祭坛移回罗马元老院，安布罗斯在384年与帝国高级官员辛马库斯（Symmachus）进行了反复斗争，以劝勉和威胁混杂的方式要求，瓦伦廷二世必须遵从其皇帝父兄的大公信仰，不可批准恢复这一祭坛。[②] 在385—386年，相信阿里乌派的瓦伦廷二世宫廷要求，米兰大公教会让出一间教堂给予阿里乌派举行敬拜。安布罗斯不惧威胁，甚至寸步不让，最终迫使皇帝撤走了包围教堂的帝国军队。[③] 在388—389年冬季，幼发拉底河畔的边防小城卡利尼古姆（Callinicum）发生暴乱，当地大公教徒烧毁一间犹太会堂和一间瓦伦廷派聚会处，狄奥多西下令，当地主教应当予以重建，且必须审判和惩罚肇事者。安布罗斯撰写《书信》74（或 Maur. 40）进行抗议，使得狄奥多西最终撤销了这一命令。在390年，帖撒罗尼迦民众发动暴乱，杀死

---

① 参见 Horace E. Six-Means, *Augustine and Catholic Christianization*: *The Catholicization of Roman Africa*, 391–408, New York: Peter Lang, 2011, p. 3, note 2.
② 参见安布罗斯，《书信》72、73；《编外书信》（*Epistula extra Collectionem*）10。
③ 参见安布罗斯，《书信》75、75a、76 和 77；奥古斯丁，《忏悔录》9.7.15–16；具体研究参见周之桓：《〈悼吾皇〉小考：安布罗修对386年"米兰教堂事件"的回忆》，硕士学位论文，复旦大学，2017年。

当地驻军首领，狄奥多西下令屠杀民众以示惩罚。虽然皇帝很快撤销这一命令，但因为传达耽搁，几千名当地民众已经被屠杀。安布罗斯撰写《编外书信》11（或 Maur. 51）表示激烈反对，并以主教身份要求狄奥多西为此悔罪，否则拒绝其领取圣餐，而皇帝最终顺服了这一训诫。[①]

皇帝们一般都青睐大公教会，使得罗马帝国在 5 世纪初基本实现了大公基督教化（Catholic Christianization）。狄奥多西在 380 年立基督教为国教，罗马传统宗教被界定为异教，在 388 年禁止基督徒和犹太人通婚，在 391 年颁布反异教法，禁止传统宗教的祭祀仪式，在 392 年颁布反异端法。霍诺里则在 396 年取消异教祭司等的免税特权，在 399 年下令摧毁乡村的异教庙宇，去除其中的偶像崇拜，在 408 年下令把异教神庙征收公用。霍诺里和狄奥多西二世（Theodosius II）在 408 年下令，仅仅大公基督徒可以在宫廷里服事；在 415 年下令，异教徒禁止参军和参与公职。[②] 在这一系列法律措施下，罗马帝国从信奉多神教，尽量宽容各种宗教自由传播，转变到禁止基督教以外的其他宗教，把异端教派（包括摩尼教在内）也纳入不宽容之列，但依然保护犹太人的宗教信仰和基本权利，不允许滋扰遵守法律的犹太人和异教徒。[③] 在与多纳图派斗争的过程中，奥古斯丁逐渐从主张教义对话和理性说服，转变到认可宗教强制，并积极为之进行理论辩护。基督教与罗马传统宗教的冲突变得更加尖锐，异教徒转而要求继续推行宗教宽容政策，而大公教会则开始主张宗教不宽容（religious intolerance）。

在帝国基督教化的过程中，教派分裂隔阂日益严重，基督教派之间

[①] 参见 Neil B. McLynn, *Ambrose of Milan: Church and Court in a Christian Capital*, Berkeley: University of California Press, 1994.

[②] 参见 J. Stevenson ed., *Creeds, Councils and Controversies: Documents Illustrating the History of the Church, AD 337–461*, revised by W. H. C. Frend, Grand Rapids: Baker Academic, 2012, pp. 174–179.

[③] 参见《狄奥多西法典》（*Codex Theodosianus*）16.9.3，这条颁布于 415 年的敕令允许犹太人拥有基督徒奴隶，只要不干涉其信仰。亦参见《狄奥多西法典》14.10.24，这条颁布于 423 年的敕令规定："但是我们特别命令那些做真基督徒的人或游说是真基督徒的人，他们不应当滥用宗教的权威，以致敢于暴力攻击安静生活、无意惹是生非或违背法律的犹太人和异教徒。" 参见 J. Stevenson ed., *Creeds, Councils and Controversies: Documents Illustrating the History of the Church, AD 337–461*, revised by W. H. C. Frend, Grand Rapids: Baker Academic, 2012, pp. 179, 182.

以及与异教徒之间时常有宗教暴力发生，有时甚至非常严重。犹太人和异教徒焚烧基督教堂，而基督徒狂热者也多次暴力袭击异教庙宇，安布罗斯认可这类以牙还牙的举动。在北非地区，基督徒对异教神庙的袭击引发了血腥报复，奥古斯丁为此撰写《书信》50 进行控诉，并在《布道》62 中也劝勉大公教徒在反对异教崇拜时保持适当克制。多纳图派中的游荡派（Circumcelliones）以暴力抗拒帝国调查，引发君士坦斯（Constans）皇帝的军事镇压；其后，他们还多次参与地区叛乱，并打死打伤多名大公教会神职人员。奥古斯丁反对任何宗教暴力，要求摧毁异教庙宇必须由地方官员依据反异教法进行，支持借助政治权威的强制力量来制止多纳图派的暴力行径，同时辅以法律手段施行宗教强制，使之回归大公教会。不过，奥古斯丁所主张的宗教强制仅限于针对分裂的多纳图派，并不针对罗马传统宗教、摩尼教、犹太教或一般的异端派别。

寓于 4—5 世纪之交的历史转变中，奥古斯丁既要回应摩尼教和佩拉纠派引发的教义合一之争，也要回应多纳图派引发的教会合一之争，并由此论及尘世权威即罗马帝国的政权在教会事务中的地位和作用。在驳斥多纳图派的著作中，奥古斯丁积极论证政权主导下的宗教强制，以实现北非地区的教会合一和地区稳定。在《上帝之城》中，他着重论证了上帝之城高于尘世之城，教权独立于政权；教权要关注灵魂救赎、教会管理和道德教导，不应受限制于政权的运作或更迭。罗马城在 410 年的陷落在消极意义上为政教分离做出了证明，但"双城记"之下的尘世和尘世国家仍然具有一定的正面价值。

三　本书的篇章结构

如果只阅读《上帝之城》，我们得到的印象可能是，奥古斯丁对尘世和尘世国家几乎持有完全否定的态度；但如果对照着驳斥多纳图派的著作，我们就会发现，二者有着有限但关键性的积极作用，可以维护尘世的秩序与和平，保障尘世之中的信仰羁旅。菲吉斯（John Figgis）甚至说："只有对照着驳斥多纳图派的著作，《上帝之城》才能获得其解释。在那场冲突中,奥古斯丁最终接受了国家权力的帮助。"① 因此,在本书中,我们有必要以多纳图派的发展史和所引发的政教问题为引线,接续为了回应卡拉马异教徒暴乱、罗马陷落和蛮族入侵威胁而撰写的政治著作,最终以《上帝之城》为核心文本,来深入考察 4—5 世纪罗马帝国的政教关系和奥古斯丁对此的全面论证。

在第一章中,我们将梳理多纳图派的历史和奥古斯丁与之的交锋。过往对多纳图派的研究大多作为奥古斯丁、早期教会史和古代晚期研究的附属品,但由于文献翻译和考古发掘上的进展,这一研究在 21 世纪以来开始成长为较为独立的历史学研究领域。从历史上看,多纳图派源起于罗马帝国的宗教迫害,基本终结于罗马帝国的宗教强制,其主要活动历时百年,余波则延续到 6—7 世纪。从君士坦丁、朱利安到霍诺里,罗马皇帝在调解、扶持和压制多纳图派的政策摇摆过程中始终处于主导地位。在出任司铎和主教之后,奥古斯丁领导北非大公教会对内整顿纪律、培训主教和阐释教义,对外与多纳图派进行理论论战,并游说帝国宫廷和各级官员积极应对游荡派的宗教暴力,最终以 405 年的《合一敕令》和 411 年的迦太基会议取得了对多纳图派斗争的全面胜利。

第二章分析奥古斯丁在实践层面上的具体做法。游荡派的宗教暴力是北非大公教会要求帝国镇压多纳图派的直接理由,也是最终导致霍诺里皇帝颁布《合一敕令》和《西蒙迪敕令集》(The Sirmondian Constitutions)14 的直接原因。作为宗教强制的基本方式,从狄奥多西皇帝到霍诺里皇帝发布了多条敕令,经济处罚和人身处罚并用,不仅要求对多纳图派主教罚没教产,对一般信徒则罚没地产、处以巨额罚金和剥夺订立遗嘱的公民权,还要求对暴力袭击大公教士的行为处以死刑,对执法不力的行省官员同样处以罚金。这些法律政策严密且严厉,有效促进了多纳图派最终选择回归大公教会。在这一过程中,奥古斯丁主要以帝国高级官员为游说对象,要求其作为平信徒所具有的世俗权威听从并服务于自己作为主教所代表的神圣权威。这种政治与信仰之间的双向互动是

---

① John Figgis, *The Political Aspect of Augustine's City of God*, London: Longman's, 1921, p. 77.

奥古斯丁与高级官员交往的基本模式，实现了北非大公教会百年来的组织目标，成为政权与教权、官员与主教合作的成功范例。

为了论证宗教强制的合理性和国家在其中的功用，第三章追溯了从初代教会以来对待罗马帝国的态度，梳理了奥古斯丁从强调对话到认可强制的重要转变。在爱上帝的同时，耶稣和保罗都强调，爱邻如己是更为切近的、作为入手处的道德要求，不应当以任何暴力对待他人。对于罗马帝国，耶稣明确区分了"凯撒的物"和"上帝的物"，允许纳税纳捐；与此同时，保罗自豪于自己的罗马公民身份，积极利用帝国道路和法律提供的便利进行传道。延续这一立场，护教士们也祝福罗马皇帝和国家，但拒绝皇帝崇拜。从初代教会开始，基督教会就陷入分裂和异端之争，如何维护教会的合一成为长久以来的难题。从对参与叛乱的多纳图派的惩罚中，奥古斯丁看到了罗马帝国政治强制的实际效果，开始从理论说服的无效中转而认可帝国层面上的宗教强制，进而以《罗马书》13：1–7 为经文基础来论证世俗权威的合法性，承认帝国对宗教事务的管辖权力，要求以爱和仁慈为出发点来惩罚多纳图派的暴力行为，强制其回归大公教会，以实现北非教会的合一和北非地区的稳定。

卡拉马异教徒暴乱、罗马陷落和蛮族入侵威胁是奥古斯丁经历的三场重大事件，分别对应着异教徒与基督徒的冲突、宫廷与蛮族军队的冲突和宫廷与行省将军的冲突，展现了西部帝国在 5 世纪初所处身其中的风风雨雨。第四章以这三场重大事件为主要内容，考察奥古斯丁对之的理论回应。对于卡拉马异教徒暴乱，奥古斯丁批判了内卡塔瑞（Nectarius）所主张的西塞罗式的古典爱国主义，要求以德性而非放火来实现城邦的繁荣；仁慈只是不对肇事者施行死刑和肉刑，但一定要处以严厉的经济惩罚，否则会引来更多的效仿者。罗马陷落是罗马帝国 5 世纪初政治军事交困引发的偶然事件，其实质损害并不大，但造成了强烈的心理震动。奥古斯丁以布道和撰写《上帝之城》予以回应。其中认为，罗马所经历的只是惩罚，而非所多玛那样的毁灭；在地上之城和天上之城的划分中，罗马并非永恒之城，而只是终将经历兴衰的地上之城，其中也找不到真正的义人。对于蛮族入侵的威胁，奥古斯丁多次写信勉励行省将军博尼费斯（Boniface）。其中认为，军人同时可以成为虔诚的基督徒，对公应当坚守自己的军事义务，停止反叛宫廷，并保卫北非地区的和平与安全；同时，对私应当摒弃尘世的贪欲，过圣洁的禁欲生活，以盼望将来的神圣和平与永恒安全。沐浴着充满暴力的帝国风雨，奥古斯丁既鼓励大公教会寻求帝国刀剑的保护，秉持着仁慈和饶恕来诉诸合法暴力，又延伸解释"打左脸转右脸"的经文，鼓励大公教会反抗多纳图派或异教徒等的非法暴力。

第五章以《上帝之城》为核心文本，探讨奥古斯丁对罗马皇帝和罗马帝国的态度。对于罗马皇帝，奥古斯丁抛弃了优西比乌式的对君士坦丁的热情颂赞，也抛弃了奥罗修斯（Orosius）式的对奥古斯都（Augustus）开创帝国的积极肯定，虽然认可以狄奥多西为模范的几乎作为圣徒的基督徒皇帝，但他仍然认为，即便如此，他们也无法完全摆脱犯罪的诱惑，而必须和普通信徒一样追求灵魂的拯救。对于罗马帝国，奥古斯丁认为，罗马崛起于对自由的欲望和对统治的欲望，其国家不是西塞罗意义上以德性为目标的古典共和，更不是基督教意义上以爱上帝为目标的真正共和。即使狄奥多西成为圣徒皇帝，而广大臣民成为大公教徒，罗马帝国作为地上之城也不可能成为基督教共和国。在宗教身份上，奥古斯丁既要求以大公主义来替代多纳图派所主张的地方主义，也要求以信仰优先来替代罗马帝国所要求的政治优先，以至于从优西比乌和奥罗修斯等为帝国辩护的立场进入自己的超越国家的立场，既批判罗马共和国和帝国，也不认可尘世的基督教国度，反而要求从时间和空间进入永恒和天国，将基督信仰无可置疑的有效性建立在此世之外和今生之后的上帝之城中。针对中世纪所形成的"政治奥古斯丁主义"（political Augustinianism），奥古斯丁本人不会予以认可，既不会要求尘世国家成为上帝之城的政治实现，也不会要求基督教会完全隔绝于尘世国家所代表的俗世，反而坚持政权和教权在适度分离与相互尊重之间保持动态平衡。

第一章　奥古斯丁与多纳图派分裂

基督教会的分裂把信众划分为彼此分立且相互敌意的信仰群体，这种缺乏沟通和理解的状况必将影响到国家和社会的内在和谐。借助圣经正典的厘定和基本信条的成型，早期教会逐渐确立起了大而公之教会的观念，将挑战正典和信条的各种教派视为异端，与之进行教义论战和政治斗争，并使大公教会的观念得到不断丰富和发展。在大公教会与异端教会的并立和交锋中，教会的分裂与合一就成为早期教会所持续面临的棘手课题。

对于罗马帝国治下的北非教会，4—5世纪是一段纷纭激荡的历史时期。戴克里先皇帝的迫教导致北非教会分裂出多纳图派，引发了长达一个世纪之久的教会分裂。而为了维护教会合一，北非大公教会对分裂派展开了艰苦的教义论战，同时求助于帝国世俗权力镇压其暴力行径和避战策略，以宗教强制使之回归大公教会。在这场斗争中，奥古斯丁起到了中流砥柱的作用，直接促成了北非大公教会的最终胜利。

在本章中，我们将首先梳理20世纪以来的多纳图派研究历史，其次借助已有研究成果和原始文献勾勒出多纳图派百年历史的波折过程，最后描述奥古斯丁与多纳图派的实际交锋，从提倡自由对话（free discussion）转变到支持宗教强制，大致实现了北非教会的合一。在原始文献方面，我们主要依赖优西比乌的《教会史》、奥普塔图（Optatus of Milevis）的《驳多纳图派》、多纳图派的《殉道故事集》、奥古斯丁的著作（包括书信、布道等）、官员报告、皇帝敕令（收录于《狄奥多西法典》和《西蒙迪敕令集》）、教会会议纪要和教规，包括390年代开始的北非大公会议的年度会议纪要，还包括411年北非大公教会与多纳图派公开辩论的会议纪要即《迦太基会议纪要》。近年来，由于涌现更多文献资料和考古成果，多纳图派研究正在成为古代晚期历史研究中逐渐独立且正在成熟的新兴领域。

第一节 多纳图派分裂的研究史

多纳图派的出现和壮大有着更为深层的历史背景和现实基础。伴随着罗马的不断征服，地中海地区经历了古代意义上的"全球化"。在这一过程中，北非地区成为罗马帝国的重要粮仓，供应意大利地区所需要的谷物，但因与之相隔地中海，就在帝国的政治和军事舞台上并不占据举足轻重的地位。与帝国对城市的倚重相比，北非地区有着少量的海岸城市和内陆远为广阔的农村，广大农民（例如柏柏尔人）不仅在语言上更少使用官方通行的拉丁语，在教育水平和文化素养上也更为低下，因此就与意大利地区形成了罗马与地方、城市与农村、富人与穷人的强烈对比。[①]

在早期基督教中，各种异端和教派分裂频繁出现，多纳图派的兴起并不稀奇。针对这一历史现象，研究者们试图从中考察罗马帝国北非地区的种族分布、地理概况、意识形态、城乡差距、经济剥削、从宫廷或行省到基层的权力运作机制、主教与官员的交往模式和宗教身份与政治忠诚的互动关系等。与此相对应，以下将尝试依议题顺序梳理西方学界的相关研究，包括教派发展历史、教派分裂原因、宗教暴力、宗教强制与所蕴含的政教关系，并着重关注宗教身份议题在其中的勾连作用。

以1950年为界，此前针对多纳图派争端的研究多散见于罗马史和北非教会史的研究中。吉本（Edward Gibbon）、蒙森（Theodor Mommsen）和蒙索（Paul Monceaux）都以狂热和地方性宗教来消极评价多纳图派，而蒂姆勒（Wihelm Thümmel）直接将之看作"一种非洲民族主义"（a form of African nationalism），显明其与罗马帝国和北非大公教会

---

① 参见 Robert A. Markus, "Donatus, Donatism", in Allan Fitzgerald ed., *Augustine through the Ages: An Encyclopedia*, Grand Rapids: William B. Eerdmans Publishing Company, 1999, p. 285.

的对抗关系。①

在1950年,威利斯(Geoffrey Grimshaw Willis)出版《圣奥古斯丁与多纳图派争端》,依赖奥古斯丁驳斥多纳图派的著作来重构该派的发展历史,继而探讨奥古斯丁的教会论、圣礼论、宗教强制和政教关系学说。②

作为分水岭,弗伦德(William H. C. Frend)在1952年出版《多纳图派教会:罗马帝国北非地区的抗议运动》,成为第一部整全研究多纳图派争端的专著,其中把文献资料与考古发掘相互印证,所提出的诸多论断甚至为后续研究提供了解释范式。其中包括,多纳图派的信众主要是尚未罗马化的、更贫穷的土著居民柏柏尔人,分布在内陆的平原和农村地区,而大公教会的信众主要是罗马化的、更富裕的城市中上层居民,分布在沿海的城市和乡镇;四帝共治制度实施后,税收增加,促生了民众的"沮丧和反叛情绪",而多纳图派也普遍怀有社会不满,混杂了民族主义和社会经济冲突,其不仅是教派分裂,更是社会革命的一部分;游荡派受到多纳图派领袖的驱使,以暴力恐怖活动维护其教会利益;大公教会依赖国家和大地主的力量来压制多纳图派,两派之间的差异主要不是教义和哲学上的,而是基于多种宗教和社会问题所形成的彼此敌意与隔阂。③

在随后半个多世纪的研究中,弗伦德的解释范式得到了广泛认可和少许修正。鉴于奥古斯丁的著作提供了用以研究该派的主要文献资料,其后的研究都打上了浓重的奥古斯丁色彩,甚至作为"奥古斯丁研究的衬托"(a foil for Augustine)。④ 20世纪后半叶发掘整理了不少考古资料

---

① 参见 John Whitehouse, "The Scholarship of the Donatist Controversy", in Richard Miles ed., *The Donatist Schism: Controversy and Context*, Liverpool: Liverpool University Press, 2016, pp. 34 – 36.

② 参见 Geoffrey Grimshaw Willis, *Saint Augustine and the Donatist Controversy*, Eugene: Wipf & Stock Publishers, 1950.

③ 参见 W. H. C. Frend, *The Donatist Church: A Movement of Protest in Roman North Africa*, Oxford: The Clarendon Press, 1952; John Whitehouse, "The Scholarship of the Donatist Controversy", in Richard Miles ed., *The Donatist Schism: Controversy and Context*, Liverpool: Liverpool University Press, 2016, pp. 36 – 39.

④ Maureen A. Tilley, "Redefining Donatism: Moving Forward", *Augustinian Studies*, Vol. 42, No. 1, 2011, p. 22.

和多纳图派自身的文献，例如蒂利（Maureen A. Tilley）翻译有《多纳图派殉道故事集》，① 爱德华兹（Mark Edwards）翻译有《奥普塔图：驳多纳图派》，② 但上述研究局面尚未被显著改变。例如德克乐（Francois Decret）在 1996 年以法文出版《北非的早期基督教》，也主要借助奥古斯丁的书信和著作勾勒多纳图派的教派历史。③ 蒂利在 1997 年出版《圣经在基督教北非地区：多纳图派的世界》，力图以多纳图派自己的文献资料来重建其历史，之后再对照奥普塔图和奥古斯丁的著作，将多纳图派看作为一场动态的运动，总在不断回应其所面临的变动的历史处境。④

作为一种教派分裂，多纳图派起源于教会论上的洁净主义（purism），而再洗礼和再祝圣是其外在实践。正如凯莱赫（James P. Keleher）和皮金（Darryl J. Pigeon）所论，洁净主义在圣经中表现为，在"属灵的"和"属肉体的"修辞下不断划分正统谱系，例如以撒与以实马利、雅各与以扫，再到哥林多教会中属保罗的与属亚波罗的结党纷争；与此相应，多纳图派自认承继了北非教会从西普里安（Cyprian）以降的正统谱系，而将大公教会更多看作来自意大利地区的强加，是北非教会传统与意大利教会传统之间的竞争。⑤

从犹太教到基督教，为信仰热心而导致暴力行为的事例并不罕见。宗教暴力甚至被视为执行上帝的神圣审判，不仅用于对外攻击外邦人或异教徒，也用于对内清除违犯诫命的所谓不洁净者。4—5 世纪的基督教化进程使得，在帝国范围内，大公教徒经常不顾世俗法律而鲁莽攻击

---

① 参见 Maureen A. Tilley trans., *Donatist Martyr Stories: The Church in Conflict in Roman North Africa*, Liverpool: Liverpool University Press, 1996.

② 参见 Mark Edwards trans., *Optatus: Against the Donatists*, Liverpool: Liverpool University Press, 1998.

③ 参见 Francois Decret, *Early Christianity in North Africa*, Edward L. Smither trans., Eugene: Cascade Books, 2009, pp. 101 – 143.

④ 参见 Maureen A. Tilley, *Bible in Christian North Africa: the Donatist World*, Minneapolis: Fortress Press, 1997.

⑤ 参见 James P. Keleher, *Saint Augustine's Notion of Schism in the Donatist Controversy*, Mundelein: Saint Mary of the Lake Seminary, 1961; Darryl J. Pigeon, "Cyprian, Augustine and the Donatist Schism", *Ashland Theological Journal*, Vol. 23, 1991, pp. 37 – 47.

异教庙宇或庆典，视被杀为殉道；而在北非地区，多纳图派则鼓动游荡派以暴力来抗拒大公教会的教义批判。显然，这种非法暴力既违反帝国法律，也危害地方稳定，帝国有必要重申法律的权威以限制大公教徒，以出台宗教强制政策来打击分裂派。

关于宗教暴力，刘易斯（Gordon R. Lewis）依赖奥古斯丁著作描述了多纳图派对大公教会及其信众的攻击，包括暴力袭击、社交隔离和语言诋毁等，之后从"上交者的定义""谁是上交者"和"教会如何训诫"三个方面分析了双方之间的往复辩驳。[1] 加迪斯（Michael Gaddis）则将宗教暴力放置于罗马帝国4—5世纪的历史转折中，从戴克里先的宗教迫害，到君士坦丁及其继任者对各种异端的宗教压制，再到北非地区针对多纳图派的宗教强制，探讨帝国与教会之间的权力运作机制，以阐明宗教暴力、政治话语与基督徒宗教身份之间复杂的相互建构关系。[2]

不同于其他宗教压迫，4—5世纪的宗教强制仅指北非大公教会求助罗马帝国政权来与多纳图派斗争，试图使其回归大公教会。奥古斯丁不仅积极参与其政治运作，还对之做出了理论论证。这就使得，相关研究不仅著述丰富，还主要作为奥古斯丁研究的组成部分。其中，布朗（Peter Brown）不仅依据奥古斯丁的著作梳理其从主张平等对话到认可宗教强制的思想转变，展示其既援引法律强制多纳图派又为减轻刑罚严酷性而向官员求情的立场；[3] 还依据《狄奥多西法典》在行省层面上来探讨，由帝国法律所实施的宗教强制是否有效压制了北非地区的宗教信仰多样性[4]。延承布朗的进路，后续研究大都只是更全面细致地分析了

---

[1] 参见 Gordon R. Lewis, "Violence in the Name of Christ: The Significance of Augustine's Donatist Controversy for Today", *Journal of the Evangelical Theological Society*, Vol. 14, No. 2, 1971, pp. 103 – 110.

[2] 参见 Michael Gaddis, *There Is No Crime for Those Who Have Christ: Religious Violence in the Christian Roman Empire*, Berkeley: University of California Press, 2005.

[3] 参见 Peter Brown, "St. Augustine's Attitude to Religious Coercion", *Journal of Roman Studies*, Vol. 54, 1964, pp. 107 – 116, and in Peter Brown, *Religion and Society in the Age of Saint Augustine*, London: Faber & Faber, 1972, pp. 260 – 278.

[4] 参见 Peter Brown, "Religious Coercion in the Later Roman Empire: The Case of North Africa", *History*, Vol. 48, 1963, pp. 283 – 305, and in Peter Brown, *Religion and Society in the Age of Saint Augustine*, London: Faber & Faber, 1972, pp. 301 – 331.

奥古斯丁的相关著作，尤其是《书信》93、《书信》185 和相关布道，论述其宗教强制理论的形成过程、理论得失和历史影响等。① 在教义革新之外，宗教强制还表现为政权与教权的互动，从属于政教关系议题，前者寻求地方稳定，后者寻求教会合一。迪恩（Herbert A. Deane）和戴森（Robert Dyson）则论证说，奥古斯丁严格划分开教会和国家，认为前者独立于且超越于后者，宗教强制理论并不为国家干涉教会或主教训诫皇帝背书，完全不同于中世纪所阐发的"政治奥古斯丁主义"。② 在宗教强制议题上，汉语方面的相关研究主要追随了外文研究成果。③

在布道研究方面，蒂利和普洛伊德（Adam Ployd）分别关注到奥古斯丁驳多纳图派布道中所蕴含的思想。其中，蒂利分析说，基督教教派争端打破了传统的家庭宗教信仰模式，家父长不再能够决定每个家庭成员的教派选择，但宗教强制下的法律处罚（主要是罚金）却施加于整个家庭；在回应多纳图派争端所造成的家庭分裂和经济困境时，奥古斯丁一方面安慰大公教徒履行家庭责任，不因其属于多纳图派的家庭成员而丧气，并规劝多纳图派主教以对话结束分裂，使一家有着"一主，一信，一洗，一上帝"（《以弗所书》4:5-6），另一方面请求当政官员避免判处死刑并降低罚金的数目。④ 不同于以西普里安、奥普塔图和提康尼（Tyconius）所代表的北非教会传统资源为理论背景，普洛伊德援引意大利拉丁传统和亲尼西亚的理论资源，特别是安布罗斯和希拉里（Hilary），从三位一体、殉道、洗礼、爱与合一等角度考察驳斥多纳图

---

① 参见 John von Heyking, *Augustine and Politics as Longing in the World*, Columbia: University of Missouri Press, 2001, pp. 222–257; Horace E. Six-Means, *Augustine and Catholic Christianization: The Catholicization of Roman Africa, 391–408*, New York: Peter Lang, 2011, pp. 117–182.

② 参见 Herbert A. Deane, *The Political and Social Ideas of St. Augustine*, New York: Columbia University Press, 1963, pp. 172–220; Robert Dyson, *St Augustine of Hippo: The Christian Transformation of Political Philosophy*, London: Continuum, 2005, pp. 159–168.

③ 参见夏洞奇：《奥古斯丁与多纳特派：宗教强制理论的形成》，《基督教思想评论》2006 年第 4 辑，第 50—68 页；夏洞奇：《尘世的权威：奥古斯丁的社会政治思想》，上海三联书店 2007 年版，第 307—336 页；邓子美：《略论奥古斯丁的基督教法律思想：由多纳特派之争展开》，《西南民族大学学报》2008 年第 7 期，第 175—180 页；王涛：《主教的书信空间：奥古斯丁的交往范式在书信中的体现》，南京大学出版社 2011 年版，第 123—127 页。

④ 参见 Maureen A. Tilley, "Family and Financial Conflict in the Donatist Controversy: Augustine's Pastoral Problem", *Augustinian Studies*, Vol. 43, No. 1/2, 2012, pp. 49–64.

派的布道，探讨奥古斯丁如何阐发其教会论、圣礼论并维护尼西亚—迦克墩信经的教义立场。①

新近以来，蒂利和怀特豪斯（John Whitehouse）分别回顾了西方学界百余年来针对多纳图派争端的研究，指出其中的不足之处，并为将来研究提出新的要求。其中，不足之处包括，过往研究严重依赖大公教会一方留下的文献，且几乎成为奥古斯丁研究的副产品，对奥古斯丁之前与之后的历史和多纳图派自身的分裂关注不够；新的要求包括，将教派分裂放回到古代晚期更宏阔的宗教世界和政治世界中，更多关注奥古斯丁的布道、书信和新发现的多纳图派文献，重视多纳图派对拉丁神学的理论贡献。② 与这些建议相呼应，英语学界出版的两部论文集表明，多纳图派争端研究正在使用更多史料，特别是法律方面，在具体议题上也更加深入翔实，开始在古代晚期研究中成长为相对独立的新领域。③

作为新研究趋势的代表，肖恩（Brent Shaw）在 2011 年出版《神圣暴力：奥古斯丁时代的非洲基督徒和教派憎恨》，"根本性重估了多纳图派争端的绝大部分方面"（怀特豪斯语）。其中认为，应该避免使用"多纳图派"这一被大公教会强加的、充满偏见的宗教身份标签，因为该派不仅与大公教会分有诸多相同特点，且在人数上占据主体，可以理所当然地将自己看作北非地区真正的大公教会，而在帝国范围内则更适宜被称为"异议派"（dissenting party）；多纳图派不是民族差异或

---

① 参见 Adam Ployd, "The Unity of the Dove: The Sixth Homily on the Gospel of John and Augustine's Trinitarian Solution to the Donatist Schism", *Augustinian Studies*, Vol. 42, No. 1, 2011, pp. 57–77; Adam Ployd, "The Power of Baptism: Augustine's Pro-Nicene Response to the Donatists", *Journal of Early Christian Studies*, Vol. 22, No. 4, 2014, pp. 519–540; Adam Ployd, "Non poena sed cause: Augustine's Anti-Donatist Rhetoric of Martyrdom", *Augustinian Studies*, Vol. 49, No. 1, 2018, pp. 25–44; Adam Ployd, *Augustine, the Trinity, and the Church: A Reading of the Anti-Donatist Sermons*, Oxford: Oxford University Press, 2015.

② 参见 Maureen A. Tilley, "Redefining Donatism: Moving Forward", *Augustinian Studies*, Vol. 42, No. 1, 2011, pp. 21–32; John Whitehouse, "The Scholarship of the Donatist Controversy", in Richard Miles ed., *The Donatist Schism: Controversy and Context*, Liverpool: Liverpool University Press, 2016, pp. 34–53.

③ 参见 Anthony Dupont, Matthew Alan Gaumer and Mathijs Lamberigts eds., *The Uniquely African Controversy: Studies on Donatist Christianity*, Leuven: Peeters, 2015; Richard Miles ed., *The Donatist Schism: Controversy and Context*, Liverpool: Liverpool University Press, 2016.

种族差异的结果，也不是经济压迫或社会革命的产物，而是历史记忆上的差异塑造了其宗教身份，并且更多时候借助憎恨性语言修辞来强化这一身份；多纳图派的暴力程度被严重夸大，其暴力行为是有限的且短暂的，游荡派起源于抵抗异教徒，旨在维护多纳图派的群体边界；多纳图派并不拒斥或颠覆罗马帝国，反而与之合作，试图从内部加以改变。[1]

在古代晚期，基督徒承负多重身份，例如市民—官员的公民身份、异教徒—基督徒的宗教身份、庇护人—被庇护人的经济身份、主教—平信徒的圣职身份或大公教会—分裂派的教派身份，而从奥古斯丁书信中可以看到，这些身份之间是否且如何兼容成为当时知识阶层的广泛关切。[2] 作为一个文本群体（textual community），多纳图派借助解释历史文本，例如圣经、德尔图良（Tertullian）和西普里安的著作，来不断回到对北非教会过往传统的记忆，并创造新文本，例如布道、殉道故事、铭文、书信、法律文书等，以界定和强化己派的"集体身份和内部团结"（collective identity and internal coherency）。[3] 在一定程度上，肖恩的研究的确可以修正弗伦德所奠定的解释范式，即这一异议群体并不承认自己是"多纳图派"。针对"多纳图派"这一身份标签，双方在411年迦太基会议一开始就进行了激烈辩论。多纳图派主教佩提里安（Petilianus）宣称，己派才是"真正的大公教会"（vera catholica ecclesia）和"属真理的教会"（ecclesia veritatis），多纳图只是其主教之一，不能被用作己派的身份标签。[4] 针对历史学家时常把多纳图派称为"殉道者

---

[1] 参见 Brent Shaw, *Sacred Violence: African Christians and Sectarian Hatred in the Age of Augustine*, Cambridge: Cambridge University Press, 2011; John Whitehouse, "The Scholarship of the Donatist Controversy", in Richard Miles ed., *The Donatist Schism: Controversy and Context*, Liverpool: Liverpool University Press, 2016, pp. 46–49.

[2] 参见 Éric Rebillard, *Christians and Their Many Identities in Late Antiquity, North Africa, 200–450 CE*, Ithaca: Cornell University Press, 2012, pp. 74–85.

[3] 参见 Richard Miles, "Textual Communities and the Donatist Controversy", in Richard Miles ed., *The Donatist Schism: Controversy and Context*, Liverpool: Liverpool University Press, 2016, pp. 253–266.

[4] 参见 Aaron Pelttari, "Donatist Self-identity and 'The Church of the Truth'," *Augustinianum*, Vol. 49, 2009, pp. 359–369.

的教会",蒂利反驳说,热衷殉道和殉道故事并非多纳图派的特色,大公教会也是如此,而多纳图派更恰当的自我身份(self-identity 或 self-image)是"处身于不洁敌人中的以色列的神圣聚会"。[①] 不过,这一宗教身份标签标识了北非地区的教派分裂;帝国法律的敌我划分、家庭内部的信仰分裂、意大利教会传统与北非教会传统的对峙也都表明,宗教身份议题对于研究北非基督教仍然具有核心重要性。

多纳图派争端开始成为相对独立的历史研究课题,但当前的多数研究仍然倚重奥古斯丁著作,并借此才能够在哲学史和思想史研究中占据一席之地。无论是宗教强制理论所蕴含的政教关系问题,还是教会论和圣礼论所蕴含的神哲学问题,多纳图派争端恰恰经由了奥古斯丁的阐发才得以影响中世纪和现代社会。检审过往研究,肖恩所代表的"根本性重估"更多是弱化了由弗伦德所开辟的解释范式,做出了有益的修正,比如关于多纳图派的宗教身份、游荡派的暴力程度和双重功用、与罗马帝国的关系等,但远未能彻底颠覆这一范式。

第二节 多纳图派的兴起

在德修(Decius)皇帝的迫教之后,基督教会安享了较长时间的和平。到了戴克里先皇帝治下,迫教再次降临。在 303—305 年,他敕令各地主教们上交圣经和圣器,由政府统一销毁。对此,优西比乌记载说:

> 我亲眼看到那些用于崇拜的房屋被毁坏得只剩地基,亲眼看到受圣灵默示的神圣经文在公共广场中央被付之一炬,亲眼看见教会的牧师或满怀羞愧地东躲西藏,或身陷囹圄在大庭广众之下遭受敌人的嘲弄……在戴克里先统治第十九年的三月,正是受难节(复活节)临近的时候,他下达一道敕令,命令各地拆毁教堂、焚烧圣

[①] 参见 Maureen A. Tilley, "Sustaining Donatist Self-Identity: From the Church of the Martyrs to the Collecta of the Desert", *Journal of Early Christian Studies*, Vol. 5, No. 1, 1997, pp. 21 – 35.

经。……紧接着,其他敕令接踵而来,各地教会的领袖因此被投入监狱,同时被以各种方式强迫献祭。①

鉴于如此迫害,有些主教上交(tradere)了部分圣经和圣器,而这一上交行为就被视为某种温和的背教,这些主教就被称为"上交(圣经)者"(traditores)。在迫教结束之际,对于哪些主教有上交行为,北非教会召开过公会议进行审查,并涉及这些上交者是否还有权柄施行圣礼,例如祝圣礼和洗礼,以及其已经施行的圣礼是否继续有效。部分主教和信众认为,其施行的圣礼是无效的,不应当承认其祝圣的新主教和已经施行的洗礼。经历着频繁的迫教,对于背教之类的重罪是否能够被赦免,早期教会需要不断进行回应,② 主要分化为严格主义(rigorism)和自由主义(liberalism)两派。前者认为,犯有重罪者不能得到赦免;而后者认为,只要经过悔罪和特定训诫程序,他们就可以得到赦免并回归教会。自德尔图良和迦太基主教西普里安以降,北非教会在传统上都倾向于认可严格主义,而努米迪亚行省(Numidia)尤甚。③

在《驳克瑞斯科尼》(Contra Cresconium)3.30 中,奥古斯丁详细记载了,305 年 3 月 4 日努米迪亚行省首席主教(the Numidian Primate)即提格西斯主教赛昆都(Secundus of Tigisis)主持召开科尔塔会议(the Council of Cirta),旨在祝圣副执事席尔瓦(Silvanus)为新主教,以替代去世的老主教保罗。④ 而按照北非教会的传统,这一圣礼需要有十二名信仰清白的主教来施行。由此,赛昆都就坐镇审查各位主教在迫教期间的行为,以之作为施行祝圣的前提。"让我们先看看是否所有人都完

---

① 参见优西比乌,《教会史》8.2。
② 逃迁者(lapsi)指在迫教期间逃到别的地方或向异教庙宇献祭以避免迫害的基督徒,德尔图良的《护教篇》(Apologeticum)和西普里安的《论失脚者》(De Lapsis)都有反对他们的论述。
③ 参见 Geoffrey Grimshaw Willis, *Saint Augustine and the Donatist Controversy*, Eugene, Oregon: Wipf & Stock Publishers, 1950, pp. 1 – 3, 5.
④ 以下参见奥古斯丁,《驳克瑞斯科尼》3.30,转引自 J. Stevenson ed., *A New Eusebius: Documents Illustrating the History of the Church to AD 337*, revised by W. H. C. Frend, Grand Rapids: Baker Academic, 2013, pp. 336 – 337.

全有资格施行圣礼,之后我们才能够去祝圣主教。"①

在具体审查中,赛昆都让在场主教一一进前来,说有人指控他们有上交行为,而这些主教或否认自己有此行为,或辩称自己仅仅上交了其他书籍,但并未上交圣经。此外,赛昆都对利马塔主教柏博瑞(Purpurius of Limata)说,有人指控他杀死了自己的两个外甥。柏博瑞反过来质疑,赛昆都当时能够脱身也是因为其上交了圣经,之后爽快承认这一谋杀指控,并声称还会杀死现在反对自己的人。赛昆都的侄子提醒说,当前不仅柏博瑞准备出走另立分裂派,其他被赛昆都指控的人也有此意,甚至反过来抛弃并指控赛昆都为异端。"这人或那人之前做过什么事,与你何干呢?他总要向上帝交差。"② 其他在场主教也都随之附和。

显然,对上交行为的审查在主教群体内部造成了严重不安,因为一旦被贴上背教的标签,这一严重罪名将会使得相关主教不仅失去圣职,甚至还可能不再会得到赦免。如何既承认如此过错,又同时防范教会分裂,就成为继德修皇帝迫教之后,北非教会再度面临的严峻难题。从事情的实际发展来看,由于教义、教规、利益与个人恩怨等多种因素交织在一起,却又缺乏老主教西普里安这样既擅长理论说服又敢于变通圣礼的核心人物,北非教会很快陷入分裂就是可以预料的了。

在迫教开始时,迦太基主教门苏瑞(Mensurius)把圣经带回自己的私人住处,仅仅上交了教堂中的异端作品作为代替,当事官员在得知之后并未强行搜查。门苏瑞在311年去世,总执事凯基里安(Caecilianus)在312年被选继任,由阿普通吉主教费利克斯(Felix of Aptungi)等祝圣为迦太基主教。然而,出于各种原因,这一祝圣受到部分迦太基信众和努米迪亚行省主教的抵制,最终造成北非教会的分裂。

在《论多纳图派的分裂》(*De Schismate Donatistarum*/*On the Schism*

---

① 奥古斯丁,《驳克瑞斯科尼》3.30,转引自 J. Stevenson ed., *A New Eusebius: Documents Illustrating the History of the Church to AD 337*, revised by W. H. C. Frend, Grand Rapids: Baker Academic, 2013, p. 336.

② 奥古斯丁,《驳克瑞斯科尼》(*Contra Cresconium*) 3.30,转引自 J. Stevenson ed., *A New Eusebius: Documents Illustrating the History of the Church to AD 337*, revised by W. H. C. Frend, Grand Rapids: Baker Academic, 2013, p. 337.

of the Donatists）1.15 – 19 中，① 奥普塔图记载说，从迫教之前、迫教之中直到 312 年凯基里安被祝圣为主教的近十年间，迦太基教会内部所累积的各种矛盾最终在选任新主教事宜上爆发出来。②

在迫教发生之前，出身西班牙的富有妇人卢西拉（Lucilla）在有资格领圣餐之前，即在正式受洗成为基督徒之前，亲吻了某个尚未得到教会确认的殉道者的遗骨，因此受到尚是迦太基教会总执事（archdeacon）的凯基里安的责备，后者反对过于狂热地崇拜殉道士。由于害怕受到教会戒律的惩罚，卢西拉从此就怀恨在心。

在迫教之中的 308 年，由于在一封广为流传的书信中涉嫌冒犯篡权者皇帝马克森提（Maxentius），执事费利克斯（Felix）被法庭传唤。他躲到了主教门苏瑞的住处，而主教公开拒绝交出此人。马克森提得知报告之后敕令，除非门苏瑞交出嫌犯，否则他自己将被解往宫廷。为了应对可能发生的后果，门苏瑞把教会的财产分给自己信任的几位长老（seniores）保管，并把财产清单托付于一位老妇，要求她在事后交给迦太基教会的在任主教以对账。之后，门苏瑞前往罗马为此事辩护并得以脱罪，但由于战事的封锁而最终于 311 年客死罗马。

311 年 4 月 30 日，伽勒里乌斯皇帝签署《宽容敕令》，标志着大迫害在东部帝国的正式结束。在迫害过后，马克森提赦免了书信事件，迦太基教会也随即酝酿选举新任主教，以接替门苏瑞。由于都想被选举为迦太基主教，教士柏特瑞（Botrus）和克莱斯提（Celestius）就筹备选举一事，故意没有邀请努米迪亚行省的主教，而仅仅邀请了周边的主教来主持祝圣仪式。未曾料到，经过全体投票，总执事凯基里安被选为新任主教，主教费利克斯和另外两位阿非利加行省（Africa）主教为之完成了祝圣。随即，老妇也把之前的教会财产清单交给了凯基里安。然

---

① 奥普塔图写了两版的《论多纳图派的分裂》（*De Schismate Donatistarum*），写作时间分别是 365—367 年和 385 年。参见 W. H. C. Frend, *The Donatist Church*: *A Movement of Protest in Roman North Africa*, Clarendon: Oxford University Press, 1952, p. 169.

② 以下参见奥普塔图，《论多纳图派的分裂》1.15 – 19, 转引自 J. Stevenson ed., *A New Eusebius*: *Documents Illustrating the History of the Church to AD* 337, revised by W. H. C. Frend, Grand Rapids: BakerAcademic, 2013, pp. 338 – 340. 亦参见 W. H. C. Frend, *The Donatist Church*: *A Movement of Protest in Roman North Africa*, Clarendon: Oxford University Press, 1952, pp. 12 – 21.

而，之前负责保管的长老们却拒绝交出教会财产，甚至还直接脱离了凯基里安领导的教会，而两位选举失意者、之前的妇人卢西拉及其雇农也借机分裂出去，并挑拨热衷崇拜殉道士的普通信众一起反对凯基里安的祝圣，以致迦太基教会开始分裂成两派。

奥普塔图在这里仅提到主教费利克斯，他所在的阿普通吉虽然距离迦太基只有50英里，但属于拜萨西恩（Byzacena）行省。事情的发展表明，费利克斯是不是上交者，其祝圣仪式是否有效，都成为后来长久争论的核心议题之一。

弗伦德分析认为，这一祝圣方式怠慢了努米迪亚行省的主教，但迦太基教会的做法也无法自证妥当。

> 自从西普里安时代以来，努米迪亚行省的大主教就有权参与祝圣以迦太基为首府的阿非利加行省的新任大主教，但这一特权受到迦太基教士群体的极力抵制。他们可以声称，阿非利加教会的惯例是祝圣仪式由本省主教来施行；正如奥古斯丁所指出的，他们也可以援引罗马教会的惯例，即每位新任主教都是被邻近的奥斯蒂亚主教所祝圣的。但实际上，他们自己选择的祝圣者（即其一费利克斯）来自阿非利加行省之外，这使得他们无法给出充分理由（来自证妥当）。①

在《驳多纳图派的诗》（*Psalmus contra Partem Donati*）2.44–46中，奥古斯丁也提及，努米迪亚行省首席主教享有这一祝圣权。

部分迦太基信众选择承认凯基里安为新任主教，与他聚集在主教教堂。应分裂派的邀请，赛昆都、参加过科尔塔会议的主教和其他五十多名主教来到迦太基。凯基里安要求分裂派出来当面对质，并反讽说，如果分裂派不承认之前的祝圣，那么现在完全可以来祝圣作为执事的自己。然而，分裂派并不理会这一要求。赛昆都首先指责凯基里安的祝圣

---

① W. H. C. Frend, *The Donatist Church: A Movement of Protest in Roman North Africa*, Clarendon: Oxford University Press, 1952, pp. 16–17.

只有三位主教，而不是通常所需要的十二位；之后指控费利克斯是上交者，其祝圣是无效的。在卢西拉的资助下，赛昆都召开会议，选择祝圣之前是读经师（reader）的迈奥努（Majorinus）为新任主教，科尔塔主教席尔瓦是祝圣者之一，而迈奥努则是卢西拉的奴仆之一。奥普塔图对此讽刺说：

> 在卢西拉的挑唆和贿赂之下，他（迈奥努）被背教者祝圣为主教，而正如我们之前所说的，这些背教者在努米迪亚会议上承认自己的罪行且彼此进行了赦免。①

另行祝圣迈奥努为迦太基教会主教，这一做法造成了一城两主教的局面，北非教会的分裂由此开始。在313年夏天，迈奥努去世，柏柏尔人多纳图（Donatus of Casae Nigrae，史称Donatus the Great）随即继任分裂派主教，一直到347年被流放而死。虽然最初被称为迈奥努派（pars Majorini），但在多纳图继任后，这一分裂派就从此被称为多纳图派（pars Donati），并成为其历史专名。②

在313年2月，君士坦丁联合李锡尼于米兰会面，草拟了允许自由信仰所有宗教的敕令，6月于尼科米底亚颁布，史称《米兰敕令》，其中对所有宗教施行宽容和自由政策，并着重承认基督教的合法地位，归还教会财产。同年，君士坦丁写信给非洲总督雅努里（Anulinus），要求他认真顺从地贯彻这一敕令，特别是归还之前迫害期间没收的北非教会财产。

---

① 奥普塔图，《论多纳图派的分裂》1.19；转引自 J. Stevenson ed., *A New Eusebius: Documents Illustrating the History of the Church to AD 337*, revised by W. H. C. Frend, Grand Rapids: Baker Academic, 2013, p. 340. Mark Edwards trans., *Optatus: Against the Donatists*, Liverpool: Liverpool University Press, 1998, p. 19.

② 作为历史公案，关于这两个多纳图是否同一个人，大公教会的奥普塔图和奥古斯丁都认为是同一个人，而多纳图派坚称不是同一个人。参见 Geoffrey Grimshaw Willis, *Saint Augustine and the Donatist Controversy*, Eugene, Oregon: Wipf & Stock Publishers, 1950, pp. 8 – 9; Francois Decret, *Early Christianity in North Africa*, Edward Smither trans., Eugene, Oregon: Cascade Books, 2009, p. 104.

> 我们的愿望正在于：收到此信后，你即刻作出安排，在任何城市或地方，若有原属于基督徒之大公教会的财产，当立刻归还这些教会，因为我们已决定，凡依法属于这些教会的都应当归还他们。①

在这封信中，君士坦丁显然还没有知悉迦太基教会发生了分裂，很自然地要求把迫害期间没收的北非教会财产归还给"大公教会"（the Catholic Church）。而针对谁代表北非的大公教会，多纳图派提出抗议，而雅努里随即以书信形式报告给君士坦丁，并随附多纳图派的请愿书。在《书信》88 中，奥古斯丁追溯多纳图派的起源，记录了雅努里的书信和多纳图派多次向皇帝请愿的过程。在 313 年 4 月 15 日的书信中，雅努里首先肯定，君士坦丁的来信是指向凯基里安所代表的北非大公教会，但北非教会现在已经不再是合一的。

> 在收到并恭读了您的御书之后，您的忠心仆人就以官方途径将之细心传达给凯基里安及其教士属下。我勉励他们以彼此同意来形成合一；因为他们藉着陛下的恩宠得以免除所有公共服务，我就勉励他们献身于上帝之事，同时以恰当的敬畏维护大公法律的神圣。但过了一些天，有几个人前来见我，后面还跟着一大群人。这几个人说自己反对凯基里安，就交给您的谦卑仆人一件写在羊皮纸上封了印的文书和一件没有封印的小册子，并恳切地请我把它们呈给神圣尊贵的陛下。您的谦卑仆人让凯基里安仍然担任主教，同时细心呈上这些文件并随附有关这些事件的记录，以使陛下能够决定所有这些事宜。呈上两件小册子，一件写在羊皮纸上，名字是"有关迈奥努派指控凯基里安的大公教会书函"，另一随附于这一羊皮纸的小册子没有封印。②

---

① 优西比乌，《教会史》10.5。
② 奥古斯丁，《书信》88.2。除非特别说明，本书中引用奥古斯丁作品多依据相应 WSA 英译本译出，另有《忏悔录》援引周士良译本，《上帝之城》援引吴飞 2022 年译本，具体版本可见于参考文献，其下不再一一注出。

在交付给雅努里的两份文件中，没有封印的请愿书非常简短，奥普塔图在《论多纳图派的分裂》1.22 中记录了其内容。针对多纳图派后来指责大公教会向皇帝请愿，"基督徒与君王有什么相干，或主教与宫廷有什么相干"①，奥普塔图说，这一做法可以追溯到多纳图派最初主动向君士坦丁请愿，要求其选派高卢主教来审断北非教会的分裂争端。

> 最尊贵的皇帝君士坦丁，您的父亲（不像其他皇帝）没有迫害基督徒，以至高卢没有遭受这一罪行，而我们就恳请您，您的敬虔会命令，使我们由高卢主教来审断，因为在我们和非洲其他主教之间已经起了纷争。②

多纳图派的这一请愿认为，作为君士坦提乌斯（Constantius）的领地，高卢没有严格执行戴克里先的迫害政策，其主教没有上交圣经之类的背教行为，因此有资格来审断北非地区因为迫害和背教所导致的分裂争端。

同年，在收到雅努里的报告和多纳图派的多批次频繁请愿之后，君士坦丁认为事态比较严重，很快就写信给罗马主教米尔提亚德（Miltiades 或 Melchiades，310 年 7 月 2 日—314 年 1 月 10/11 日在任），随附雅努里报告的副本，向他说明北非教会发生分裂争端，要求他组织多名高卢主教来审断，同时要求凯基里安、十位凯基里安认为与此案有必要关联的主教和十位控告他的主教一同前来罗马参加听证。在审断程序和结果上，君士坦丁不愿意直接插手教会内部事务，而是全权委派给米尔提亚德及其主教同事，试图以教会内部审断来解决这一分裂事端，以维护大公教会的合一。③ "我尊重合法的大公教会，不愿意大公教会在任何

---

① 奥普塔图，《论多纳图派的分裂》1.22，参见 Mark Edwards trans., *Optatus: Against the Donatists*, Liverpool: Liverpool University Press, 1998, p. 22.
② 奥普塔图，《论多纳图派的分裂》1.22，参见 Mark Edwards trans., *Optatus: Against the Donatists*, Liverpool: Liverpool University Press, 1998, pp. 22 – 23.
③ 奥古斯丁对此评论说："但因为君士坦丁不敢审断关于主教的案件，他就将之委派给其他主教来审讯和解决。"参见奥古斯丁，《书信》105.2.8。

地方出现任何一种分离或分裂。"① 在书信中，君士坦丁提到三位主教的名字，包括瑞提克（Reticius）、马特努（Maternus）和马瑞努（Marinus），分别来自奥顿（Autun）、阿格瑞皮娜（Agrippina）和阿尔勒（Arles），都位于高卢。奥普塔图记载说，罗马会议上还有十五名意大利主教参与会议，加上米尔提亚德，共计 19 位主教主审，而最后的裁决是支持凯基里安一派，谴责多纳图对失脚主教的再洗礼违背了教会传统。② 针对罗马会议的裁决，多纳图派随即表示上诉，而君士坦丁讽刺说，这是将主教的裁决当作异教徒之间的诉讼案件。不过，他仍然批准召开阿尔勒会议，对之进行第二次审断。

在 314 年，君士坦丁写信给非洲大区巡按（Vicarius Africae）阿拉菲（Aelafius），③ 告知其事件原委，要求其提供帮助。其中，罗马会议裁决凯基里安无罪，反而是那些请愿的主教有罪，就禁止这些主教返回北非。在读过阿拉菲写给尼卡斯（Nicasius）的书信之后，君士坦丁认识到，相较于固执己见以致破坏规条和分裂教会，多纳图派并不看重自己的拯救和敬畏全能的上帝。他写这封信是因为，多纳图派抱怨说，罗马会议并没有调查事件全部，也没有让己派主教畅所欲言，因此其裁决结果是片面的。有鉴于此，君士坦丁批准第二次听证会议，要求阿拉菲为非洲主教及其随从经西班牙在 8 月 1 日前来到阿尔勒提供公务交通上的便利，这些非洲主教包括凯基里安，分别从拜萨西恩、努米底亚、的黎波里塔尼亚（Tripolitania）和毛里塔尼亚（Mauritania）诸行省各选一名主教，还有一些多纳图派主教。他认为，教会内部的争吵以致分裂是最大的羞耻，希望阿尔勒会议能得出令双方信服的结论，以彻底解决这一问题。④

---

① 优西比乌，《教会史》10.5。
② 奥普塔图，《论多纳图派的分裂》1.23 – 24。
③ 本书中晚期罗马帝国多个官职的名称采用了夏洞奇的译法，有不当之处则由本人负责。参见夏洞奇：《尘世的权威：奥古斯丁的社会政治思想》，上海三联书店 2007 年版；夏洞奇：《制度史的意义：以奥古斯丁〈忏悔录〉为例》，载北京大学历史学系世界古代史教研室编：《多元视角下的封建主义》，社科文献出版社 2013 年版，第 594—620 页。
④ 奥普塔图，《论多纳图派的分裂》附录三"君士坦丁致阿拉菲的书信"。参见 J. Stevenson ed., *A New Eusebius: Documents Illustrating the History of the Church to AD 337*, revised by W. H. C. Frend, Grand Rapids: Baker Academic, 2013, p. 343 – 345; Mark Edwards trans., *Optatus: Against the Donatists*, Liverpool: Liverpool University Press, 1998, pp. 181 – 184.

与此同时，君士坦丁还特意写信给叙拉古主教克雷斯图（Chrestus of Syracuse），通报了罗马会议的结果和筹备召开阿尔勒会议的事宜，并要求他从西西里总督处获得公务交通的便利，以准时到达阿尔勒并参与听证裁决。对于北非教会的分裂危机，君士坦丁评价说：

> 本应兄弟一般和睦且彼此合一的人却被以一种可耻的，不，是令人憎恶的方式互相分开，给那些最神圣信仰之外的人徒留笑柄，……这可耻可叹、拖延至今的争吵也许能被真宗教、信仰和兄弟般的和睦取而代之。①

阿尔勒会议在 314 年 8 月召开，其听证委员会同年写信给罗马主教斯尔维斯特（Silvester of Rome），通报了裁决结果，即仍然裁定多纳图派的抗议没有事实依据。这封书信的最后附记说，君士坦丁开始厌倦这场争论，就下令所有人各回各处。②

紧接着写给叙拉古主教克雷斯图的书信，优西比乌还记录了君士坦丁的另两封书信，分别写给凯基里安和雅努里，而雅努里当时还担任着非洲总督一职。如果优西比乌是按照时间顺序来编排行文，那么这两封书信就应该写于 314 年，即在写给克雷斯图的书信之后，且很可能是写于阿尔勒会议的裁决之后。不过，琼斯（A. H. M. Jones）等认为，这封书信写于 313 年 10 月。③ 后一种时间表明，君士坦丁在 313 年 4 月得知了多纳图派分裂，可能在罗马会议之后同年就选择认可凯基里安的主教职分，并同时回信给雅努里，作为对此事的裁决。

在写给凯基里安的书信中，君士坦丁说，自己已经命令非洲财政官向北非大公教会提供金钱资助，且许诺其还可以向地方总督要求额外的金钱资助；从雅努里总督和帕特里克（Patricius）大区巡按那里，自己

---

① 优西比乌，《教会史》10.5。
② 参见 J. Stevenson ed., *A New Eusebius: Documents Illustrating the History of the Church to AD 337*, revised by W. H. C. Frend, Grand Rapids: Baker Academic, 2013, p. 345 – 347.
③ 参见 A. H. M. Jones, J. R. Martindale & J. Morris, *The Prosopography of the Later Roman Empire*, volume 1, A. D. 260 – 395, Cambridge: Cambridge University Press, 1971, p. 79.

也已经知悉多纳图派分裂,"我已听说,有些人心智不稳,藉着恶毒诱惑急欲将平信徒带离最神圣的大公教会,让他们走入歧途"①。针对后者,君士坦丁不仅指示两位行政官员要予以重视,而且鼓励凯基里安可以将这类人送法查办。然而,事情的发展表明,不仅大公教会要做到这一点并非易事,甚至帝国的强制力量也难以成功。在写给雅努里的书信中,君士坦丁重述了罗马国家的一贯政策,即保持正当的宗教崇拜会给罗马带来繁荣,而损害宗教崇拜将会带来灾祸,并将之转而适用于基督教,要求雅努里免除凯基里安所领导的大公教会教士的公共责任,以使之专注于服事上帝。②

正如奥普塔图所看到的,北非教会的分裂不仅起源于凯基里安当选迦太基主教,还涉及费利克斯对他的祝圣是否正当,即祝圣者自身是否"上交者"。阿尔勒会议主要裁决了前一个问题,而派往迦太基的两位主教也确认了凯基里安领导的一派代表着大公教会。不过,要彻底解决这一争端,还必须审断费利克斯是否"上交者",对他的有关质疑是否有事实依据。

君士坦丁写信给总督埃利安（Aelianus）,要求其暂时放下其他公务,来公开审讯针对费利克斯的指控。埃利安的名字实际上是 Aelius Paulinus,之前是执政总督（proconsul）,此时已经接替生病的维鲁斯（Verus）出任非洲大区巡按,而 Verus 的全名则是 Aelius Paulinus Verus,这使得二者容易相互混淆。③ 埃利安奉命召集会议,其中有阿普通吉的多名前任和现任官员,包括迫害发生时的市政长官阿尔菲·凯基里安（Alfius Caecilianus,不同于迦太基主教凯基里安）和公共文书员英根提（Ingentius）,后者时任营造官（aedile）奥根提（Augentius）的文书员,在 313/314 年则担任兹卡（Ziqua/Zicca）的市政议员（decurion）。④

---

① 优西比乌,《教会史》10.6。
② 参见优西比乌,《教会史》10.7。
③ 参见 Mark Edwards trans., *Optatus: Against the Donatists*, Liverpool: Liverpool University Press, 1998, pp. 26 – 27, note 105.
④ 奥普塔图,《论多纳图派的分裂》1.27 和附录二"阿普通吉主教费利克斯无罪案审讯记录"。参见 J. Stevenson ed., *A New Eusebius: Documents Illustrating the History of the Church to AD 337*, revised by W. H. C. Frend, Grand Rapids: Baker Academic, 2013, pp. 347 – 348; Mark Edwards trans., *Optatus: Against the Donatists*, Liverpool: Liverpool University Press, 1998, pp. 26 – 27, 170 – 180.

在315年2月15日写成的"阿普通吉主教费利克斯无罪案审讯记录"表明，在上交圣经并予以销毁的敕令到达北非之后，部分基督徒派人来到总督府问询敕令的事，凯基里安告诉他们，可以交出圣经来销毁。他们之后又派人来到费利克斯的住处，以取走圣经来销毁。凯基里安和格拉提（Galatius）来到费利克斯的教堂，取走了冠冕和信件；当他们来到费利克斯的住处时，有官员们说，主教不在家。此事过后，有人密谋反对费利克斯，试图诬称他上交了圣经以销毁。由于乌提卡主教马鲁斯（Maurus of Utica）有过错一事而与费利克斯有隙，英根提就被别人收买，带着伪造的书信前来见凯基里安，假装是受费利克斯的差派。书信以费利克斯的口吻说，自己曾经收到十一本珍贵的圣经，现在需要归还，而如果凯基里安说，这些圣经在其当政时被销毁了，那么自己就不用归还了。凯基里安十分恼火，把他赶走了。而英根提再次前来，随行的奥根提也帮衬说话。凯基里安就口授，由奥根提执笔回信给费利克斯，其中仅仅说格拉提从教堂中取走了信件，并未谈及取走圣经。之后，英根提在这封书信的结尾处进行了窜添：

> 让你们（指费利克斯等人）中的一个人把它们（圣经）带到你们祈祷的地方并放在那里，我会带着官员们去取。之后，我们就去到那里，取了依据协议的一切东西，并依据神圣命令焚毁了它们。①

在对质中，英根提很快承认自己窜添了凯基里安的书信，就被收监候审。而埃利安宣布了审讯结论：确认费利克斯并没有上交或焚毁圣经，其教会中也没有圣经被取走、损坏或焚毁，他当时不在场、不知情，更没有命令去做这样的事。在后来迦太基教会开始分裂时，这封被窜添的书信就成了费利克斯主动上交圣经的证据，而其"上交者"的背教行为又危及主教凯基里安的祝圣合法性。然而，虽然这场审讯可以

---

① 奥普塔图，《论多纳图派的分裂》1.27 和附录二"阿普通吉主教费利克斯无罪案审讯记录"，5、9，参见 Mark Edwards trans., *Optatus: Against the Donatists*, Liverpool: Liverpool University Press, 1998, p. 178.

从根本上消除费利克斯的上交嫌疑,却没有能够阻止迦太基教会分裂的继续深化。

在得知这场审讯的结果之后,君士坦丁在 315 年(依据弗伦德所给出的时间)写信给时任非洲总督普洛宾(Probianus),向他重述了费利克斯无罪案的审讯过程和结果,即费利克斯并没有上交圣经,反而是英根提窜添了凯基里安的书信用以诬蔑他,于是要求普洛宾把英根提解送到宫廷来,以作为反面证人来让逗留在罗马不断请愿的多纳图派认识到事实真相,从而避免教会继续分裂。

> 由此,我们想让你把这个英根提在合适的护卫下解送到我的帝国官廷,即君士坦丁奥古斯都的宫廷,以使得,当那些现在还在为此案请愿且日复一日不停请愿的人前来听到此人时,他们就能够知道,自己激发对主教凯基里安的敌意是没有理由的,却还想以暴力反对他。而这样就会使得,一旦消除了这一不合,正如所应当的那样,人们将会以适宜的敬畏且没有任何不合地来崇拜他们自己的宗教。①

无论凯基里安当选主教在迦太基教会中引发多少敌意,无论参与祝圣的主教人数是否符合北非教会的传统,有了英根提这个至为关键的反面人证,费利克斯就完全洗脱了"上交者"的嫌疑,那么他对凯基里安的祝圣就至少是有效的,而多纳图派的多次请愿和多次不接受听证结果也就失去了充分的神学基础和道德理由。

在 315 年春夏,新任非洲大区巡按凯尔苏斯(Domitius Celsus,315 年 4 月 28 日到 316 年 1 月 11 日在任)写信给君士坦丁报告说,曾经参与科尔塔主教席尔瓦祝圣的主教梅拉里(Menalius 或 Meanalius)现在正煽动反对凯基里安的暴乱。君士坦丁在回信中说,自己计划亲自前往非洲,同时向两派颁布敕令,教导他们如何敬拜上帝,以期说服和平息这一分裂争端;与此同时,他还申明说:"充分明显的是,没有人能够

---

① 奥古斯丁,《书信》88.4;亦参见奥古斯丁,《书信》129.4、141.8–10。

得到殉道的祝福（the blessings of martyrdom），如果他的方式被看作不同于且不符合敬虔的真理。"① 值得注意的是，北非教会的分裂争端至此还没有引发严重暴乱，但君士坦丁似乎已经预见到，一旦出现迫害与死亡，则多纳图派就很可能将己派现在所受的压制等同于延续戴克里先甚至之前德修的迫教先例，把己派成员的死亡等同于延续之前的殉道，而这不仅会危及《米兰敕令》的政治功绩，甚至如此的经历与记忆还会塑造出长期不顺服的分裂派别，以致影响地方稳定。② 事情的发展也正如君士坦丁所预料的。

在315年8月稍后，君士坦丁写信给多纳图派主教们，严厉批评他们不仅是"极大的麻烦制造者"（great troublemakers），还顽固地不接受听证结果，不尊重公正的审断，甚至严重损害了自己的判断力；他放弃了自己前往非洲的计划，批准他们很快可以返回非洲，但现在要把凯基里安从非洲召到意大利来，以在皇帝面前当面对质，来证明多纳图派的过错，从而解决这些争端。然而，凯基里安最终没有及时赶到罗马，错失了这一机会。

在315年到316年的冬天，在宫廷官员菲鲁门（Philumenus）的提议下，两位主教奥利姆匹（Olympius）和优诺米（Eunomius）被派遣到迦太基，试图选立一位新的迦太基主教。这一尝试遭到多纳图派的极力抵制和暴力威胁，以致两人在迦太基逗留了四十天无所进展，但在返回前与凯基里安派教士一同领圣餐。随后不久，多纳图脱离留置回到迦太基，而凯基里安也随即回来。③

在316年秋天，君士坦丁在米兰再度审查了英根提一案。在他看来，事情至此已经非常明了，也应当就此做出最后的政治决断，即完全认可凯基里安派代表北非地区的大公教会。在316年11月10日，君士坦丁写信给新任非洲大区巡按优马利（Eumalius）说："在审判中，我

---

① 奥普塔图，《论多纳图派的分裂》附录七"君士坦丁致凯尔苏斯"，参见 Mark Edwards trans., *Optatus: Against the Donatists*, Liverpool: Liverpool University Press, 1998, p. 194.

② 参见 W. H. C. Frend, *The Donatist Church: A Movement of Protest in Roman North Africa*, Clarendon: Oxford University Press, 1952, p. 157.

③ 奥普塔图，《论多纳图派的分裂》1.26。

清楚地认识到，凯基里安是完全无可指摘的……也很清楚的是，他自己没有过错，都是他的敌人在他不在场时捏造给他的。"①

既然如此，针对多纳图派的顽固做法，君士坦丁颁布了一项最为严厉的法律（legem severissimam，现已不存），并在317年允许军队前去平息分裂争端。以军事介入来维护教会合一几乎总是事与愿违，其所引发的冲突导致部分多纳图派成员死亡，其中就包括在暴乱中被杀的阿德沃卡塔主教多纳图（Donatus, Bishop of Advocata）。这场冲突后来被多纳图派称为"凯基里安的迫害"（Persecution of Caecilian），成为该派的历史记忆并一直留存下去；而这位被杀的多纳图被多纳图派追认为殉道者，对其的纪念布道也被编入多纳图派所自行编撰的殉道集中。这场布道发生在317年到320年之间，② 其中把凯基里安领导的大公教会和执行命令的军政官员称为古蛇即撒旦的仆人和基督的敌人，抗议以皇帝是否青睐来划分"大公派"和"异端"的标签化做法，还嘲讽凯基里安接受君士坦丁的拨款只会削弱信仰和增加贪婪。此外，这场布道描述了多纳图派遭受镇压的具体措施。

> 在遇到诱惑时，正义女神径直前行并不顾盼；而法官就被命令介入进来，被驱使去使用世俗力量，房屋被军队包围，富人被威胁剥夺权利，圣礼被亵渎，民众被沾染上偶像崇拜，神圣的聚会被变成荒宴醉酒。③

---

① 奥古斯丁，《驳克瑞斯科尼》（Contra Cresconium）3.82，转引自 J. Stevenson ed., *A New Eusebius: Documents Illustrating the History of the Church to AD 337*, revised by W. H. C. Frend, Grand Rapids: Baker Academic, 2013, p. 349.

② 对于这场布道的确切时间，Jean-Paul Brisson 认为是318年或319年3月，而 W. H. C. Frend 认为是320年。参见 Maureen A. Tilley trans., *Donatist Martyr Stories: The Church in Conflict in Roman North Africa*, Liverpool: Liverpool University Press, 1996, p. 52.

③ "A Sermon on the Passion of Saints Donatus and Advocatus Given on the 4th Day before the Ides of March", in Maureen A. Tilley trans., *Donatist Martyr Stories: The Church in Conflict in Roman North Africa*, Liverpool: Liverpool University Press, 1996, p. 55; 另参见 J. Stevenson ed., *A New Eusebius: Documents Illustrating the History of the Church to AD 337*, revised by W. H. C. Frend, Grand Rapids: Baker Academic, 2013, pp. 349–350.

这些措施是法律和军事手段并用，包括把多纳图派教堂充公、放逐主教和剥夺部分公民权，例如立遗嘱的权利等。

距313年颁布《米兰敕令》不过几年时间，帝国官员阶层和军队还绝大部分是异教徒，因而引入世俗或异教力量来镇压一派基督徒，以维护整个基督教会的合一，显然有些难以自圆其说。多纳图派恰恰利用这一点，煽动信众对凯基里安派的厌恶，并把己派塑造成殉道者的形象。弗伦德对此评论说：

> 对于那些声称大公教徒与异教徒官员和士兵结盟的人，呼吁"基督喜爱合一"是没有分量的。这仅仅确认了多纳图派的说法，即大公教徒是"分裂教会者"。他们的教会开始被等同于令人厌恶的偶像崇拜，被等同于对"殉道者的教会"的迫害。①

多纳图派的极力抵制使得凯基里安派陷入两难，虽然有皇帝和行政力量的支持，但其自身没有能力代表大公教会，而引入世俗力量更容易使自己遭到批判；多纳图派进则请愿于皇帝，挟民意抗拒合一；退则标榜非洲教会传统，以殉道者教会自居，从而占据道德制高点。

然而，如此来占据道德制高点更多是营造说辞的结果，而不是基于历史事实。英根提一案使得费利克斯被洗清了"上交者"的嫌疑，而与之相反，320年对多纳图派主教席尔瓦的一场审讯则坐实了其多桩罪行，而他却是当年给迈奥努祝圣的主教之一。在320年12月，席尔瓦与其执事之一努迪纳瑞（Nundinarius）发生争吵，对他施行石刑并开除教籍。努迪纳瑞不满于此，前去向多名多纳图派主教诉冤，后者纷纷写信给席尔瓦，希望和平解决此事，但都被拒绝。努迪纳瑞历经之前的迫害，对席尔瓦在其间的作为深有了解，于是上告于努米底亚行省总督（consularis）芝诺非罗（Zenophilus）。这场审讯发生在320年12月13日，其中有时任长老的文法学家维克多（Victor the grammarian）等人出

---

① W. H. C. Frend, *The Donatist Church: A Movement of Protest in Roman North Africa*, Oxford: Oxford University Press, 1952, p. 160.

庭应讯，形成的文字记录即"在芝诺非罗座前的审讯记录"（*Gesta apud Zenophilum*）。在审讯中，维克多等人供述，席尔瓦在迫害开始时是副执事，上交了圣经和圣器，其出任主教受到广泛反对；在出任主教之后，他侵吞卢西拉给穷人的钱财，接受贿赂来买卖圣职，以致维克多得以出任长老（*presbyter*）。① 在审讯之后，席尔瓦被判有罪并处以流放。

依照多纳图派的理论说辞，既然席尔瓦被证实是"上交者"，那么他对迈奥努的祝圣就是无效的；而同时，既然费利克斯被证实不是"上交者"，那么他对凯基里安的祝圣就是有效的。事情的发展路径恰恰与这两场审讯所得出的结果相反，多纳图派不仅不承认对席尔瓦的判决，甚至还称他为殉道者，即他是因为拒绝与芝诺非罗等一同领圣餐才被处以流放。显然，从费利克斯案到席尔瓦案，这些审讯记录实际上已经摧毁了多纳图派的神学基础，使其分裂行为失去合法性。但是，多纳图派已经摒弃了事实与理性所能论证的立场，反而越发表现出顽固和强词夺理的态度，以致事件起因的真实性变得不再重要，而营造说辞、强化组织和暴力抵抗就足以使得这场教会分裂持续下去，即使此后多任基督徒皇帝介入也难以扭转局面。

由于开始与李锡尼争夺帝国的独一权力，君士坦丁在321年5月5日写信给北非大公教会，其中承认之前的政策无法驯服多纳图派，就寻求上帝的仁慈来应对，并要求大公教徒对之进行宽容。

> 对于这些，我们都以宁静的德性来宽容。不要以恶报恶，我们应当把报仇的权柄留给上帝，否则就是愚蠢的，特别是当我们的信仰应当确信，基于殉道的恩典，从这类人（指多纳图派）的疯癫所遭受的苦难将会被上帝所看重。②

---

① 奥普塔图，《论多纳图派的分裂》附录一"在芝诺非罗座前的审讯记录"。参见 Mark Edwards trans., *Optatus: Against the Donatists*, Liverpool: Liverpool University Press, 1998, pp. 150 – 169；另参见 J. Stevenson ed., *A New Eusebius: Documents Illustrating the History of the Church to AD 337*, revised by W. H. C. Frend, Grand Rapids: Baker Academic, 2013, pp. 350 – 351.

② 参见奥普塔图，《论多纳图派的分裂》附录九"君士坦丁致大公教徒"。参见 Mark Edwards trans., *Optatus: Against the Donatists*, Liverpool: Liverpool University Press, 1998, pp. 196 – 197；note 6.

与多纳图派所声称的殉道相比,君士坦丁显然认为,殉道是指宗教迫害的受害者,而不是法律惩罚的承受者。后来,奥古斯丁同样论证说,法律惩罚不是宗教迫害,而是宗教强制,为了逃避惩罚而自杀更不是殉道。

在324年,君士坦丁打败李锡尼,成为罗马帝国的唯一皇帝。然而,在应对多纳图派分裂上,他不愿意激起北非暴乱,因此也没有更多更好的办法,而不得不延续之前的宽容政策,甚至还容忍了多纳图派强占大公教会教堂的冒犯行为。努米迪亚行省的大公教会主教写信给君士坦丁报告说,多纳图派强占了其曾经下令在君士坦提娜(Constantina)给大公教会修建的一间教堂,并在皇帝的和执行皇帝命令的地方官员的频繁警告之后仍然拒绝归还。在330年2月5日,君士坦丁回信给大公教会主教,激烈批评多纳图派的分裂行径是抵挡上帝的,是教会的敌人,但仍然要求大公教会把报仇的权柄留给上帝,并许诺很快敕令财务官全额拨付钱物修建新的教堂给当地大公教会,重申大公教会的神职人员可以免除公共义务,最后还勉励其要信仰坚定。[①]

从313年开始,至少持续到330年,君士坦丁逐渐深入到对北非教会分裂争端的调查中,之后一直关注并全程参与处理。具体来说,他最初不想直接介入,在听取两派的报告和游说之后试图以主教会议听证的方式来相对独立地进行裁决,但主教会议听证并没有强制效力,甚至多纳图派仍然可以向皇帝上诉和请愿,也只有皇帝才能使用世俗力量来执行主教会议听证所做出的裁决。根据这些裁决,君士坦丁指示行政系统予以应对,努力促进教会合一和地区稳定,但也根据政治需要对多纳图派采取了宽严相济的政策。正如之后所论述的宗教身份问题,君士坦丁虽然舍弃宗教迫害,认可宗教宽容,但并不认可皇帝与教会应当适度分离,反而一直坚持政主教从的政教关系模式,无论是在同一时期处理多

---

① 奥普塔图,《论多纳图派的分裂》附录九"君士坦丁致努米迪亚行省主教"。参见 Mark Edwards trans., *Optatus: Against the Donatists*, Liverpool: Liverpool University Press, 1998, pp. 198-201;另参见 J. Stevenson ed., *A New Eusebius: Documents Illustrating the History of the Church to AD 337*, revised by W. H. C. Frend, Grand Rapids: Baker Academic, 2013, pp. 352-353.

纳图派争端，还是处理阿里乌派争端。对于君士坦丁的作用，弗伦德评价说："君士坦丁实际上扮演的角色，使他显得好像凌驾于地上的宗教权力之上，如同上帝自己的代理人，而不是一个普通的、有朽的人。"①我们可以看到，这个评价是比较准确的。

第三节　多纳图派的发展②

从312年凯基里安被祝圣为迦太基主教，到330年君士坦丁要求北非大公教会保持忍耐，这近二十年的分裂与斗争可以看作多纳图派的诞生时期。

基于教会必须是大而公之的，多纳图派在诞生之初就试图瞄向北非以外，至少传播到了西班牙和罗马，甚至设立罗马主教，但总体上并未达到理想效果；与之相比，其在北非取得了"几乎完全的成功"（almost complete success），虽有简短的低潮时期，但此后半个多世纪几乎占领了整个北非。可以看到，多纳图派的长足发展主要得益于，罗马帝国在4世纪初开始了基督教化进程。在4世纪上半叶，基督教会在北非的宗教市场上所占据的份额迅速扩张。这就使得，在多纳图和继任者帕门尼安（Parmenian）的强力领导下，多纳图派容易以比较激进的组织手段和教义宣传抢占优势位置，其间标榜自身的洁净和殉道精神，并与自德尔图良和西普里安以来的非洲教会传统相结合，以北非教会之主教统绪的继承者自居，由此就可以树立起其在北非地区的正统形象，以致完全压制了北非大公教会的发展。凭借其卓越的领导能力，多纳图在教派内部获得了极高的权威，甚至别人不能称他为一位主教，而必须称之为"迦太基的多纳图"；而凭借阐发教义和创作赞美诗，帕门尼安的影响延续至5世纪中叶，迦太基之外的多纳图派甚至被称为"帕门尼安

---

① W. H. C. Frend, *The Donatist Church: A Movement of Protest in Roman North Africa*, Oxford: Oxford University Press, 1952, p. 158.

② 本节主要依据弗伦德的相关研究写成，特此说明。参见 W. H. C. Frend, *The Donatist Church: A Movement of Protest in Roman North Africa*, Oxford: Oxford University Press, 1952, pp. 169–226.

派"（Parmeniani）。

最晚在 340 年，游荡派或游荡派运动（the Circumcellion movement）开始出现，集中于努米迪亚行省和毛里塔尼亚行省。游荡派一词起源于"围绕圣坛"（circum cellas）而居，可能包括殉道者的祭坛等。他们操腓尼基语，大多为北非血统的抛地农民，成为流动的季节性短工，平时以敲诈大农场为生，受多纳图派领袖的唆使、利用和牵制。多纳图派平时否认与之有瓜葛，但在需要暴力支持时则让他们前来，比如冲击大公教会教堂，在教派冲突中充当打手，对大公教徒和主教实施人身伤害等。游荡派是宗教狂热者，热衷于殉道，或截击旅人和官府，或冲击异教庆典，或攻击大公教堂等以求被杀，甚至还会跳崖自杀以示殉道。直至 405 年前后，游荡派的暴力行径给北非大公教会带来了极大的滋扰，其制造的严重伤害事件使得后者不得不求助于霍诺里皇帝来加以惩罚和制止。

大约在 346 年，多纳图向君士坦斯皇帝请愿，要求把自己确认为唯一的迦太基主教。君士坦斯没有直接拒绝，而是差派两位御前书记官（imperial notaries）保罗（Paul）和马卡瑞（Macarius）前去调查。两人可能在 347 年春天到达迦太基，首先青睐大公教会，参加了凯基里安的继任主教格拉图（Gratus）主持的教堂崇拜。多纳图对此大为不满，在与两人接触时直接回应，"皇帝与教会毫不相干"，同时写信给君士坦斯表达抗议。有流言开始说，皇帝的半身像被安放在迦太基主教教堂的祭坛上且有焚香献予之，两位特派官员则试图取代主教。多纳图派信众立即被这一流言激怒，就处处阻挠他们的巡视，而马卡瑞不得不要求扈从将军西尔维斯特（the Comes Silvester）派兵协助。巴该的主教多纳图（Donatus, the bishop of Bagai）召集周边的游荡派据守一处教堂来抵抗，前来调查的军队与其发生战斗并将之屠杀殆尽。在 347 年 6 月 29 日，多纳图派召开会议，选派主教马库罗（Marculus）率团抗议。马卡瑞下令严厉处置多纳图派，将代表团绑在柱子上予以鞭笞。在 347 年 8 月 15 日，总督发布帝国的《合一敕令》，要求两派合一且由格拉图统管。多纳图派的随后暴动再次受到军队的镇压，而多纳图本人则被逮捕和流放到高卢，直至 355 年去世。这一年的镇压事件被称为"马卡瑞时代"

（days of Macarius, *tempora Macariana*），而北非大公教会被称为马卡瑞派（*pars Macarii*），大公教徒被称为"马卡瑞类的人"（*Macariani*）。在多纳图死后，该派的领导权转移到一同被流放的主教蓬提乌斯（Pontius）和在罗马的多纳图派主教马可罗比（Macrobius）手中。在约350年，可能出身于西班牙或高卢的帕门尼安被流亡主教祝圣为多纳图的继任者，并于358年被放逐离开迦太基。

从348年到361年，北非大公教会有所上升，但多纳图派在被镇压之后很快恢复元气。在361年或362年初，蓬提乌斯代表流亡主教向朱利安皇帝请愿，得到批准回到北非，帕门尼安也回到迦太基。由于得到皇帝的大力支持，多纳图派对大公教会展开报复，索回并极力洁净之前因为合一而被占据的教堂，再度加深北非地区的教派隔阂，并将之扩展成为社会隔阂，比如不仅遇到大公教徒不打招呼，甚至多纳图派佃农的面包店拒绝把面包卖给作为其地主的大公教徒，双方更少有通婚和同地安葬。

在364年，帕门尼安成为多纳图派的代言人，直至391/2年去世，带领多纳图派达到了全盛时期，其间历经费尔姆（Firmus）叛乱危机、开除多纳图派神学家提康尼教籍和罗格图（Rogatus）的分裂事件等。除了布道和创作赞美诗，帕门尼安在约362年撰写五卷本著作，书名可能是《驳上交者的教会》（*Adversus Ecclesiam Traditorum*），为多纳图派神学构建了较为整全的教会论和洗礼论，但该书仅有奥普塔图撰写《论多纳图派的分裂》（*On the Schism of the Donatists*）反驳时引用的段落存留。其中认为，"真教会"或"大公教会"应当包括座席（cathedra）、天使（angelus）、泉源（即圣水器，fons）、封印（sigillum）和祭坛（altar）五个要素；上交者的背教行为使其所施行的圣礼（包括祝圣和施洗）归于无效，只有多纳图派才是唯一的真教会，而大公教徒要加入必须重新接受洗礼（rebaptism）；大公教会也不应当求助帝国权力来干预北非教会事务。[①] 在约372年，他写信反驳提康尼对再洗礼做法等的

[①] 参见 Geoffrey Grimshaw Willis, *Saint Augustine and the Donatist Controversy*, Eugene, Oregon: Wipf & Stock Publishers, 1950, pp. 17–18.

批评，而奥古斯丁后来撰写了三卷本的《驳帕门尼安书信》（*Contra epistulam Parmeniani*）以反驳这封书信的神学思想。

早在373年2月20日，皇帝瓦伦廷（Valentine）和瓦伦斯（Valens）敕令时任非洲总督朱利安（Julianus），宣布禁止再洗礼的做法。[①] 而这为405年前后正式将多纳图派定为异端并适用于反异端法提供了前例。

多纳图派虽然支持了375年摩尔人王族费尔姆的叛乱，在398年又牵涉进非洲扈从将军柏柏尔人吉尔多（Gildo, *Comes Africae*）的叛乱，但并非有意识地反帝国，反而只要有机会或有可能获得好处，他们仍然积极向皇帝请愿，并争取地方官员的同情，甚至377年时任非洲大区巡按的弗拉维安（Flavian）都在多纳图派中领圣餐。在391/2年，普瑞米安（Primianus）历经艰难被选为多纳图派继任主教，与其竞争的马克西米安（Maximianus）很快就在393年联合四十位主教分裂出去。普瑞米安参加了394年的巴该（Bagai）会议和411年的迦太基会议，412年因为帝国强力推行教会合一而结束其主教职务。

至于迦太基的大公教会，格拉图的继承人是瑞斯提图特（Restitutus），之后是格内斯里（Genethlius），后者极力避免与多纳图派发生冲突，甚至阻止恢复一项制裁多纳图派的法律，而希波的老主教瓦莱里（Valerius）也持如此立场。这反而使得双方的关系暂时缓和。马卡瑞时代的人已经过世，对分裂起源的历史记忆也逐渐淡漠，虽然家庭成员分属两派，但可以温和讨论彼此的差异，甚至有多纳图派信徒参加大公教会的教堂崇拜，大城市中的两派年轻人也一起学习生活。然而，这样的融洽情景并不总是很多和长久，游荡派的暴力威胁仍然随时浮现，大公教会最终在5世纪初不得不再次诉诸请愿和法律，以求解决北非地区的教会分裂和宗教暴力。

大公教会和多纳图派都认可北非地区的教会传统，同日纪念殉道主教西普里安，双方的核心教义相同，主要分歧集中于圣礼论和教会论。多纳图派坚持，大公教会的洗礼是由背教主教所祝圣的主教施行的，所以是无效的，必须接受己派的再洗礼。而秉承保罗的教导，"作个荣耀

---

① 参见《狄奥多西法典》16.6.1.

的教会，毫无玷污、皱纹等类的病，乃是圣洁没有瑕疵的"（《以弗所书》5：27），多纳图派就以"洁净人的教会"自居，热衷于殉道，积极为殉道者立传，以自杀来伪装殉道，甚至把西普里安也看作己派的殉道者。[①] 他们还热衷于崇拜殉道圣徒和圣迹，多把殉道者的墓室或在其上建立教堂作为崇拜场所，但其对道德净化的标榜往往流于口头，在日常生活中与大公教徒并无二致。

在4世纪下半叶，除了罗马传统宗教，北非地区的宗教版图基本上是大公教会、多纳图派与摩尼教三足鼎立，而多纳图派占据明显优势，在努米迪亚行省尤其如此，两派对摩尼教十分厌恶。到390年代，多纳图派声势兴盛，在农村和城镇都建有教堂，完全超越了大公教会和摩尼教，甚至可以被认为是"基督教当时在非洲的主要形式"[②]。可以看到，在大公教会得到历任基督徒皇帝青睐的不利条件下，多纳图派却能够既不认可来自帝国范围内的主教裁决，也不服从皇帝们的教会合一命令和政治压制，反而以奉行地方主义的宗教身份在北非地区得到蓬勃发展，在声势上完全压倒了大公教会，抗拒了罗马帝国所推行的大公基督教化（Catholic Christianization）。

然而，多纳图派的兴起使得非洲大公教会在组织上陷入分裂，双方在政治斗争上耗费了大量精力，而人才的极度匮乏又使得大公教会在几乎整个4世纪没有取得教义上的新发展，以致在拉丁基督教界的地位下降，开始被罗马教会所完全超越，而到了418年，奥古斯丁一行甚至要打着教宗代表团的旗号，前往毛里塔尼亚的凯撒利亚调查当地的教会冲突。对于非洲教会在权力和智识上的地位更迭，弗伦德评价说：

> 然而，直接的结果是，不像德尔图良和西普里安时代，非洲教会在4世纪停止对拉丁基督教思想产生影响。……罗马主教发现自己不再直面来自非洲的对立的教会力量。在3世纪，西班牙和高卢

---

① 参见 Maureen A. Tilley, trans., *Donatist Martyr Stories: The Church in Conflict in Roman North Africa*, Liverpool: Liverpool University Press, 1997.

② Augustine, *The Donatist Controversy I*, Maureen Tilley & Boniface Ramsey trans., WSA 1/21, Hyde Park: New City Press, 2019, p. 13.

的基督徒曾经请求主事迦太基的西普里安来解决其各种教会辩论。而现在，罗马有能力把自己的裁决主张畅通无阻地施加于西部帝国的基督教会。①

第四节　奥古斯丁与多纳图派的交锋

与多纳图和帕门尼安相比，北非大公教会在 4 世纪中叶一直缺乏同样强有力的教会领袖，仅仅依赖帝国的支持并不能实现同等发展，在有些城市例如希波甚至还不得不面对被帝国所明令禁止的摩尼教的竞争。在 4 世纪后半叶，由于基督徒皇帝的大力推行，北非地区也经历着逐渐深入的大公基督教化。② 随着双方新一代教会领袖登上历史舞台，分裂斗争中的政治优势、组织优势和理论优势开始向大公教会倾斜。③

在 388 年，奥古斯丁从意大利返回家乡，在迦太基逗留期间认识了时任迦太基大公教会大执事的奥勒留（Aurelius），一起见证了非洲副总督的顾问英诺森（Innocentius）的康复神迹。④ 在 391/2 年，帕门尼安去世，普瑞米安继任迦太基多纳图派主教。在 391 年 5 月 7 日，格内斯里去世，奥勒留继任迦太基大公教会主教。同年，奥古斯丁被希波大公教会强举为司铎，从此与奥勒留开始了长达 40 年的友谊与合作，二者都于 430 年去世，其中奥古斯丁于 430 年 8 月 28 日去世。从 393 年撰写《诗歌：驳多纳图派》（*Psalmus contra partem Donati*）开始，奥古斯丁就努力查考多纳图派的起源，试图与多纳图派主教接触和辩论，积极撰写反驳作品，频繁外出旅行布道，参与组织几乎每年召开的北非大公

---

① W. H. C. Frend, *The Donatist Church: A Movement of Protest in Roman North Africa*, Oxford: Oxford University Press, 1952, p. 182.
② 有关北非地区的大公基督教化过程，参见 Horace E. Six-Means, *Augustine and Catholic Christianization: The Catholicization of Roman Africa, 391－408*, New York: Peter Lang, 2011.
③ 本节所涉事件的时间线，主要参考了弗伦德的相关研究，参见 W. H. C. Frend, *The Donatist Church: A Movement of Protest in Roman North Africa*, Oxford: Oxford University Press, 1952, pp. 227－299；同时参见夏洞奇：《尘世的权威：奥古斯丁的社会政治思想》，上海三联书店 2007 年版，第 308—315 页。
④ 参见奥古斯丁，《上帝之城》20.8.3。

教会会议，着手筹划大公教会的应对策略并稳步推进，甚至在 401 年到 411 年把主要精力用于针对多纳图派的斗争，一直持续到 419 年写作《驳高登提》（Contra Gaudentium）才算大致结束。

奥古斯丁出生于努米迪亚行省的塔格斯特（Thagaste），成长于大公信仰的家庭。由于家境较好和结交富贵，他接受了完整的拉丁语古典教育，成为修辞学教师，生活于拉丁化的城市，在意大利的米兰归信大公信仰并接受洗礼。在家庭出身和活动范围上，虽然塔格斯特有不少多纳图派，但奥古斯丁早年可能极少接触多纳图派占主流的佃农阶层，因此对北非教会的传统与当时的分裂认识不足，甚至《忏悔录》中从未提及过多纳图派，而直到 390 年的《书信》20 中才第一次提及。

在出任圣职之后，为了应对北非大公教会主教人选缺乏和受教育水平低下的现状，在老主教瓦莱里的支持下，奥古斯丁在希波建立修道院，制定严格的院规，大力培养神职人员，随即从中推荐自己的朋友和追随者出任各地大公教会主教，明显缓解了北非大公教会的人才窘境。其中，阿利比（Alypius）出任塔格斯特主教，赛维努（Severus）出任米利维（Milevus）主教，艾弗迪（Evodius）出任乌扎里（Uzalis）主教，其传记作者波斯都（Possidius）出任卡拉马（Calama）主教，而随后在与多纳图派的教义论战和政治斗争中，这些新任主教逐渐成长为中坚力量。在出任主教之后，希波和邻近的多纳图派甚至把奥古斯丁的著作拿去给己派的主教，有时会有多纳图派主教的回应反馈回来，而奥古斯丁就"耐心且平静地"应对这些回应，"在这些事情上，他夜以继日地辛劳"。[1]

在出任司铎之后，奥古斯丁主动致信奥勒留，要求整顿希波大公教会中借纪念圣徒殉道而荒宴醉酒的不良风气，使北非大公教会摆脱过分崇拜圣徒、圣迹的传统习俗，从而与海外的大公教会保持圣礼上的一致。[2] 这项道德风尚的整顿计划得到奥勒留的支持，经过诚切的教义布道和训诫，希波大公教徒最终认可了奥古斯丁，在顺服中以祷告和赞美

---

[1] 参见波斯都，《奥古斯丁生平》9。
[2] 参见奥古斯丁，《书信》22.4。

诗取代了荒宴醉酒，而不远处的多纳图派教堂里正传来吃喝欢宴的鼎沸人声。正如奥普塔图反驳帕门尼安时称他为弟兄，奥古斯丁也公开称多纳图派为弟兄，并不称之为异端。不过，在395年私下写给阿利比的书信中，奥古斯丁回顾了整顿希波教会的情景，在描述不远处的多纳图派时却明确说："因为我们听到，异端们的教堂（basilica haereticorum）正在举行作为习俗的欢宴；当我们在宴饮时，他们也在如此。"① 由此可见，至少在希波，多纳图派和大公教会形成了"鸡犬之声相闻"的对峙局面。整顿计划的成功是奥古斯丁推行北非地区大公教化（catholicization）蓝图的开端，而其中所施行的温柔劝说的策略也正是他最初应对多纳图派的手段，"以教化而非正式命令，以劝说而非恐吓"②。

在391年或392年，迦太基多纳图派执事马克西米安（Maximian）被其主教普瑞米安开除教籍，由此引发了多纳图派自身的分裂。在393年，一百多位多纳图派主教选举马克西米安为迦太基主教，以取代普瑞米安。但在394年的巴该会议上，三百多位多纳图派主教出席，将马克西米安及其支持者开除教籍。多纳图派对待马克西米安派的方式是，承认其洗礼有效，并不对之进行再洗礼，却同时要求世俗司法力量来惩罚之。③ 显然，这种双重做法既违背了多纳图派之前不承认己派之外的洗礼的立场，又违背了其一直批判大公教会求助于帝国力量的说辞。

在393年10月，北非大公教会第一次主教会议在希波召开，尚是司铎的奥古斯丁受命在会议上做了《论信仰与信经》（De fide et symbolo）的布道，向主教们宣讲了大公信仰的基本要义。值得注意的是，奥古斯丁在其中所延承的不是北非传统信经，而是以意大利地区的信经为标准，作为其将来改造北非大公教会的教义基础。此次出场确立了奥古斯丁作为教会领袖的地位，使得他与奥勒留一起团结大公教会，主动应对多纳图派的分裂挑战。

除了写成《诗歌：驳多纳图派》，以诗歌体叙述了多纳图派的起源与错谬，奥古斯丁还陆续写成《驳佩提里安著作》《驳帕门尼安书信》

---

① 参见奥古斯丁，《书信》29.11。
② 参见奥古斯丁，《书信》22.4。
③ 参见奥古斯丁，《书信》51.4–5。

《论洗礼》《致大公教徒：论多纳图派》《致多纳图派文法学家克莱斯康尼》《论一洗：驳佩提里安》《迦太基会议后驳多纳图派》和《驳高登提》等主要作品，还频繁在解释《诗篇》、布道和书信中驳斥多纳图派。在口诛笔伐之时，奥古斯丁阐述了自己在洗礼、教会和神学政治等论题上的观点。这些观点为北非大公教会奠定了基本神学立场，使己方阵营在理论论战上一直处于主动地位。弗伦德认为，这些教义论战并未取得多大的实际效果，甚至回归大公教会的信徒与出走的信徒差不多，而北非大公教会的胜出其实取决于两点，即"有能力保持有教士长久管理教会和有能力采取强力"①。可以说，奥古斯丁和奥勒留也恰恰做到了这两点，并辅以教义论战，最终才取得这场教派斗争的胜利。

在交锋伊始，奥古斯丁坚持对话和说服的方法，开始写信给多纳图派主教，包括同城的普库里安（Proculeianus）和同省的马克西米（Maximinus）等，称其为弟兄，批评其分裂教会和再洗礼的做法，并邀请其就教义分歧进行公开辩论，以借机说服。② 同时，奥古斯丁还写信给其他多纳图派领袖和平信徒群体，追溯北非教会的分裂历程，劝诫其接受之前的多次会议裁决，不要以"真教会"或"真基督徒"自居，并放弃暴力行径，从而共同展望北非教会合一的美好愿景。③

然而，多纳图派对公开辩论无动于衷，却热衷于引诱大公教徒加入己派，以言语诋毁大公教会，游荡派则以武装暴力攻击其神职人员，甚至多次试图伏击奥古斯丁。波斯都对此描述说：

> 但有几次，当上帝的仆人奥古斯丁应邀去拜访、教导和勉励大公教徒时，正如他频繁所做的那样，这些游荡派就全副武装埋伏在路上，等着机会要攻击他。当时虽然全力以赴，但他们并没有抓住他。因着他的向导犯了错，而实际上是因着上帝的神意，主教及其随从借由另一条路到了要去的地方，他后来得知，因着这个犯错，

---

① W. H. C. Frend, *The Donatist Church: A Movement of Protest in Roman North Africa*, Oxford: Oxford University Press, 1952, pp. 238-239.
② 参见奥古斯丁，《书信》23, 33, 49, 51, 66。
③ 参见奥古斯丁，《书信》43, 44, 52, 70, 76。

他逃脱了他们不敬虔的手,他就连同一切感谢上帝这位解救者。①

奥古斯丁在《信仰手册》(*Enchiridion*)17.5 中也描述过这类逃脱经历。

面临拒绝对话的僵局,在 396 年或 397 年,奥古斯丁写信给希波当地的帝国官员优西比乌(Eusebius),抱怨多纳图派的再洗礼做法。其中说,大公教会的一个青年教徒打骂母亲,因受到主教的训诫,就随即加入多纳图派,并接受了再洗礼;② 与此类似,大公教会的副执事普瑞姆斯(Primus)与修女有不当行为而应当受到惩罚,也逃到多纳图派那里接受了再洗礼③。借助阐述大公教会在洗礼和教会合一上的立场,奥古斯丁试图争取优西比乌的理解和道义支持,劝说他关注这一事件,并代为向同城的多纳图派主教普库里安表达抗议。即便如此,奥古斯丁并不愿意直接要求帝国权力来处理教会争端,或强迫不意愿的信众回归大公教会。

多纳图派拒绝与大公教会进行和平对话,还放纵己派的暴力攻击,于是大公教徒对这种身体伤害提起法律诉讼,要求严格实施之前狄奥多西皇帝所颁布的反异端法。面对多纳图派同时使用冷战与热战的两手伎俩,原本乐观的以对话和说服为手段的应对策略宣告失败,奥古斯丁开始转而确信,有必要采取强有力的实际措施来对付暴力与分裂,而帝国权力未尝不是可资借用的手段。

非洲扈从将军吉尔多受到诱惑,在 397 年到 398 年发动叛乱,宣布投靠东部帝国,有部分多纳图派主教参与其中。在叛乱失败之后,西部帝国开始严厉镇压某些多纳图派的政治分离倾向,迫使许多人回归了大公教会,奥古斯丁从中看到强制的有效性。由于疲于应对北方日耳曼蛮族的入侵和内部西哥特人的叛乱,拉文纳宫廷亟须维护北非地区的社会稳定,就在 399 年 6 月 25 日发布敕令给非洲大区巡按萨匹迪安(Sapid-

---

① 参见奥古斯丁,《书信》35.4,53;波斯都,《奥古斯丁生平》12。
② 参见奥古斯丁,《书信》34.2。
③ 参见奥古斯丁,《书信》35.1。

ianus），开始利用之前的反异端法来治理多纳图派。① 同年，奥古斯丁也改变态度，在《驳帕门尼安书信》1.10.16 中公开称多纳图派为异端。

大约在 401 年，原本作为多纳图派主教的马克西米安（Maximian of Bagai）回归大公教会，担任努米迪亚行省巴该的大公教会主教，但他在 402 年 8 月 27 日的米勒维会议（the Council of Milevis）上接受建议辞去了主教职务，以避免其原本的教派身份引发争议，但在 404 年重新担任巴该大公教会主教。404 年 6 月 16 日，北非大公教会召开年度会议，派遣代表团前去拉文纳游说，要求霍诺里皇帝以反异端法制止多纳图派的暴力行为。同年，马克西米安通过法律诉讼索回了被多纳图派强占的一处教堂，但遭到游荡派的严重殴打和伤害，在侥幸康复之后前往拉文纳请求霍诺里主持公义。代表团刚到达罗马，霍诺里就批准了马克西米安的请求，于 405 年 2 月 12 日颁布《合一敕令》（Edict of Unity），要求北非各级官员严格执行。② 其中，多纳图派被正式定为异端，适用于之前颁布的所有反异端法，包括处以十磅金子的罚金，财产归大公教会，集会场所充公，教士处以流放，租赁人处以鞭刑，剥夺普通信徒立遗嘱、签合同和接受馈赠的公民权利，但儿子如果回归大公教会则可以继承父亲被充公的产业，而法官不执行敕令会被处以二十磅金子的罚金等。与此同时，多纳图派多位重量级主教如普瑞米安、佩提里安等被处以流放，大批多纳图派信众不情愿地回归到了大公教会。

在 406 年 1 月，多纳图派也派遣代表团到拉文纳请愿，要求与在宫廷的北非大公教会主教瓦伦廷（Valentinus）进行辩论，由枢密大臣（*Praefectus Praetorio*）坐镇审断。不过，这项提议在 1 月 30 日被拒绝，代表团被允许返回北非。在 408 年 6 月 1—8 日，卡拉马城发生异教徒暴乱，烧毁大公教会教堂和打伤多名教士，大公教会主教波斯都前往拉文纳报告。在 6 月 16 日，北非教会在迦太基召开年度会议，奥勒留差

---

① 参见《狄奥多西法典》16.5.21。
② 参见 E. M. Atkins & R. J. Dodaro ed., *Augustine: Political Writings*, Cambridge: Cambridge University Press, 2004, pp. 241 - 242；奥古斯丁《书信》69；185.7.27 - 28；88.7；另参见《狄奥多西法典》16.6.4。

派斯卡主教福图纳提安（Fortunatianus, bishop of Sicca）去宫廷请愿，要求皇帝更严厉地对待异端和异教。8月23日，托孤大臣和西部帝国的大元帅斯蒂利科（Sthilico）被霍诺留下令处死，其妹夫也被从北非召回。在408年末，负责处决斯蒂利科的赫拉克里安（Heraclianus）被任命为新任非洲扈从将军。多纳图派以为，甚至大公教会也担心，斯蒂利科的倒台会使得之前处理多纳图派的政策被撤销。奥古斯丁在408年9月初就撰写《书信》96和97给斯蒂利科的谋害者和继任者奥利姆匹（Olympius），恭喜他荣升高位即政事总管（*magister officiorum*），向其探问之前针对多纳图派的政策是出自皇帝，还是仅仅出自斯蒂利科，皇帝是否会继续认可这些政策。多纳图派以为这些政策会被撤销，就开始报复大公教会，普库里安的继任主教马可罗比（Macrobius）甚至在游荡派的保护下凯旋般地进驻希波。

在408年10月13日，奥勒留再次派遣代表团去宫廷游说继续执行反异端法；在11月11日，霍诺里敕令继续执行之，并于11月24日敕令之前的各项法律依然有效。在409年1月15日，霍诺里敕令非洲官员应当严厉执行之前的法律。同年，奥利姆匹倒台，西哥特人首领阿拉瑞克（Alaric）两度围困罗马城，11月3日罗马城尹大臣（*Praefectus Urbi*）阿塔路（Priscus Attalus）甚至宣布不再效忠皇帝，并在阿拉瑞克的支持下被元老院选为皇帝。如此严峻的政治和军事情势使得，霍诺里颁布敕令对多纳图派予以宽容。在这年冬天，赫拉克里安拒绝供应罗马粮食。在410年4月，阿塔路派往北非地区的康斯坦斯（Constans）被赫拉克里安逮捕并处死，之后自己也被阿拉瑞克废黜；在6月25日，霍诺里嘉奖北非地区的忠诚，免去所欠的税收。而在6月14日，奥勒留再次派遣代表团到宫廷抗议，要求撤销对多纳图派的任何宽容，并安排两派当面辩论，以最终实现教会合一。在8月24日，阿拉瑞克的西哥特军队进入罗马城，劫掠三天而去，史称"罗马陷落"（the Sack of Rome）。在8月25日，霍诺里撤销之前的宽容敕令，重新发布敕令给赫拉克里安，要求严厉镇压多纳图派，[①] 同时派遣御前书记官马科林

[①] 参见《狄奥多西法典》16.5.51。

(Flavius Marcellinus, *tribunus et notarius*) 前去主持两派当面辩论并做出裁决。马科林在年底到达迦太基。

在411年6月1日、3日和8日，迦太基会议采用法庭辩论的形式举行了三场集会。在宣读了皇帝敕令之后，双方开始清点质证主教的身份和人数，原本是大公教会266位主教对多纳图派279位主教，随后各方努力增补至286位对284位。6月8日以当面辩论为主，双方各选派七位主教担任主辩，各有控辩机会，奥勒留、奥古斯丁、阿利比和波斯都在列，代表大公教会，最终形成了详尽的文字记录，即《迦太基会议纪要》(*Gesta Collationis Carthaginensis*, *Acts of the Council of Carthage*)。在辩论中，双方针对北非教会分裂的历史缘起、教会论、洗礼论阐发己方立场，质证文书的真伪，但多纳图派先是在主辩人选上摇摆不定，临场也准备不充分，不仅不能证明凯基里安是上交者，甚至还出具了不利于己方的文书材料，对后续结果估计得也过于乐观，以为之后还可以向皇帝请愿和上诉。这就使得，马科林很快宣布大公教会胜出，而多纳图派主教被勒令各回各城，要么加入大公教会，要么被革职。①

在会议之前，大公教会就占据多方面优势。首先，在政治和法律上，多纳图派已经作为异端被处罚有年，如果多纳图此次辩论获胜，帝国就必须彻底调整其政策，赦免之前的处罚并归还被充公的教会财产等，这显然不是帝国所愿意看到的。其次，大公教会几乎每年召开主教会议，筹划教会合一中灵活的应对措施，例如允许多纳图派主教直接出任大公教会主教，以弥补神职人员的缺乏。最后，作为对话和辩论的提倡者，奥古斯丁已经在历史证据和教义论战上做好了准备，而他驳斥多纳图派的神学作品也已经吸引了马科林作为追随者。

在412年夏天，赫拉克里安发动叛乱，起兵进攻拉文纳，但在413年初被侍卫总管马瑞努（Marinus, *comes domesticorum*）领兵打败，逃回迦太基之后被逮捕，在3月7日被处死。在其后肃清其可能支持者的过程中，马科林及其兄弟、前任非洲执政总督阿普林格（Apringius）被逮

---

① 参见 Geoffrey Grimshaw Willis, *Saint Augustine and the Donatist Controversy*, Eugene, Oregon: Wipf & Stock Publishers, 1950, pp. 70–75.

捕，奥古斯丁为此紧急来到迦太基，组织大公教会积极营救却无果，兄弟二人于同年9月13日被斩首处决。历经此事，奥古斯丁大受打击。不过，在414年6月和8月，霍诺里两次颁布敕令给非洲执政总督朱利安（Julianus），宣布之前的反异端法依然有效。新任非洲大区巡按马其顿尼（Macedonius）也支持大公教会，持续施压多纳图派。到418年，迦太基的年度会议还催促大公教会加紧征收多纳图派的教堂等。

奥古斯丁仍然努力劝说多纳图派回归大公教会，在418年前往毛里塔尼亚的凯撒利亚，试图说服该城多纳图派主教厄麦瑞特（Emeritus），但后者沉默以对；在419年应派到非洲的御前书记官杜尔科特（Dulcitius）的请求撰写《驳高登提》，驳斥塔姆戈底（Thamugadi）的多纳图派主教高登提以威胁自焚教堂来抵抗教会合一的做法。至此，奥古斯丁与多纳图派的交锋基本结束，之后就更多投身到晚期与佩拉纠派更艰苦的理论斗争中。

在4世纪初到5世纪初的百年风云中，罗马帝国经历着不断深化的基督教化，而北非地区乃至东、西罗马帝国的政治经济军事形势起伏变化，都极大地影响着北非教会的分裂态势与合一历程。从基督徒皇帝对多纳图派的调解与压制到背教者朱利安的故意扶持，从吉尔多叛乱到赫拉克里安叛乱，皇帝、官员与将军之间的权力交织和斗争，构成了北非教会不得不参与其中的政治处境。北非地区的经济状况恶化使得信众关注精神生活，所促生的洁净主义等宗教热情和宗教理想导致教派分裂，而这种分裂则进一步引发社会隔阂与群体冲突。受制于权力各方的多重博弈，北非大公教会的努力只能是，说服皇帝并结交军政大员，以借助国家的强制力量来保护自身的安全，同时迫使多纳图派完成回归，最终实现教会合一。显然，多纳图派的波折历史表明，只要罗马帝国实施稳定而有力的宗教强制政策，多纳图派不仅可以被扼杀在萌芽阶段，也可以在其强盛时期给予重创，使其绝大部分信众不得不回归大公教会。然而，对宗教争端进行超越常规法律治理的暴力弹压却容易取得适得其反且无法预测的效果，正如镇压多纳图派所导致的双重结果。

一方面，基于411年的迦太基会议，非洲教会最终实现了形式上的合一，但相较于3世纪，其对罗马教廷乃至意大利大公教会的需要使得自己失去了独立性和非洲特色。正如弗伦德所看到的：

> 与此同时，非洲教会相对于罗马教廷的独立性正在消失。当非洲大公教徒在奥古斯丁的启发下明确舍弃了西普里安的教导和传统时，无条件地接受罗马教廷为最高权威就变得不可避免。在最后的时日里，非洲大公教徒从物质资助和精神导向上都依赖于外来的支持。①

另一方面，多纳图派的出现导致非洲教会陷入长达一个世纪的分裂和内耗，在411年之后仍然无法实现真正的合一，严重削弱了非洲教会在本土抵挡其他信仰入侵的能力，包括429年入侵的汪达尔人所信仰的阿里乌派异端和6世纪下半叶入侵的阿拉伯人所信仰的伊斯兰教。在汪达尔王国时期，北非大公教会和残留的多纳图派都受到迫害；而对于伊斯兰教的入侵，艾拉（George M. Ella）甚至不无夸张地说："多纳图派的血成了伊斯兰的种子。"② 多纳图派经历了汪达尔人王国时期，直到534年查士丁尼（Justinianus）皇帝的将军贝利萨留（Belisarius）收复北非地区，但从大格里高利（Gregory the Great，约540—604年，590—604年在位）开始，多纳图派就从历史上消失了，直到17世纪在讨论国家镇压异端时才被作为新教的历史原型再次被提起。③

---

① W. H. C. Frend, *The Donatist Church: A Movement of Protest in Roman North Africa*, Oxford: Oxford University Press, 1952, p. 243.

② George M. Ella, "The Donatists and Their Relation to Church and State", *Biographia Evangelica*, Retrieved March 1, 2017. http://evangelica.de/articles/the-donatists-and-their-relation-to-church-and-state/ (The blood of the Donatists had become the seed of Islam.)

③ 参见 Augustine, *The Donatist Controvery I*, Maureen Tilley & Boniface Ramsey trans., WSA 1/21, Hyde Park: New City Press, 2019, p. 25.

第二章　帝国屋檐下的教会：
与多纳图派的斗争

要真正与多纳图派交锋，奥古斯丁与北非大公教会都认识到，在写信著书之外，有必要开始引入帝国的世俗力量进行镇压，而游荡派的暴力袭击显然就成为向宫廷请愿的合宜理由。肖恩看到，为了实现这一目的，奥古斯丁和奥勒留作为新生代领袖联手制订以下三重策略。（1）从理论论证上，把多纳图派的教义和做法划归入异端的范畴，从而适用于帝国之前颁布的反异端法；（2）揭露多纳图派在对付内部分裂派即马克西米安派中的虚伪做法，即接受其洗礼，却同时要求引入世俗力量进行压制，借此以子之矛攻子之盾；（3）最后且最为关键的是，论证多纳图派孕育着"一场危险的且暴力的暴乱运动"，表现为游荡派的暴力袭击。①

既然如此，从消除游荡派的暴力入手，奥古斯丁在书信和著述中就突出展示了这种暴力的凶残，在大公会议上推动向宫廷请愿，以期颁布新的法律来专门镇压多纳图派，同时积极结交从本城到行省再到宫廷的各级官员，寻求理论同情和政治支持。事实表明，这些实践层面上的做法是非常有效的。然而，当教会合一稳步推进时，奥古斯丁也开始认识到其中的不稳固，从而在理论上寻求更大的突破。

第一节　消除游荡派的暴力

在迦太基教会陷入内讧之初，多纳图派中就存在着激进势力，试图

---

① 参见 Brent Shaw, *Sacred Violence: African Christians and Sectarian Hatred in the Age of Augustine*, Cambridge: Cambridge University Press, 2011, p. 141.

诉诸暴力来捍卫自己的分裂立场。无论是去意大利向君士坦丁申请调查期间，还是在君士坦提乌斯派员前来北非调查期间，多纳图派总是以请愿与暴力并用的方式，甚至以自杀式袭击为殉道，来论证本派的合法与洁净，而游荡派的出现使得暴力变成了常规选项，以致这种混合且矛盾的做法贯穿于多纳图派的历史之中。

在听证和调查期间，多纳图派频繁向君士坦丁请愿，甚至试图以暴力反对凯基里安。在英根提被审问之后，君士坦丁在 315 年写信给普洛宾，其中说："可以看到，也可以知道，他们正在毫无理由地激起对主教凯基里安的恨恶，并且想发起暴力来反对他。"① 在 315 年，新任非洲大区巡按凯尔苏斯（Domitius Celsus）写信给君士坦丁报告说，曾经参与科尔塔主教席尔瓦祝圣的主教梅拉里正在煽动反对凯基里安的暴乱。在回信中，君士坦丁批判梅拉里长时间以来都陷入疯狂，远离了上帝的真理，并鼓励凯尔苏斯继续注意防范。"你之前遵守我们的命令以恰当处理他们的违抗，但已经被他们所发动的暴乱所阻碍。"② 随后，在 315 年到 316 年冬天，主教奥利姆匹和优诺米在迦太基逗留四十天，而多纳图派极力抵制，甚至每天都挑动骚乱，使其无法开展另选主教的工作。③ 在 347 年，巴该多纳图派主教多纳图召集游荡派武装反抗保罗和马卡瑞的调查，遭到北非军队的血腥镇压，使得总督在 8 月 15 日发布帝国的《合一敕令》，开始了继君士坦丁短暂迫害之后的第二次迫害，直到 361 年朱利安继任皇帝。在游荡派出现之后，多纳图派对大公教会和罗马帝国的暴力抗拒就变得常规化，以致参与构成了 4 世纪帝国范围内广泛出现的宗教暴力活动。他们不仅袭击大公教会教士和信徒，甚至参与北非地区的多次叛乱，成为不时威胁社会稳定和基层治理的危险要素。

在出任希波大公教会的司铎之后，奥古斯丁开始应对多纳图派，主张双方进行当面教义辩论以期实现理论说服，使之可以回归大公教会。然而，这些提议没有得到任何积极回应，反而招惹来游荡派的暴力，奥

---

① 参见奥古斯丁，《书信》88.4。
② 参见奥普塔图，《论多纳图派的分裂》"附录七：君士坦丁致凯尔苏斯"。
③ 参见奥普塔图，《论多纳图派的分裂》1.26。

古斯丁自己在409—410年间就被设法伏击过。几乎每年召开的北非大公教会会议只能从教义上批判多纳图派的做法，但无法实际抵挡其暴力行为。

在4世纪末的隔空交锋中，暴力和承受暴力成为两派共同采用的说辞。对于多纳图派，"马卡瑞时代"代表着大公教会的暴力；而对于大公教会，游荡派代表着多纳图派的暴力。面临着这种双向暴力修辞，奥古斯丁试图要求多纳图派舍弃引发其恨恶的历史记忆，在当下约束游荡派不要再对大公教会实施暴力。在出任司铎期间，他撰写《书信》23给同省西尼提（Siniti）的多纳图派主教马克西米努（Maximinus），呼吁双方都放弃暴力修辞，"你们不要以马卡瑞时代为借口，我不要以游荡派的残暴为借口"①。但实际上，奥古斯丁既没有机会与多纳图派开启对话，也没有能力阻挡游荡派的持续暴力。在406年到411年间，他撰写《书信》88给多纳图派主教亚努阿瑞（Januarius），在开头就批评说，"你的教士和游荡派以一场新的且带着前所未有的残忍的迫害对我们发泄怒火"，②之后详细描述了游荡派的残忍做法：

> 他们不仅以棍棒殴打我们，以刀剑杀害我们，还发明出难以置信的罪行，用石灰拌酸醋撒进我们的眼睛以将之弄瞎。此外，他们劫掠我们的房屋，给自己装备巨大而吓人的武器，四处叫嚣躁突，以屠杀、抢劫、纵火和致盲相威胁。③

最后，奥古斯丁讽刺这些人，"他们像强盗那样生，像游荡派那样死，像殉道士那样被荣耀"④。在描述了类似情形之后，波斯都在《奥古斯丁生平》10中还补充说："这些施行再洗礼的多纳图派甚至被他们自己人所恨恶。"⑤

---

① 参见奥古斯丁，《书信》23.6。
② 参见奥古斯丁，《书信》88.1。
③ 参见奥古斯丁，《书信》88.8。
④ 奥古斯丁，《书信》88.8。
⑤ 波斯都，《奥古斯丁生平》10。

即使在多纳图派的历史上,游荡派的暴力并不算特别严重,或者比不上北非大公教徒袭击异教神庙,或者埃及基督徒杀害女数学家希帕提娅,但对于北非大公教会来说,除了在390年代以来造成人身伤害和财产损失之外,这些暴力所参与营造的威胁氛围不仅阻碍了部分多纳图派信众回归大公教会,还使得某些不良的大公教徒为了逃避惩罚而加入多纳图派,由此阻碍了北非教会实现合一的可能前景。如同帝国范围内的阿里乌派异端,即使消灭了游荡派的暴力,在北非地区广泛存在的各种异端也使得北非教会难以实现教会合一,但这一暴力或多或少总是教会合一的绊脚石。在理论说服无效的情况下,北非大公教会不得不求助帝国的强制力量即政治公共暴力,来对付游荡派的宗教私人暴力,而后者的不时发生恰恰成为大公教徒向皇帝请愿的恰当借口,随后导致的结果却是多纳图派所不愿意看到的了。

在404年,游荡派两次残酷殴打了巴该大公教会主教马克西米安,后者侥幸存活下来,就前往拉文纳上告于霍诺里皇帝。在查看了他的伤疤之后,霍诺里在405年2月12日针对北非教会发布《合一敕令》。在《书信》185.7.27–28中,奥古斯丁详细描写了马克西米安被殴打的过程,其残忍和血腥程度使得,帝国此时有了更充分的理由来强力镇压多纳图派。

> 前文提到的巴该主教在世俗法庭中与多纳图派一起听审,依照判决而重获一处教堂,这教堂原本就是大公教堂,而被多纳图派所强占。当他站在教堂的祭坛前时,他们冲向他,极力地袭击他,在怒火中愈发残忍;他们狠狠地殴打他,用棍棒和其他任何武器,最后还用从祭坛上折下的木头。他们还用匕首捅刺他的腹股沟,鲜血从伤口处涌出,如果他们的野蛮没有给他留了口气,他就会失血过多而死。他们在地上拖拽严重受伤的他,尘土沾满他喷射的血管,止住了伤口,而大量失血使他几乎死掉。……之后,他们觉得他已经死了,就把他抬到一座塔上,然后把他扔了下去,其实他还活着。他落到一堆软东西上,而一些夜里赶路的人打灯发现了他,并认出来他,就把他运到一处修道院,精心照料他,使他从奄奄一息

中慢慢康复过来。然而，流言传说他被多纳图派残忍杀害了，甚至海外也有所听闻。当他之后现身时，无疑的事实是，他依然活着，还能够展示身上的许多大片且新结成的伤疤，传说他死了的流言是无根据的。因此，他向基督徒皇帝寻求帮助，更是要保护托付给自己的教会，而不是为自己报仇。①

从君士坦丁时代起，多纳图派给基督徒皇帝留下的印象就是拒绝顺服的挑战者，不仅挑战皇帝和官员的权威，还不时威胁地区稳定和基层治理。对于北非大公教会来说，虽然消除游荡派的暴力并不能够实现教会合一，但其作为正当理由要求帝国颁布新的《合一敕令》，却可以间接推进这一目的的实现。可以想象，如果没有游荡派的暴力，他们也不参与北非地区的叛乱，帝国宫廷就不会在390年代以来如此关注多纳图派的发展，也不会仅仅因为教会分裂和教义纠纷就动用强大的世俗力量，即以军队为后盾来实施司法镇压。然而，事实却是，游荡派的存在给大公教会提供了绝佳的借口，其暴力行径越残忍，多纳图派所受到的打击就将越直接和越严厉；纵容和利用游荡派的暴力成为多纳图派的错误做法，也成为导致其在交锋中彻底失败的直接原因。

正如阿里乌派传播所表明的，在教派分裂中应当避免使用暴力，这样才能使得分裂派不会成为帝国进行司法镇压的对象。对于北非大公教会来说，解决游荡派的暴力成为当时的急迫问题，更是向宫廷请愿的合宜借口，同时也使帝国以公开暴力出手打击多纳图派有了正当理由。在消除了游荡派的暴力之后，多纳图派中的部分信众就可以摆脱其威胁，自主选择回归大公教会，而对于不主动回归的信众则随即实施以法律为主要手段的宗教强制。基于这一思路，消除游荡派的暴力就成为打击多纳图派的破门之举，而奥古斯丁和大公教会很快把向宫廷请愿的重心放到了宫廷同样关心的消除暴力上。因此，在404年6月的迦太基会议之后，北非大公教会派遣狄斯（Theasius）和艾弗迪前去拉文纳宫廷请愿，就改变了游说时的说辞，不再强调洁净、正统、圣经的地位和再洗

---

① 奥古斯丁，《书信》185.7.27-28。

礼等教义争论，而是把重心放在强调，多纳图派的暴力严重威胁着北非的公共秩序。与此同时，他们超越城市和行省，直接向皇帝请愿，因为只有皇帝的敕令才可能使得，地方官员积极且切实地加以执行。[①] 一年一任和随时被召回意大利的任职制度也使得，在关注财产和市政事务的同时，地方官员不得不重视在执行敕令过程中北非大公教会的各种要求。

第二节　帝国敕令：作为宗教强制的法律惩罚

在理性对话得不到回应、暴力袭击得不到遏制的情况下，为了消除游荡派的暴力，进而使多纳图派回归大公教会，奥古斯丁逐渐转变早先坚持对话说服的立场，在理论上开始认可宗教强制并为之辩护，在实践上则向皇帝、官员和将军请愿，要求以帝国法律来有力但有节制地应对多纳图派，强迫其首先在身体上回归大公教会，以期最终在灵魂上皈依大公信仰，最终实现北非地区的教会合一。在现实层面上，实施宗教强制的措施是皇帝敕令，其发出者是皇帝，执行者是帝国的军政系统，而不是北非大公教会。为此，奥古斯丁不得不呼请政治权力的所有者去颁布和执行相关法律，以军事力量为后盾来保护北非大公教会免受宗教暴力且实现合一。受制于帝国高层政治和军事斗争形势的变化，北非大公教会完全不能主导这一事件的发展进程。

在 4 世纪，由君士坦丁开创先例，罗马帝国所经历的基督教化主要是大公基督教化，除了个别皇帝例如朱利安和瓦伦廷二世等，基督徒皇帝倡导大公基督教为全体臣民的共同信仰，同时认可大公教会对异端教派的认定，并发布各种敕令予以限制和打击。这种境况使得皇帝和官员自然地倾向于北非大公教会，而镇压作为分裂派的多纳图派也就成为理所当然的。要避免遭到镇压，多纳图派完全可以选择放弃分裂，回归北非大公教会，进而融入帝国范围内的大公教会。但如果要将这种镇压强

[①] 参见 Brent Shaw, *Sacred Violence: African Christians and Sectarian Hatred in the Age of Augustine*, Cambridge: Cambridge University Press, 2011, p. 143.

行视为宗教迫害，且等同于《米兰敕令》之前信奉异教的帝国对基督教的镇压，那么就会失去大部分理论基础，也会失去教会历史层面上的同情。

罗马帝国非常重视打击各种异端，《狄奥多西法典》第 16 卷汇总了宗教法，其中第 5 组是反异端的条款，共计 65 款，是宗教法中法条最多、篇幅最长的部分，占据宗教法三分之一强的篇幅。之所以如此重视反异端，是因为：

> 在许多案例中，异端主要不是宗教上的异议，而是对社会上和经济上的遭遇和不满的表达。因此，异端作为对潜在的叛乱的表达，使得皇帝们就更为严厉地去镇压。①

除了罗马传统宗教和犹太教，在大公教会之外的各种宗教和教派都被划归入异端的范围，包括摩尼教这一带有基督教色彩的灵知主义宗教。②

在下文，我们将梳理四条比较重要的敕令，以表明帝国是如何以法律的方式来具体进行宗教治理的。这四条敕令分别是 392 年的反异端法律、399 年将反异端法律适用于多纳图派、405 年的《合一敕令》和 409 年批评北非官员执行敕令不力，基本上可以反映帝国近二十年的治理机制，即立法先行使得有法可依，援引旧法应对新事，要求违法必究且严格执法。正如上文所论，北非大公教会的斗争思路是，通过把多纳图派界定为异端，以适用于之前颁发的反异端法，再通过向皇帝报告游荡派的暴力袭击，以使之发布更严厉且目的更明确的敕令，最终迫使多纳图派回归大公教会，实现教会合一。

一 《狄奥多西法典》16.5.21

在 392 年 6 月 15 日，狄奥多西皇帝发布反异端敕令给枢密大臣塔

---

① Clyde Parr trans., *The Theodosian Code and Novels and the Sirmondian Constitutions*, Union, New Jersey: The Lawbook Exchange, Ltd., 2001, p. 450, note 1.

② 参见 William K. Boyd, *The Ecclesiastical Edicts of the Theodosian Code*, Union, New Jersey: The Lawbook Exchange, 2005, pp. 33 – 70.

提安（Tatianus, Praetorian Prefect），规定异端教派的主教或教士将被处以十磅金子的罚款。

> 在异端的错误教义方面，我们的命令是，如果任何人祝圣教士或接受教士的职位，那么他们每个人都要被处以十磅金子的罚款。在任何地方尝试去做上述被禁止的行为，如果这一冒犯明显是主人所默许的，那么其所在的地产将被充公到我们的国库。但如果这一不当行为是秘密做的，而地产所有者没有注意到，那么我们的指示是，这一地产的主要佃农，如果是自由民，就应当被处以十磅金子的罚款，而如果生于奴役且由于贫穷和地位低下而藐视钱财上的惩罚，就应当被处以棒打和流放。①

在此之外，如果这些行为发生在帝国的公共地产上，其主要佃农和代理人却没有加以制止或为自己谋求教士的职务，那么他们每人都要被处以同样的罚款。在这一惩罚机制上，帝国是通过充公地产和处以罚金的方式来限制异端教派授予圣职的行为，并设定地产主人或其主要佃农为第一责任人以承担监督责任，最后对于无法处以财产刑的冒犯者改处以肉刑和流放，由此就构成了从地产主人到佃农、从自由民到奴隶的全方位法律约束。显然，这条敕令使得，异端教派不仅没有合法的聚会场所，其授予圣职的可能场所也会被完全剥夺，从而只可能去到野外、山洞或墓地等更为隐蔽的地方。

二　《狄奥多西法典》16.2.34

在399年6月25日，霍诺里发布敕令给非洲大区巡按萨匹迪安，要求开始利用之前的反异端法来治理多纳图派。

> 正如之前就确立的，如果可敬的教会的特权被任何人的鲁莽的不法所侵犯，或被其假装的无知所忽视，那么这一冒犯就应当被处

---

① 参见《狄奥多西法典》16.5.21。

以五磅金子的罚款。因此，如果异端或这些人私下恳求任何不利于教会或教士的事情，违背了法律，那么我们都将以上述裁决的权威拒绝这些恳求。①

这一敕令发给非洲大区巡按，意味着其直接针对北非教会。其中，"可敬的教会"应当是指北非大公教会，而"这些人"应当是指多纳图派，把他们与异端并列作为该敕令的惩罚对象，即开始适用五磅金子的经济处罚。既然已经把多纳图派划归为异端，这样就可以借用之前发布的所有反异端敕令来进行镇压，而充公地产、处以罚款和处以肉刑也就成为奥古斯丁后续向主政官员说情的主题，以阐明大公教会的立场是，各种惩罚的目的不是要报复游荡派的暴力，而只是要迫使其停止暴力，开始身体回归，以最终实现灵魂救赎。

三　《狄奥多西法典》16.6.4

马克西米安被打之后去宫廷请愿，直接促成了霍诺里在405年2月12日发布《合一敕令》给时任枢密大臣哈德良（Hadrianus）。从320年左右君士坦丁发布敕令镇压多纳图派，到347年发布《合一敕令》，405年算是第三次发布此类敕令，而游荡派的暴力始终是帝国镇压多纳图派的直接导火索。由于本条敕令篇幅较长且内容丰富，可以分为总论和四条具体措施，我们以下将进行细致的剖析和评论，以理解帝国说辞和做法的理据所在。

1. 总论

首先，作为总论，敕令的第一部分阐发了其目的和理由，依据再洗礼的做法把多纳图派从分裂的托辞归结为异端的实质，点明其理论上的缺陷和实践上的危害，并要求在行省层面上予以惩罚。

依据本敕令的权威，我们规定，大公信仰的反对者应当被彻底根除。因此，依据这一新法，我们特别敕令去摧毁那一教派，其不

---

① 参见《狄奥多西法典》16.2.34。

愿被称为异端（heresy），而愿被称为分裂（schism）。那些被称为多纳图派的人据说已经在恶行上前进得很远，以致藉着无法接受的不法，他们重复施行至为神圣的洗礼，因此践踏了上帝的奥秘；他们还把这一渎神的重复洗礼的疾病传染给那些人，而依照宗教传统，后者已经藉着上帝的恩赐而一劳永逸地被洁净了。因此，实际上，从教派分裂中就产生出了异端。一种充满诱惑的错误教义引诱了那些轻信的人，去盼望第二次的赦罪，因为很容易说服罪人相信，之前被赐予的赦免能够被再次赐予。但如果这一赦免能够以同样方式被第二次赐予，那么我们就不会理解，为什么应该否认它可以被第三次赐予。的确，上文所说的那些人以第二次洗礼这一渎神做法污染了在他们权下的奴隶和人们。因此，我们以本法规定，如果任何人被发现施行再洗礼，他就应当被解到负责管理本省的法官那里。违犯者应当被处以充公其所有财产，承受贫穷作为惩罚，且应当永远遭此折磨。但如果他们的孩子不认可其父辈的堕落，就不应当被剥夺继承其父辈遗产的权利。同样，如果他们曾经被卷入其父辈的堕落，现在却愿意回归大公宗教，那么获得上述财产的权利就不应当被剥夺。①

敕令的权威是由皇帝的权威来保证。在一开始，皇帝就显明了《合一敕令》的目的，即应当彻底根除"大公信仰的反对者"，而对于北非大公教会，这一反对者就是多纳图派，并在随后直接点出其名字。其次，皇帝给出了根除的理由，即多纳图派施行再洗礼，违背了正统教义。多纳图派不愿意承认自己是异端，以躲避之前的反异端法的制裁，而愿意承认是教派分裂，即并不违背正统教义，只是在教会组织上有不同的看法和做法。在反驳这一托辞时，敕令给出了自己的立场，即教会组织上的不同看法在于上交者是否有资格施行洗礼，但无论有何种争论，对于已经受洗的信徒，不同做法也不应当包括再次施行洗礼，即使他们从大公教会加入了多纳图派。

---

① 《狄奥多西法典》16.6.4，第一段。

第二章　帝国屋檐下的教会：与多纳图派的斗争

为了论证这一立场，《合一敕令》避开多纳图派起源中的种种事实争论，而是继续给出反对再洗礼的理由。其中说，洗礼是至为神圣的，可以使受洗者"藉着上帝的恩赐而一劳永逸地被洁净"，因此再洗礼从效果上讲是不必要的，从动机上讲是"践踏了上帝的奥秘"，使人认为第二次洗礼可以第二次赦罪。敕令继续追问，如果第二次洗礼是可行的且有效的，那么为何不可以认可第三次洗礼。以此类推，如果像早期基督教中的圣餐那样，把洗礼扩展成每天、每周或每月举行一次，那么可以不断地使信众被洁净吗？这怎么会符合圣经中的教导，"一主，一信，一洗，一上帝"（《以弗所书》4：5—6）？这些显然是不可能的。由此，多纳图派的再洗礼违背了圣经教导，以此为理由来分裂教会也违背了西普里安以认可再洗礼来维护教会合一的目的。至此，相对于北非教会传统和大公教会的普遍做法，多纳图派都应当被认定为异端。

对于洗礼的功用和频次，奥古斯丁在早年时期就开始思考。在北非教会中，婴儿洗礼并不常见，甚至很多人以望教者的身份参加教会，但把洗礼推迟到临终。当时普遍认为，洗礼可以使人先前所犯的罪得到上帝的赦免，但其后不应当再犯罪；如若再犯，所犯的罪就只能等待末日审判，所受的惩罚反而会更重。这一认识使得，奥古斯丁的童年洗礼在疾病突愈之后被无限期地推迟了。

> 如果不是我霍然而愈，她就会急急筹备，为使我承认你主耶稣，领受拯救的圣礼，并在洗礼中得到罪的赦免。因此，我的洗礼被延期，好像如果我活着，我就必然会沾受污秽。因为考虑到，在那洗礼之后，再犯罪的罪责就更严重、更危险。[1]

寓于北非教会的传统观念，多纳图派显然不会认可第三次洗礼，甚至也不认为己派的再洗礼是第二次洗礼，而会认为，这才是第一次真正的且有效的洗礼即"一洗"，之前大公教会所施行的洗礼是无效的。这

---

[1] 奥古斯丁，《忏悔录》1.11.17；具体分析参见花威：《洗礼与信仰：论奥古斯丁〈忏悔录〉中的洗礼试探》，《神学美学》2018年第6辑，第218—230页。

就使得，双方所争论的焦点就必然转到了，洗礼有效性的基础是什么，是施洗者的资格，还是洗礼时所尊奉的三位一体之名。对此，大公教会坚持后一立场，奥古斯丁在《论洗礼》和多封书信中给出了具体的教义辩驳。①

然而，《合一敕令》也看到，在教义辩驳之外，多纳图派施行再洗礼更是基于北非社会的权力关系，包括主人与家中奴隶的人身依附关系，还有地产的主人与租用的佃农之间的经济依附关系。在前者中，类似于孩子依附于父亲，奴隶在人身上完全依附于主人，主人可以决定奴隶的信仰，他们或生在多纳图派主人的家中，或随同主人转信多纳图派。在后者中，地产主人可以在很大程度上影响佃农的信仰，多纳图派主教甚至一次性给多名佃农施行再洗礼，显然是已经得到地产主人的认可。对于奴隶和佃农来说，接受再洗礼可能是在自由意志和被强迫之间。显然，这类做法在北非地区是普遍存在的。

在总论之后，《合一敕令》开始分四种情况论述如何具体实施惩罚，力图做到权责一致且宽严相济。以施行再洗礼为异端的做法，使得多纳图派适用于之前的反异端法，而所有异端都将受到本行省官员的审判。总体上，对于多纳图派，敕令中惩罚的核心形式是剥夺财产即财产刑，其中包括剥夺部分公民权。财产刑主要表现为充公地产和处以罚金，剥夺部分公民权包括剥夺子辈继承的权利、剥夺订立遗嘱与合同的权利以及剥夺接受财产馈赠的权利。而敕令中的保护主要针对缺乏人身自主性和独立性的多纳图派奴隶，使他们可以逃到大公教会并获得庇护，且不受逃奴法律的惩罚，而这对于主人来说也是一种财产刑。从之前的实际效果来看，在398年之后，的确有大批多纳图派信众为了避免财产刑而回归大公教会。

可以看到，总论的后半部分已经涉及财产刑。对于有子辈的多纳图派信徒，敕令在规定财产刑时给予了通融，即只要子辈主动回归大公教会，则可以不被剥夺其继承权，即使其父辈不愿意回归。虽然在北非地区，家庭成员可以归属不同教派，就像沉迷摩尼教的奥古斯丁回到塔格

---

① 参见奥古斯丁，《书信》51.4–5。

斯特与母亲同住，但财产继承总是家庭生活中最为重要的事项之一。以财产继承权为惩罚对象，以子辈回归大公教会为豁免理由，使得在家庭传统、父辈权威和财产继承之间，子辈显然更容易选择经济利益，而自愿或被迫背叛父辈的信仰传统，直接改变家庭内部的信仰生态，最终以经济手段精准地解决父子亲情关系下的信仰纠葛，动摇了罗马家庭中以父子关系为主轴所建立的权威体系。

具体实施的惩罚包括四点，分别涉及充公不动产、鼓励多纳图派逃奴寻求大公教会的庇护、剥夺多纳图派的部分公民权和对不严厉执行敕令的官员处以罚款。下文我们将依次展开论述。

2. 第一条措施

> 那些为这一野蛮的渎神行为提供掩护的房屋或地产应当被充公到国库，如果有迹象表明，其主人偶然在场或给予同意；的确，其主人也应当被处以行为不端的公义判决。然而，如果主人并不知情，这一罪行被证明是经由其主要佃农或代理人的操作才发生在家中，那么没收地产的处罚应当被中止，但牵扯进这一罪行的肇事者应当被处以铅鞭的鞭刑，且应当被处以余生流放的惩罚。①

第一条措施是针对为多纳图派的聚会提供场所。敕令规定，其房屋或地产将被充公，但在具体执行中会考虑主人是否知情。对于偶尔参与或完全知情的，则不仅其不动产被充公，还要承担名誉损失。对于主人不知情而由佃农等操作的，则属于主人的不动产将不予充公，但对于其他当事人则处以肉刑，包括终身流放和罗马传统的鞭刑，而最为严厉的处罚显然是终身流放。

3. 第二条措施

> 没有人会被允许以保密和沉默来隐瞒其所知情的、家中发生的有罪丑行，如果任何奴隶被强迫接受再洗礼，那么他们应当有权利

---

① 《狄奥多西法典》16.6.4，第二段。

逃到大公教会中寻求庇护，以至于受到其庇护的保卫，抵挡这一罪行或与之关联的肇事者，即受到赋予自由的保护。在此条件下，他们应当被允许去保卫其信仰，这信仰是其主人试图违背其意志而夺去的。大公教义的保卫者必不被法律所强迫去犯罪，这法律使得在另一个人权下的所有其他人都受其约束；而特别合宜的是，没有境况和地位上的任何差别，所有人都应当守护从天所赐予的神圣。①

第二条措施是涉及教会庇护权和逃奴的法律问题，还涉及两种强迫和两种自由的教义问题。

在古希腊罗马社会中，神庙被授予庇护权，逃到神庙祭坛的人将受到保护，其他人不得伤害，否则就会冒犯神灵。到4世纪中叶左右，基督教会开始承担同样的庇护功能，而寻求庇护的人因为各种原因受到帝国官员的追捕，其中大多数人是债务人，在庇护期间可以得到教士的帮助而努力偿还债务。在392年10月18日的敕令中，皇帝间接认可了在教会中设立庇护所，但同时规定，拖欠公共债务即税务的人不在可庇护之列，否则提供庇护的主教要代替其偿还。②

一旦逃奴前来寻求庇护，教会就会面临两个问题，即逃奴的法律认定和宗教认定。前者涉及帝国法律所禁止的逃奴行为是否应当予以惩罚，后者涉及出于宗教原因的逃奴为何应当得到保护。在1—2世纪，帝国范围内百分之八十五到九十的居民是奴隶或奴隶出身。③ 在罗马法中，奴隶被规定为不自由人，是奴隶主的财产，但可以拥有财产和组成家庭，在法律上有时也被看作人（persona），逃跑的奴隶将受到帝国的追捕，藏匿者会受到严厉惩罚。

初代教会中就出现了许多奴隶的名字，使徒保罗并不要求信众摆脱奴隶身份，以积极寻求政治上的自由，而要求其在基督里成为"基督的

---

① 《狄奥多西法典》16.6.4，第三段。
② 参见 Robert Dodaro, "Sanctuary in Churches", in Allan D. Fitzgerald ed., *Augustine through the Ages: An Encyclopedia*, Grand Rapids: William B. Eerdmans Publishing Company, 1999, pp. 178 - 179；另参见《狄奥多西法典》9.45.1。
③ 参见 [美] 霍桑、马挺主编：《21世纪保罗书信辞典》，杨长慧译，团结出版社2015年版，第1262页。

奴仆"，获得真正的、灵性上的自由。"各人蒙召的时候是什么身份，仍要守住这身份。你是作奴仆蒙召的吗？不要因此忧虑。若能以自由，就求自由更好。因为作奴仆蒙召于主的，就是主所释放的人；作自由之人蒙召的，就是基督的奴仆。"（《哥林多前书》7：20-22，这里的"奴仆"等于奴隶）

保罗写了《腓利门书》给奴隶主腓利门，为其奴隶阿尼西姆（Onesimus）的事请求他的原谅与和好。① 一般认为，这个阿尼西姆是一个逃奴（fugitivus），可能偷了主人的财物而逃跑，其逃跑本身就是偷窃，或至少对主人有所"亏负"（adikeō，《腓利门书》18）。阿尼西姆从歌罗西跑到了保罗当时被囚的罗马，请求他来帮忙斡旋。保罗向腓利门承认，阿尼西姆作为奴隶应当回到主人那里，但阿尼西姆已经成为信徒，是"我在捆锁中所生的儿子"（《腓利门书》10）。由此，他要求腓利门，以兄弟而非奴隶的身份对待回去的阿尼西姆，"他暂时离开你，或者是叫你永远得着他。不再是奴仆，乃是高过奴仆，是亲爱的兄弟。在我实在是如此，何况在你呢！这也不拘是按肉体说，是按主说"（《腓利门书》15-16），同时也不再追究他的"亏负"，但如果能允许阿尼西姆留下来照顾自己则更好。②

对于逃奴寻求教会的庇护，我们可以借鉴1140年意大利人格兰西（Gratianus）编撰的中古教会法文献，即《教会法汇要》（Decretum 或 Concordia discordantium canonum），其中包含罗马帝国晚期以来的法规。彭小瑜总结第二部分的相关法条说：

> 教堂庇护权起源于对宗教圣地的敬畏。教会对寻求庇护者的过错一般不予追究。教会要求奴主在教堂起誓不处罚逃奴所犯的过失，不因其逃亡对他进行报复。在这一仪式之后，即使逃奴本人不

---

① 有关《腓利门书》的研究状况，参见［美］杨克勤：《圣经修辞学：希罗文化与新约诠释》，宗教文化出版社2007年版，第378—400页。

② 对于阿尼西姆可能是逃奴身份的分析，参见 James D. G. Dunn, *The Epistles to the Colossians and to Philemon: A Commentary on the Greek Text*, Grand Rapids: Wm. B. Eerdmans Publishing Company, 1996, pp. 301-307；［美］霍桑、马挺主编：《21世纪保罗书信辞典》，杨长慧译，团结出版社2015年版，第1019—1020页。

情愿，他也可被其主人领回；如果奴主本人违背誓言，杀伤他所领回的逃奴，或以其他方式惩罚他，该奴主就犯了发假誓之罪，将被教会开除教籍。①

可以看到，除非犯有极其严重的罪行，否则一旦得到庇护，教会不仅可以赦免其所犯的各种过错，还可以要求主人不得追究其逃亡本身，甚至通过要求主人起誓和违反即开除教籍的双重举措来强制主人尊重其庇护权。

奴隶是罗马家庭的重要成员，与其他成员一样处于家父长即奴隶主的权威之下，包括宗教信仰方面。除了在教堂中公开施行再洗礼，多纳图派还在家庭中和个人地产上私下施行，主人对奴隶显然具有绝对的权威，主奴关系也更具有强制性，这就造成了奴隶违背自己意志而被强迫接受再洗礼。主人对奴隶的信仰强迫具有更强的私密性，奴隶除非逃跑，否则不可能抗拒这种强迫。相较于父子关系，奴隶更加不得不"以保密和沉默来隐瞒"多纳图派家庭中的再洗礼行为。在第二条措施中，皇帝首先承认教会的庇护权，之后鼓励奴隶脱离多纳图派的家父长，逃到大公教会中寻求庇护。这一逃跑不是由于奴隶犯有罪行或过错，而是出于宗教原因即"被强迫接受再洗礼"，就被保证将会"受到赋予自由的保护"。换言之，其寻求庇护是要举报家主在宗教上的过错，因此打破了家父长在罗马家庭中的权威。相较于总论中以财产继承权来鼓励子辈抛弃父辈的宗教信仰，本条措施在于鼓励奴隶抛弃家主的宗教信仰，从而动摇罗马家庭中以主奴关系为次轴所建立起的权威体系。本条措施中暗含着，这样的奴隶将获得人身自由，不需要再回到家主那里，由此可以保卫自己的大公信仰。

在第二条措施中，敕令首先提到了两种强迫。其中，第一种强迫是主奴关系中主人对奴隶在宗教信仰上的强迫，具有私人性；第二种强迫是罗马法要求逃奴必须回到主人家中的法律强迫，具有公共性。为了反

---

① 彭小瑜：《格兰西之〈教会法汇要〉对奴隶和农奴法律地位的解释》，《世界历史》1999年第3期，第67—68页。

对第一种私人强迫，敕令不仅肯定奴隶可以举报主人的"有罪丑行"，还实际上否决了罗马法律在对待逃奴上的公共强迫。与之相对，敕令还提到了两种自由。其中，第一种自由是个体意志的自由，具有私人性。敕令肯定了，宗教信仰从属于个体意志的领域，不适用于主奴关系中的权威体系，即使奴隶也有意志自由来决定自己的信仰决断，即是否接受再洗礼。第二种自由是教会庇护所赋予的自由，具有公共性，是对第一种自由的确认。如果主人违背了奴隶的个体意志，则教会可以帝国赋予的庇护权来恢复和保护这一个体意志的自由决断。因此，在得到正式认可之后，教会庇护权就开始优先于罗马法来处理逃奴问题，尤其是受到宗教强迫的逃奴。与之相比，我们以下就会看到，多纳图派以宗教宽容来论证自由，而奥古斯丁则以宗教强制来论证自由，即个体意志的自由仅仅在于其做出向善的决断。

在自由之外，敕令还肯定了所有人在宗教信仰上的平等，经济状况和社会地位上的差别并不妨碍他们"守护从天所赐予的神圣"。正如初代教会一样，基督信仰并不旨在废除奴隶制。这是因为，在古代社会中，奴隶制是社会的有机组成部分，是经济生活的主体，且奴隶制不是道德问题，而如何对待奴隶才是；不同于近代从贩卖非洲黑人而形成的奴隶制，罗马社会中的奴隶可以从事更多有尊严的工作，可以结成"奴隶婚姻"（contubernium）和积累自己的"特有产"（peculium）；在赎买自由或到一定年限重获自由之后，原先的主人会变成其庇护人，双方在政治生活和经济生活中可以相互合作。[①]

4. 第三条措施

如果上面提到的教派中的任何人不害怕第二次施行洗礼，或如果认可和参与其中的任何人没有谴责这一罪行，那么他们应当知道，自己不仅将被永远剥夺立遗嘱的权利，还将被永远剥夺接受任何馈赠或订立合同的权利，除非他们借由回归真信仰而改变自己的

[①] 参见 James D. G. Dunn, *The Epistles to the Colossians and to Philemon: A Commentary on the Greek Text*, Grand Rapids: Wm. B. Eerdmans Publishing Company, 1996, pp. 306 – 307；[美]霍桑、马挺主编：《21世纪保罗书信辞典》，杨长慧译，团结出版社2015年版，第1262—1263页。

观念，且改正其悖谬心灵中的错误教义。①

在第三条措施中，敕令要求对认可或参与再洗礼的人员处以剥夺部分公民权利的惩罚，具体包括立遗嘱权、接受馈赠权和订立合同权，除非其摒弃这一错误教义，回归大公教会。这三种公民权利都是财产权，即财产继承、财产转移和财产交易。结合之前限制子辈继承权和充公地产的规定，可以看到，剥夺部分财产权成为敕令中的主要惩罚方式，而对地位较低的或非自由人处以鞭刑和流放成为辅助惩罚方式。在执行本条敕令和411年迦太基会议裁决的实际过程中，奥古斯丁也特别强调，对多纳图派尽量处以财产刑，不要处以肉刑，尤其是死刑，包括容易致死的鞭刑，但也不要罚款到令其赤贫的程度。

5. 第四条措施

> 如果有人默许上述所论的那些人进行被禁止的集会或传教，那么他们应当承受同样的惩罚。因此，如果行省总督藐视这一制裁，而认为应该认可上述不法行为，那么他们应当知道，自己将被处以二十磅金子的罚款，其下属也将被处以类似的责罚。城市的主要议员和保卫者应当知道，如果不执行我们的命令，或如果有人在他们治下对大公教会实施暴力，他们将被处以同样的罚款。②

本条措施是针对负责执行敕令的北非各级官员，包括行省层级的总督和市镇层级的议员，还包括负责武力保障的各级军事指挥官，而罚款的数额是二十磅金子。对各级官员的要求包括两方面：其一是执行敕令中对多纳图派的各种惩罚，强迫其回归大公教会；其二是预防和制止游荡派在此过程中对大公教会实施暴力，使马克西米安的案例不再重演。

在执行动机上，行省层级的官员包括总督、扈从将军和代理人等大多是宫廷直接从意大利选调任命的，比如赫拉克里安、马科林和阿普林

---

① 《狄奥多西法典》16.6.4，第四段。
② 《狄奥多西法典》16.6.4，第五段。

格等，原本是意大利地区的大公教徒，对多纳图派没有多少了解和同情，天然地偏向于北非大公教会，因此在宗教方面没有理由不积极执行本敕令；而出于政治忠诚和经济利益的需要，市镇层级的官员也会积极执行。不过，在执行力度上，各级官员却并不都能让宫廷满意。虽然部分多纳图派被迫回归大公教会，减轻了执行的压力，但执行力度主要取决于各级官员尤其是行省官员的执行决心。

在针对北非地区的治理中，意大利宫廷要求行省官员守土有责，比如嘉奖赫拉克里安抵制罗马市政长官的叛乱，但在其自己叛乱时则予以彻底剿灭，并仓促清除其可能支持者。但总体来说，相较于地中海其他地区，北非地区有着一定的独立性和自主性。在这一时期，至少出现菲尔姆斯、吉尔多和赫拉克里安发起的三次地区叛乱，而意大利宫廷则不断重新收复北非，直至汪达尔人入侵才完全失去对这一地区的控制权。其次，依照帝国的行政体制，行省总督等职位基本上是一年一任，更换频繁，但有些职位又可能长期由一人把持，比如将军博尼费斯（Boniface），以致可以拥兵自重对抗宫廷。这就使得，宫廷需要北非官员首先保持政治忠诚，其次再来执行具体政令，而相较于将军反叛、篡权自立皇帝、蛮族入侵甚至罗马城的粮食供应等，宗教事务都算不上军国大事，游荡派的暴力也不过是零星的和单个的。在这种大公教会没有能力、地方政府没有动力的情况下，北非大公教会就需要不断向皇帝陈情请愿，使之认识到应对宗教争端的必要性和急迫性，然后才能借助帝国的行政体制将动力从皇帝传递到北非官员，促使地方政府及时着力处理。

总体来说，这一敕令可以被看作完整的论证，从论点到论据、从目的到手段都具备，涉及正统与异端的宗教关系、官员与民众的政治关系、主人、佃农与代理人的财产关系以及主人与奴隶的人身关系，甚至对各种情况都有兼顾，包括主人对于多纳图派的聚会和洗礼是否知情、对肇事者是充公地产还是处以罚款、对官员是罚款十磅还是二十磅金子等，注重以经济处罚打击多纳图派的领袖和农庄主，促使其连带普通信众、佃农和奴隶回归大公教会。不过，作为行政命令，敕令没有更多篇幅来解释和论证其中蕴含的理论，以回应多纳图派对宗教强制的批评和约束地方官员在执行中的宽严相济,而这就需要奥古斯丁作为执行参与者进行更丰满、更切实际的理论阐发。

四 《西蒙迪敕令集》14

《西蒙迪敕令集》是雅克·西蒙迪(Jacobus Sirmondus/Jacques Sirmond)在教会教规的抄本中发现,在1631年刊出于巴黎,共计16款,全部从属于宗教法。这些敕令应该早于《狄奥多西法典》,部分条款经过删减被纳入后者中。

在409年1月15日,霍诺里和狄奥多西二世(Theodosius II)发布敕令给枢密大臣狄奥多若(Theodorus),严厉批评北非地区官员没有严格执行反异端法,以惩罚多纳图派公开伤害大公教会主教的各种行为。

这一敕令篇幅较长,细致给出了非北官员应当被批评的理由和后续的惩罚措施。在一开头,皇帝就严厉批评他们执法怠惰,即明知出现这类暴力却不予查办,直言其纵容非法。

> 毫无疑问,这一行为是出于法官们的纵容,因为他们可责备的掩饰,这一罪行之前没有被惩罚,现在仍然没有被惩罚,而我们基于公开证实得知,它扰乱了公共和平,藐视了我们以合宜的敬拜所尊崇的基督宗教。……非洲法官们并没有凭借委托给他们的权力来起诉所犯下的如此大的罪行和前所未有的野蛮行径,他们没有尽到将案件上报给我们的应有责任,以致我们并不知情。我们不相信,这些罪行是这些法官所不知道的。……由此,行省总督应当知道,针对大公教会教牧人员、神圣崇拜和崇拜地点的暴行必须被处以死刑,以惩罚上述被确证的或已经坦白的罪犯们。总督不应当等待,以致直到主教前来要求替自己所受的伤害进行报复,因为教士的神圣给他们保留的仅仅是赦免罪行的荣耀。……所有法官们都应当知道,自己必须以忠诚的委身来遵行各种敕令,而在特别关切的事情中,他们必须执行我们针对这些人所发布的敕令。如果任何法官出于纵容的罪和掩饰的伎俩不执行当前的法律,那么他就应当知道,

他将被革去职务,并承受我们更为严厉的惩罚。①

正如在处理多纳图派的兴起时,君士坦丁不断接到来自北非各级官员的报告,并不断以书信等发布敕令,指示采取调停、镇压或宽容的应对措施。由此可见,除非发生叛乱,北非地区与宫廷之间一直保持着完备的信息交流机制。虽然不知道本条敕令开头的"这一行为"或"这一罪行"具体指什么,但显然是多纳图派对大公教会的冒犯,严重到"扰乱了公共和平"。这些事件已经通过其他途径报告到宫廷,而北非地方官员却在之前和当下都没有进行惩罚,甚至几乎是装作不知道。敕令随后列举了地方治理中从城市到农村各种消息源的上报路径,并由此认定,地方官员对本辖区内的各种犯罪行为是完全知情的,而未予以起诉就只能归咎于他们不愿意惩罚。

对于多纳图派的教义性质,敕令中重申这一派别不只是分裂派,而且是异端,与其他各种异端、犹太人和异教徒并列,提醒其不要幻想之前的各种制裁法律现在不再有效。这一界定继承了《合一敕令》的论证核心,也为411年迦太基会议预先定下基调,显示了宫廷自398年以来在处理多纳图派上的政策一贯性,即将不属于大公教会的各种信仰派别都纳入反异端法的制裁对象。

本条敕令申明,大公教会教士所能得到的保护完全来自地方官员,如果后者不履行保护义务,那么他们只能无辜承受多纳图派的暴力袭击;地方官员本应当积极处理这类犯罪行为,而无论有着怎样的地位和尊荣,罪犯都将被处以发配矿山、流放和财产充公的惩罚;地方官员不能坐等大公教会教士前来申冤,请求惩罚多纳图派对自己的伤害。对于遭受暴力袭击,大公教会既不能"以眼还眼,以牙还牙"(《马太福音》5:38)进行对等报复,也不能完全以爱和谦卑为理由而消极承受。正如本条敕令中所言,大公教会教士的宗教职责是赦免其他人的罪行,但赦免并不等同于宽容,不进行惩罚的宽容只能是纵容,而纵容又恰恰是

---

① *Sirmondian Constitutions* 14;Clyde Parr trans., *The Theodosian Code and Novels and the Sirmondian Constitutions*, Union, New Jersey: The Lawbook Exchange, Ltd., 2001, pp. 484 – 485.

放任其犯罪以致使之将来承受永死的惩罚，违背了基督信仰中赦免罪的初衷。正如下文所见，对于赦免与惩罚之间的辩证关系，奥古斯丁在随后处理408年卡拉马异教徒暴乱时就着重回应了内卡塔瑞的相关论证。

本条敕令要求地方官员广泛布告其具体内容，让所有人都知道，无论个体的还是群体的渎神行为都冒犯了大公教会，应当及时上报到地方官员以调查取证。在调查与处理中，地方官员可以要求军事帮助。针对各级地方官员，敕令中专门提及行省总督，而他们直接受到禁卫军长官的节制；还提到，如果是由大批人参与此类犯罪，而地方官员无法控制住局面，那么他们可以将此敕令的核心内容作为信件开头送给非洲扈从将军，要求其差派武装执行者前来支援，将之一网打尽。

对于攻击大公教会教牧人员、神圣崇拜和崇拜地点的暴行，本条敕令给出的最大惩罚力度是死刑，而地方官员在实际执行时也经常判处死刑。按照多纳图派或异教徒所施加的实际暴行，包括严重殴打、弄瞎眼睛、纵火焚烧教堂、伏击或直接杀死大公教会教士，罗马法律所允许的惩罚显然可以上至死刑。然而，在与帝国官员的通信中，奥古斯丁多次努力劝说，不要对之处以肉刑或死刑。首先是因为，肉体上的死刑使得，多纳图派没有机会改正信仰，以在死后获得灵魂上的拯救。其次是因为，死刑容易大大激发多纳图派的受迫害意识和殉道热情，恰恰落入其之前一直所宣扬的说辞中。

在政治权力的层层授予和传递中，敕令的权威性取决于地方官员的执行力度。本条敕令再次要求，行省官员应当严格执行反异端法，以展示自己对宫廷的忠诚，不得纵容或掩饰，否则将予以革职，并承受其他更严厉的惩罚，其下属也将被处以二十磅金子的罚款；而市镇议员如果知情不报，则将被处以流放和财产充公。与之前的《合一敕令》相比，本条敕令对各级官员执法不力的惩罚要严厉很多，从罚款、革职和流放，已经几乎等同于对多纳图派的惩罚了。强化守土有责，直接惩治执行不利的官员，是保证政令畅通的有效方式。不过，以严厉惩罚来维护政治忠诚，这一方面显示了宫廷对镇压多纳图派的强硬态度；另一方面也暴露出，西部帝国对北非地区的实际控制能力在持续下降，直至汪达尔人入侵则彻底失去了北非地区。

在执行这类宗教敕令时，地方官员往往在两个极端之间摇摆，或者不愿意采取严厉措施，以免引发地方叛乱，或者直接采取极端措施，处死多纳图派成员，但这所引发的殉道说辞和殉道记忆反而可能长期成为教会合一的障碍。与之相比较，以财产刑为主、多种刑罚并用的方式比较适合于处理宗教争端。事实表明，在实际执行的过程中，在流放、发配和剥夺财产之外，的确没有迹象表明对多纳图派判处过死刑，而在411年之后，绝大多数多纳图派被迫选择回归大公教会，其零星的或小规模的存在已经不能构成威胁，也没有再发生过有组织的暴力袭击。

更为重要的是，不同于君士坦丁时代，上述多条敕令的发布与随后411年迦太基会议的裁决使得，多纳图派失去了法律上的合法地位，不再能够向皇帝请愿，也不再能够要求进行理论辩论。这就使得，418年多纳图派主教厄麦瑞特只能以沉默来应对奥古斯丁的布道，而420年多纳图派主教高登提只能以威胁群体自焚来对待杜尔科特的强制征收。以史为鉴，法律先行、宽严相济是罗马帝国治理多纳图派分裂的成功经验，而奥古斯丁与高级官员的通信往来则参与建构了这一治理的理论基础。

第三节　奥古斯丁与帝国官员的政治交往

在北非教会的百年分裂史上，大公教会和多纳图派都积极游说帝国宫廷和行省官员，寻求各方的支持或默许，而奥古斯丁在出任圣职之后也不例外。在早年时期，出身市政议员家庭的奥古斯丁就寻求闻达于行省官员，并在出任米兰宫廷修辞学教授期间一度有意谋求行省总督的职务，但386年夏天皈依大公信仰使得，他断然放弃了所有"世俗的野心"。在回到北非和出任圣职之后，为了应对北非教会的分裂和多纳图派的暴力，奥古斯丁开始以大量书信游说帝国官员，以教义指导、道德劝勉和教务陈情等与多名官员结下了友谊，构建了基本上融洽的政教关系。以皇帝特使马科林为例，奥古斯丁在其到达北非后就开始有书信往来，回答其教义问难，论证大公教会对待帝国的顺服态度，并撰写《上帝之城》等著作题献给他。在马科林因为牵连赫拉克里安叛乱而被逮捕后，奥古斯丁积极组织北非大公教会进行营救，而遽然的失败使其无奈离开迦太基，至此标志着帝国晚期主教与官员的这种融洽关系黯然结束。

一 "世俗的野心"：早期交往情况

奥古斯丁出生于说拉丁语的罗马家庭，其父亲帕特里克是塔格斯特城的市政议员，拥有一定数目的田产和奴隶，虽不是特别富裕，但在当时的罗马社会也算"上等人"，是地方上的政治显贵。[1]

在罗马社会中，参军和学习修辞学是平民青年谋求仕途的主要方式。帕特里克重视奥古斯丁的世俗教育，希冀其有远大的前程，就勉力支持他前往迦太基继续学习修辞学。在迦太基学习和教书期间，奥古斯丁热衷观看戏剧表演，加入摩尼教，修习星象学，研读哲学书籍，并开始结交行省层级以上的政治显贵。在参加诗歌比赛并获胜时，北非地区执政总督文提齐亚努斯（Helvius Vindicianus）亲自"把竞赛优胜的花冠戴在"奥古斯丁头上，二人有所交往，在"比较亲厚之后，（我）经常尽心听他谈论"，而他甚至"便以父执的态度谆谆告诫我"，不要继续钻研星象学。[2] 文提齐亚努斯曾是瓦伦廷一世的御医，是当时的医学权威，在约379—382年出任这一职位，其"远高于一般意义上的行省总督，是罗马非洲级别最高的行政长官"。[3] 同样在此期间，他的同乡和朋友阿利比经常去拜访一位元老，后来他被同样经常去拜访这位元老的建筑师认出来，才得以摆脱在广场上被当作盗贼误抓的窘境。[4]

在383年，奥古斯丁渡海去到罗马继续教授修辞学，随后得益于摩尼教徒中的关系，被举荐给384年9月出任罗马城尹大臣（*praefectus urbi*）

---

[1] 研究者们一般认为，奥古斯丁的家庭出身是"普通市民"。近年来虽有重估，但并没有较大改变。相对于这一流行说法，夏洞奇细致爬梳了奥古斯丁著作中的各种细节，认为对他的家庭经济背景可以做最大化的重估，即虽不是豪门巨富，但也算田产奴隶众多，应当属于地方政治显贵。参见夏洞奇：《"普通市民"抑或"上等人"：奥古斯丁家庭背景重估》，《历史研究》2016年第6期，第144—164页。

[2] 奥古斯丁，《忏悔录》4.3.5。

[3] 夏洞奇：《"普通市民"抑或"上等人"：奥古斯丁家庭背景重估》，《历史研究》2016年第6期，第154页，注11。

[4] 奥古斯丁，《忏悔录》6.9.15，"阿利比早年小传"。

的元老院领袖、政治豪门辛马库斯（Symmachus），得其赏识而被举荐担任位于米兰的帝国宫廷的修辞学教授一职，享有使用罗马公共交通的权利。① 在384年秋天，奥古斯丁到达米兰，首先便前去拜访米兰主教安布罗斯，积极参加其布道并逐渐为之折服，但实际交往并不多，甚至直到386年他对米兰教会的组织情况也知之甚少。②

奥古斯丁的母亲莫妮卡出身于塔格斯特较为殷实的大公教会家庭，待字闺中时家教严格，结婚之后则温良知止，善于化解家庭矛盾。③ 在385年春天，莫妮卡追随奥古斯丁来到米兰，热衷参加米兰大公教会的崇拜活动，乐善好施，以至于安布罗斯经常向奥古斯丁称赞其敬虔。④ 在作为宫廷行在的米兰，奥古斯丁贴近观察了帝国最高权力的运作模式以及皇帝与主教的政教冲突。在386年复活节期间，信奉阿里乌派的瓦伦廷二世与母亲尤斯蒂娜（Justina）试图强迫安布罗斯让出一处教堂给阿里乌派信众举行敬拜，并派兵包围了教堂，而安布罗斯始终拒绝让步，莫妮卡则积极参与保卫教堂的守夜活动。"虔诚的群众夜间也留在圣堂中拼与他们的主教、你的仆人同生同死。我的母亲，你的婢女，为了关心此事，彻夜不睡，并且站在最前，一心以祈祷为生活。"⑤

作为宫廷修辞学教授，奥古斯丁不仅教授宫廷孩童，还要在帝国庆祝典礼上为皇帝和执政官撰写颂赞。在384年11月24日，他为瓦伦廷二世登基（374年11月12日）十周年发表颂赞；在385年1月，他还为包图（Flavius Bauto）出任执政官发表颂赞。⑥ 借此职位，奥古斯丁显然广泛结交达官贵人，并开始自信于已经获得学而优则仕的门路。

> 我已交上不少有势力的朋友；如果我一心寻求，施加多些压力，那么可能至少谋得小行省的总督职位。有必要娶一个有些财产

---

① 奥古斯丁，《忏悔录》5.13.23。
② 奥古斯丁，《忏悔录》5.13.23、5.14.24、6.3.3和8.6.15。
③ 奥古斯丁，《忏悔录》9.8.17–9.9.22，"莫妮卡小传"。
④ 奥古斯丁，《忏悔录》6.2.2。
⑤ 奥古斯丁，《忏悔录》9.7.15。
⑥ 奥古斯丁，《忏悔录》6.6.9；《驳佩提里安著作》3.25.30。

的妻子，以减轻沉重花费的负担。①

在莫妮卡的张罗下，奥古斯丁的确与米兰的一位姑娘订了婚，② 其可能的婚姻与从政之路不久就被花园皈依所打断了。

在经历自己的信仰危机时，奥古斯丁还拜会米兰教会的领袖辛普里西安（Simplicianus），听闻了之前罗马修辞学家维克多瑞（Marius Victorinus）在4世纪中叶的皈依故事。③ 辛普里西安之前从罗马移居米兰，在374年为被强举为米兰大公教会主教的安布罗斯施洗，并在其397年去世后接任米兰大公教会主教，直至400年左右去世。维克多瑞是非洲人，长期在罗马教授古典学问，活跃于君斯坦提乌斯二世当政时期（337—361年），曾经把亚里士多德的《范畴篇》《解释篇》和普罗提诺的著作等译成拉丁文，并在皈依大公信仰后把希腊教父的著作译成拉丁文，还撰写了保罗书信的注释。

作为花园皈依的直接促发者，"有一位客人，名逢提齐业努斯（Ponticianus），访问我们；他是非洲人，是我们的同乡，在宫中担任要职"④。作为当朝皇帝的探事官（agentes in rebus），⑤ 蓬提齐亚努斯经历了两位同事在特里尔花园皈依大公信仰，并将之讲述给奥古斯丁和阿利比听，直接引发了后二者随即在米兰花园里完成信仰皈依。

在387年复活节受洗之后，奥古斯丁一行离开米兰，经罗马来到港口奥斯蒂亚，准备返回北非地区。占据不列颠和高卢的篡权者皇帝马克西姆（Magnus Maximus）在387年入侵意大利，封锁了前往北非地区的海上航路，直到388年被狄奥多西在塞瓦河战役（Battle of the Save）中打败。在奥斯蒂亚逗留期间，莫妮卡去世，奥古斯丁一行之后返回罗马暂居。在388年，航路重新畅通，奥古斯丁一行回到迦太基，认识了奥勒留，并拜访了非洲副总督的顾问英诺森，之后回到塔格斯特隐居读

---

① 奥古斯丁，《忏悔录》6.11.19。
② 奥古斯丁，《忏悔录》6.8.23。
③ 奥古斯丁，《忏悔录》8.2.3 – 8.2.5。
④ 奥古斯丁，《忏悔录》8.6.14。
⑤ 有关这一职务，亦参见 Henry Chadwick trans., *Augustine: Confessions*, Oxford: Oxford University Press, 1991, p. 143, note 12.

书，直至391年来到希波被强举为当地大公教会的司铎。

从"上等人"的出身到迦太基时期的交游，再到四年意大利时期的政治和教会活动，可以看到，奥古斯丁一直与高级官员阶层有着非常密切的交往，并非不谙政治交往的乡村野夫。从北非执政总督、罗马城尹大臣直到皇帝的亲信，他不仅能够当面为皇帝和执政官发表颂赞，目睹安布罗斯与宫廷的教堂之争，还间接经历了帝国平息篡权的内战。寓于4世纪下半叶的处境中，他既认识到政治交往对自己在谋求仕途上的可能帮助，也从皇帝与主教的博弈中领悟到，这种进退有度的交往互动还是维护大公教会利益的重要途径。虽然放弃了世俗的野心，但在出任圣职之后，奥古斯丁不得不重拾过往的政治交往能力，开始以书信来游说从北非到宫廷的各级官员，以最终制止多纳图派的暴力和维护北非教会的合一。如果说个人皈依是去帝国而亲上帝，那么出任圣职就要求放弃哲学宁静，在亲上帝的同时运用"理智洞察、政治敏锐和说服技艺"（intellectual penetration, political acumen and skill to persuade），[①] 以重新进入喧嚣却又冷峻的政治生活，在帝国晚期频繁的高层权力斗争、地区反叛平叛和边境蛮族入侵中负重前行，进而勉力为北非大公教会寻求发展壮大的可能条件。

二　与帝国官员的书信往来：总体情况

要制止多纳图派的暴力，维护北非教会的合一，就需要说服帝国严厉执行反异端法。这种教权求助于政权的实际情势使得，奥古斯丁必须把握教会与帝国、基督徒与皇帝之间的交织与界限，使前者在互动相处中既维护后者的利益，又不为之所局限。这就要求，主教在教会之内应当是信仰导师，在教会之外则应当是政治人物。

奥古斯丁与各级官员的交往是多层面的。依照主教裁判权，除了布道等教会生活，他还有义务来审讯信众之间的民事纠纷，但当这些纠纷在教会法庭中不能化解时，就需要在地方官员的世俗法庭中进行上诉审

[①] E. M. Atkins & R. J. Dodaro eds., *Augustine: Political Writings*, Cambridge: Cambridge University Press, 2004, introduction, p. xiv.

理。① 而为了应对教派分裂和暴力，作为主教的奥古斯丁向各级官员或解释多纳图派的形成过程和大公教会的应对立场，或询问帝国的人事变动是否影响其反异端政策，或求情不要对多纳图派施行死刑或其他肉刑，或剖析自己为何从主张自由对话转而支持宗教强制，或回答异教徒官员对于基督徒是否政治忠诚的疑虑，力图说服他们既能够认同大公教会的教义理论，又能够支持自己的政治诉求。具体交往方式包括面谈、题献著作，但大多数采用书信往来。其中，面谈至少包括与马科林的多次会晤和接待博尼费斯的一次来访；而作为回答问题或表达敬意，题献著作至少包括把《论罪的功德》（*De peccatorum meritis*）、《论圣灵与仪文》（*De spiritu et littera*）和《上帝之城》（*De civitate Dei*）题献给马科林，把《答杜尔科特的八个问题》（*De octo Dulcitii quaestinibus*）题献给杜尔科特，把《论婚姻与贪欲》（*De nuptiis et concupiscentia*）题献给宫廷官员瓦莱里。此外，奥古斯丁还把写成的《上帝之城》前三卷提前赠送给非洲大区巡按马其顿尼。

　　古代社会的交往普遍采用书信的方式，既有着空间远隔上的现实原因，也有着更准确传达信息的需要。古代书信可以大致划分为官方书信和私人书信，前者主要是政务文书，有着国家支持的公共交通渠道来投递送达；后者则出于民众的各种目的，需要自行委托送信人。在这种大致划分中，教会书信属于私人书信，可以在个体之间，但更多是在群体之间，甚或有意流传到更大的群体。②

　　新约正典的写作体裁包括福音、行传、书信和启示文学，而书信占据三分之一的篇幅。在初代教会中，除了旅行传教，使徒们主要使用书信来及时回应各地教会出现的各种问题，被称为"处境文件"（occasional documents）。这些书信很少是写给单个信徒的，例如《腓利门书》

---

① 参见 Frederik van der Meer, *Augustine the Bishop: Church and Society at the Dawn of the Middle Ages*, B. Battershaw & G. R. Lamb trans., London and New York: Harper & Row Torchbooks, 1961, pp. 259–265.

② 有关古代书信特别是教会书信的研究，参见王涛：《主教的书信空间：奥古斯丁的交往范式在书信中的体现》，南京大学出版社2011年版，第36—66页。

是保罗写给歌罗西的基督徒奴隶主腓利门,而绝大多数是写给某个城市或地区的多家教会,并要求他们巡回传阅或传抄,就被称为"巡回书信"(circular letter)。例如,保罗要求歌罗西的教会,"你们念了这书信,便交给老底嘉的教会,叫他们也念,你们也要念从老底嘉来的书信"(《歌罗西书》4∶16)。使徒们的有些书信是代表基督发出的教导,被称为"大使书信"(ambassadorial letter),例如《罗马书》。① 在相距遥远的空间中,书信是普通人之间最便捷的交流方式;而无论问安还是责备,书信的语言和语气还可以拉近彼此的友谊,增进共同的信仰。保罗既责备哥林多教会中的种种不和,又安慰他们与自己相合。"我身子虽不在你们那里,心却在你们那里,好像我亲自与你们同在。"(《哥林多前书》5∶3)在使徒时代之后,以书信来联络各地教会和讲解基督教义,也成为早期基督教的主要手段之一。使徒教父们所留下的文献主要是书信,而从西普里安、安布罗斯到奥古斯丁都留下了大量书信。其中,安布罗斯甚至明显模仿小普林尼,将其书信精选编辑成十卷,并以第十卷来收集公务书信,由此被称为"基督教界的小普林尼"。②

相较于口头交流或辩论,文字可以更精确且更充分地保留彼此的信息。在驳斥多纳图派时期,奥古斯丁不仅查考了教会分裂的历史文献,要求年度大公会议和迦太基会议都记录在案,也偏爱以书信与多纳图派主教沟通,来表达大公教会的立场。

> 奥古斯丁显然同样看重白纸黑字、记录在案的文字作为历史论据的价值,这甚至成为他迷恋于书信写作,通过书信来履行自己主教职责的原因之一。尤其在涉及有争议的问题时,奥古斯丁特别强调抽象的"思想观念"形诸具体的文字表述所具有的证据功能。③

---

① Robert Jewett, "Romans as an Ambassadorial Letter", *Interpretation*, Vol. 36, No. 1, 1982, p. 13.
② 参见 J. H. W. G. Liebeschuetz trans., *Ambrose of Milan: Political Letters and Speeches*, Liverpool: Liverpool University Press, 2010, pp. 31–32.
③ 王涛:《主教的书信空间:奥古斯丁的交往范式在书信中的体现》,南京大学出版社2011年版,第254页。

书写所形成的证据使得书信具有对质的功能。针对如何处理卡拉马异教徒暴乱，奥古斯丁就引用内卡塔瑞的来信，反驳他的论证，并抱怨他歪曲了自己书信中的观点。

> 我在那里（指《书信》91）充分表达了我的想法。但我认为，你已经忘记了我怎么给你回信的，却把完全不同的观点归诸我，它们与我的观点非常不相像。实际上，你在自己的信中掺入了我从未说过的话，却装得好像是你记起了我在自己的信中说过的。[1]

然而，对于这样的抱怨，内卡塔瑞再也没有写信来回应。

下自本城小官，上至宫廷总管，与帝国各级官员以书信交流，既可以突破空间远隔和官级差别的障碍，也可以免去各种求见和等候的尴尬，正如奥古斯丁当初试图拜访安布罗斯一样。[2] 依据《21世纪奥古斯丁文库》(The Works of Saint Augustine: A Translation for the 21st Century) 所出版的四卷本书信集，其中共计收录307封书信，包括31封新发现的书信。[3] 根据相关统计，我们在下表中按大致时间顺序，罗列出奥古斯丁至少共与19位官员有41封书信往来，其中36封为写信人，5封为收信人，即绝大部分是他主动写给各级官员的书信，而时间跨度则是从396年一直到430年临终前。[4]

---

[1] 奥古斯丁，《书信》104.2。参见 E. M. Atkins & R. J. Dodaro eds., *Augustine: Political Writings*, Cambridge: Cambridge University Press, 2004, p.11.

[2] 参见奥古斯丁，《忏悔录》6.3.3。

[3] 有关奥古斯丁书信的情况，参见王涛：《奥古斯丁书信的发现、整理与研究》，《历史研究》2006年第4期，第178—186页。

[4] 参见王涛：《主教的书信空间：奥古斯丁的交往范式在书信中的体现》，南京大学出版社2011年版，第278—279页；Robert B. Eno, "*Epistulae*", in Allan D. Fitzgerald ed., *Augustine through the Ages: An Encyclopedia*, Grand Rapids: William B. Eerdmans Publishing Company, 1999, pp.299-305；夏洞奇对此统计说："在现存的奥古斯丁书信中，至少有38封直接记录了他与各级帝国官吏的通信。（未包括无实际职务的元老和各城市的地方官吏）在现存的全部书信中，这一部分约占七分之一。"参见夏洞奇：《尘世的权威：奥古斯丁的社会政治思想》，上海三联书店2007年版，第252页。

表 2-1　　　　奥古斯丁与官员通信一览表

姓名	所任官职	所在地方	书信编号及其写作时间
Eusebius 优西比乌	希波官员	希波	书信 34、35（均为 396—397 年）
Publicola 普布利库拉	罗马元老	罗马	书信 46（来信）、47（均为 396—399 年）
Generosus 格奈洛苏斯	不确知	科尔塔/君士坦提娜	书信 53（398—400 年）、116（409/423 年）
Festus 菲斯图斯	不确知	希波	书信 89（405/411 年）
Caecilianus 凯基里安	原任非洲总督，后任皇帝特派员，接替马科林	努米底亚	书信 86（406/409 年）、151（413 年）
Olympius 奥利姆匹	政事总管（Magister officiorum），宫廷官员	拉文纳	书信 96、97（均为 408 年 9—11 月）
Donatus 多纳图	执政总督	西尼提	书信 100（408 年末）、112（409 年末/411 年初）
Florentinus 弗洛伦丁	不确知	阿非利加	书信 114（409/423 年）
Cresconius 克莱斯康尼	希波港保民官	希波	书信 113（409/423 年）
Apringius 阿普林格	非洲执政总督，411 年左右		书信 134（411 年末）
Marcellinus 马科林	御前书记官，皇帝特派员	阿非利加	书信 128（411 年）、129（411 年）、133（411 年）、136（来信，411/2 年）、138（411/2 年）、139（411/2 年）、143（可能 412 年）
Macedonius 马其顿尼	非洲大区巡按	迦太基	书信 152（来信）、153、154（来信）、155（均为 413/414 年）
Dulcitius 杜尔科特	御前书记官、皇帝特派员	迦太基	书信 204（418 年夏）

续表

姓名	所任官职	所在地方	书信编号及其写作时间
Valerius 瓦莱里	扈从将军、宫廷官员	拉文纳	书信 200（418 年末/419 年初）、206（约 420 年）
Largus 拉尔古斯	可能时任非洲执政总督	迦太基	书信 203（418/419 年）
Boniface 博尼费斯	423—427 年任将军（military tribune）；429—432 年任非洲扈从将军	阿非利加	书信 185（417 年）、185A（残段）、189（417 年）、220（428 年）、17*（约 424 年）
Dardanus 达达努斯	高卢行省枢密大臣	高卢	书信 187（417 年夏）
Classicianus 克拉希亚努斯	不确知	阿非利加	书信 1*（427—430 年）
Darius 达瑞乌斯	帝国高级官员，元老中的权贵（vir illustris），前来调停博尼费斯与帝国军队的内战	阿非利加	书信 229（429/430 年冬）、230（429 年末，来信）、231（429 年末/430 年初）

可以看到，奥古斯丁的写信对象更多是驻北非地区的各级官员，特别是行省级别以上的官员。

三　奥古斯丁与马科林的交往

1. 双方的书信往来

马科林与阿普林格是亲兄弟，出生于西班牙的托莱多城，都是大公教徒。其中，马科林是贵人（vir clarissimus et spectabilis）阶层的元老，职务为御前书记官（tribunus et notarius），在410年8月之后作为皇帝特派员被差派到迦太基，以主持审断北非大公教会与多纳图派之间的辩论；阿普林格在411年任非洲执政总督。在413年3月7日，叛乱失败的赫拉克里提安在迦太基被处决，马科林兄弟之后被马瑞努怀疑参与叛乱而遭到逮捕，在简短审讯后于同年9月13日被仓促斩首，奥古斯丁积极营救未果，于第二天就匆忙离开了迦太基。不过，在414年，马科林被霍诺里皇帝宣布无罪。

从 411 年初到 413 年初，马科林兄弟同时主政北非地区。而围绕与二者的交往，奥古斯丁还与沃鲁西安（Volusianus）和凯基里安（Caecilianus）有多封通信，前者包括《书信》132、135（来信）、137，主要是教义问答；后者包括《书信》151，表达了对马瑞努处死马科林的强烈不满。

沃鲁西安此时约 30 岁，是罗马名门贵族阿尔比努（Ceionius Rufius Albinus）和阿尔比娜（Albina）的儿子，是小梅拉尼娅（Melania the Younger）的叔叔，信奉罗马传统宗教，可能直接接替阿普林格担任非洲执政总督，在 412 年从迦太基返回意大利，其后在 417—418 年担任罗马城尹大臣，在 428—429 年担任意大利和阿非利加禁卫军长官，其后又代表瓦伦廷三世出使君士坦丁堡，请求狄奥多西二世将女儿许配给自己，不幸于 437 年 1 月 6 日在君士坦丁堡病逝，在临死前被小梅拉尼娅说服而接受大公教会的洗礼。[①]

在迦太基期间，奥古斯丁劝说沃鲁西安多读圣经，有问题可以来信请教；后者与马科林经常讨论基督教教义问题，一起写信请教奥古斯丁。在《书信》135 中，沃鲁西安请教，马利亚如何童贞感孕，基督如何道成肉身，又是否像普通人那样生长生活。[②] 在《书信》136 中，除了道成肉身，马科林还请教，上帝为何拒绝旧的献祭却喜爱新的，提倡非暴力的基督徒是否能够保卫罗马帝国。[③] 在《书信》137 中，奥古斯丁回复沃鲁西安说，不能认为上帝只是体（body），基督是人（man）与道（the Word）的结合，他所提倡的爱上帝与爱邻如己包含所有哲学智慧，可以保卫国家。在《书信》138 中，奥古斯丁回复马科林。对于献祭问题，上帝本身是不变化的，也不缺乏，其要求和不要求献祭的变化都取决于上帝的理性，旧约中的圣礼在新约中被取代，但上帝在时间之外，对他来说并无新旧。对于如何保卫帝国，如同保罗一样，凯撒也

---

① 参见 E. M. Atkins & R. J. Dodaro eds., *Augustine: Political Writings*, Cambridge: Cambridge University Press, 2004, p. 249.
② 奥古斯丁，《书信》135。
③ 奥古斯丁，《书信》136。

提倡"不要以恶报恶"（《罗马书》12：17；《帖撒罗尼迦前书》5：15），以远离报复的激情；但耶稣和保罗提倡，在以善胜恶时，可以牺牲自己的小利益来维护大利益，这才是"有人打你的右脸，左脸转过来由他打"（《马太福音》5：39，和合本是"连左脸也转过来由他打"）的真正含义；而实际上，耶稣和保罗都不是被动承受恶，而是主动斥责打人者，即内心保持忍耐和善意，但外在要进行训诫和制止，以寻求打人者的益处。对于帝国是否会因为基督徒皇帝而衰落，这一指控也可以针对之前的非基督徒皇帝，因为国家衰落是罗马作家的长久话题。对于古代法术和基督的神迹，二者不具备比较的可能，前者不能带来尘世的好运，而大卫从牧羊人到国王也没有这一技艺。

可以看到，由于阿里乌派争端的爆发，基督的道成肉身和神人二性成为4—5世纪教会的教义热点，而从亚塔纳修到安布罗斯再到奥古斯丁的《论三位一体》，基本上有效回应了这一挑战。与此相应，在罗马帝国基督教化的过程中，基督教与帝国的关系成为同时代知识精英的重要关切，而罗马在410年的陷落就将这一关切推升到了顶点。显然，奥古斯丁在412年开始撰写《上帝之城》是应时之举，并在马科林被处死之前已经完成了前三卷。

在到达北非之后，马科林很快成为奥古斯丁的亲密朋友。除了题献著作，双方有7封书信往来，其中有2封是北非大公教会以集体名义写的，1封是马科林写的，4封是奥古斯丁写的。此外，奥古斯丁还给阿普林格写了1封书信。在两年多的密切交往中，双方均持守各自的双重身份：在政治身份上，马科林是官员，而奥古斯丁是臣民；在宗教身份上，奥古斯丁是主教，而马科林是平信徒。这就使得，双方的交往主要表现为，马科林向奥古斯丁请教教义问题，而奥古斯丁向马科林请愿对多纳图派的处理；作为友好回应，奥古斯丁努力向马科林解释教义问题，而马科林积极听取奥古斯丁的施政建议。

作为官员基督徒，马科林的困惑包括两类。其一是作为基督徒的教义困惑，主要针对多纳图派和佩拉纠派的学说，具体包括道成肉身、上帝的不变性、新旧约的合一、灵魂的起源和原罪的遗传等。其二是作为帝国官员的政治困惑，主要针对基督教与罗马帝国的关系，具体包括基督教伦理与公民伦理是否相容、提倡和平如何抵御暴力、帝国的命运与基督徒皇帝的关系、罗马陷落是否可以归咎于基督教等。显然，奥古斯丁试图以书信和题献来回答当时的一般性关切，无论是教义问题，例如《论罪的功德》和《论圣灵与仪文》，还是政教关系问题，例如《上帝之城》。虽然二者的交往时间并不长，但在回答马科林的困惑中，奥古斯丁开始经历思想的快速发展和日趋成熟。

上文已经论及《书信》136 和 138，以下就简要梳理《书信》128、129、133、139 和 143，来考察北非大公教会和奥古斯丁在与马科林通信中的主要关切。

其中，《书信》128 写于约 411 年 5 月 25 日，《书信》129 写于约 411 年 5 月 30 日，是奥勒留和席尔瓦以北非大公教会的集体名义写给马科林，都在 6 月 1 日迦太基会议开始之前，旨在向马科林通报北非大公教会应对会议裁决的预期立场。

在《书信》128 中，奥勒留等表示认可马科林对迦太基会议的各项安排，包括时间、地点、参加辩论的人数等，还表明了北非大公教会在教会合一上的预期政策。如果多纳图派能够证明其当初分裂的理由是正当的，那么大公教会将整体加入多纳图派并放弃主教职位；而如果大公教会能够证明凯基里安是无辜的，那么多纳图派应当回归大公教会，但允许其主教保留圣职，以顺利实现教会合一。

> 毕竟我们在他们那里所藐视的，不是出于神圣真理的圣礼，而是出于人类谬误的谎言；一旦这些谎言被清除，我们就会拥抱弟兄们的心，他们借着基督之爱与我们合一，但我们现在为这心悲叹，因为它借着可憎的分裂与我们相隔。[1]

对于合一之后同城有两位主教的情况，奥勒留等提议，可以让二者互为同事，等到一位去世之后则由另一位完全继任；而如果双方信徒都偏爱自己原来的主教且不接受两位主教共事，那么就让二者都不再担任

---

[1] 奥古斯丁，《书信》128.2。

主教，等同城教会完成合一之后再任命一位主教。

在《书信》129 中，奥勒留等引用新约经文论证，大公教会应当是普世的，"教会将出现在万国和整个世界"，[①] 而多纳图派却不能证明，大公教会在其他地方已经不再存在，而仅仅存在于北非地区。其次，关于北非教会分裂的起源，凯基里安和菲利克斯已经被宗教会议和君士坦丁宣告无罪，多纳图派的分裂并没有正当基础。再次，教会中总是麦子与稗子混杂，多纳图派还分裂出马克西米安派，互相开除教籍，但在和解过程中并未认定各自的洗礼是无效的，由此不承认大公教会的洗礼且不能与大公教会合一是没有道理的。最后，奥勒留等认可会议的组织形式，即选出有限代表进行法庭式辩论，但不愿意多纳图派主教都到现场旁听以免生事干扰会议，并提醒马科林提前防范。

会议的实际进程表明，马科林准许双方主教都到现场旁听辩论，会议虽因为点名计算主教人数而被耽搁，但大体顺利结束。在合一过程中，北非大公教会也坚持了上述立场，即认可多纳图派主教在回归后可以保有其圣职，直至去世。这就使得，在公平辩论失败后，多纳图派主教更加缺少拒绝合一的理由，大大缓解了合一的阻力；同时也为大公教会补充足够的主教人选，缓解了主教匮乏的发展困境。

在 411 年，多纳图派和游荡派谋杀了大公教会教士瑞斯提图图斯（Restitutus），又重伤了另一位大公教会教士英诺森（Innocent），剜出其一只眼睛并切掉其一根手指。当时，这一暴行已经进入司法审判阶段，但尚未宣判和执行。

为了避免判处死刑或其他肉刑，奥古斯丁在 411 年末写了《书信》133 给马科林，对此类司法审判提出自己的建议。在审判的出发点上，基督徒法官应当像充满爱的父亲，对罪行的愤怒并不转化成对罪人的对等报复，而是愿意去治愈罪人在灵魂上的伤口。在刑讯的手段上，可以使用棒打，如同教师对学生、父母对儿女和主教对信众的训诫那样，而不要使用绞裂、烙铁或火烧，即在肉体上不留下明显伤痕；严厉刑讯的目的是揭示隐藏的罪行，从而可以展示仁慈。在写给阿普林格和马其顿

[①] 奥古斯丁,《书信》129.3。

尼的书信中，奥古斯丁同样表达了上述的一贯立场。

值得注意的是，奥古斯丁在《书信》133 中明确说，自己以朋友和主教的双重身份来提出建议，即使作为官员的马科林可以不听从朋友的建议，那么作为平信徒的马科林也应当听从主教的建议。

> 如果你不听向你请求的朋友，那么要听向你建议的主教。而因为我在向一位基督徒说话，特别是在这个案子上，我说你应当听从向你发命令的主教，就不是傲慢，我的卓越且高贵的主和最亲爱的儿子。①

关于这位皇帝特派员的作用，奥古斯丁甚至明确说："你被派到这里，是为了（大公）教会的益处。"②

《书信》139 写于 411 年末或 412 年初，奥古斯丁向马科林索要迦太基会议的会议记录，以便向各地教会公开宣读，说明多纳图派已经被裁决，应当回归大公教会。如同《书信》133，奥古斯丁在信中再次要求，针对谋杀和伤害大公教会教士的案件，不要对多纳图派判处死刑，鼓励马科林和阿普林格使用法官的自由裁量权，这"既基于我们的良心，也为了强调大公教会的仁慈"③。作为前例，异教徒在意大利特伦托附近谋杀了多名教士，后者被皇帝批准追认为殉道士，而前者并没有被判处死刑。此外，奥古斯丁还向马科林说明，自己当下忙于口授写作，包括迦太基会议简要概述、多封书信和多个教义问答，以至于给他写的信还没有完全写完。"爱，就像乳母照料孩子，把软弱的放在强壮的前面，不是先爱他们，而是先帮助他们，想让软弱的变成像现在强壮的那样。"④ 这种交流彼此日常生活的点滴细节，无不显示了二者之间的亲密关系。

在 411 年，马科林还写信给远在伯利恒的哲罗姆，咨询灵魂起源问

---

① 奥古斯丁，《书信》133.3。
② 奥古斯丁，《书信》133.3。
③ 奥古斯丁，《书信》139.2。
④ 奥古斯丁，《书信》139.2。

题。哲罗姆在《书信》165 中问候他及其妻子阿纳普斯克亚（Anapsychia），并回复说，从哲学领域到宗教领域，从之前到当下，大致存在五种灵魂起源学说。（1）毕达哥拉斯、所有柏拉图主义者和奥利金主张，灵魂是从天上堕落下来的；（2）斯多亚学派、摩尼教和普瑞斯克里安派（Priscillianists）主张，灵魂是从上帝的实体流溢出来的（emanation; *aporroia*）；（3）部分基督徒主张，灵魂是上帝之前就创造并存储起来的；（4）部门基督徒根据福音书经文"我父作事直到如今，我也作事"（《约翰福音》5：17）而主张，灵魂是上帝每天创造并被送进身体的；（5）德尔图良、阿波利拿里（Apollinaris）和大部分东方基督徒主张，正如身体是从身体生的，灵魂也是从灵魂生的。① 正如在《驳鲁菲努斯》（*Apologia contra Rufinum*）2.8 中，哲罗姆承认："我并不否认，我已经读过每种主张；但我承认，除了大公教会所明确流传下来的，即上帝是灵魂和身体的创造者，我对此仍然不知道。"② 在承认自己无法确知之外，哲罗姆建议马科林向奥古斯丁咨询，他的看法将会是大公教会的看法。

马科林还写过其他书信给奥古斯丁，委托主教博尼费斯和教士乌巴努（Urbanus）带给奥古斯丁，催促他尽快出版已经写完的《创世记字解》和《论三位一体》，并咨询一些教义问题。很可能在 412 年，奥古斯丁以《书信》143 答复马科林，称他为最亲密的朋友之一，回答他提出的多个教义问题，并坦承自己的思想从早期到现在发生了某些变化，之前的教义解释中也的确存在一些错误。

《书信》143 的主体是回应灵魂起源问题，奥古斯丁说，针对当时存在的四种灵魂起源学说，即（1）所有灵魂都是从亚当生育而来；（2）单个灵魂是在其单个身体中——被造；（3）灵魂是在身体之外被造，而后被赋予单个身体；（4）灵魂主动自愿进入身体，自己早期写成的《论自由决断》第三卷中没有认可任何一种，而仅仅肯定灵魂是

---

① 参见奥古斯丁，《书信》165.1.1。
② 哲罗姆，《驳鲁菲努斯》2.8；转引自 Augustine, *Letter* 156 – 210, Roland Teske trans., The Works of Saint Augustine: A Translation for the 21st Century, Part 2, Vol. 3, New York: New City Press, 2004, p. 75, note 6.

不朽的，是被造物，在犯罪之后不能完全控制身体，最后承认在这个"最深奥的问题"上并无确切知识，并由此保持理智上的犹豫不决。灵魂问题显然是最重要的问题之一，奥古斯丁早年写过《论灵魂的不朽》和《论灵魂的宏量》，在《创世记字解》（401—415年）第7卷中也专门分析初人灵魂的创造问题，在419/420年专门撰写了《论灵魂及其起源》，但最终对灵魂的起源并没有给出确切的论断。

在《书信》133的结尾处，奥古斯丁要求马科林向其兄弟阿普林格转交《书信》134。作为执政总督，阿普林格可以越过非洲大区巡按和枢密大臣直接向皇帝陈情，是执行帝国敕令的关键人物之一。在《书信》134中，奥古斯丁一开始就陈明，阿普林格的政治权力是由上帝赋予的，同属以基督为头的、追求永生的家庭一员，自己作为主教不仅可以提出请求，也可以提出建议，希望他不要以之为侵犯其政治决定，也不要轻视自己的建议，反而应当毫不犹豫地遵行。所请求的事项仍然是，多纳图派和游荡派把瑞斯提图图斯和英诺森打成一死一重伤，而马科林已经用棍棒而非烙铁和火使他们招供，但为了不对他们或其他谋杀者处以对等的死刑，"我作为一个基督徒来请求法官，且作为主教来提醒一个基督徒"[①]。随后，奥古斯丁阐述自己如此请求的理由，治理行省在必要时需要使用严酷手段，但维护教会利益则总是需要使用仁慈手段，大公教徒所流的血不应当被其敌人的血所玷污，对之的报偿应当是以善胜恶，"使教会的敌人活着，有忏悔的时间"；作为法官，阿普林格对如何判决有自由裁量权，而"当我们为教会的事向你请求、提醒和说情时，你应当作为一位基督徒法官那样行事"[②]。奥古斯丁一直反对判决死刑，他在408年底就曾经撰写《书信》100给时任非洲执政总督多纳图，请求他不要对异端处以死刑，否则自己就不再向之报告此类争端。

上述通信往来说明，马科林不仅在处理多纳图派上积极执行帝国敕令，与大公教会主教密切交往，听取他们的意见，还热衷于向奥古

---

① 奥古斯丁，《书信》134.2。
② 奥古斯丁，《书信》134.4。

斯丁和哲罗姆等教会领袖请教非常深奥的教义问题，远远超过普通基督徒的理智追求。在这些通信往来中，马科林认可奥古斯丁在教义解释上的权威，尊重其在教会事务上的建议，也从书信称谓上认同自己作为官员和平信徒的双重身份，自觉在基督教的语境中履行自己对皇帝的政治义务和对主教的信仰义务。对于其在主持迦太基会议上的表现，布朗评论说：

> 马科林是一个严谨的、有责任心的人，愿意容忍任何程度的狡辩和冒犯，在自己的自主权内也准备做出实质性让步，以得出公正的决定：但在根底上，他是一个好的罗马官员。①

正如在大多数与官员的通信中，奥古斯丁对官员的称谓是主（lord）和儿子（son）并用，而官员对奥古斯丁的称谓是主（lord）和父亲（father）并用。显然，这里的主（lord）与奴仆或奴隶（slave）相对，是对收信人的尊称，以显示写信人的谦卑，既符合罗马社会的交往礼节，也符合基督教教义，因为"凡自己谦卑像这小孩子的，他在天国里就是最大的"（《马太福音》18:4）。与此同时，这里的儿子和父亲既不是血缘意义上的，也不是年龄意义上的，而是信仰意义上的。平信徒官员是大公教会的儿子，而主教奥古斯丁是他们在信仰上的父亲。在双方的交往中，信仰关系与政治关系相互交织，奥古斯丁虽然试图强调前者优先于后者，但也尽可能地表达自己的谦卑，其对官员的所谓"命令"（an order）不是基于信仰权威，更不是基于政治权威，而是基于主教对平信徒的在基督里的谦卑。由于霍诺里皇帝也是大公教徒，这就使得，皇帝之下的官员在与主教交往中很少会遭遇身份交织所引发的错乱，反而可以更顺畅地执行帝国的各种宗教敕令。

以马科林兄弟为例，他们在晚期帝国中至少拥有四重身份，即阶层上属于罗马贵族、文化上属于知识精英、政治上属于帝国官员和信仰上

---

① 参见 Peter Brown, *Augustine of Hippo: A Biography*, a new edition with an epilogue, Berkeley and Los Angeles: University of California Press, 2000, p. 332.

属于大公教徒。在与他们交往的过程中，奥古斯丁试图发展出三重关系，即古典意义上的朋友、政治意义上的官民和信仰意义上的父子，以尽量发挥他们在实践领域中的影响力。在朋友关系上，奥古斯丁与他们有着共同的古典教育背景和理智追求，可以随意引用西塞罗、维吉尔和贺拉斯等的语句。在官民关系上，奥古斯丁尊重他们的政治权威，在教会事务之外不主动干涉其政治决断，反而努力维护官员之间、官员与宫廷之间的和谐与和平。在父子关系上，作为主教的奥古斯丁称他们为"教会的儿子"，在教义上孜孜不倦地以书信和著作来教导。不同于与摩尼教和佩拉纠派的辩论，在与多纳图派的斗争中，奥古斯丁最为深度地参与到帝国政治中，不仅获得了这种参与所带来的丰盛成果，也很快认识到其中所隐含的巨大危机。

2. 马科林被处死

在镇压了赫拉克里安的叛乱之后，马瑞努出任非洲总督（governor of Africa），镇守北非地区并搜捕其可能的支持者，而从408年到413年与赫拉克里安共事过的高级官员显然都成为怀疑对象。多纳图派就指控，马科林接受大公教会的贿赂，以致做出不利于己派的裁决，还是叛乱的支持者和参与者。马科林兄弟很快被逮捕入狱。得知这一消息后，奥古斯丁随即赶到迦太基，并在6月和8—9月两次组织北非大公教会向宫廷求情，以试图营救二者。在马科林被处决之后，多纳图派又将之视为上帝对他的公义惩罚。[①] 与之前的情形类似，多纳图派经常把官员政治命运的起伏看作对己派受到迫害的报偿。

在7月15日，奥古斯丁在迦太基做了《诗篇解》50的布道，以大卫与拔士巴通奸的故事（《撒母耳记下》11—12章）为例来讲解，在犯罪之后应当像大卫那样悔罪，正义的上帝将会惩罚罪，并以"丰盛的慈悲"（great mercy）来洁净他的罪。与此类似，奥古斯丁还援引耶稣赦免通奸妇人的故事（《约翰福音》8：1-11），即按照正义的律法，这个妇人应当受到惩罚，却找不到正义的执法者。耶稣是否违犯了自己与

---

① 参见 T. D. Barnes, "Aspects of the Background of the City of God", *Revue de l'Université d'Ottawa*, Vol. 52, 1982, p. 65, note 6.

父一起赐下的律法?"不,上帝并不违犯自己的律法,当皇帝赦免某个人时,他也没有违犯他的法律。"①

相较于整篇释经布道的中规中矩,这里非常突兀地把皇帝与上帝相类比,显然有着艰难时世下的良苦用心。鉴于马科林被捕,奥古斯丁以上帝赦免悔罪的大卫作为范例试图呼吁,基督徒皇帝也可以像上帝那样赦免悔罪的马科林,这既不算违犯帝国的法律,又彰显了自己作为皇帝和基督徒的双重仁慈。这种理想化的热心却应付不了冷峻的现实。因为与上帝不同,皇帝的正义可以惩罚所有人,但其仁慈却并不赦免所有人;甚至按照罗马的司法审讯,嫌疑人的悔罪恰恰成为定罪的理由,而不是赦免的理由。无论是出于深思熟虑,还是出于一时决断,对可能参与叛乱的重要嫌疑人都予以定罪处决,是皇帝维持其世俗权威的最优选择,而仁慈和赦免却可能使他不久之后被取而代之。

在 9 月 13 日清晨,马科林兄弟被突然处斩。在这种震惊中,奥古斯丁随即离开迦太基,甚至迟迟不回复接任马科林一职的老朋友凯基里安的来信,让后者略有抱怨。作为帝国官员,凯基里安可能在 396 年之前就出任行省总督,在 404 年出任非洲大区巡按,在 405 年可能出任了非洲执政总督,而希波在其管辖范围之内。在阿拉瑞克第一次围困罗马时,他在 408 年末和 409 年初代表罗马元老院去拉文纳向皇帝请愿。在 409 年,他出任意大利和以利里古枢密大臣。在 414 年 3 月,他作为皇帝特派员来到非洲,接替马科林继续执行针对多纳图派的敕令,② 与负责处死马科林兄弟的马瑞努是朋友。③

在 406 年到 409 年间,奥古斯丁曾经写了《书信》86 给凯基里安,向他报告当时教会分裂的情况,认为他在其他北非行省积极执行《合一

---

① 参见奥古斯丁,《诗篇解》50.8。
② 对于这里的具体时间,研究者们有不同说法。一者认为,凯基里安出任皇帝特派员,在 414 年 3 月前往北非,并收到了《书信》151,参见 E. M. Atkins & R. J. Dodaro eds., *Augustine: Political Writings*, Cambridge: Cambridge University Press, 2004, p. 231。另一者认为,奥古斯丁是在 413 年末给他写了《书信》151,参见 Augustine, *Letter* 100-155, Roland Teske trans., The Works of Saint Augustine: A Translation for the 21st Century, Part 2, Vol. 2, New York: New City Press, 2003, p. 380。
③ 参见 E. M. Atkins & R. J. Dodaro eds., *Augustine: Political Writings*, Cambridge: Cambridge University Press, 2004, pp. 230-231。

赦令》，但希波和努米迪亚行省并未同样受益。但现在，北非教会合一的实际功臣马科林却被处死，使得奥古斯丁开始对帝国政治感到失望，又鉴于凯基里安与马瑞努是朋友，以至于迟迟不愿回复他的来信，除非需要为某人求情。

在《书信》151 中，奥古斯丁向凯基里安解释自己突然离开迦太基的原因，详细回忆马科林兄弟被逮捕和处决的经过，高度赞扬马科林的信仰和德行，明确表达对马瑞努的愤慨，并要求凯基里安说明自己当时的反应。其中，他第二天就离开迦太基是因为，马瑞努还在搜捕其他嫌疑犯，很多人逃到教会中寻求庇护，但自己不愿意像奥勒留主教那样再谦卑地去求情，也不愿意面对马科林被处死后既悲伤又尴尬的教会境况。他不愿回信是因为，很多人怀疑，凯基里安参与筹划了马瑞努逮捕和处决马科林兄弟的行动，并在这一期间故意来迷惑迦太基教会的营救。

在《书信》151.4－6、11 中，奥古斯丁依据自己的见闻，详细描述了这一过程。在被捕之前，阿普林格曾经向凯基里安说了某些严厉的话，就被后者视为嫌疑人。马瑞努召见马科林兄弟，之后又让他们离开，而凯基里安也在场，据说他秘密跟马瑞努说了什么，以至于马科林兄弟之后突然被下令逮捕。有传言说，迦太基教会能够营救他们，而马瑞努不仅同意且坚持要求派一位主教前往宫廷请愿。执事昆提安（Quintian）陪同这位主教前往宫廷，而帝国法院法官的答复是，马科林兄弟不需要被赐予赦免，因为赦免意味着犯有罪行，而只需要写一份便笺，命令把他们释放而没有任何惩罚即可。马瑞努许诺说，在请愿完成之前，自己不会提审马科林兄弟。在 9 月 12 日，凯基里安来到迦太基教会，也许诺说，自己与马瑞努有过私密谈话，已经以彼此的友谊把他打动，使得马科林兄弟将会保全性命。在说这些话中间，他作为望教者甚至走到教会祭坛前发了誓，这让奥古斯丁等人不得不相信。然而，第二天即 9 月 13 日，迦太基教会得知，马科林兄弟被从监狱中带到了法官面前。奥古斯丁等以为，9 月 14 日是西普里安的殉道纪念日，马瑞努应该是选了这个日子释放他们，以兑现凯基里安的请求，并让大公教会为之欢悦。但突然又有消息传来，马科林兄弟已经于 9 月 13 日清晨被处斩，就在离法庭最近的公园里。这个公园不是常规的刑场，而马瑞努在一些天前就于此地执行过死刑，似乎是故意作为先例，以在下令处死马科林兄弟之后可以随即行刑，让大公教会根本来不及营救。奥古斯丁等人对此惊愕非常，却又无能为力。

对于马科林被处死的前后过程，布朗做了生动而深情的描述：

> 这对于奥古斯丁是一个残忍的打击，不仅是在个人上，也是因为，它表明北非大公教会完全不能应对其生存其中的社会。教会作为罪人的保护者所发动起来的全部运行机制不过是被无所顾忌地嘲弄：一名主教被派去拉文纳请求施与仁慈；官员们在祭坛前庄严地发誓；马科林已经被简短审判，这一消息让人无不满意，因为明天就是圣西普里安纪念日，是一个大赦的合适时机。在过去一些天里，奥古斯丁都去探访马科林。马科林已经用誓言向他保证，自己从没有不贞洁。在纪念日那天的清晨，马科林被带出来，在公园的一个角落里被斩首。教会没能保护它最忠心的儿子。①

在时隔几个月后的《书信》151 中，奥古斯丁依然悲愤难平，直接痛斥马瑞努是"这一大罪和如此无法接受的残忍"的凶手：

> 当实现处死马科林这一阴谋时，马瑞努对待自己的灵魂比对待马科林的身体更加残忍，他还蔑视我们，蔑视自己的许诺，蔑视你的如此众多和如此急切的请求和警告，最后还蔑视大公教会，而基督正在其中。②

除此之外，奥古斯丁还婉转指责凯基里安几乎是这一阴谋的帮凶，他现在应当谴责马瑞努所犯的罪，应当向自己解释行刑当日的所在所为，包括如何得知消息、如何做出反应和随后见到马瑞努有怎样的对话

---

① Peter Brown, *Augustine of Hippo: A Biography*, a new edition with an epilogue, Berkeley and Los Angeles: University of California Press, 2000, p. 337.
② 奥古斯丁，《书信》151. 10。

等。与这种痛斥和指责相比，奥古斯丁高度赞扬了马科林：

> 他的所行是多么良善，对朋友是多么忠心，对知识是多么渴望，对信仰是多么真诚，对婚姻是多么贞洁，对审断是多么自制，对敌人是多么容忍，对朋友是多么和蔼，对圣徒是多么谦卑，对所有人是多么有爱！提供帮助时准备得多么充足，寻求帮助时表现得多么谦逊，对改过是多么热心，对罪是多么懊悔！德行上是多么美好，恩惠上是多么闪耀，敬虔上是多么关切！在帮助时是多么仁慈，在赦免时是多么宽宏，在祈祷时是多么有信心！……①

这样的赞美是如此毫不吝惜，以至相较于曾经的同事和大公教会当前的两位罪人，作为平信徒的马科林早已经成为大公教会的圣徒。事实也的确如此，马科林随后被罗马教廷封圣并列入殉道者名录，其雕像迄今屹立在米兰大教堂南耳堂的尖塔上。

然而，痛斥与指责改变不了马科林已经被处死的事实，奥古斯丁必须反思，大公教会的请愿为何没有发挥作用，主教与皇帝、教会与帝国当前有着怎样的纠葛关系。在营救和等待的过程中，奥古斯丁都怀着比较充分的信心，各项条件也的确非常有利。从个人层面上说，马科林在信仰上是虔诚的大公教徒，符合帝国和皇帝的宗教政策；在政治上是贵族出身的高级官员，是皇帝亲自委派到北非地区的，也出色完成了委派工作；在生活上力行贞洁，得到主教们的确认。从教会层面上说，北非大公教会之前和新近多次向宫廷请愿，大多都得到了正面回应，而这次也专门派主教前去请愿；教会的庇护权多次得到皇帝敕令的确认；北非教会史上举足轻重的主教西普里安的纪念日临近，在宗教节日前宣布赦免嫌犯会极大地彰显皇帝的仁慈。从司法层面上说，简短的审讯不可能坐实马科林有参与叛乱的嫌疑，而奥古斯丁的探监也表明他的对外联系没有受到太多限制，最终脱罪释放应当是比较合理的结局。显然，在这

---

① 奥古斯丁，《书信》151.8；部分译文的译法参见王涛：《主教的书信空间：奥古斯丁的交往范式在书信中的体现》，南京大学出版社 2011 年版，第 123 页。

些有利条件下，奥古斯丁和北非大公教会普遍相信，最坏的情况也不过是，马科林在司法上不会被很快判处有罪并执行处罚。然而，出乎所有人的意料，马科林却在圣徒纪念日的前一个清晨被仓促处斩，如同耶稣一样成了被献祭的安息日羔羊。

即使有多纳图派的指控，但面对帝国法院法官的意见和迦太基教会的请愿，马瑞努不可能自行其是，决定处死如此高级别的贵族官员；其坚持差派主教去宫廷请愿和凯基里安在迦太基大公教堂里公开发誓也不会是故意的障眼法。这一命令更可能是直接来自霍诺里皇帝，以至于可以免去繁琐的审讯、宣判和行刑等司法程序，直接干净利落地"实现阴谋"。由此，霍诺里和马瑞努既没有顾及马科林兄弟的功劳和北非大公教会的求情，更没有顾忌这一天对于北非大公教会非凡的纪念意义，而涉嫌参与叛乱足以成为斩立决的充分理由，即使日后予以平反，也要消除当前可能的潜在威胁。

虽然从青年时代起，奥古斯丁就与高级官员打交道，也曾经谋求仕途，但似乎还没有洞悉帝国政治斗争的残酷逻辑。基督徒皇帝仍然严格遵守这一逻辑，无论是之前君士坦丁对待分权的李锡尼，狄奥多西对待篡权的马克西姆，还是当前霍诺里对待叛乱的赫拉克里安，帝国的政治斗争都无不以内战和血腥结束。对于皇帝来说，政治忠诚和为我所用显然才是针对官员的两大核心考量要素。前者表现为，霍诺里出于疑心其篡权而处死大元帅斯蒂利科，全然不顾西部帝国正承受阿拉瑞克的叛乱，由此直接导致了410年罗马陷落；后者表现为，瓦伦廷三世与拥兵叛乱的博尼费斯和解，全然不论其引诱汪达尔人入侵北非地区，由此间接导致了西部帝国的灭亡。在北非地区的教会斗争中，北非大公教会既无法适应帝国层面上更为残酷的政治斗争，也无法在如此旋涡中掌握自己的命运，反而很容易成为牺牲品。远者如背教者朱利安当政时期宽容多纳图派，允许其流放主教回归；近者如霍诺里在410年短暂宽容多纳图派，以减轻意大利地区的军事压力。

努力向善的虔诚大公教徒马科林被处死，而变化多端完全没有虔诚可言的博尼费斯却能够继续升官。这些就说明，对于帝国政治来说，大公信仰是否敬虔根本不是考量要素。奥古斯丁也开始认识到，虽然自己热心劝诫各级官员，但态度的诚恳和教义的严谨根本无法左右他们如何施政，由此就不能把大公教会的命运锚定在飘动无据的宦海沉浮和帝国兴衰上。

3. 对马科林被处死的反思

在信仰上和政治上，马科林都是北非大公教会的忠诚盟友，是奥古斯丁不可多得的朋友。他代表帝国的国家意志且忠于职守，在迦太基会议上拒绝让私人信仰直接干预或决定会议辩论的结果，反而努力营造宽松的辩论氛围，维护两派的对等权利，让历史证据和教义辩论来做出最后的判决。

在一定程度上，正如王涛所评价的：

> 在打击多纳图派的分裂活动中，教会与国家意志的合作实现了完美的统一。奥古斯丁同帝国皇帝派遣来非洲解决多纳图派问题的特使们都保持着良好的关系，最终多纳图派事件最大化地保护了教会的利益，不仅让奥古斯丁意识到了国家权威的重要性，而且也强化了他与帝国意志保持一致的决心。毕竟，教会维持合一和稳定都需要一个强大的权力实体作为坚实的外部环境。①

不过，这种"与帝国意志保持一致的决心"可能仅限于对多纳图派的处理上。从410年罗马陷落，到411年迦太基会议，再到413年马科林被处决，国家的权威不断被皇帝的无能和威权所折损，使得奥古斯丁越发清楚地看到，国家的意志旨在维护皇帝的利益，以政治忠诚优先，而信仰虔诚并不重要；皇帝在不能够控制局面的时候可以任由阿拉瑞克叛乱并三次包围罗马，但在能够控制局面的时候则会从重从快处决可能参与叛乱而危及皇权的人，无论是当下的皇帝特派员，还是之前的多纳图派信徒。

无论是镇压还是宽容，基督教会的问题一直从属于罗马帝国中的政

---

① 王涛：《主教的书信空间：奥古斯丁的交往范式在书信中的体现》，南京大学出版社2011年版，第203—204页。

治问题，而教会合一显然更有利于政治统治。这一普遍认识使得，大公教会有机会不断求助于帝国权力来弹压多纳图派，而奥古斯丁才在教义层面上论证教会合一的必要性，在政治层面上论证借助帝国权力的合理性。然而，迈向政治生活的脚步仅止于此。从412年开始撰写《上帝之城》，到414年反思马科林之死，奥古斯丁已经开始抛弃响应帝国意志的想法和做法，从教义上和政治上都开始回转到更为冷峻的立场上。

对于马科林之死在奥古斯丁思想转折中的作用，布朗同样说：

> 这一事件也在更深层次上标志着奥古斯丁一段生活的结束。因为吊诡的是，恰恰当罗马帝国与大公教会的彼此联姻开始变得非常稳固时，他失去了对之的热情。这一联姻在实践上仍是必要的，是其教会的组织生活的必要条件；它还会被用来抵制其他异端，即佩拉纠派；但现在几乎没有了400年以来的令人兴奋的信心。因为现在不再需要使其他人确信，奥古斯丁自己似乎已经失去了这一确信：他退回到了更为阴郁的观点上。[1]

在布朗看来，这些更为阴郁的观点就包括，奥古斯丁在反驳佩拉纠派时开始论证拣选和圣徒预定论，即罗马帝国的基督教化并不保证每个人或绝大多数人将获得救赎，而获得救赎仅仅是少数已经被预定的人；罗马帝国与基督教的联姻也不会提升教会的品质，教会仍然是罪人和义人的混杂，这种联姻反而容易成为"更大的危险和诱惑"[2]的源泉。

最后，我们肯定会反思，与安布罗斯相比，奥古斯丁为何在帝国与教会、皇帝与主教的权力互动上难有作为，而只能诉诸理论上的进一步扬弃，且这一扬弃意味着什么。对于后一个问题，我们将会在随后几章中论及，现在仅仅简略考察二者在第一个问题上的不同。

可以看到，罗马帝国的大公基督教化是4—5世纪政教关系变得紧张或缓解的整体氛围。虽然日后并列为拉丁四大教父之二，甚至奥古斯

---

[1] Peter Brown, *Augustine of Hippo: A Biography*, a new edition with an epilogue, Berkeley and Los Angeles: University of California Press, 2000, p. 338.
[2] 参见奥古斯丁，《论人之义的成全》15.35。

丁对拉丁基督教的影响远胜于安布罗斯，但在 4—5 世纪应对政教关系上却难以望其项背。占据米兰大公教会主教之职的天时地利人和，安布罗斯可以与移驾米兰的三位皇帝直接交往，不仅与格拉提安关系甚笃，随后与瓦伦廷二世争夺教堂，说服其认可移走罗马元老院的胜利女神祭坛，甚至还强迫狄奥多西一世悔罪，几乎占尽了教会层面和政治层面上的绝对优势。不过，虽然两位皇帝对此都非常不满，但这种在合作与斗争之间相互转换的游刃有余建基于安布罗斯所能够承担起的政治角色。一方面，他被委派出使高卢，成功说服篡权者马克西姆暂时不要进攻意大利，保护了瓦伦廷二世宫廷的军事安全；另一方面，他主动拒绝与入侵意大利的篡权者尤金（Eugenius）见面，而自愿离开米兰流放，有力支持了狄奥多西一世的政治权威。这甚至使得，安布罗斯可以在两位皇帝的葬礼上致赞辞，对其功绩盖棺定论。与此不同，从菲尔姆斯到吉尔多再到赫拉克里安，负责驻守北非地区的军事将领至少发动了三次叛乱，是皇帝们最为忌讳、最不能容忍的，已经耗尽了这一地区政治忠诚的信誉。因此，霍诺里下令搜捕所有嫌疑人并不惜处决马科林兄弟就不难理解，而保卫皇权的国家意志显然不是区区北非大公教会可以置喙的。奥古斯丁虽然与高级官员交游广泛，但仍然仅仅是偏于北非一隅的地方主教，只能以请愿和求情的低姿态来表明自己的主张，根本无法实质性地影响他们的政治决断，甚至整个北非大公教会也从来没有赢得对宫廷的明显影响力。这些就使得，在马科林被处死的失望之余，奥古斯丁也只能选择无限悲愤地离开伤心地而已。

第三章　宗教强制与国家的功用

与第二章所论述的从教会实务上促进北非教会合一相比，本章试图从教义理论层面上讨论，奥古斯丁如何承继早期教会的政治态度，并从具体经文阐释出发，论证宗教强制的合理性与必要性。虽然敌视甚至咒诅迫害教会的罗马皇帝，拒绝皇帝崇拜，但大公教会总体上积极看待罗马帝国与皇帝，承认其政治权威，这成为构建良好政教关系的出发点。从初代教会以来，在没有强制的情况下，大公教会的组织权威完全不能阻止基督教会的持续分裂，其与各种异端的教义辩论也没有起到理想效果。而《米兰敕令》和君士坦丁的青睐使得，大公教会可以在基督徒皇帝的主持和主导下，首次以全帝国范围内的大公会议的形式来应对教义上的异端和组织上的分裂。在宗教迫害与宗教宽容之间，奥古斯丁认可宗教强制，旨在以严厉来惩罚多纳图派的宗教暴力，以温柔来促使其在身体上先行回归大公教会，进而在灵魂上再行接受大公教义。这就意味着，为了善好的目的，且使用节制的手段，帝国可以以其政治权威来介入教会事务，处理其中的各种纷争、暴力和分裂，既弥补了大公教会本身缺乏有效应对能力和手段的现实，又维护了帝国的社会秩序和地区稳定，不仅没有威胁或取代大公教会的教会权威，反而成为其有力的保障。

第一节　初代教会、爱与罗马帝国

基督教起源于第二圣殿时期的犹太教。加利利人耶稣出来传道，宣讲"天国近了"（《马太福音》3∶2）的福音。在传道过程中，耶稣的教导不断打破犹太人所遵行的律法，其门徒开始相信耶稣是弥赛亚即基督。他的传道触怒了谨守律法的法利赛人,其洁净圣殿也得罪了依赖圣殿经济的犹太祭司群体。当这一新福音开始威胁到犹太人的种族身份和政治共同体意识时,所引发的忌恨使得,耶稣被犹太公会逮捕,并被送到犹太行省总督彼拉多那里受审,最终以"犹太人的王"(《马太福音》27:37)这一政治反叛头衔被钉在十字架上处死。

在同时代的历史文献中,耶稣的革新运动几乎没有留下特别的痕迹,自称"上帝的儿子"(《马太福音》16:16)出来传道的犹太人并不少见。然而,在四散传道中,耶稣的门徒在各地建立教会,以希伯来圣经来解释耶稣是基督,并撰写书信和福音来应对各种教义和教会问题。基督运动首先在地中海东部地区蓬勃发展起来,其信众在安提阿第一次被称为"基督徒"(《使徒行传》11:26),使徒和流散犹太基督徒很快将福音传到了埃及、小亚细亚、希腊和罗马等地,甚至在罗马还引发了犹太人争端,以致克劳迪皇帝在49年下令把他们赶出城去(《使徒行传》18:2;苏维托尼乌斯,《克劳迪传》25)。[1]

在基督运动的兴起中,初代教会不断解释希伯来圣经,论证耶稣就是其中所应许的基督,并收集使徒书信(《彼得后书》3:15-16)和福音书形成新约,而希伯来圣经就被称为旧约。从旧约发展到新约,初代教会借助各种理论资源来阐发其有别于犹太教的上帝论、基督论、救赎论和教会论等基本教义,同时面对罗马帝国这一政教现实来阐发其律法观、政治观和历史观等。之所以把律法观放在政教关系的实践领域,是因为律法不仅包括对上帝的义务,也包括对邻人的义务,在构建新的信仰共同体时也在构建新的政治共同体。

一 耶稣和保罗论爱邻如己

在西奈山上,上帝赐予摩西十诫,要求犹太人遵守。而从十诫逐渐

---

[1] 苏维托尼乌斯,《克劳迪传》25 中说:"犹太人在耶稣基督的蛊惑下不断地制造骚乱,因而被他逐出罗马。"参见[古罗马]苏维托尼乌斯:《罗马十二帝王传》,张竹明、王乃新、蒋平等译,商务印书馆1995年版,第243页;Gaius Suetuonius Tranquillus, *The Twelve Caesars*, Robert Graves trans., London: Penguin Books, 2007, p. 195。有关犹太人被暂时赶出罗马的时间,参见 Joseph A. Fitzmyer, *The Acts of the Apostles*, The Anchor Yale Bible, New Haven: Yale University Press, 1998, pp. 619–620。

生发出繁琐的律法系统,包括成文律法和口传律法,即摩西五经和《塔木德》。到了 1 世纪,对律法的遵守已经变成僵化的程式,以致耶稣不得不与法利赛人辩论:安息日是否可以治病,是否可以拿着褥子行走。

在十诫之外,《出埃及记》《利未记》和《申命记》还记载了各种律法条文,细致规范了犹太人日常生产、生活和信仰的方方面面。这些条文贯穿着伤害与惩罚应当对等的正义原则,以直接行使的惩罚来调节各种民事和刑事纠纷。例如《出埃及记》21:22-25 规定:"人若彼此争斗,伤害有孕的妇人,甚至坠胎,随后却无别害,那伤害她的总要按妇人的丈夫所要的,照审判官所断的受罚。若有别害,就要以命偿命,以眼还眼,以牙还牙,以手还手,以脚还脚,以烙还烙,以伤还伤,以打还打。"《利未记》24:19-21 规定:"人若使他邻舍的身体有残疾,他怎样行,也要照样向他行。以伤还伤,以眼还眼,以牙还牙。他怎样叫人的身体有残疾,也要照样向他行。打死牲畜的,必赔上牲畜;打死人的,必被治死。"《申命记》19:21 规定:"你眼不可顾惜,要以命偿命,以眼还眼,以牙还牙,以手还手,以脚还脚。"在调节这些纠纷时,"以眼还眼,以牙还牙,以手还手,以脚还脚"的对等惩罚恐怕难以执行,而"以命偿命"却相对容易。即使无法完全实现对等惩罚的正义原则,但这些肉刑和死刑一直是犹太、希腊和罗马法律体系中的重要组成部分,甚至死刑仍然是大多数现代法律体系所认可的刑罚。

在这些繁琐的律法条文中,有两条律法被耶稣称为"律法和先知一切道理的总纲"(《马太福音》22:40),分别是《利未记》19:18 和《申命记》6:5。前者的具体经文是:"不可报仇,也不可埋怨你本国的子民,却要爱邻如己。"后者的具体经文是:"你要尽心、尽性、尽力爱耶和华你的上帝。"在耶稣运动中,这两条爱的律法得到不断阐释,用以抵制法利赛人的律法主义和部分犹太基督徒对律法的热衷。

《马太福音》5-7 章记录了耶稣的登山宝训,是耶稣作为新摩西颁布新律法,既强调自己的使命是成全律法,又转折性地革新了许多律法条文的含义,要求从律法主义回归到信仰主义,即遵行律法的精意而非字意。对于安息日治病、拿着褥子行走和掐麦穗等,耶稣批评法利赛人说:"安息日是为人设立的,人不是为安息日设立的。"(《马可福音》

2∶27）其意思是，律法是为人服务的，以维持上帝与犹太人所立的盟约；而人不是为律法奴役的，以致不得不生硬地遵守各个条文，尤其是各种禁止性律法。

面对这种僵化理解和生硬遵守，耶稣转而强调，安息日做善事是准许的。因为律法是为人才赐予的，人不是为律法才创造的，爱律法必须落脚在爱人上，人才是最贵重的。当被律法师试探，"律法上的诫命，哪一条是最大的呢？"耶稣援引《申命记》6∶5 和《利未记》19∶18 回答说："你要尽心、尽性、尽意，爱主你的上帝。这是诫命中的第一，且是最大的。其次也相仿，就是要爱邻如己。"（《马太福音》22∶37－39、《马可福音》12∶29－31、《路加福音》10∶25－28）其中，上帝的所指是明确的，但"谁是我的邻舍呢？"（《路加福音》10∶29）耶稣就以好撒玛利亚人的故事来说明，无论是外邦人或陌生人，还是同胞或同类，凡怜悯和帮助受苦遭难之人的就是我的邻舍，是我要照样去行的（《路加福音》10∶30－37），即同样去怜悯和帮助所有受苦遭难的人，做彼此的邻舍。而如果只关心陌生人，却不关心自己亲近的人，抑或相反，这样的怜悯和帮助就是"假冒为善的"。把旧约的全部道理归纳为爱上帝和爱邻如己，要求在具体的爱的行为中遵守律法，而爱的行为显然难以包括"以眼还眼，以牙还牙"之类作为对等惩罚的正义原则。这就意味着，在新约中，爱的律法开始革新正义的实现方式，将身体上的对等惩罚转变为灵魂上的拯救行动。

以信仰来爱上帝，以行善来爱邻舍，这两条诫命本应当相辅相成、并行不悖。然而，从旧约时期到近现代，人们经常热心于律法的条文或固守于自己的所信，以爱上帝的名义来迫害邻舍、同胞或同类，甚至不惜杀死引入新思想的改革者。在 1 世纪尤其如此。法利赛人和犹太祭司固守律法的条文，指控耶稣在安息日治病违犯了律法，自称神子是说僭妄的话亵渎了上帝，因此鼓动彼拉多把他羞辱性地处死。奋锐党人盼望作为政治领袖的弥赛亚，就以刺杀与罗马政权合作的犹太人来密谋反抗帝国的政治统治。归信前的保罗是法利赛人，甚至"比我本国同岁的人更有长进，为我祖宗的遗传更加热心"（《加拉太书》1∶14），就不仅在少年时喜悦基督徒司提反无辜被杀（《使徒行传》7∶60），长大后还亲自"极力逼迫、残害上帝的教会"(《加拉太书》1：13)。

在初代教会中，部分犹太基督徒认为，信仰上帝和爱上帝就应当严格遵守犹太律法，尤其是割礼和饮食律法，否则不能进入上帝之前与以色列人所立的盟约。这类人从耶路撒冷一路下来，不仅搅扰了安提阿教会，迫使使徒彼得与外邦基督徒隔开吃饭（《加拉太书》2：11-14）；也搅扰了加拉太教会，要求外邦基督徒领受割礼作为爱上帝的记号（《加拉太书》1：6-7，5：6，5：11-12）。这些搅扰者在教会内部引发了激烈纷争，诸如律法与恩典孰轻孰重，爱上帝与爱邻如己如何平衡。从旧约的教导到耶稣的总结，律法被化约为爱律，即爱上帝和爱邻如己，但在实际践行中却常常出现倒错。为了避免因爱而生恨，重上帝而轻邻舍，使徒们就在新约书信中反复强调，爱上帝必须落脚在爱邻如己上。

大马士革路上的归信经历使得保罗反思，热心于上帝的律法为何使自己去逼迫上帝的教会，耶稣有关爱律的总结究竟要如何去实际践行。对于保罗来说，从一个法利赛人到一个基督徒，所改变的不是信仰的对象，而是信仰的内容，即信仰的具体落脚处。在被拣选为外邦人的使徒之后，他逐渐认识到，虽然上帝所赐予的律法和诫命是"圣洁、公义、良善的"(《罗马书》7：12)，但其功用却是消极性的，只是"叫人知罪"，而不是使人"能在上帝面前称义"(《罗马书》3：20)，因为根本没有人能够行全律法的字句；与之相对，爱邻如己却可以成全律法的精意。针对教会内部的纷争，保罗特别强调双重爱律中爱邻如己的一面。"凡事都不可亏欠人，惟有彼此相爱，要常以为亏欠，因为爱人的就完全了律法。像那不可奸淫，不可杀人，不可偷盗，不可贪婪，或有别的诫命，都包在'爱邻如己'这一句话之内了。爱是不加害于邻舍的，所以爱就完全了律法"(《罗马书》13：8-10)；"全律法都包在'爱邻如己'这一句话之内了"，否则"若相咬相吞，只怕要彼此消灭了"(《加拉太书》5：14-15)。从基督徒是否可以吃祭肉，[1] 到是否必

---

[1] 参见 K. K. Yeo, *Rhetorical Interaction in 1 Corinthians 8 and 10: A Formal Analysis with Implications for a Cross-Cultural, Chinese Hermeneutic*, Leiden: E. J. Brill, 1995.

须领受割礼，保罗始终把神学争论置于信众团契当下的伦理生活中，以爱邻如己来消弭由爱上帝所可能引发的各种分歧，防止以爱上帝的名义重新去迫害邻舍，无论是基督徒或非基督徒，又无论是犹太基督徒或外邦基督徒。①

在保罗之外，主的兄弟雅各也教导，爱邻如己必须具体化为对贫弱基督徒的实际帮扶，以之来显明爱上帝的信心。作为"至尊的律法"（《雅各书》2：8），爱邻如己要求信众践行具体的伦理行为，包括要尊重每个人的尊严，不以外貌待人；要关心信心上的贫富，不以经济上的富足来羞辱贫穷；要照顾他人的日用饮食，使其吃得饱穿得暖，不以冷漠的祝福言语来打发。雅各警告说，从亚伯拉罕和喇合的事例可以看到，"人称义是因着行为，不是单因着信心"（《雅各书》2：24），爱上帝的信心必须呈现为爱邻如己的行为，否则"身体没有灵魂是死的，信心没有行为也是死的"（《雅各书》2：26）。关心他人的衣食住行看似微不足道，却是在实际践行爱邻如己和爱上帝的双重教导，而没有此世的修行就不能成就来世的拯救。

从旧约到新约，在基督教的视域下，由十诫生发出的繁琐的律法系统被化约为爱的律法，即爱上帝和爱邻如己。从律法到爱律，再从爱律到爱邻如己，新约不是在减损旧约的教义，使徒也不是在减损耶稣的教义，反而都力图恢复整全的教导，即信仰的发端处是爱上帝，而信仰的入手处却必须是爱邻如己，即把信仰落实到具体的政治生活和伦理生活中。爱上帝与爱邻如己没有轻重缓急之分，而是基督徒在信心与行为上的一体两面，都不可偏废。只有这样，才不仅可以消除各种神学纷争，还可以从自己身边的邻舍做起，以爱的信心来怜悯他人，以爱的行为来帮助他人。

然而，在登山宝训中，耶稣的教导比爱邻如己走得更远，要求门徒忍耐所有的逼迫，似乎彻底颠倒了摩西律法中所坚持的对等惩罚的正义原则。在《马太福音》5：38－41中，耶稣论报复："你们听见有话说：

---

① 参见［美］杨克勤：《孔子与保罗：天道与圣言的相遇》，华东师范大学出版社2010年版，第305—358页。

'以眼还眼,以牙还牙。'只是我告诉你们:不要与恶人作对。有人打你的右脸,连左脸也转过来由他打;有人想要告你,要拿你的里衣,连外衣也由他拿去;有人强逼你走一里路,你就同他走二里。"随后在《马太福音》5:43-44中,耶稣论爱仇敌:"你们听见有话说:'当爱你的邻舍,恨你的仇敌。'只是我告诉你们:要爱你们的仇敌,为那逼迫你们的祷告。"在《路加福音》6:27-29中,耶稣也有类似的教导:"只是我告诉你们这听道的人,你们的仇敌,要爱他;恨你们的,要待他好;咒诅你们的,要为他祝福;凌辱你们的,要为他祷告。有人打你这边的脸,连那边的脸也由他打。有人夺你的外衣,连里衣也由他拿去。"

一般认为,"以眼还眼,以牙还牙"强调对等惩罚的正义原则,其目的是限制或防止过度报复,实际上没有证据表明,犹太教或旧约时代真的完全按其字面意思执行;同时,这一正义原则也不允许受害者去自行惩罚冒犯者,反而必须将之让渡给作为正义者的上帝来审判和惩罚。[①] 然而,耶稣的重新解释就使得,基督徒有必要追问,这种打右脸转左脸、要里衣也给外衣式的对恶的忍耐是否已经违背了正义原则,爱仇敌是否就不需要反抗恶了。在这一推论之下,他们还有必要追问,如果基督教抛弃了惩罚的正义,仅仅忍耐各种恶,那么基督徒是否需要和如何保卫自己所生活其中的世俗国家,好基督徒是否能够同时成为好公民。正如沃鲁西安和马科林所担心的那样,这样的基督教伦理是否能够与罗马帝国所宣扬的公民伦理相融合,基督徒是否能够保卫罗马帝国。具体来说,大公教会对内如何应对类似游荡派的暴力袭击,是否可以打右脸转左脸?对外如何应对蛮族的军事入侵,是否可以要里衣也给外衣?这段经文的解释史表明,其中密切关涉到爱与暴力、暴政与战争之间的关系,如何在爱邻如己的诫命之下应对尘世生活中的各种恶,就成为基督教会必须回答的问题。在5世纪,奥古斯丁和克里索斯托都解释

---

① 有关这段经文的解释史,参见 Howard Clarke, *The Gospel of Matthew and Its Readers: A Historical Introduction to the First Gospel*, Indianapolis: Indiana University Press, 2003, pp.74-78。有关这段经文与旧约和犹太教的关系,参见 Herbert W. Basser and Marsha B. Cohen, *The Gospel of Matthew and Judaic Traditions: A Relevance-Based Commentary*, Leiden: Brill, 2015, pp.155-160。

了这段经文,① 而随后的阿奎那、伊拉斯谟、路德和加尔文等也都给出了自己的观点。

二 耶稣和保罗论罗马帝国

1. 从耶稣到保罗的生活历史

庞培在公元前 64 年建立叙利亚行省,在前 63 年占领耶路撒冷。凯撒在前 44 年被刺身亡,其外甥孙屋大维成为继子和继承人,在内战中打败布鲁图和安东尼,在前 27 年被元老院授予"奥古斯都"和"第一公民"(*princeps*)称号,成为罗马帝国第一任皇帝,直至公元 14 年去世,开启了长达两个世纪的"罗马和平"(Pax Romana)。

大希律在前 37 年被立为"犹太人的王"(King of the Jews),终结了哈斯蒙尼王朝(Hasmonean dynasty),建立希律王国(the Herodian Kingdom)作为罗马的附属国,并开始大力建设凯撒利亚城,在前 4 年去世。在大希律死后,其统治领地被分给儿子亚基老(Herod Archelaus,前 4—6 年在位)、希律王(Herod Antipas,前 4—39 年在位)和腓力(Philip the Tetrarch,前 4—34 年在位)。因为治理能力不济,亚基老在 6 年被奥古斯都废黜,其领地收归帝国直接管辖,成立犹太行省。在 26—36 年,彼拉多出任第五任犹太行省总督(Roman Prefect,和合本译为巡抚)。在犹太行省之外,这一地区还保有自治领地,先后有亚基帕一世(41—44 年在位)和亚基帕二世(48—93/100 年在位)担任"犹太人的王"。在亚基帕二世死后,整个地区都收归帝国直接管辖。在 66—73 年,第一次犹太大起义爆发,失败后第二圣殿被毁;在 132—136 年,第三次犹太大起义(the Bar Kokhba revolt)爆发,失败后耶路撒冷被更名,且禁止犹太人进入。

耶稣出生于约公元前 4 年,传道三年,殉道于约公元 30 年,主要活动在从加利利到耶路撒冷一带,历经奥古斯都(前 27—14 年)和提庇留(14—37 年)两朝。在希律王治下,施洗约翰被处死,耶稣被逮到彼拉多面前受审,之后被钉十字架,后来约翰的兄弟雅各也被处死。

---

① 参见奥古斯丁《书信》138.12 – 14;克里索斯托《马太福音布道》18。

除了在彼拉多面前受审，耶稣跟罗马当局几乎没有打过交道，却被以政治罪名处死。

保罗出生于公元1—10年，在36年皈依基督信仰，39年皈依后第一次去耶路撒冷，49年去耶路撒冷参加使徒会议，58年在耶路撒冷被捕，之后被关押在凯撒利亚，60年秋天被解往罗马，在罗马从61年囚禁到63年，64年7月19—28日罗马发生大火，尼禄以此为借口迫害基督徒。保罗在64年初夏去西班牙，之后两年在爱琴海周围坚固教会，在67年重访罗马时被逮捕殉道。① 其出生、皈依和传道历经奥古斯都、提庇留、卡里古拉（37—41年）、克劳迪（41—54年）和尼禄（54—68年）五朝。

保罗是犹太人，原名为扫罗，出生在基利家行省的大数城，第八天受割礼，属于便雅悯支派。他生来就是罗马公民（civis romanus），家里做织帐篷的生意，之后在耶路撒冷长大，在教法师迦玛列门下受教育，成为谨守律法的法利赛人，在耶路撒冷住有其姐姐或妹妹和外甥。保罗少年时见证基督徒司提反被不信基督的犹太人打死，心里喜悦，长大后得到大祭司的授权而逼迫基督教会，在去往大马士革的路上遇到基督显现而归信，之后一改前非，三次旅行传道，宣扬基督信仰，在地中海东部各地建立教会，呕心沥血，历尽磨难。②

与耶稣不同，在三十多年的传道中，保罗跟罗马当局打过很多交道。在第一次旅行传道中，保罗来到塞浦路斯行省，见到执政总督士求保罗（Sergius Paulus, proconsul/anthypatos, 46—48年在任），以神迹惩罚行法术的以吕马，使得士求保罗归信基督（《使徒行传》13：4-12）。在第二次旅行传道中，保罗来到腓立比，因为抵制法术与当地人冲突，就被地方官员公开棍打和关押；在出狱时，保罗表明自己

---

① 这里所采用的保罗生平时间表，参见 Joseph A. Fitzmyer, *The Acts of the Apostles*, The Anchor Yale Bible, New Haven: Yale University Press, 1998, pp. 139-141；有关其他时间表，参见 Jerome Murphy-O'Conner, *Paul: A Critical Life*, Oxford: Clarendon Press, 1996, pp. 8, 31, 368-371；[美] 霍桑、马挺主编：《21世纪保罗书信辞典》，杨长慧译，团结出版社2015年版，第993—994页。

② 有关保罗的经历和学说，参见张晓梅：《使徒保罗和他的世界》，社会科学文献出版社2012年版。

的罗马公民身份，表明棍打罗马公民违犯了罗马法律，地方官员很害怕，就请他们出城去了（《使徒行传》16：16-40）。保罗之后来到哥林多，迦流（Lucius Junius Gallio）时任亚该亚行省执政总督（52年时在任），[1] 不愿介入保罗与犹太人的教义争论（《使徒行传》18：12-17）。这位迦流的名字实际上是 Lucius Annaeus Novatus，是罗马骑士和修辞学家老塞涅卡（M. Annaeus Seneca）的儿子，是斯多亚主义哲学家、尼禄皇帝的老师塞涅卡的兄长，后于65年因卷入宫廷阴谋而被迫自杀。

在第三次旅行传道之后，保罗上到耶路撒冷，被一些犹太人抓住。为防止引发骚乱，驻守的千夫长（tribune）克劳迪·吕西亚（Claudius Lysias）把他带到营楼，用皮条捆上，要鞭打审讯，而保罗再度声言其罗马公民身份。"人是罗马人，又没有定罪，你们就鞭打他，有这个例吗？"（《使徒行传》22：25）负责审讯的百夫长（centurion）去告诉千夫长。"千夫长就来问保罗说：'你告诉我，你是罗马人吗？'保罗说：'是。'千夫长说：'我用许多银子，才入了罗马的民籍。'保罗说：'我生来就是。'"（《使徒行传》22：27-28）关于千夫长吕西亚获取公民身份的方式：

> 克劳迪这个名字可能表明，他是在克劳迪皇帝治下获得公民身份的，因为将成为公民的人通常会支付可观的钱财，并取皇帝的姓为自己的。[2]

次日，吕西亚允许保罗在犹太公会前申诉，但因为犹太人密谋杀他，就在第三日连夜护送，把他解往凯撒利亚，交由犹太行省总督腓力斯（Marcus Antonius Felix，约52—60年出任）审讯。腓力斯被克劳迪

---

[1] 参见 Joseph A. Fitzmyer, *The Acts of the Apostles*, The Anchor Yale Bible, New Haven: Yale University Press, 1998, pp. 621-623.

[2] Joseph A. Fitzmyer, *The Acts of the Apostles*, The Anchor Yale Bible, New Haven: Yale University Press, 1998, p. 712. 有关吕西亚的出身和军事职务，参见 A. N. Sherwin-White, *Roman Society and Roman Law in the New Testament*, The Sarum Lectures 1960-1961, Oxford: The Clarendon Press, 1963, pp. 154-158。

皇帝的母亲、马可·安东尼的女儿小安东尼娅（Antonia Minor）释放为自由人，其兄弟帕拉斯（Pallas）是皇帝克劳迪和尼禄的亲密朋友。腓力斯既宽待保罗，又不愿得罪犹太人，就审而不决，继续羁押他。在两年后，新任总督非斯都（Porcius Festus，约60—62年出任）到任。他出身于著名元老家族图斯库兰的波求（the Porcii of Tusculum），到任后很快提审保罗，而保罗行使其罗马公民权，要求上诉到尼禄皇帝（《使徒行传》25：11），并得到认可。之后不久，非斯都邀请前来祝贺的亚基帕二世一起审问保罗，但没有查出其违犯罗马法律，就差派百夫长犹流带兵押送保罗前往罗马。到了罗马，保罗被允许单独租房居住，看守的士兵并不禁止他接待来人和讲道，直到满了整整两年。《使徒行传》就此结尾，而对于这一案件的结局，优西比乌记载说："据说，在（成功）为自己申辩后，保罗再次踏上宣讲福音的旅程，后来又第二次来到罗马，之后在殉道中得着圆满。"①

在"罗马和平"的氛围中，保罗积极利用帝国发达的陆路交通和安全的海上交通进行长途旅行，随身携带出生文书或公民文书，在遇到司法问题时适时表明其公民身份，以保障传道事业的顺利拓展。其中，罗马公民身份是最有效的保护伞，除了有不被锁链捆绑的权利。②

> 罗马公民的权利包括上诉（provocatio，即受审后有上诉权）和豁免公共服务（muneris publici vacatio，即免除帝国义务，例如服兵役），被控告的罗马公民有权选择在本地或在罗马法庭受审。各行省通常（但并非一定）赋予罗马公民免于鞭打的权利。③

无论是否已经在巡抚（总督）面前听审过，居住在行省中的罗

---

① 优西比乌，《教会史》2.22。
② 参见 Hans Conzelmann, *Acts of the Apostles*, James Limburg, A. Thomas Kraabel and Donald H. Juel trans., Hermeneia, Philadephia: Fotress Press, 1987, p.133.
③ Gerald F. Hawthorne and Ralph P. Martin eds., *Dictionary of Paul and His Letters*, Downers Grove: Inter Varsity Press, 1993, p.140.

马公民都有权上诉到皇帝，只要他们有足够的影响力去获得听审。[1]

从《使徒行传》中可以看到，在某城与犹太人发生冲突时，保罗大多迅速离开，逃避该城地方官的司法管辖权，而犹太人则大多指控保罗煽动暴乱。具体在保罗被捕一案中，作为控告方的犹太人要从耶路撒冷来到凯撒利亚，进行当庭举证和辩论，而行省总督和分封王则居中裁决；保罗还拒绝总督的建议，不愿意到耶路撒冷受审，而要求被解往罗马上诉于皇帝；总督在和地方议会商量后同意了这一请求，并准备了相应的法律文书。在凯撒利亚和罗马，保罗都被羁押了两年之久，前者是因为腓力斯拖延不审，后者可能是因为犹太公会的人没有从耶路撒冷赶来罗马出庭。有研究认为，两年是罗马法规定的最长羁押期限，如没有审判定罪就应当自动释放；如果控方不出庭，一些皇帝也会自行裁决案件；在克劳迪任内和尼禄统治早期，皇帝会对大量积压的上诉案件实行赦免释放以示仁慈，而保罗很有可能也在此列。[2] 此外，处决罗马公民的方式通常是斩首，相对于绞刑和钉十字架等行刑方式更为人道。与保罗相比，彼得不是罗马公民。对于二者的殉道，优西比乌转述说："根据记载，正是在尼禄统治期间，保罗在罗马被斩首，彼得也被钉上十字架；罗马当地至今还遗留着名为彼得和保罗的墓地，这佐证了上述记载的真实性。"[3]

2. 耶稣的政治活动和政治观点

在希律王时代，犹太人的税负主要包括直接税，例如人头税和地税；间接税，例如商品交易税；宗教税，例如圣殿税和什一税。"根据当时的法律，犹太人要交圣殿税，就可以免交当地政府的税。"[4] 行省或希律王所雇佣的税吏通常强行多收税（《路加福音》3：12－13），

---

[1] Gerald F. Hawthorne and Ralph P. Martin eds., *Dictionary of Paul and His Letters*, Downers Grove: Inter Varsity Press, 1993, p. 546.

[2] 参见 Joseph A. Fitzmyer, *The Acts of the Apostles*, The Anchor Yale Bible, New Haven: Yale University Press, 1998, pp. 740, 796; Gerald F. Hawthorne and Ralph P. Martin eds., *Dictionary of Paul and His Letters*, Downers Grove: Inter Varsity Press, 1993, p. 550.

[3] 优西比乌，《教会史》2.25。

[4] 鲍会园：《罗马书注释》（卷下），上海三联书店2013年版，第126页。

税吏长更是可以中饱私囊（《路加福音》19：8）。沉重的税负导致消极或暴力抗税不断，而税吏的名声也就非常败坏，在社会交往上往往被排斥，以致与不道德者和其他边缘群体并列。①

在三年的传道中，耶稣拣选了很多门徒，其十二门徒中包括以打鱼为生的彼得、安德烈、雅各、约翰，税吏马太和政治立场显明的奋锐党人西门。对于税吏群体，除了马太，他不仅招呼税吏利未跟从他，到他家里与许多税吏一起坐席吃饭，还去税吏长兼财主撒该家里住宿，从而使税吏们相信了他，去施洗约翰那里接受洗礼。法利赛人等对之很不满，把税吏与罪人并列，又与勒索的、不义的和奸淫的并列；在指责祭司长和长老时，耶稣把税吏与娼妓并列；在论到不听劝告的兄弟时，耶稣把税吏与外邦人并列。由此可见，无论个体德行如何，税吏作为帝国经济权力的末梢是非常不受欢迎的群体。然而，无论是税吏，还是其背后的官僚系统，耶稣对之都没有抱持任何厌恶或抵制，反而接纳前者，顺服后者。② 如同安息日治病，耶稣不仅摒弃法利赛人的宗教偏见，还故意挑战同时代人的社会认知，以与税吏交往的方式传扬自己的福音，即"我来本不是召义人，乃是召罪人"（《马太福音》9：13）。

在辩论是否应当向帝国纳税之前，《马太福音》17：24-27记载，以君王征税为例，即君王不向自己的儿子而向外人征税，耶稣对此认为，自己和彼得因为信仰而是上帝的儿子，无需向上帝的圣殿缴纳这个税，但为了不冒犯犹太传统，就以鱼口得币的自然神迹履行了义务。鱼口纳税既承认了一般性纳税的正当，又肯定了自己的神子身份。③ 由于

---

① 参见 David Noel Freedman & others eds., *The Anchor Yale Bible Dictionary*, Si-Z: Volume 6, New Haven: Yale University Press, 1992, "Tax collector".

② 对此，卡特（Warren Carter）持有不同看法，即《马太福音》和《马可福音》都在描述耶稣对帝国权力的批评和挑战，并以死里复活表明帝国权力的有限和上帝的全权，参见 Warren Carter, "Matthew and Empire," in Stanley E. Porter and Cynthia Long Westfall eds., *Empire in the New Testament*, Eugene, Oregon: Pickwick Publications, 2011, pp. 90 – 119。我们认为，这里应当看到，耶稣对尘世的普遍批判并不等于是对罗马帝国的政治批判，其复活具有救赎上的启示意义，而非权力斗争上的政治意义。

③ 参见 Herbert W. Basser and Marsha B. Cohen, *The Gospel of Matthew and Judaic Traditions: A Relevance-Based Commentary*, Leiden: Brill, 2015, pp. 446 – 448.

各种税负沉重不堪，犹太人普遍反感向作为压迫者的罗马帝国纳税，但拒绝纳税或鼓动之显然属于政治反叛，只会受到驻防军的严厉镇压。基于此，法利赛人和希律党人就来试探耶稣，"纳税给凯撒可以不可以？我们该纳不该纳？"耶稣则挑明这个试探，以银制第纳尔上提庇留的头像年号为据回答："凯撒的物当归给凯撒；上帝的物当归给上帝。"（《马可福音》12：13–17，另参见《马太福音》22：15–22、《路加福音》20：19–26）[①]

这一回答区分了政治义务和宗教义务，从而既承认应当向罗马帝国纳税，以之表达政治上的顺服，又避免刺激犹太人的反感情绪，为之保留宗教信仰上的洁净和优越意识。不过，对这句经文的解释却可以引出不同结论，甚至导致了后世"双剑理论"的提出和政教之间的血腥冲突。克拉克（Howard Clarke）对此评价说：

> 这段经文已经成为政治思想和实践历史上的关键文本，但一个好问题是，这段著名经文究竟是解决了问题，还只是重述了它。在随后教会与国家、主教与君主之间的长期且偶尔血腥的冲突中，凯撒与上帝的分离使得双方都可以援引这段经文作为自己的依据。[②]

在传道第三年的逾越节前夕，因为门徒犹大的出卖，耶稣被祭司长等人逮捕，当晚被带到大祭司那里受审。因为承认自己是基督即弥赛亚，耶稣就被认为是说僭妄话亵渎上帝，并在第二天被解到总督彼拉多面前，指控他说："这人诱惑国民，禁止纳税给凯撒，并说自己是基督、是王。"（《路加福音》23：2）在这些指控中，"禁止纳税给凯撒"不

[①] 在福音书研究中，一般认为，《马可福音》成书最早，同时代还有记录耶稣言行的 Q 本，而《马太福音》和《路加福音》就是结合二者写成，《约翰福音》成书最晚，晚至1世纪末或2世纪初。四部福音书中不同的耶稣形象与历史上的真实耶稣相隔三十多年，而如何从福音书和新约其他正典中析取出真实的耶稣形象及其观点是一项复杂的学术工作，自19世纪的图宾根学派到21世纪的众多研究都致力于此。参见 James K. Beilby and Paul Rhodes Eddy eds., *The Historical Jesus: Five Views*, Downers Grove: Inter Varsity Press, 2009; Helen K. Bond, *The Historical Jesus: A Guide for the Perplexed*, London: T & T Clark, 2012.

[②] Howard Clarke, *The Gospel of Matthew and Its Readers: A Historical Introduction to the First Gospel*, Indianapolis: Indiana University Press, 2003, p. 180.

符合实情,而"犹太人的王"则带有强烈的政治反叛意涵,是最为关键的指控,以至于四部福音中的彼拉多都主要审问:"你是犹太人的王吗?"而耶稣也都给出了肯定回答,但对其他指控却保持沉默。现实中的"犹太人的王"希律恰好也在耶路撒冷,就得了机会审问,而耶稣同样沉默以对。

在对观福音中,耶稣随后就被定罪处死;但在《约翰福音》中,却包含更多的政治指控。在承认是"犹太人的王"的同时,耶稣给出了自己的界定,"我的国不属这世界",并与彼拉多讨论"真理是什么呢?"在查不出具体罪行之后,彼拉多就命令鞭打了耶稣,准备释放他。祭司长则声称,耶稣自称上帝的儿子违犯了犹太律法,承认是"犹太人的王"则"背叛凯撒"(《约翰福音》19:12),而"除了凯撒,我们没有王"(《约翰福音》19:15)。针对政治反叛的指控,如果彼拉多还是释放耶稣,那么自己"就不是凯撒的朋友"(《约翰福音》19:12)。犹太人以凯撒为王,不仅表明对耶稣的完全拒斥,也表明"宗教问题"与"政治问题"在这里是彼此交织的;而基督徒必须做出决断,究竟耶稣还是凯撒才是自己的王。[1] 正如瑞奇(Lance Byron Richey)所看到的,这里区分凯撒的权力和基督的权力,而权力来源之争凸显了国家权力的绝对界限和神圣权力影响尘世的相对界限。[2]

其中,"犹太人的王"是非常具有挑衅性的称谓,不仅威胁到希律王的地位,也威胁到彼拉多的权柄。在彼拉多说自己有权柄释放或处死耶稣时,耶稣回答说,"若不是从上头赐给你的,你就毫无权柄办我。"(《约翰福音》19:11)在这里,耶稣把政治权力看作上帝的赐予,而自己因"犹太人的王"这一称谓殉道是"为要使经上的话应验"(《约翰福音》19:28)。也就是说,耶稣所顺服的神圣权力不是要取代政治权力,而是要以之作为工具来实现其救赎整个人类的计划。这使得,耶稣既不像奋锐党人西门那样反帝国,也不像彼得那样面对帝国而动刀剑

---

[1] 参见 Wayne A. Meeks, *The Prophet-King: Moses Traditions and the Johannine Christology*, Leiden: Brill, 1967, p. 64.

[2] 参见 Lance Byron Richey, *Roman Imperial Ideology and the Gospel of John*, Washington, D. C.: The Catholic Biblical Association of America, 2007, p. 184.

(《约翰福音》18:10），更是拒绝了门徒要求其承担复兴以色列国的政治功能。

在耶稣复活之后，门徒完全相信他是基督即弥赛亚，却接续着旧约的弥赛亚盼望，重新宣认其政治功能。"他们聚集的时候，问耶稣说：'主啊，你复兴以色列国就在这时候吗？'"（《使徒行传》1:6）"但我们素来所盼望要赎以色列民的就是他。"（《路加福音》24:21）无论遥想更早的大卫王国，还是回忆晚近的哈斯蒙尼王朝（完全独立时期为前110—63年），犹太人作为基督徒所盼望的弥赛亚仍然是，他能够拯救以色列脱离外邦人的奴役而重新获得民族独立。菲茨迈耶（Joseph Fitzmyer）对此评价说：

> 这一问题明确表达了盼望为犹大地的犹太人恢复自治的君王统治。虽然提出问题的门徒是基督徒，但他们仍然作为犹大地的犹太人为"以色列"说话。[1]

然而，升天前的耶稣拒绝回应这一政治期许，仅仅教导说只有父上帝才知道其时候和日期，但至少要等到门徒们为自己作见证"直到地极"（《使徒行传》1:8）。

由此，我们可以看到，无论是与税吏交往，还是荣入圣城，耶稣把"犹太人的王"或"以色列的王"（《约翰福音》1:49）的含义仅仅保留在信仰领域，以新摩西的新律法要求犹太人遵守其精义而非条文，以自己为"道路、真理、生命"（《约翰福音》14:6）而在新的盟约中实现以色列民族的信仰救赎。对于罗马帝国，耶稣承认凯撒在收税上的政治权力，以认可纳税作为自己政治顺服的标记，以这一政治权力为工具，要求把基督信仰传播到帝国的中心即罗马，最终突破种族和地域上的界限，实现犹太人与外邦人在信仰救赎中的完全合一。

3. 保罗的政治活动和政治观点

在旅行传道中，保罗小心谨慎地遵守罗马法律，但由于犹太人挑唆

---

[1] Joseph A. Fitzmyer, *The Acts of the Apostles*, The Anchor Yale Bible, New Haven: Yale University Press, 1998, p. 205.

事端，使得他也受到地方政府的少许迫害，被棍打和监禁，还被犹太人石头打和鞭打（《哥林多后书》11：23-27、《使徒行传》14：19）；但在必要时候，他积极利用其公民身份来避免被非法对待，并行使其上诉皇帝的法定权利。与此同时，他自觉成为"外邦人的使徒"（《罗马书》11：13、《加拉太书》2：8），积极论证外邦人信仰基督就可以进入上帝的盟约，无须遵守带有明显种族身份标记的犹太律法，特别是割礼和饮食律法，甚至不惜在安提阿教会中公开指责彼得和其他犹太基督徒一同装假（《加拉太书》2：11-14）。①

无论在安提阿或在罗马，许多外邦人信仰基督并加入基督教会，但正在脱离母体的基督教仍然被看作一个犹太教派别，由此受到帝国行政当局的戒备。正如博格（Marcus Borg）所认为的：

> 犹太教正处在大灾难的边缘，这是其长期反抗罗马帝国主义的结果。止在兴起的基督教，由被罗马人钉死在十字架上的那个犹太人所创立，仍然被罗马看作一个犹太教派别，且因为历史和文化、意识形态和组织形式而无法分割地牵涉着犹太世界，从而不可避免地被卷入犹太—罗马关系的危机中。②

在这种政治与宗教交织的不利处境下，保罗要思考，基督教会应当如何应对罗马行政当局。无论从现实的对抗与毁灭来预测，还是从基督教导的"与众人和睦"来推论，保罗都看到，基督教会在凯撒的国里应当展示对其顺服，从而得以在平安中进入到上帝的国里。事后证明，作为少数派，无论当地的还是流散的犹太基督徒都较少参与了第一次犹太罗马战争，从而幸免于难，甚至第二圣殿被毁也并未影响其信仰。与之相比，奋锐党人、艾赛尼派、撒都该派就被消灭殆尽，仅有法

---

① 在早期基督教中，教父们对安提阿事件进行了不同解读和争论，具体研究参见花威：《安提阿事件与早期基督教中的释经纷争》，《基督教学术》2015年第12辑，第15—31页；花威：《〈加拉太书〉二章11-14节与奥古斯丁与杰罗姆的释经辩论》，《道风：基督教文化评论》2015年第42期，第25—46页。

② 转引自 Joseph Fitzmyer, *Romans*, The Anchor Yale Bible, New York：Doubleday, 1993, p. 664.

利赛人存活下来，而第二圣殿被毁最终使得，古犹太教开始发展成为拉比犹太教。

在新约正典中，使徒书信有多处经文要求，基督徒应当顺服帝国的统治，尊敬君王并为他们祷告。例如，《彼得前书》2：13－17 说："你们为主的缘故，要顺服人的一切制度，或是在上的君王、或是君王所派、罚恶赏善的臣宰。因为上帝的旨意原是要你们行善，可以堵住那糊涂无知人的口。你们虽是自由的，却不可藉着自由遮盖恶毒，总要作上帝的仆人。务要尊敬众人，亲爱教中的弟兄，敬畏上帝，尊敬君王。"与此类似，《提摩太前书》2：2 说："我劝你第一要为万人恳求、祷告、代求、祝谢，为君王和一切在位的，也该如此，使我们可以敬虔、端正、平安无事地度日。"《提多书》3：1 也说："你要提醒众人，叫他们顺服作官的、掌权的，遵他的命，预备行各样的善事。"

一般认为，《罗马书》13：1－7 最为集中地体现了保罗对待罗马帝国的政治态度。然而，对于这种态度的具体指向，后世却形成了两种彼此对立的解释进路。一种进路认为，保罗在这里强调，帝国的政治统治必须符合基督教的神圣原则才具有合法性。另一种进路认为，保罗在这里教导，基督徒应当做良善的臣民，顺服帝国的政治统治并履行自己的经济义务。

> 在上有权柄的，人人当顺服他；因为没有权柄不是出于上帝的，凡掌权的都是上帝所命的。所以抗拒掌权的，就是抗拒上帝的命；抗拒的必自取刑罚。作官的原不是叫行善的惧怕，乃是叫作恶的惧怕。你愿意不惧怕掌权的吗？你只要行善，就可得他的称赞，因为他是上帝的用人，是与你有益的。你若作恶，却当惧怕，因为他不是空空地佩剑。他是上帝的用人，是申冤的，刑罚那作恶的。所以你们必须顺服，不但是因为刑罚，也是因为良心。你们纳税也为这个缘故；因他们是上帝的差役，常常特管这事。凡人所当得的，就给他；当得税的，给他纳税（*phoros*/taxes）；当得捐的，给他纳捐（*telos*/revenue）；当惧怕的，惧怕他；当恭敬的，恭敬他。[《罗马书》13：1－7，两种税种（原译为上税和纳粮），改译为纳

税和纳捐]

罗马教会最初是由居住在罗马的流散犹太人所建立，而保罗和彼得后来都到罗马传道并在此殉道，就被看作使徒统绪的开端。在第三次旅行传道中，保罗在哥林多度过了57—58年的冬天，其间写下《罗马书》给罗马教会。保罗认识罗马的许多基督徒，试图结交罗马教会，得其支持而借道前往西班牙传道。

依照内容，《罗马书》可以划分为六个部分，分别是开头（1：1-15）、教义部分（1：16-11：36）、劝勉部分（12：1-15：13）、保罗的计划（15：14-33）、问安（16：1-24）和赞颂（16：25-27）。①《罗马书》13：1-7属于整封书信的劝勉部分，是进入基督信仰后的新生活守则的一个面向。从文本上看，虽然与书信的整体论证有明显差异，但是没有证据表明，这段经文是后来插入的，或者根本不是保罗所写的，反而可以被看作是《罗马书》12：18"尽力与众人和睦"的延伸论证，属于新生活守则中面向帝国行政当局的部分。《马可福音》成书于65年之后，使得保罗不可能知晓《马可福音》12：17的论断，"凯撒的物当归给凯撒；上帝的物当归给上帝"，而另外两部对观福音则成书更晚。这就预示着，与对观福音中的耶稣不同，保罗不是以明确区分政治义务和宗教义务来看待帝国行政当局，而是将政治义务看作宗教义务的一部分或表现方式之一。

从《罗马书》的写作来看，保罗不是在陈述初代教会应对教会与国家关系的一般性基础原则，而是在特定的历史和现实背景之下来劝勉罗马基督徒顺服行政当局。在历史层面上，旧约中就教导，流散犹太人要为所在地的行政当局祈祷平安。"我所使你们被掳到的那城，你们要为那城求平安，为那城祷告耶和华，因为那城得平安，你们也随着得平安。"（《耶利米书》29：7）而在现实层面上，对于劝勉罗马基督徒顺服行政当局，保罗有着多重考虑。其一，在罗马的犹太人曾经因为是否

---

① 参见 Joseph Fitzmyer, *Romans*, The Anchor Yale Bible, New York: Doubleday, 1993, pp. 98-101.

信仰耶稣基督而发生骚乱，以致在 49 年被克劳迪皇帝赶出罗马，直到 54 年才得以回归。这一事件显然还影响着犹太群体与罗马行政当局、犹太会堂与基督教会的关系。其二，在 57—58 年犹太人爆发骚乱，他们向尼禄皇帝抗议收税员在征收间接税中的贪婪和腐败。[①] 其三，在巴勒斯坦地区，犹太人热衷律法和反帝国的情绪日益高涨，保罗从外邦基督徒那里募集来的捐项越来越难以得到耶路撒冷犹太基督徒的接纳（《罗马书》15：25-26），甚至雅各和长老们后来对他介绍耶路撒冷教会的现状，"兄台，你看犹太人中信主的有多少万，并且都为律法热心"（《使徒行传》21：20）。保罗担心这种情绪会影响到旅居罗马的犹太人和犹太基督徒。这种日益高涨的情绪在 66 年引发第一次犹太罗马战争，最终导致第二圣殿被毁和大量犹太人被杀或被卖为奴隶。[②] 其四，在新信仰中，部分基督徒滥用在基督里的自由，不仅违背伦理道德（《哥林多前书》5 章），还以其天国公民的身份（《腓立比书》3：20）来漠视或敌视尘世权威，拒绝从事劳动生产（《帖撒罗尼迦后书》3：10-12）。

具体来说，《罗马书》13：1-7 可以划分成三个部分，分别是：13：1-2 论证，政治权柄来源于上帝；13：3-4 论证，政治权柄的功用是赏善罚恶；而 13：5-7 论证，顺服政治权柄的基督徒应当履行其经济义务和伦理义务。

在 13：1-2 中，保罗首先使用全称命题，"人人当顺服他"。这表明，他在谈论基督徒与行政当局相处的普遍原则，仅仅关注"臣民对恰当组成的与合法的行政当局的义务"，[③] 但没有谈及极权政府或独裁政府的压迫问题，也不意味着他会支持这些类型的政府。新约中可以译为顺服的有四个希腊词，包括（1）因本身的权威、本性或身份让人主动乐意地顺服（*hypakouō*），例如基督徒顺服基督、儿女顺服父母；（2）有明显而有力的理由而让人不得不顺服（*peitharkseō*），例如顺服上帝不顺

---

① 塔西佗，《编年史》13.50-51。
② 参见 Seyoon Kim, *Christ and Caesar: The Gospel and the Roman Empire in the Writings of Paul and Luke*, Grand Rapids: Eerdmans, 2008, pp. 34-38.
③ Joseph Fitzmyer, *Romans*, The Anchor Yale Bible, New York: Doubleday, 1993, p. 665.

服人是合理的；(3) 被说服而去听从和顺服（*peithō*）；(4) 出于规则或上帝所立定的制度而应当主动遵守和顺服（*hypotassō*）。13：1 中的顺服就属于第四种情况。① 对于为何应当顺服行政当局的权柄，我们可以演绎保罗的推论过程。13：1 的后半句是前半句的原因。既然上帝创造和主宰一切，那么政治国家和行政当局就是上帝所允许设立的，其权柄也就是上帝所命令和赋予的。"没有权柄不是出于上帝的"是从反面来说，而"凡掌权的都是上帝所命的"是从正面来说。紧接着 13：2 对 13：1 进行反向推论。既然行政当局是上帝所允许设立的，那么任何人抗拒这一权柄，就是抗拒权柄的赋予者即上帝，也就应当受到惩罚。这一论断成为基督徒必须顺服行政当局的根本理由。

13：3-4 论证，政治权柄的功用是赏善罚恶。臣民的行为或善或恶，而作为"上帝的用人"或"上帝的差役"，行政当局将会使用上帝赋予的权柄来进行称赞或刑罚，为遭遇不公的人申冤。臣民因为行善而坦然面对政治权柄，因为作恶而惧怕之，否则就会受到以"剑"为象征的政治权柄的惩罚。正如施温—怀特（A. N. Sherwin-White）所分析的，关于佩剑权（*ius gladii*）：

> 在罗马帝国的前两个世纪里，这个词仅仅指赋予行省总督的权力，而他指挥麾下由罗马公民组成的军队，使得他能够维护军事纪律，而不被上诉权（*provocatio*）条款所阻碍。②

就是说，佩剑赋予了行省总督直接处死作为罗马公民的士兵的权力，而被处死的士兵不能援引上诉权。保罗扩大了这个词的含义，用于指行政长官拥有惩罚作恶的所有罗马臣民的权力，以表达上帝的忿怒。

13：5-7 旨在论证，在顺服政治权柄之外，基督徒臣民应当履行纳税的经济义务和恭敬的伦理义务，且履行这些义务不是出于被迫，而是出于良心。因为惧怕不足以使臣民顺服，而只有良心才能够。类似于

---

① 参见鲍会园：《罗马书注释》（卷下），上海三联书店 2013 年版，第 121 页。
② A. N. Sherwin-White, *Roman Society and Roman Law in the New Testament*, The Sarum Lectures 1960–1961, Oxford: The Clarendon Press, 1963, p. 10.

古希腊罗马的道德学说，良心一词的引入使得，保罗在此的讨论更偏重于理性和哲学，而非神学。① 对于纳税的经济义务，可以分为直接税和间接税，分别译为纳税（*phoros*/taxes）和纳捐（*telos*/revenue）。其中 *phoros* 指直接税，包括财产税或人头税，而 *telos* 指间接税，包括买卖税和关税等。② 对于恭敬的伦理义务，罗马社会是建基于财产和等级的荣耀体系，行政当局处于社会和政治秩序的顶端，而作为罗马公民或奴隶的基督徒应当承认这种差异，并符合自己身份地表达对之的惧怕和恭敬。

如果这段经文是保罗当时写的，而不是后来插入的，那么他真的在劝勉基督徒要"无条件顺服国家"吗？新约研究界对此聚讼纷纭，波特（Stanley E. Porter）就罗列了另外四种解释进路。"无条件顺服"的劝勉（1）仅限于罗马的景况；（2）仅针对罗马教会中的狂热分子；（3）试图建构一种理想伦理，即使不能实现；（4）并不排除不顺服的可能选项。与在小亚细亚发现的公元前9年庆祝奥古斯都诞辰的铭文相对比，波特解释了《罗马书》开头中耶稣诞生的叙述，认为耶稣作为"上帝的儿子"（《罗马书》1：4）的降临显然是在挑战奥古斯都作为"神子"所代表的"帝国崇拜"（imperial cult）；进而论证说，13：1-7应当延续这一挑战，即劝勉基督徒仅仅顺服"正当行使其由上帝所赋予的权柄的、正义的行政当局"；而反推出来，如果行政当局没有正当行使其权柄，那么基督徒是否应当顺服就不在保罗的讨论范围之内。在语词分析上，波特认为，（1）"顺服"（*hupakouō*）可以表示被迫的顺服和自愿的顺服，而绝大多数释经只看到后一种含义；（2）"在上有权柄的"的"在上"（governing/*huperechō*）可以指位置、等级或秩序方面的，也可以指性质方面的，这里更可能是后者，即意味着正义的行政当局。③

与此相呼应，戴斯曼（Adolf Deissmann）、霍斯利（Richard A. Hor-

---

① 参见 Joseph Fitzmyer, *Romans*, The Anchor Yale Bible, New York: Doubleday, 1993, p. 663.
② 参见 Gerald F. Hawthorne and Ralph P. Martin eds., *Dictionary of Paul and His Letters*, Downers Grove: Inter Varsity Press, 1993, p. 140.
③ 参见 Stanley E. Porter, "Paul Confronts Caesar with the Good News", in Stanley E. Porter and Cynthia Long Westfall eds., *Empire in the New Testament*, Eugene, Oregon: Pickwick Publications, 2011, pp. 164-189.

sley)、克罗森（John Dominic Crossan）、赖德（Jonathan L. Reed）、赖特（N. T. Wright）和霍雷尔（David G. Horrell）等学者认为，在新约时代，帝国崇拜广泛地影响到罗马帝国东部地区，表现为在雕塑、钱币、诗歌和演讲中充斥着自由、正义、和平、拯救等帝国话题，如同新帝国的新福音（euangelion）；与此对应，保罗宣称和崇拜基督是主和拯救者，是在有意识地回应罗马国家层面上的帝国崇拜现象及其背后的意识形态，试图以基督反对凯撒，以新天国反对新帝国。

与这一解释进路不同，麦克拉伦（J. S. McLaren）、菲什威克（D. Fishwick）、奥克斯（Peter Oakes）和金（Seyoon Kim）等学者提出反对意见，其核心证据是：在新约时代的绝大部分时间和绝大部分地区，向皇帝献祭之类的帝国崇拜现象都不是标准做法，不参与帝国崇拜不是犹太人的身份特征之一，参与帝国崇拜也不是其他人的普遍义务；在《罗马书》13：1–7和其他经文中，保罗从未提议反抗凯撒及其属臣的统治，反而明确要求基督徒应当顺服帝国行政当局，不仅对他们表示惧怕和恭敬，还要履行纳税和纳捐的义务；可能直到多米提安皇帝统治时期（81—96年），新约作者才开始面临帝国崇拜现象的威胁，正如《启示录》所显示的。[①]

上述两种解释路径相互对立，而究竟如何借此解释《罗马书》13：1–7，仍然是难以取舍的问题。从自豪于罗马公民身份、利用"罗马和平"和交通大道旅行，到信赖罗马司法体系而上诉凯撒，保罗在三十年传道生涯中的言行表明，他对罗马帝国的亲善多于警惕和提防，甚至从雅典的众神雕像中看到"未识之神"可以指自己信仰的上帝（《使徒行传》17：22–31）。从字面上看，13：1–7明显是亲政府或亲帝国的，反复劝勉基督徒积极纳税纳捐是这种亲善的切实体现，并把外在的实物缴纳内化为内心上的惧怕恭敬。基于之前被驱逐出城的痛苦经历，相比于地方教会，罗马教会肯定更重视帝国对待犹太人和基督徒的态度，而积极履行经济义务和伦理义务才更可能赢得帝国的容忍和赞许。因此，

---

① 参见 Seyoon Kim, *Christ and Caesar: The Gospel and the Roman Empire in the Writings of Paul and Luke*, Grand Rapids: Eerdmans, 2008, pp. xiv–xvi, 34–43.

在经文层面上,"顺服"与"在上"的深层语义分析难以掩盖如此明显的字面含义;在现实层面上,反凯撒和反帝国的解释进路都难以从保罗和罗马教会那里获得实际证据。

对此,邓雅各(James D. G. Dunn)则把13:1–7放置于《罗马书》12:9–13:14的经文整体中,作为"生活在敌意世界中"的一个面向,即保罗伦理学在政治实践中的表现。"保罗所提倡的政策是一种政治现实主义(political realism),或换言之即政治无为主义(political quietism)。"① 即使出身、财富、社会关系等已经限定了绝大部分人在帝国中的位置,只能作为纳税纳捐的被统治者,但保罗及其读者并没有试图改变社会结构和政治结构,反而自豪于罗马公民身份,甘心惧怕和恭敬行政当局。

> 没有任何迹象表明,巴勒斯坦地区的骚乱影响到保罗或罗马教会,或奋锐党人之类的选项甚至掠过他的心头。与此同时,保罗不提倡从大都市的败坏中退出的政策,如同沙漠或库兰群体能够为一般的基督徒或特别是罗马基督徒提供样板。对于保罗来说,政治现实主义意味着,在政治体系中生存,即使这在很大程度上意味着,要遵守这一体系所设定的规则来生活。②

对于这段亲政府的劝勉,朱维特(Robert Jewett)认为,保罗旨在澄清自己之前"作为颠覆性的麻烦制造者的名声",展示自己是"良好公共秩序的倡导者"的新形象,以获得罗马教会支持他去西班牙传道,因为罗马教会的部分基督徒是帝国官员家里的奴隶(《罗马书》16:10–11)。③ 当然,"麻烦制造者"的名声主要源于,在传道过程中,保罗经常在律法问题上与保守的犹太人和部分犹太化基督徒发生冲突,从

---

① James D. G. Dunn, *The Theology of Paul the Apostle*, Grand Rapids: Wm. B. Eerdmans Publishing Company, 2006, p. 679.
② James D. G. Dunn, *The Theology of Paul the Apostle*, Grand Rapids: Wm. B. Eerdmans Publishing Company, 2006, p. 680.
③ 参见 Robert Jewett, *Romans: A Commentary*, Hermeneia, Minneapolis: Fortress, 2007, pp. 780–803.

而引发地方政府的警觉和干预。无论是在个人层面上为自己考虑，还是在群体层面上为罗马教会考虑，保罗的亲政府劝勉显然更容易得到认可和欢迎。

延续耶稣的区分，保罗要求基督徒臣民应当顺服政治权威，对应着"凯撒的物当归给凯撒"；同时也暗示政治权威不能干涉基督徒臣民的信仰，对应着"上帝的物当归给上帝"。但正如从尼禄到戴克里先对基督教的迫害，早期教会史将表明，政治权威经常干涉基督信仰，而无视耶稣的区分和保罗的劝勉。对于国家与教会的可能冲突，保罗并没有要求反抗，反而劝勉，"逼迫你们的，要给他们祝福，只要祝福，不可咒诅"（《罗马书》12：14），承继了耶稣在福音书中的教导。

这一方面在于，初代教会有着强烈的末世论倾向，认为基督很快就会再临，尘世的婚姻家庭和政治国家将随即失去价值，以至于无须牵挂。另一方面在于，保罗颠倒了罗马社会的荣耀与羞耻的价值体系，基督徒不再以福音为耻或以基督被钉十字架为耻，世俗层面上的各种不自由和不平等将在基督信仰中被超越，以至于无足挂齿。"所以你们因信基督耶稣，都是上帝的儿子。你们受洗归入基督的，都是披戴基督了。并不分犹太人、希腊人、自主的、为奴的，或男或女，因为你们在基督耶稣里都成为一了。你们既属乎基督，就是亚伯拉罕的后裔，是照着应许承受产业的了。"（《加拉太书》3：26－29）对于在基督里的这种合一与自由，杨克勤以民族差异与统一来回应犹太人与希腊人之分、以社会平等与解放来回应为奴的与自主的之分，以性别的独特性与对等关系来回应男性与女性之分。① 在合一与自由中，基督徒在灵魂上的救赎将遮盖其在身体上的受难，行政当局的称赞或逼迫都不会增益或减损基督徒的内在信仰。

然而，回到《罗马书》13：1－7 的经文，我们会发现，基督教的上帝正在取代罗马的异教神祇，成为罗马立国和执政的合法来源。正如朱维特所看到的：

---

① 参见［美］杨克勤：《孔子与保罗：天道与圣言的相遇》，华东师范大学出版社2010年版，第312—328页。

无论罗马官员声称自己的权柄是什么，这一权柄都是来自犹太教和基督教信仰的上帝。通常在学术讨论中不会被提起的恰恰是，这个上帝是谁。①

虽然在实践层面上，保罗劝勉罗马基督徒纳税纳捐且惧怕恭敬，其基督信仰也没有试图以基督降临来实际对抗奥古斯都的即将神化，但在神学层面上，他已经开始抛弃罗马国家的神圣叙事，使朱庇特让位于基督教的上帝，从奥古斯都到尼禄的文治武功让位于耶稣基督"从大卫后裔生"且"从死里复活"（《罗马书》1：3-4）的神圣应许和神圣记号。

在细微处有惊人意。在神学层面上，上述神圣叙事的转换已经萌生出针对帝国意识形态的反叛和革命的嫩芽，但这场信仰革命的立场并不试图引发政治革命或经济革命。在实践层面上，保罗选择接受罗马法律，像耶稣一样也拒绝了在政治上复兴以色列国的锡安主义。由此，保罗把对帝国意识形态的深层革命仅仅限制在神学层面上，因为一旦外邦人和犹太人都进入到上帝的盟约，实现了在基督里的合一与自由，就不再有尘世的帝国，弥赛亚的再临将标志着上帝国度的开端。

对于耶稣和保罗的如此政治立场及其神学基础，朱维特总结说：

> 如果耶稣和保罗拒斥了锡安主义世界帝国的神权政治异象，而青睐于不同文化与不同国家之间的共存，那么他们慎重地接纳罗马的统治就变得可以理解了。耶稣提倡纳税给凯撒，反对狂热者当时正在准备的革命。他预言圣殿将被摧毁，与狂热者的期望相反，即整营的天使将会为锡安出战，使得锡安固若金汤。保罗的皈依标志着背离暴力意识形态，后者是他在逼迫教会和不承认被钉十字架的耶稣是所盼望的弥赛亚时所遵循的。在某种意义上，耶稣和保罗都站在《以赛亚书》和《约珥书》之间。其中，以赛亚相信，列国的审判官在锡安将要他们把刀打成犁头（《以赛亚书》2：4）；而

---

① 参见 Robert Jewett, *Romans: A Short Commentary*, Minneapolis: Fortress, 2013, p. 170.

约珥命令以色列要将犁头打成刀剑（《约珥书》3：10）。当保罗想纠正《以赛亚书》异象的民族主义含义时，他就与耶稣一起站在《约珥书》和《以赛亚书》之间，站在锡安和罗马之间。《以赛亚书》中列国借由公正的法律而实现和平的异象与《约珥书》中神圣战争的意识形态相互对立，而耶稣和保罗都选择了前者。对《罗马书》的恰当解释支持这一观点。①

在1世纪上半叶，帝国范围内的"罗马和平"与巴勒斯坦地区复兴以色列国的盼望交织在一起。如何应对罗马帝国的政治统治、经济剥削和宗教干涉，如何应对希腊化文明对犹太人的影响，成为耶稣和保罗一代人所直面的问题。在可以借鉴的旧约神学资源中，亚述帝国灭亡北国以色列和巴比伦帝国灭亡南国犹大的记忆不断被重复，犹太人此后一直面临着和平与战争这两条道路选择。和平的道路是《以赛亚书》2：4所说的："他（耶和华）必在列国中施行审判，为许多国民断定是非。他们要将刀打成犁头，把枪打成镰刀；这国不举刀攻击那国，他们也不再学习战事。"而战争的道路是《约珥书》3：9-11所说的："当在万民中宣告说：要预备打仗，激动勇士，使一切战士上前来。要将犁头打成刀剑，将镰刀打成戈矛。软弱的要说：我有勇力。四围的列国啊，你们要速速地来，一同聚集。耶和华啊，求你使你的大能者降临。"

对于和平还是战争的道路选择，耶稣申明"我的国不属这世界"（《约翰福音》18：38），保罗自豪于罗马公民身份，试图以信仰革命来替代政治革命，以信仰中的自由与平等来抵消阶级、文化、性别和种族上的不平等与差异。然而，66年爆发的第一次犹太罗马战争表明，绝大多数犹太人仍然选择以政治革命来维护原有的传统信仰，盼望强有力的弥赛亚不断降临，带领犹太人把上帝的国重新建立在这个世界上。与此对应，历史的结局表明，锡安虽非不堪一击，但也远非固若金汤，耶稣的圣殿被毁预言成为现实；在锡安与罗马之间，战争的道路带来毁灭，和平的道路却将带来新生。基于上帝"也作外邦人的上帝"（《罗

---

① Robert Jewett, *Romans: A Short Commentary*, Minneapolis: Fortress, 2013, p. 173.

马书》3：29），耶路撒冷会议确认了，外邦人可以归服上帝而无须受割礼（《使徒行传》15：19-20）；大量外邦基督徒进入上帝与犹太人先前所立的盟约也使得，基督运动开始超越以民族主义和政治革命为本质的锡安主义，转变为以世界主义和信仰革命为本质的基督教；上帝不再是民族神，但律法尤其是种族性的条款则是犹太人独有的"长久习俗"，外邦人只需要相信基督，而不需要遵守它们。

积极向外邦人传道且限制律法的地位使得，基督教逐渐脱离其犹太教母体，外邦基督徒在1世纪末增长为教会的主流，而犹太基督徒群体在2世纪上半叶就被边缘化，基督教文献中甚至开始出现反犹太教和反犹太人的倾向。[①] 对于132—136年的第三次犹太罗马战争及其结局，优西比乌记叙说：

> 犹太人被拒之于耶路撒冷之外，原先的居民（差不多又）死亡殆尽，耶路撒冷就这样被外族殖民化了。一座罗马化城市随之出现，耶路撒冷也给改名为埃里亚，以纪念当时在位的皇帝埃里乌斯·哈德良。此外，当地教会的成员也都变成了外邦人，马可是首任未受割礼的耶路撒冷主教。[②]

作为早期教会的四大中心之一，耶路撒冷母会的主教改换成外邦基督徒，而到了4世纪，犹太基督徒更多是作为与大公教会相对立的异端教派出现了，如拿撒勒派（Nazarenes）和伊便尼派（Ebionites）。

由于罗马帝国开始试图识别基督徒并予以压制，基督教会一度与之关系紧张，《启示录》甚至将之比喻为"大淫妇"（《启示录》17：18），宣称"巴比伦大城倾倒了"（《启示录》18：2）。然而，虽然早期教会史记载了罗马帝国的十次迫害，但这种紧张关系并没有一直延续，或直到4世纪初；反而是从使徒教父开始，直到德尔图良和西普里安，再到优西比乌，基督教会都是批判罗马帝国的迫害政策，但同时承认其政治

[①] 殉道者游斯丁写有《与犹太人特尔弗的对话》，德尔图良写有《驳犹太人》，其后奥古斯丁、克里索斯托等多位教父都写有类似《驳犹太人》的著作。
[②] 优西比乌，《教会史》4.6。

统治，努力构建主教与皇帝、教会与帝国的良好关系。与耶稣和保罗所面临的双重道路相比，直到奥古斯丁的《上帝之城》才完成对顺服与反叛、保守与革命的调和，把埃涅阿斯过去开启的征服历史纳入到耶稣基督现在开启的救赎历史中，并把罗马帝国的异教徒或基督徒皇帝都看作这一新神圣叙事的执行者。

第二节 罗马帝国、异端与教会分裂

在反对皇帝崇拜的同时，早期教会继承了耶稣和保罗对待罗马帝国的积极态度，并借此为基督信仰辩护。既然祝福帝国和皇帝，早期教会就有权抗议少部分皇帝的宗教迫害，而其"好公民"的自我形象也使得，帝国在多数时间中宽容或默许基督教的传播。在获得合法地位之后，大公教会要求借助帝国的行政力量来应对异端和教会分裂，就显得更无可厚非了。

一 护教士对待罗马帝国的态度

借由使徒和流散犹太人的脚踪，基督运动很快从巴勒斯坦地区传播到埃及、小亚细亚、马其顿、意大利甚至西班牙，充分安享了帝国的和平环境与便捷交通。无论对于犹太行省，还是对于整个帝国，彼拉多命令钉死耶稣都是非常偶然的事件，在镇压犹太人骚乱和各种犯罪中也是微不足道的（《使徒行传》21：38、《路加福音》23：19）。对于使徒传道所引发的城市骚动，地方政府并未深入干涉或调查，主要旨在管控而非有意迫害。

不过，在64年7月19—28日，罗马发生大火，烧掉城市的大半，尼禄就将之嫁祸于基督徒，用残忍手段进行镇压，成为罗马帝国对基督徒的首次迫害。在《编年史》15.44中，塔西佗记叙说：

> 因此尼禄为了辟谣，便找到了这样一类人作为替身的罪犯，用各种残酷之极的手段惩罚他们，这些人都因作恶多端而受到憎恶，群众则把这些人称为基督徒。他们的创始人基督，在提庇留当政时

期被皇帝的代理官彼拉多处死了。这种有害的迷信虽一时受到抑制，但是不仅在犹太即这一灾害的发源地，而且在首都本城（世界上所有可怕的或可耻的事情都集中在这里，并且十分猖獗）再度流行起来。①

尼禄命令以角斗场喂野兽和钉十字架等方式进行惩罚，甚至自己也到现场观看。

> 尽管基督徒的罪行完全当得起这种极其残酷的惩罚，但他们依旧引起人们的怜悯，因为人们觉得他们不是为着国家的利益，而是牺牲于一个人的残暴手段之下的。②

在初代教会中，基督运动只是犹太教变革的一个分支，其真正脱离犹太教而独立还需要经历漫长的过程。苏维托尼乌斯和塔西佗都注意到，基督运动在罗马引发了一些波澜，但没有意愿去了解其中的原因。这种因为不了解或误解所引发的镇压还要持续很长时间，但并不妨碍使徒之后的第一代教父即使徒教父继续相互劝勉对帝国行政当局的顺服。

在写于约 95 年的《克莱门一书》中，罗马的克莱门（Clement of Rome，101 年去世）代表罗马教会写信给哥林多教会，劝勉其解决教会内圣职争端问题，并且要顺服行政当局。在《克莱门一书》60.4 – 61.2 中，作者说：

> 求你将和谐与和平赐给我们及一切居住在地上的人，正如我们的列祖虔敬地"诚心求告"你时，你向他们所行的那样；好使我们可以得救，同时，我们就顺服你大能和尊贵的名，也顺服我们在地上的统治者和官长。主人啊，透过你宏伟庄严以及不可言传的大能，你赋予他们主权的能力，好使我们承认你给与他们的荣耀与尊

---

① ［古罗马］塔西佗：《编年史》，王以铸、崔妙音译，商务印书馆1997年版，第541页。
② ［古罗马］塔西佗：《编年史》，王以铸、崔妙音译，商务印书馆1997年版，第542页。

贵,并顺服他们,在万事上都不抗拒你的旨意。上主啊,求你赐给他们健康、平安、和谐与稳固,好使他们可以无可指摘地管理你交托给他们的政府。因为你——天地的主人,永世的君王,给与人的儿子荣耀、尊贵和权柄管理地上的人。上主啊,求你按照你眼看为良善、可喜悦的事引导他们的计划,这样,他们就能够敬虔地行使你赋予他们的权力——行在和平与和善中;如此,他们能够经历你的怜悯。①

在上述劝勉中,克莱门认为,上帝不仅赐予行政当局以管理的主权,还赐予其荣耀和尊贵,基督徒应当顺服上帝和行政当局,为后者的"健康、平安、和谐与稳固"向上帝祷告,使其能够敬虔地行使权力。这一劝勉与《罗马书》13:1-7一脉相承,同样肯定了行政当局是"上帝的用人"和"差役",其权力来自上帝的赐予,从正面论证了基督徒应当顺服之。

如果说上述从《罗马书》到《克莱门一书》都还只是基督教会主动表达的政治态度,那么在小普林尼与图拉真皇帝的通信、《波利卡普殉道记》和西西里殉道者行传中,我们将会看到这一态度在地方政府处置基督徒时的具体展现;在殉道者游斯丁的《第一护教篇》中,我们则会看到,护教士开始对迫害基督徒进行理论反抗,阐述崇拜上帝与政治忠诚之间的彼此相容;到了《护教篇》(Apologeticus)中,德尔图良则更全面地论证了基督徒与帝国的关系。

在约112年,时任比提尼亚行省总督的小普林尼撰写《书信》10.96给图拉真皇帝,报告自己对基督徒的审讯情况。小普林尼说,他之前从未审讯过基督徒,不了解此类调查的原因和惩罚的程度;在审讯中,他多次追问他们是否基督徒,恼怒于其顽固和宁折不弯;对于不承认现在是基督徒的人,就要求他们以酒和香来崇拜皇帝的像和众神的雕像且咒诅基督,之后就予以释放,但对于承认是基督徒的人,则把公民

---

① 参见[古罗马]克莱门等:《使徒教父著作》,黄锡木主编,高陈宝婵等译,生活·读书·新知三联书店2013年版,第45—46页。

送往罗马审判，自己惩罚非公民；在刑讯审问两名女执事时，他没有发现任何实际罪行，而只是"悖谬和过度的迷信"（perverse and excessive superstition）。对于基督教的传播和影响，他还说，基督教已经遍及城市、农村和乡下，以致很多神庙被几乎完全废弃，许多神圣节日长久以来被忽视，而对基督徒的压制使情况大为好转。① 在回信中，图拉真认为，对这类案件难以制定统一的审讯规范，但无须特别搜捕基督徒；如果有这样的指控，那么只要赦免否认自己是基督徒且向众神祈祷的人；对于所有匿名指控，都不应当受理。②

延续这一审慎政策，哈德良皇帝（117—138年在位）要求，有必要限制罗马民众对基督徒的无实据的控告和请愿，而应当依照现有的具体法律来惩罚基督徒的实际罪行，不能"以基督徒之名为罪"（crimen nominis），而应当证明"与此名相关的罪"（crimen coherens nominis）。在回复一封政务书信时，哈德良对时任总督说：

> 对这封信我不愿缄默不语，漠然置之，免得无辜者平白遭难，而告密者乘机作孽。所以，如果你所管行省的居民仍然坚持这一要求，要在某个法庭上指控基督徒，我不禁止他们这么做，但我不能容忍他们只是凭借哀求和喧嚷来指控别人。③

对此，弗伦德评论说：

> 哈德良含混处理了基督教的整个问题。他并没有明确说，基督徒这个名字就是罪行，且依照法令，所强调的是违犯法律的实际行为。④

---

① 参见小普林尼，《书信》10.96。参见 Maria E. Doerfler ed., *Church and Empire*, Minneapolis: Fortress Press, 2016, pp. 6–8.

② 参见 Maria E. Doerfler ed., *Church and Empire*, Minneapolis: Fortress Press, 2016, p. 8.

③ 游斯丁，《第一护教篇》68，中译文参见［古罗马］查士丁：《护教篇》，石敏敏译，生活·读书·新知三联书店2014年版，第55页。

④ W. H. C. Frend, *Martyrdom and Persecution in the Early Church: A Study of a Conflict from the Maccabees to Donatus*, Grand Rapids: Baker Book House, 1965, p. 225.

总体上看，从图拉真到哈德良，帝国皇帝都试图以现有法律体系来处理基督徒的实际违法行为，而保护其免受各种出于信仰理由的无端诬告，以宽松的政治氛围回应了护教士们的要求，使得零星的迫害仅仅限制在局部地区和短暂时刻。

《波利卡普殉道记》是士每拿教会写给弗吕家行省的菲洛美里乌姆（Philomelium）教会的书信，记载了士每拿主教波利卡普在155或156年2月22日殉道的事迹。在带兵逮捕了波利卡普之后，警官希律和他的父亲都劝他"称凯撒是主，并供奉香品"，以免遭处死。在被带到角斗场之后，总督也劝他，"你要对着凯撒的气运起誓，悔改，说：'除掉无神论'"；"你要宣誓，然后我就释放你。辱骂基督吧！"波利卡普拒绝了这些建议，而坚持承认自己是基督徒。聚集的部分外邦人和犹太人喊叫说："（这）是摧毁我们众神的那人，他教唆许多人不去献祭和敬拜。"最后，波利卡普被处以火刑而殉道。①

在180年7月17日，多名西西里基督徒在迦太基受审。执政总督萨图尼努（Saturninus）指责说，这些基督徒不认可罗马人的风俗和神圣仪式，而只遵守基督教的仪式（Christian rites），并要求他们效仿自己。"我们也是信仰宗教的，且我们的宗教很简单，即指着我们的主皇帝的精灵起誓，为他的福祉祈祷，正如你们也应该做的。"这些基督徒却认为，自己在行为和言语上都没有过错，积极纳税，并不偷盗，且"恭敬我们的皇帝"，只是"把该得的荣耀归给凯撒，但把惧怕归给上帝"，"我不认可这个世界上的帝国，只服事没人见过的且没人能用眼睛看见的上帝。"针对这种顽固不化，萨图尼努下令对他们处以斩首。②

即使皇帝崇拜在保罗时代还没有流行，但从1世纪晚期开始显然逐渐流行开来，到了2世纪中叶已经成为帝国臣民表达政治忠诚的核心标志。基于摩西十诫的前两诫，"除了我以外，你不可有别的神。不可为

---

① 参见［古罗马］克莱门等：《使徒教父著作》，黄锡木主编，高陈宝婵等译，生活·读书·新知三联书店2013年版，第148–151页。
② 参见 Maria E. Doerfler ed., *Church and Empire*, Minneapolis: Fortress Press, 2016, pp. 9–11.

自己雕刻偶像。……不可跪拜那些像；也不可能侍奉它"(《出埃及记》20：3-5)，基督徒也确认上帝的唯一性，就不能够崇拜皇帝、官方的或地方的各种神祇，不能够参与异教庆典，与日常生活中的偶像崇拜也要保持距离。从2世纪到4世纪初，皇帝与上帝之争使得如下问题浮现出来，即如果不崇拜皇帝，不向之献祭和宣誓，那么基督徒应当如何恰当地表达其政治忠诚，而帝国是否应当接纳这种表达。护教学（apologetics）的开始兴盛就旨在向行政当局和异教精英阐明，基督教既不危害罗马国家，也没有道德败坏和犯罪行为，反而以其特别的政治忠诚和模范性的遵纪守法有益于国家和社会。

在约147—161年，殉道者游斯丁撰写了《第一护教篇》，向罗马皇帝安东尼·庇护（Antoninus Pius）、皇子、元老院和罗马人民呼吁，应当以帝国一贯的正义和宽容来对待基督徒，虽然后者相信上帝和属天的国度，但同时愿意顺服尘世的罗马国家。在第17章中，援引"凯撒的物当归给凯撒；上帝的物当归给上帝"（《马可福音》12：13-17等），游斯丁辩护说，基督徒遵循基督的教导，积极纳税。

> 在所有其他人之前，我们试图在任何地方向您任命的官员缴纳通常的和特别的税款，……我们唯独崇拜上帝，但在其他事情上，我们非常喜悦地顺服你们，承认你们是众人的王和统治者，并祈祷你们会被发现，在皇权之外还拥有理性的判断。①

在游斯丁看来，除了崇拜上帝而不崇拜皇帝，基督徒努力履行经济义务和其他政治义务，在行为上完全顺服和行善，在心理上完全惧怕和恭敬，应当被算作善好公民的模范，而不应当仅仅因为宗教信仰就被处以刑罚。

在2—3世纪之交，德尔图良撰写了《护教篇》，为基督徒的信仰内容、道德品行和政治忠诚辩护，呼吁罗马帝国的统治者给予公正对

---

① Maria E. Doerfler ed., *Church and Empire*, Minneapolis: Fortress Press, 2016, p. 16. 另有中译文参见［古罗马］查士丁:《护教篇》，石敏敏译，生活·读书·新知三联书店2014年版，第15页。

待。他的辩护主要包括三点：罗马皇帝不是神，不应当偶像崇拜；基督徒对皇帝坚持政治忠诚；基督徒对社会保持友好。①

对于基督徒不敬神和不向皇帝献祭的指控（第 10 章），德尔图良回应说，首先，罗马人崇拜的部分神原来是人，在死后被更高的神擢升为神，从人的本性与在世时的道德品行来说都不应当被作为神崇拜（第 11、12、13 章）；其次，罗马人热衷在剧场中表演和观看诸神的各种丑行，既亵渎了诸神的形象，又玷污了自己的信仰（第 15 章）；最后，皇帝处于上帝之下和诸神之上，其权力是上帝赐予的，但皇帝是人而不是神，不能被等同于上帝，也不能被称为主（the Lord）（第 30、33、34 章）。对待皇帝的正确态度是：

> 我将皇上的尊严摆在适当范围之内，将他置于至高者以下，使其稍逊于上帝，仅仅在其之下，于是使他更加得邀上帝的宠幸。不过我还是将他置于我认为更荣耀者之下。我绝不会称皇帝为神，因为我既不愿犯作伪之罪，也不敢使皇上成为笑柄，就是他本人也不会想让人们将这崇高称号加在他身上。既然他只不过是人，那么作为人的心意就是给予上帝以其更崇高的地位。得以皇帝相称，就应感到满足了。这也是上帝所赐的一种伟大称号。称皇帝为神，等于剥夺神本有的称号。如果皇帝不是人，就不可能成为皇帝。②
>
> 我只有一个真正的主，万能而永恒的上帝，他也是皇上的主。……皇帝更不应用上帝的称号。如果我们宣称信他是神，这只能是卑鄙最有害的谄媚。③

在《致斯卡普拉》2 中，他同样说：

---

① 有关德尔图良的政治观概况，参见 Petr Kitzler, "Christian Atheism, Political Disloyalty, and State Power in the *Apologeticum*: Some Aspects of Tertullian's 'Political Theology'," *Vetera Christianorum*, Vol. 46, 2009, pp. 245 – 259.
② [古罗马] 德尔图良：《护教篇》，涂世华译，商务印书馆 2012 年版，第 78 页。
③ [古罗马] 德尔图良：《护教篇》，涂世华译，商务印书馆 2012 年版，第 79 页。

> 我们对皇帝的尊崇,对我来说合法,对他来说有益;把他看作在上帝以下,由上帝那里取得一切权力,仅次于上帝的人。这是按着他自己的心意。这样一来——既然仅次于真上帝——他就大于其他所有的人。因此他也大于众神,众神都处于他的权下。①

可以看到,德尔图良熟稔罗马人的神谱和神学,并加以批判。第一,除了以朱庇特为首的诸神谱系,罗马人还把已故皇帝当作神,把被征服民族的神、德行败坏的人甚至术士西门(Simon Magus,《使徒行传》8:9–24)也纳入万神殿(第13、25章),而他们的德行和能力完全配不上神的称谓。第二,以上帝作为至高,把皇帝定位于上帝之下和诸神之上,实际上抬高了皇帝的定位而压低了诸神的定位。对皇帝的定位,虽然超过了罗马人对其生前死后的定位,但反过来大大贬低了诸神的位置,使之难以充当罗马的保护者。第三,与《论戏剧》一样,德尔图良在这里批判罗马人的剧场神学,后者不仅自挖墙脚地消解诸神崇拜的神圣性,也导致罗马人出于模仿诸神而道德败坏。这一批判成为奥古斯丁在《上帝之城》第6卷中批判剧场神学的先声。

虽然皇帝不应当被当作神崇拜,但其作为人却是在上帝之下和诸神之上。德尔图良认为,基督徒一直对皇帝坚持政治忠诚,具体表现为三个方面。

第一,正如《罗马书》13:1–7所教导的,基督徒承认皇帝的权力来自上帝的赐予,其本人是上帝所差派的,对其表示完全顺服(第32、33章)。

> 我们尊重上帝在皇帝身上的安排,是他派他们来统治各国的。我们知道在他身上有上帝的旨意。②
> 我们就有足够的理由说皇上更是我们的皇上,因为他是我们的上帝所指派的。……我就比你们更关心他的安康。③

---

① [古罗马] 德尔图良:《护教篇》,涂世华译,商务印书馆2012年版,第224页。
② [古罗马] 德尔图良:《护教篇》,涂世华译,商务印书馆2012年版,第77页。
③ [古罗马] 德尔图良:《护教篇》,涂世华译,商务印书馆2012年版,第78页。

第二，正如《提摩太前书》2∶2b 所要求的，基督徒也积极为皇帝和帝国祈祷（第30、33、39章）。

> 我们不断地为我们的皇帝祈祷。我们祈求君王长寿，帝国安定，求他保佑皇室，使军人勇敢，元老忠诚，民众有德，普世安宁，事无巨细，均如皇上之心。这一切我只能求之于上帝，而且定会得到。①
>
> 我们也为皇帝们、他们的大臣以及所有在位者，为世界的幸福，为全面和平以及末日终结的延迟到来祈祷。②

这些祈祷不仅宣誓了上帝对帝国的保佑角色，也有助于维护基督徒的尘世之旅。因为基督徒也生活在帝国中，如果帝国发生骚乱和动荡，基督徒也会受到影响。从保罗延续到奥古斯丁，这种对尘世和平的追求是一以贯之的。

第三，基督徒从不参与政治谋反或谋害皇帝（第35、37章）；与此相反，帝国高级官员和将军们"经常称基督徒为国家的敌人"（*et utique publicorum hostium nomen Christianis dabant*），③ 却在向皇帝献祭宣誓之后冲击皇宫，试图谋杀皇帝和篡夺皇位。而无论共和国晚期苏拉的独裁，还是帝国晚期霍诺里应对赫拉克里安的叛乱，"公敌"（*publici hostes*）都是罗马执政者对内部敌对者的最严重指控。而将这一指控针对基督徒，仅仅在于他们拒绝崇拜皇帝，而不是因为他们存在任何其他谋反行为或犯罪行为。

针对罗马社会对基督徒的普遍误解，德尔图良辩护说，除了忠诚于皇帝，基督徒还遵纪守法，是努力生产和积极纳税的好公民。第一，由于喝血吃肉的教义（《约翰福音》6∶54-65、《哥林多前书》11∶23-26）和聚会活动的相对私密，罗马社会对早期教会普遍存在误解，包括

---

① ［古罗马］德尔图良：《护教篇》，涂世华译，商务印书馆2012年版，第75页。
② ［古罗马］德尔图良：《护教篇》，涂世华译，商务印书馆2012年版，第88页。
③ ［古罗马］德尔图良：《护教篇》，涂世华译，商务印书馆2012年版，第80页。

杀婴、吃小孩和乱伦等迷信仪式和道德恶行（第7、9章），但这样的谣传既不出于里面有人揭发，也没有外面的人前去查证，在过去的时间里更是没有证实这些说法。与此相反，从罪犯名单中可以看到，真正的基督徒从不会去犯偷窃、通奸、谋杀之类的刑事罪（第44章）。第二，基督徒不参与罗马社会的节日庆典和娱乐活动，避免偶像崇拜和放纵情欲（第35章）。"我们从来不说、不看、不听与竞技场的疯狂、剧场的放荡、竞技场的残酷和搏斗场中的无谓较量等有关的事。"[1] 第三，基督徒被教导，要爱邻人和仇敌，包括皇帝，既不危害任何人，也不为受害而报复，由此不是罗马的敌人（第37章）。第四，基督徒不是公共灾难的原因。从柏拉图的亚特兰蒂斯被淹传说，到79年庞贝被火山灰吞没，这样的灾难在基督降生之前就有很多，甚至更为严重，崇拜偶像才是其原因，而基督徒向上帝祈祷却避免了更多更大的灾难（第40章）。第五，遵循耶稣和保罗的教导，基督徒参与生产劳动（《哥林多前书》4：12、《帖撒罗尼迦前书》4：11），为公众和帝国创造财富，且凭良心缴纳应缴的税款（第42章）。

基督教发展迅速，到2世纪末，基督徒已经出现在帝国的各个行业和各个角落，积极参与社会生活。

> 与你们一起寄居在世，既不回避广场、屠宰场、浴池、货摊、作坊，也不回避旅馆、周日市场，以及其他交易场所。我们与你们一起航行，一起打仗，一起耕作；而且同样地参与你们的交易。（第42章）[2]

他甚至夸张地说："给你们留下的只有你们的神庙。"（第37章）[3] 虽然散居于帝国社会中，但基督徒已经形成了明确的身份认同。"我们是一个以共同的宗教信仰、统一的教规和一种共同盼望的纽带紧密结合

---

[1] ［古罗马］德尔图良：《护教篇》，涂世华译，商务印书馆2012年版，第87页。
[2] ［古罗马］德尔图良：《护教篇》，涂世华译，商务印书馆2012年版，第97页。
[3] ［古罗马］德尔图良：《护教篇》，涂世华译，商务印书馆2012年版，第85页。

起来的团体。"(第 39 章)① 作为日常信仰活动,他们祈祷,恭读圣经,劝告和训诫不当的行为,组织募捐和慈善服务,在聚会时举行爱宴(第 39 章)。由此,德尔图良提出,基督徒的集会不是帮派集会(第 39 章),帝国不应当敌视和压制,"我们越是遭到你们的屠杀,人数越是增加:基督徒的血就是种子"(第 50 章),② 而应当被赋予自由,"在法律容许的社会中有一席之地"(第 38 章)。③

在梳理了殉道者游斯丁、阿波利拿里、墨利托(Melito,?—约 180 年)、阿萨纳戈拉斯(Athenagoras,约 133—约 190 年)、提阿非罗(Theophilus)、阿波罗尼乌斯(Apollonius)、伊里奈乌和德尔图良等之后,格兰特(Robert Grant)总结说:"正如我们之前已经讨论的,护教士们的政治观点几乎一致地表达了对罗马国家的忠诚。"④ 对此,金也总结说:

> 当忠诚于帝国、顺服于其行政当局(除了皇帝崇拜的要求)和以爱仇敌的精神来忍耐迫害组成了早期基督徒的通常态度,很明显的是,他们并没有从保罗书信和其他新约经卷中引申出任何反帝国的灵感(any counter-imperial inspiration)。⑤

上述评论无疑看到,在为基督教信仰辩护的同时,早期教父几乎都表达了对罗马帝国的政治忠诚,把新信仰限制在精神领域,把新群体限制在聚会处或教堂,在社会生活的其他层面上都极力与官员和其他民众保持和睦,而唯一避免的是包括皇帝崇拜在内的偶像崇拜。这一观察是正确的,但并不全面。二者都没有认识到,帝国把皇帝崇拜作为政治忠

---

① [古罗马] 德尔图良:《护教篇》,涂世华译,商务印书馆 2012 年版,第 88 页。
② [古罗马] 德尔图良:《护教篇》,涂世华译,商务印书馆 2012 年版,第 115 页。
③ [古罗马] 德尔图良:《护教篇》,涂世华译,商务印书馆 2012 年版,第 86 页。
④ Robert M. Grant, *Augustus to Constantine: The Thrust of the Christian Movement into the Roman World*, New York: Harper & Row, 1970; repr. Louisville, Ky.: Westminster John Knox, 2004, p. 119.
⑤ Seyoon Kim, *Christ and Caesar: The Gospel and the Roman Empire in the Writings of Paul and Luke*, Grand Rapids: Eerdmans, 2008, p. 63.

诚的核心标志，二者并非外在与内在、表与里的关系，而是共享着同样的真理基础，不可以舍弃前者同时还能够保留后者。这种真理之争使得，在内在心灵的战场上，新信仰冲击了帝国的精神体系；在外在行为的战场上，抗拒皇帝崇拜破坏了帝国的行动体系。只有从这种真理之争出发，我们才能够更深刻地认识到，《罗马书》13：1-7虽然强调顺服，但实际上也蕴含着双重革命。

二　真理之争：崇拜皇帝还是崇拜上帝？

在圣经中，译成"真理"的希伯来词是'emet，而希腊词是aletheia，七十士译本最先如此对译。一般认为，"真理"在旧约中是"道德性的和关系性的，而不是理智上的"，用以强调上帝、预言或人类行事的可靠性。新约作者阅读七十士译本，更为频繁地使用"真理"一词，特别是在保罗书信和约翰作品中。他们一方面深受希伯来含义的影响，另一方面也吸纳了希腊含义，即真理作为"正确的知识"。[①] 这两种含义不是对立的，因为对于基督徒来说，上帝或基督作为真理不仅是认识和理解的对象，也同时是信赖和依靠的对象。

耶稣不仅自我宣称，"我就是道路、真理（veritas/aletheia）、生命"（《约翰福音》14：6），还在向外邦人彼拉多表明这一身份，与之发生观点冲突。"彼拉多就对他说：'这样，你是王吗？'耶稣回答说：'你说我是王。我为此而生，也为此来到世间，特为给真理（veritati）作见证；凡属真理的（ex veritate）人就听我的话。'彼拉多说：'真理是什么呢（quid est veritas）？'"（《约翰福音》18：37-38）彼拉多的困惑不仅在于不认可犹太教，也在于对"真理"的希腊式理解不同于希伯来式的。在新约圣经中，"真理"不仅是上帝或基督本身，也是对上帝或基督的正确认识和理解，正如《加拉太书》5：7说："你们向来跑得好，有谁拦阻你们，叫你们不顺从真理（veritati）呢？"

[①] 参见 Mark Allan Powell ed., *Harpercollins Bible Dictionary*, Revised and Updated, New York: Harpercollins Publisherd, 2011, pp. 1072-1073. 有关圣经中"真理"一词的更深入研究，参见 Colin Brown ed., *The International Dictionary of New Testament Theology*, Vol. 3, Grand Rapids: Zondervan Publishing House, 1978, pp. 874-902.

在批判的同时，教父们积极汲取古希腊罗马哲学，以理性来论证和发展基督教教义，希伯来式的理解就逐渐让位于希腊式的理解。作为真理，可信赖的上帝或基督必须是可理解的和可辩护的，而要理解和辩护真理，就必须借助于古希腊罗马哲学。从游斯丁、德尔图良到奥古斯丁，他们不仅是异教文化的优秀修习者，又是用之以构建基督教真理体系的开创者。①

在《第一护教篇》第 12 章中，游斯丁借用柏拉图《理想国》中对真理和意见的区分，"青睐大众意见而非真理的统治者，其所拥有的权力与沙漠中的强盗一样多"，② 劝诫统治者应当选择真理即基督教教义而非流行的大众意见，以稳固自己的政治权力。在第 2 章中，他还把真理与谬误对立起来：

> 因为可靠的理性不仅要求我们不去注意那些做或教谬误之事的人，也要求爱真理者必须尽一切可能选择去做和说正确的事，即使受到死亡的威胁，也不要拯救自己的性命。③

与此类似，德尔图良在《护教篇》50 章中也说："我们的战斗是被传到你们的法庭上，在以死刑相威胁的情况下为真理而战斗。"④

从初代教会开始，这种真理之争就既不仅仅停留在哲学家或神学家的书斋中，也不仅仅限制于精神领域中，而是以信仰领域中的革命影响到罗马社会。犹太基督徒 49 年在罗马引发骚动，保罗传道时在地方城市引发骚动，这些都是帝国行政当局肯定会注意到的社会问题。究竟应当像 2 世纪初图拉真皇帝那样保持冷静来对待基督徒，还是像 2 世纪中叶主政士每拿的总督那样处死教会领袖，尚有着相当大的不确定性，但真理之争使得其背后蕴含的深层矛盾开始浮现出来。这种真理之争表现

---

① 参见王晓朝：《基督教与帝国文化：关于希腊罗马护教论与中国护教论的比较研究》，东方出版社 1997 年版，第 83—98 页。
② Maria E. Doerfler ed., *Church and Empire*, Minneapolis: Fortress Press, 2016, p. 15.
③ Maria E. Doerfler ed., *Church and Empire*, Minneapolis: Fortress Press, 2016, p. 12.
④ [古罗马] 德尔图良：《护教篇》，涂世华译，商务印书馆 2012 年版，第 113 页。

为，究竟谁才是真正的神，是基督教的上帝，还是罗马神祇？皇帝是否应当被作为神来崇拜？基督徒作为帝国公民是否应当崇拜皇帝？"谁是真正的神"，这绝非纯理论的或不重要的问题，反而是古代社会的核心问题，决定着罗马国家的宇宙学说、道德学说、国家学说和社会生活各方面的实际安排等。朱庇特还是上帝才是真正的神，这关涉到罗马国家的立国之本和执政之基。

正如护教士向罗马国家所争论的，基督徒承认皇帝的权威并为之祈祷，积极纳税纳捐，没有犯下道德恶行或民事刑事犯罪，仅仅是以偶像崇拜为由拒绝崇拜皇帝。在普通罗马人对教会生活的误解之外，异教精英们更看到，争论真正的神是什么，对皇帝的态度应当是恭敬还是崇拜，将会划分开信仰与迷信、宗教与政治、私人领域与公共领域，而摒弃崇拜罗马神祇与作为其后裔的罗马皇帝就威胁到民众对何为神圣的集体意识，并最终威胁到罗马宗教与政治的存在基础。对此，吴功青论述说：

> 罗马帝国的政治建构，正是依托于这种模式（宗教为政治提供基础，政治为宗教提供保护）来展开。一方面，罗马人相信，诸神和平（*Pax Deorum*）是罗马和平（*Pax Romana*）的前提；另一方面，罗马和平反过来又有利于促进诸神和平。在这样的背景下，如果通过一系列的宗教节日和宗教礼仪来敬拜诸神，保持对神的虔敬，就绝非无关痛痒的仪式和惯例，而是关乎国家安危和政治稳定的生死大事。然而，基督教的出现从逻辑上终结了这种一体性。①

可以看到，逻辑上的终结与现实生活中的实际挑战有着或长或短的距离。较短的距离表现为，把崇拜诸神当作偶像崇拜，使得基督徒必须从社会日常生活和政治生活中适度退出，不仅限于《哥林多前书》8－10章和《罗马书》11章中有关能否吃祭肉的争论，还包括不能参加城

---

① 吴功青：《上帝与罗马：奥利金与早期基督教的宗教－政治革命》，上海三联书店2018年版，第24页。

市庆典、婚礼、参军和从政,它们都涉及向诸神献祭和发誓,甚至一直延续到4世纪下半叶安布罗斯与辛马库斯关于胜利女神祭坛的争论。较长的距离表现为,如果不崇拜皇帝如同崇拜诸神,却惧怕和恭敬皇帝,为他和帝国祈祷且遵纪守法,为何不足以表达基督徒的政治忠诚?德尔图良把皇帝抬高到诸神之上和众人之上,仅仅在上帝之下,既高于罗马宗教对皇帝的定位,又将之纳入基督教的神圣体系中,似乎获取了更大的执政合法性,但为何这一表达政治忠诚的说辞并不能够得到行政当局的认可呢?

正如《波利卡普殉道记》所表明的,对于皇帝,帝国要求既恭敬又崇拜,但基督教会将二者划分开,要求恭敬皇帝但只崇拜上帝,《罗马书》13:1-7所蕴含的冲突就再次显露出来。以德尔图良的论证为例,其中的核心问题是,虽然把皇帝抬高到诸神之上,但仍然仅仅认定他是人,而不具有任何神圣力量和权威;在把诸神贬低为魔鬼或精灵的同时,也取消了皇帝所意图获得的神性,进而导致其绝对权威的基础不复存在。既然把崇拜皇帝作为政治忠诚的标志,在迫害基督教时,行政当局就以是否崇拜皇帝作为判断标准,崇拜的就不是基督徒,在向皇帝的像宣誓和献祭之后会发给一份证书,作为政治忠诚的书面证明;纳税纳捐、惧怕恭敬和顺服祈祷只是这一忠诚的必然表现,而不是其充分证明。

为了反驳早先凯尔苏斯在《论真教义》中对基督教危害帝国的批判,奥利金应邀撰写了《驳凯尔苏斯》。对于崇拜皇帝,他虽然认可《罗马书》13:1-7的顺服教导,但更倾向于援引《使徒行传》5:29,"顺从上帝,不顺从人,是应当的",以拒绝这一通常做法,论证上帝才是世俗权威的根源和标尺。其次,皇帝的守护神是鬼怪,不应当向之起誓,而上帝完全清除了这些鬼怪的权能。

> 基督徒不仅要拒绝皇帝敬拜本身,而且要在自然法之光的照耀下,将一切世俗政治和世俗权威相对化,形成一个独立于世俗政治之外的权威。在皇帝敬拜问题上,基督教的自然法理论再次滋生出

政治革命的力量。①

在要求为皇帝和帝国祈祷的同时，奥利金却不赞成基督徒去参军打仗。

> 甚至我们更多地为皇帝而战斗。虽然我们并不成为他麾下的士兵，即使他强征，但我们正在为他战斗，借助向上帝祈求而组成一个特别的敬虔军队。②

与不从政和不参与异教庆典相比，基督徒不参军或士兵皈依之后拒绝战斗是帝国更难以接受的。这就使得，对基督徒的迫害很多时候是从军队开始的。

不崇拜皇帝和传统神祇，基督教会就把罗马国家排斥在信仰生活之外，基督徒就自然地不顺服罗马国家以异教为国教的政教安排。正如4世纪历史所表明的，只有等到罗马国家以基督教为国教，转变成为基督教帝国或共和国，以致承认皇帝是上帝所创造的人，而传统神祇是魔鬼或精灵，这一政教冲突才可以被消除，使得国家专职其行政和军事，教会专职其宗教和信仰，二者以政教适度分离的方式才重新获得相互协调。政教关系的问题从政主教从、教从政出转变为，教会是否应当以国家的强盛或存续作为论证自身正当性的基石，而这就是奥古斯丁在410年罗马陷落时所面临的急迫问题。

当突破原有的写作语境，把《罗马书》13：1-7的论证核心视作政权的正当性建基于基督教上帝时，我们就会更加明显地发现，新的解释路径颠覆了罗马国家的神圣叙事，其不再是维吉尔在《埃涅阿斯纪》第一卷中所记叙的朱庇特的预言或第六卷所记叙的埃涅阿斯父亲的神谱，而是圣经所描述的独一上帝以其至高权威所进行的创造和救赎。在

---

① 吴功青：《上帝与罗马：奥利金与早期基督教的宗教-政治革命》，上海三联书店2018年版，第35页。

② Origen, *Contra Celsum*, Henry Chadwick trans., Cambridge: Cambridge University Press, 1953, p. 509.

政治神学的层面上,《罗马书》13：1-7 有着顺服的面具和其下颠覆性的面容,而护教士的论证也是如此。只要拒绝接受罗马神祇,就等于拒绝了罗马国家的政治神学,也最终会重新解释罗马的建立和崛起,以奥罗修斯《历史七书》为代表的基督教史学就将论证这一点。从优西比乌到奥罗修斯,他们仍然认可罗马国家的政治神学,只是将朱庇特的神谱替换成基督教的唯一神即上帝。其中,优西比乌几乎称赞君士坦丁为新基督,而奥罗修斯认定基督教时代的罗马国家是人类历史上的最好阶段,《罗马书》13：1-7 的字面含义和深层含义都完全实现。罗马行政当局以基督教为国教,自认其权力来自上帝,似乎真正成为上帝的仆人和差役,开始满足于臣民的惧怕和恭敬,而不再要求皇帝崇拜。与优西比乌和奥罗修斯不同,在看到朱庇特不能够建立和保卫罗马国家之外,奥古斯丁还看到,上帝的旨意并不在于保卫罗马国家,后者的兴衰根本不能影响到上帝的权柄,进而在理论上切断了帝国兴衰与基督教的勾连关系,使得基督教完全独享真理的地位,不再受到尘世的影响;与保罗的积极态度相比,基督徒对国家的顺服与祝福现在也转变成更为消极意义上的"政治无为主义",甚或"天下有道则见,无道则隐"(《论语·泰伯》)。

从保罗、德尔图良到奥利金,再从优西比乌、奥罗修斯到奥古斯丁,早期教会的政治观完成了多重转换。保罗认可罗马国家,在于后者不阻碍基督信仰的传播;而优西比乌认同罗马国家,在于后者首先认同基督教教义为真理或者真理之一。即使不会如此赞美基督徒皇帝,保罗也应当会认可罗马帝国的基督教化。不过,正如对《罗马书》13：1-7 的双重解释,顺服的外壳下包裹着不顺服的内核,而这粒种子将在奥古斯丁那里成长为参天大树。

三 两个城或两个王国

从创世开始,伊甸园的建造就使得,人类被上帝安排在特定且有限的物理空间中(《创世记》2：8,2：10-14),与上帝所在的属灵空间即"上帝的殿"(《创世记》28：16-17)相对。

在新约圣经中,以"天国"与"地上"(《马太福音》4：17)相对比的双城意识越发强烈。耶稣在开始传道时说:"天国近了,你们应当悔改!"(《马太福音》4:17)在对门徒解释自己即将受难时说:"在我父的家里有许多住处;若是没有,我就早已告诉你们了。我去原是为你们预备地方去。我若去为你们预备了地方,就必再来接你们到我那里去;我在那里,叫你们也在那里。"(《约翰福音》14:2-4)在被审判时说:"我的国不属这世界。"(《约翰福音》18:36)在论证外邦基督徒不需要遵守大部分犹太律法时,保罗提出了"现在的耶路撒冷"与"在上的耶路撒冷"的区分,后者才是基督徒所属于的国度。"这夏甲二字是指着阿拉伯的西奈山,与现在的耶路撒冷同类,因耶路撒冷和她的儿女都是为奴的。但那在上的耶路撒冷是自主的,她是我们的母。"(《加拉太书》4:25-26)在传道的尾声,保罗则总结过往,预言自己在死后将会有更好的归宿。"我现在被浇奠,我离世的时候到了。那美好的仗我已经打过了,当跑的路我已经跑尽了,所信的道我已经守住了。从此以后,有公义的冠冕为我存留,就是按着公义审判的主到了那日要赐给我的。"(《提摩太后书》4:6-8)到了《启示录》中,约翰就明确对比两个城,一个是"叫万民喝邪淫、大怒之酒的巴比伦大城倾倒了,倾倒了"(《启示录》14:8),另一个是在新天新地中,"圣城新耶路撒冷由上帝那里从天而降,预备好了,就如新妇妆饰整齐,等候丈夫"(《启示录》21:2)。

继承上述的双城划分,使徒教父们不仅重申地上之国与天国的差异,也开始把心灵的救赎外化比喻为身体的空间上升。在《致丢格那妥书》中,作者明确区分,基督徒既生活在当下的、必定灭亡的尘世国家中,又同时是永不灭亡的天国的公民,这种双重身份使得他们在尘世国家中既平凡又非凡,既循规蹈矩又品格高贵。

> 虽然他们按照各人的命运住在希腊人的城市,也住在野蛮人的城市,随从当地在衣着、饮食和其他方面的生活习惯,但同时,又显示出他们自己天国公民身份的卓越非凡、众所周知的稀有品格。他们生活在自己的国家里,但只是作为寄居的人;他们作为公民参与各样事务,却作为外人忍受一切;每一个异国都是他们的故土,

而每一片故土却都是异地。……他们生活在世上，但是他们的公民身份却在天上。(第5章)

基督徒像客旅一样生活在必定灭亡的事物当中，却等候着天上那些永不灭亡的事物。(第6章)①

在《赫马牧人书》中，作者看到异象，相较于人类犯罪后所建的巴别塔，基督的门徒们现在建造了一座救恩之塔，而这座新塔就是基督的教会。"塔的根基在于全能、荣耀的圣名之道，并且靠着主宰不可见的大能得以坚固"，而用来建造塔的石头就是"使徒、监督、教师和执事"，还有"已为上主之名受过苦的人"；各人悔改就能够被用于建塔，但在建造完毕之后悔改只能被废弃。② 借用旧约的意象，作为"用来表述教会共同体和救赎之空间性的文学形象"，塔"使用空间来表达向着上帝的上升"；双塔的空间变换接续了双城的空间变换，其中，骄傲的上升是巴别塔，向谦卑的上升是救恩之塔。③ 正如用时间的绵延来理解上帝的永恒，塔也是在用空间的上升来理解上帝的救赎，使得脱离尘世国家有了具体化的物理表现。

同样地，游斯丁在《第一护教篇》第11章中说，基督徒所盼望的国不是"属人的国"，而是"与上帝同在的国"。④

值得注意的是，从新约圣经到游斯丁，其中所说的地上之城更多是指地上实实在在的政治国家，而不是指作为灵魂堕落之后果的有罪状态，后者更多是在比喻意义上说的，如同奥古斯丁把心灵之内的皈依转向描述为从"涕泣之谷"到"升阶之歌"的空间上升。⑤ 双塔论或双城论所蕴含的深层冲突是，基督徒究竟应当如何与政治国家相处？虽然保

---

① ［古罗马］克莱门等：《使徒教父著作》，黄锡木主编，高陈宝婵等译，生活·读书·新知三联书店2013年版，第319—321页。
② ［古罗马］克莱门等：《使徒教父著作》，黄锡木主编，高陈宝婵等译，生活·读书·新知三联书店2013年版，第224—227页。
③ 褚潇白：《空间叙事与终末意识：古典时代晚期基督教文学研究》，中国社会科学出版社2016年版，第32页；另参褚潇白：《"塔"的空间形式和救赎意蕴：〈赫马牧人书〉的救赎论阐释》，《道风：基督教文化评论》2013年第38期，第205—228页。
④ Maria E. Doerfler ed., *Church and Empire*, Minneapolis: Fortress Press, 2016, p. 14.
⑤ 参见周伟驰：《涕泣之谷的外部秩序》，《读书》2013年第8期，第131—138页。

罗既不同意奋锐党人，也不认可艾赛尼派，但崇拜上帝没有使他有意退出罗马国家的社会生活，反而是积极改造这一社会生活，包括初代教会所面对的奴隶制问题（《腓利门书》）、婚姻家庭问题（《哥林多前书》7章）和法律纠纷问题（《哥林多前书》6：1-8）等。① 面对皇帝崇拜的政治要求和由之而来的帝国压制，德尔图良一方面论证，基督徒积极参与了社会生活的方方面面；另一方面则以自己为例说明，有些基督徒以试图脱离帝国的公共秩序为目标，在现世就划分开两个城，以避免偶像崇拜。

> 我对论坛、军营、元老院不负有任何义务。我提醒自己不要去发挥公共职能，我不去挤占讲台，我不在乎任何行政职位，我不去投票站，也不再当律师……我既不做官也不当兵，我已经从社会的世俗生活中撤离。②

然而，早期教会的发展历史表明，即使是4世纪的沙漠教父也没有能够完全退出社会的世俗生活；实际可行的选择反而是，把基督信仰的新道德灌注于自己的生活方式之中，从而在世俗生活中得以分别为圣。

在这个意义上，双城之间的关系不是非此即彼，也不是可以逃避属人的国而直接进入上帝的国，反而必须在罗马国家中以信仰、顺服和忍耐度过今生，才能够在今生的时间之后得到救赎，进入到上帝的永恒的国。可以看到，在坚持双城划分的同时，护教士们所宣扬的世界主义并没有倒向无政府主义，而是把对罗马帝国的批判与对基督徒新生活的辩护结合起来，既承认帝国的政治权威，又把救恩之塔即教会建立在帝国中。无论是地上的耶路撒冷与天上的耶路撒冷，还是耶路撒冷与巴比伦，双城论旨在描述基督徒生存在世的两个阶段，要待到在奥古斯丁

---

① 有关保罗的婚姻家庭观，参见花威：《基督的新娘：孙帅〈自然与团契：奥古斯丁婚姻家庭学说研究〉述评》，《基督教学术》2016年第16辑，第431—437页。
② 德尔图良，《论大披肩》（De pallio）5，转引自王晓朝：《基督教与帝国文化：关于希腊罗马护教论与中国护教论的比较研究》，东方出版社1997年版，第67页。

《上帝之城》中才最终发展成熟，成为西方基督教的核心教义。①

四 异端、分裂与教会合一难题

在耶稣升天之后，秉承着"直到地极，作我的见证"（《使徒行传》1：8）的使命，经历了圣灵降临的使徒们开始外出传道，向外邦人和流散的犹太人宣讲福音，在各地建立教会。与此同时，使徒们给各地教会写信，阐发基督教义，指导其内部管理，调解其内部纷争，还撰写福音书，呈现耶稣传道的不同面向。不仅四部福音书各有侧重，《马太福音》更亲近犹太教，而《约翰福音》对犹太教和犹太人有更多负面描写，各地教会和基督徒也开始在经文解释（新旧约是否可以合一）、教义阐发（律法与福音的关系）、使徒统绪（哥林多教会的结党纷争）、伦理道德（哥林多教会的性伦理）和教会权力等方面发生纷争，此外还掺杂着各种世俗纠纷（哥林多教会的彼此告状）。

在基督运动的初始阶段，各个使徒与各地教会之间是相对平等的关系，仅仅耶路撒冷教会具有一定但并非绝对的权威。顺应大量外邦基督徒进入教会的现实，耶路撒冷会议裁定，他们不需要遵守割礼和绝大部分洁净律法（《使徒行传》15：19-20）；部分犹太化基督徒从耶路撒冷教会前去安提阿教会巡视，却受到保罗的当面抵制（《加拉太书》2：11-14）。这种平等与差异并存的传道图景使得，各地教会带有不同使徒的、各个地方的特色，难以形成统一的教义和统一的权威。在早期基督教中，四大基督教中心并存，分别是耶路撒冷、安提阿、亚历山大里亚和罗马，而罗马教会直至4世纪才开始构建起超越其他教会的权威地位。

在初代教会中，有关教义和权威的争论影响到教会内部的团结。在哥林多教会中，信众已经依从自己施洗者的不同而分裂成不同派别。

> 弟兄们，我藉我们主耶稣基督的名，劝你们都说一样的话。你

---

① 有关早期基督教双城论思想的发展源流，参见 Johannes Van Oort, *Jerusalem and Babylon: A Study into Augustine's City of God and the Sources of His Doctrine of the Two Cities*, Linden: Brill, 1991.

们中间也不可分党,只要一心一意,彼此相合。因为革来氏家里的人曾对我提起弟兄们来,说你们中间有纷争。我的意思就是你们各人说:"我是属保罗的","我是属亚波罗的","我是属矶法的","我是属基督的"。基督是分开的吗?保罗为你们钉了十字架吗?你们是奉保罗的名受了洗吗?(《哥林多前书》1:10-13)

既然"基督是各人的头"(《哥林多前书》11:3),"基督是教会的头"(《以弗所书》5:23),"我们这许多人,在基督里成为一身,互相联络作肢体"(《罗马书》12:5),那么基督的教会就必须是合一的,而不应当是分裂的。作为基督运动的最危险的敌人,教会分裂在初代教会中就已经开始,且大多是由于经文解释和教义争论所引发。分裂必然存在异端,异端必然导致分裂。

对于律法与福音的关系,保罗在《加拉太书》中激烈批判要求外邦基督徒遵守割礼和洁净律法的做法,甚至将之与"基督的福音"(《加拉太书》1:7)对立起来,而搅扰加拉太教会的犹太基督徒很可能是之前巡视安提阿教会的那些人。作为耶路撒冷教会的领袖,耶稣的兄弟雅各也无法控制当地犹太基督徒如此热衷于律法,以至于将之作为进入基督信仰和上帝盟约的标志(《使徒行传》21:20-25)。可以预见,这些犹太基督徒随后演变成了拿撒勒派和伊便尼派,以致被大公教会认定为异端。

在初代教会中,不仅耶稣的家谱引发争论,甚至保罗的书信也开始如此。"也不可听从荒渺无凭的话语和无穷的家谱。这等事只生辩论,并不发明上帝在信上所立的章程。"(《提摩太前书》1:4)"要远避无知的辩论和家谱的空谈,以及纷争,并因律法而起的争竞,因为这都是虚妄无益的。分门结党的人,警戒过一两次,就要弃绝他。"(《提多书》3:9-10)"并且要以我主长久忍耐为得救的因由,就如我们所亲爱的兄弟保罗,照着所赐给他的智慧写了信给你们。他一切的信上也都是讲论这事。信中有些难明白的,那无学问、不坚固的人强解,如强解别的经书一样,就自取沉沦。"(《彼得后书》3:15-16)

不仅如此,初代教会还受到雏形灵知主义(proto-gnosticism)的影响，引发了许多激进现象，特别表现在哥林多教会中，包括追求灵知（gnosis），认为末世已经实现，轻视肉体而宣扬禁欲，以知识使人自由来自我夸耀，以说方言为灵性的标志，妇女不蒙头，咒诅耶稣的肉身等。在《哥林多前书》《提摩太前书》和《以弗所书》中，保罗多次批判雏形灵知主义的学说，并试图论证，依靠知识去吃祭肉不能使人获得自由；人并非属灵的与属血气的对立，身体（sōma）或肉体（sarx）也并非本身就是有罪的或败坏的①；女人的发型是其荣耀、自由和主权的象征；男女不禁止嫁娶，反而应当维护家庭的价值②。

一般认为，灵知主义延伸自犹太教源头，尤其是希腊化犹太传统中的斐洛和智慧传统，在 2 世纪深度参与了基督教文献的书写，形成作品集《拿戈·哈马第文献》。③ 优西比乌对此说：

> 随着神圣使徒的相继离世，随着亲炙神圣智慧的那一代人的逐渐逝去，不虔不敬的谬误开始出现。一些假教师趁着使徒已不在人世，谎称有所谓的知识（gnosis），试图与真理抗衡。④

在 2 世纪，马克安派和瓦伦廷派以之来解释基督运动，甚至首次删订了圣经正典应当包括的经卷和经文。从此到 3 世纪，灵知主义都是教父们的最大敌人，亚历山大里亚的克莱门的《汇编》（Stromateis）、伊里奈乌的《驳异端》（Adversus Haereses）、希坡律陀的《论哲学》（Philosophoumena）、德尔图良的《驳马克安》（Adversus Marcionem）和《驳瓦

---

① 以《罗马书》为例的研究，参见花威：《试论〈罗马书〉中的 sarx 和 sōma》，《圣经文学研究》2012 年第 6 辑，第 303—319 页。

② 参见 [美] 杨克勤：《保罗与灵知：人论与性别论的神学交锋》，载杨克勤：《圣经文明导论：希伯来与基督教文化》，宗教文化出版社 2011 年版，第 162—195 页；亦参见 [美] 霍桑、马挺主编：《21 世纪保罗书信辞典》（上册），杨长慧译，团结出版社 2015 年版，第 517—521 页。

③ 参见 [美] 罗宾逊、史密斯：《灵知派经典》，杨克勤译，华东师范大学出版社 2008 年版；张新樟编译：《古代诺斯替主义经典文集》，东方出版社 2017 年版。相关中文研究，参见张新樟："诺斯"与拯救：古代诺斯替主义的神话、哲学与精神修炼，生活·读书·新知三联书店 2005 年版。

④ 优西比乌，《教会史》3.32。

伦廷派》（*Adversus Valentinianos*）、奥利金的《驳凯尔苏斯》都努力做出批判，而直到 4 世纪伊皮法纽的《良药宝库》（*Panarion*）也是如此。3 世纪开始形成的摩尼教也带有浓厚的灵知主义色彩，成为奥古斯丁在 4 世纪末努力批判的主要对象。

深受灵知主义的影响，马克安反对犹太教和律法，划分开旧约的创造主和新约的上帝，前者暴烈异常，以公义惩罚为是；后者平和慈爱，以施恩拯救为是。优西比乌对此记载说，马克安认为："律法与先知书所宣讲的上帝并非我们主耶稣基督的父，因为前者是已知的，后者则是未知的；前者是公义的，后者则是满有恩典的。"① 在遴选自己的圣经正典时（约 140 年），马克安完全舍弃旧约，删除了新约中任何与律法相关的经文，却非常珍视保罗书信，"放弃整本旧约，只选定《路加福音》（删除第 1 章和第 2 章，因其过于犹太化）和保罗书信（除了教牧书信）"②。在世时，马克安就已经被划作异端，受到伊里奈乌等教父的激烈批判。③ 接续哈纳克的经典研究，当前学界试图重新评判马克安对早期基督教的积极影响。其中，本顿（Jason BeDuhn）翻译了马克安所编纂的新约圣经，称之为"第一部新约"，认为其影响了对《路加福音—使徒行传》的研究、福音书的两个来源理论和 Q 本假说，凸显了 2 世纪基督教的发展特色。④ 文森认为，与道成肉身相比，基督复活并没有被 1—2 世纪的早期教会所重视，但马克安对保罗书信的收集和解释使得，这一教义开始被早期教会所认可，成为基督徒所盼望的拯救结果，由此参与塑造了基督教的整全教义。

> 在头两个世纪当中，除了保罗之外，对更大范围的教会来说，基督复活很快变得几乎没有什么神学重要性、影响甚微。只有当马

---

① 优西比乌，《教会史》4.11。
② ［美］弥尔顿·费希尔：《新约正典》，载［美］菲利普·W. 康福特编：《圣经的来源》，李洪昌译，孙毅校，上海人民出版社 2011 年版，第 60 页。
③ 具体研究参见［德］哈纳克：《论马克安：陌生上帝的福音》，朱雁冰译，生活·读书·新知三联书店 2007 年版。
④ 参见 Jason D. BeDuhn, *The First New Testament: Marcion's Scriptural Canon*, Farmington: Polebridge Press, 2013.

克安使保罗作品再次浮出水面,当他把福音书引入基督教时,基督复活才开始被认可。没有马克安,基督教信条也许回忆基督受难作为终结,就像更早的施浸礼问题所显示的那样:你相信耶稣基督——出生并且受难（natum et passum）的那一位吗？①

在2—3世纪,针对经文和教义的争论更是蜂起,使得各种异端思想流传,在外邦基督徒和犹太基督徒中分化出许多异端派别,而教父们把大量精力都投入到驳异端的著述中。依据优西比乌的记载,黑格希普斯（Hegesippus）罗列了当时的各个异端派别,"这些异端方式各异地掺入自己的不同看法。正是由于这些异端,假基督、假先知和假使徒层出不穷,他们以恶毒教训与上帝及其基督为敌,损害教会的合一"②。异端首先表现为教义分裂,随后导致组织分裂,而教会分裂就既是教义上的,也同时是组织上的。马克安对圣经正典的初次编纂迫使所谓的正统教会去尝试厘定正典目录,积极论证教义的系统性和统一性；也迫使其在组织上寻求教会合一,以共同应对异端的威胁。然而,在基督升天之后,教会的合一已经再也难以实现。

虽然承认两个城的区分,但对于如何理解新旧约圣经,如何得以进入天上的城,基督教会内部却有着非常不同的理解,以至于产生了严重分裂,异端与驳异端的自由论辩使得这种分裂变得更加明显和深入。异端教义和教派蜂拥出现,教会分裂和争端尘烟四起,从马克安派、瓦伦廷派到孟他努派,迦太基教会从3世纪中叶西普里安时期的分裂到4世纪初凯基里安时期的分裂,而阿里乌派分裂则几乎搅乱了整个帝国的基督教会。这种景况就使得,基督教会无法依靠自身的力量和手段来维持其大而公之的组织目标。各个教会有很强的独立性,部分地区的宗教会议即使可以维持本地区的教义统一,但对其他地区的教会没有必然的约束力。有益的一面是,这种分裂和辩驳使得,基督教会需要不断厘定正典和解释圣经,吸收和化用异教哲学来深化教义,从而针对各种论题形

---

① [德] 马克斯·文森:《保罗与马克安:一种思想史考察》,郑淑红译,华夏出版社2018年版,第318页。

② 优西比乌,《教会史》4.22。

成了相对明晰的理论边界和整全的教义体系，比如上帝论中的正义与爱之争，基督论中的幻影论与嗣子论之争，灵魂论中的物质实体与精神实体之争。

仅仅依靠教义辩驳，大公教会根本无法阻止帝国范围内的各种异端教义和教派分裂，而不借助于帝国政权的行政和军事力量，它也根本无法对之实施宗教强制。在313年之后，基督教成为合法宗教，君士坦丁成为基督徒。这些天时地利人和都使得，召开第一次大公会议来统一处理主要的异端教义和教派分裂变得正当其时，这不仅是罗马帝国所亟须的，也是大公教会本身所亟须的。既然认可罗马帝国的统治，在无法阻止异端和分裂时，求助于帝国的强制力量未尝不是一个选择，而基督徒皇帝的承认和支持正是这种求助的基础。接续着4世纪以来大公教会的一贯做法，在罗马帝国全面基督教化的过程中，奥古斯丁论证并依赖宗教强制去应对多纳图派，不仅是自然而然的，也是理所当然的。

第三节　宗教强制：从反对到认可

在对外征服的过程中，罗马国家非常宽容各地区的宗教，甚至将其神祇纳入万神殿中奉祀，但同时也努力防范和镇压某些宗教群体的活动，以免其引发骚乱和暴动，可能威胁到帝国的安全和稳定。刘津瑜对此描述说：

> 罗马对于各种宗教的宽容是选择性的，罗马历史上宗教迫害的例子并不少见。最有名的一例是共和时代元老院对罗马和意大利的酒神崇拜群体的镇压。这个事端不但有李维的长篇记载，更有刻着元老院决议的铭文为证。值得注意的是，如果把酒神崇拜团体的罪名和帝国时代对基督教的指责相比较的话，两者竟是惊人的相似。另一个例子是公元19年，提比略将犹太人以及埃及的宗教派别驱逐出罗马。[①]

---

① 刘津瑜：《罗马史研究入门》，北京大学出版社2014年版，第211页。

在此之后,除了49年克劳迪把因基督而纷争的犹太人驱逐出罗马,帝国还开始不同程度地镇压基督徒,也镇压3世纪兴起于波斯的摩尼教在帝国内的传播。

一 教会如何合一:从强调对话到认可强制

不同于罗马传统宗教,在北非地区,多纳图派只是北非大公教会内部分裂的产物,二者都植根于北非教会传统,除了再洗礼的做法,其教义和仪式几乎相同。大公教会的口号是"感谢神"(deo gratias),而多纳图派的口号是"赞美神"(deo laudes)。帝国在4世纪中叶和末叶对多纳图派的镇压更多是出于政治稳定的考量,而不是要处理北非地区的教会纷争。分裂不等于异教,不宽容不等于强制,而是否应当使用对付异教的宗教不宽容政策来对付作为分裂派的多纳图派,是否应当引入帝国权力把这一政策再具体化为有力的宗教强制,这都成为北非大公教会所面临的紧迫问题。

以自己的皈依经历为例,奥古斯丁最初并不认可宗教强制。这是因为,强制总是在心灵之外的,而信仰的转向却只有在心灵之内才会实现。正如《忏悔录》第5—8卷所描述的,语言的说服、知识的传授或道德的训诫都必须先作用于心灵,且只有心灵开启内在反思,认识到自己在理智上的错误和道德上的欠缺,以至于达到理智上的澄明和意志上的坚定,人才会最终皈依大公信仰。在《论真宗教》中,奥古斯丁就评论耶稣说:"他不以暴力(vi)做任何事,而以说服和教导做一切事。"[1] 依从这一观点,奥古斯丁在390年代才频繁写信给多纳图派主教或平信徒,邀请对方参与公开辩论,以自由对话来说服其借助意志的自由决断而主动归信大公信仰。然而,这种精英主义的皈依历程并不适合北非地区的普通信众,因为他们加入某个宗教派别更多是受制于地域背景、家庭传统或个人偏好等,根本没有足够的闲暇时间和理智能力进行心灵的内在反思。从多纳图派的顽固拒绝对话,到游荡派的频繁暴力袭击,使

---

[1] 奥古斯丁,《论真宗教》16.31。

奥古斯丁很快不得不认清这一社会现实。

在391—395年间，奥古斯丁撰写《书信》23给西尼提的多纳图派主教马克西米努，反对其进行再洗礼的做法，要求双方摒弃前嫌，因为大公教会此时并没有马瑞努的军队保护，多纳图派也不应当纵容游荡派的暴力袭击。

> 在军队在场时，我不会这样做，以免你们有人会认为，我想用超出和平事业所要求的更多暴力来做。我会在军队离开后来做，以使得所有听到我们的人都会认识到，我的目的并不是，人们违背自己的意志而被强迫与其他人合一，而真理会显明给那些最和平地寻求它的人。对世俗权威的恐惧将在我们这边被止息；也让对游荡派的恐惧在你们那边被止息。①

在罗马帝国中，行省主要官员会同时担任法官，代表世俗权威。无论是马瑞努时期的镇压，还是419年杜尔科特勒令高登提交出多纳图派教堂，军队都是维护这一权威的暴力手段。奥古斯丁此时并不愿意军队介入教会分裂，仍然坚持以基督的和平为榜样，承认意志的自由决断而非强迫是信仰转向的基础。这里的悖论是，以和平为前提的自由只能导致分裂，而以暴力为后盾的强迫却可以实现合一；大公教会所提倡的理性与平等的对话可以被随意拒绝，而多纳图派所采用的非理性的谩骂与指责却不受任何制约。可以预想，如果游荡派的暴力袭击得到有效约束，北非大公教会在5世纪初可能不会出于恐惧而被迫求助于皇帝介入，仍然以和平环境下的对话说服为主要手段，而北非教会的合一也将会变得更加遥不可及。

在约396年，奥古斯丁撰写了两卷本的《驳多纳图派》（*Contra Partem Donati*），但后来散佚。在晚年，他回顾了此时为何反对引入国家的强制力量。

---

① 奥古斯丁，《书信》23.7。

> 在第一卷中，我说，我并不愿意借由任何世俗权威来利用暴力，以使分裂派回归大公教会。很肯定的是，我不愿意这样做是因为，我还没有体验到，当他们的恶不受惩罚时，他们会胆敢做出多大的恶；也没有体验到，周详的纪律会在多大程度上有益于那些需要改过迁善的人们。①

可以看出，奥古斯丁此时很可能考虑过求助于行政当局来促成教会合一，给地方官员写信陈情可以被看作前期铺垫，但之后并没有采取实际行动。这一方面是因为，同时期所完成的《论自由决断》仍然强调，心灵的自由决断是信仰转向的唯一途径，没有认识到外在强制的必要性；另一方面是因为，奥古斯丁还没有体验到，游荡派的暴力袭击不仅实际伤害了大公教会的神职人员和信徒，也更威胁到愿意对话或有意回归大公教会的多纳图派主教或信众，使他们不敢迈出第一步。

在396或397年写给希波官员优西比乌的《书信》35.4中，奥古斯丁记载说，有一位佃农的女儿加入了多纳图派，其父亲试图强制女儿回归大公教会，但自己阻止了他这么做。

> 大公教会的一位佃农的女儿曾经是我们的望教者之一，但违背父母的意愿而被那些人（多纳图派）所笼络过去，也在受洗的地方成为一名修女。虽然她的父亲想借助其威严把她召回到大公教会，但我拒绝说，这女子的心灵已经被败坏，除非她意愿（*volentem*），并借助自由决断（*libero arbitrio*）而欲求更好的，之后才能把她带回来。这个佃农甚至挥舞着拳头说，他的女儿会同意自己的。我立即且绝对地禁止他这样做。与此同时，当我们经过西班尼亚努（Spanianum）时，普库里安的一个司铎站在一块地中间，这块地属于一位值得称赞的大公教徒妇女。他在我们后面极其粗鲁地喊叫说，我们是上交者和迫害者。他甚至也这样谩骂那位妇女，而她是大公教徒，拥有他所站的那块地。当听到这些叫声时，我不仅

---

① 奥古斯丁，《回顾篇》2.5。

不让自己去回应，也让与我随行的人安静以待。但如果我说："让我们来考察一下，到底谁现在是或过去是上交者或迫害者。"他们会回答说："我们不想辩论，而想施行再洗礼。我们会像狼群那样去捕猎你的羊群，从埋伏处出击；而如果你们是好牧人，就闭嘴。"①

这段论述表明，多纳图派在希波地区占据着较大的优势地位，不仅能够吸引或诱惑大公教会家庭中的成员加入自己，对之进行洗礼或再洗礼，还敢于当面指控大公教会是"上交者和迫害者"。对于前者，奥古斯丁坚持，意志的自由决断是信仰转向的基础，没有人能够或应当被强迫转向大公信仰，身体性的暴力不是解决信仰问题的核心手段。这延续了《论自由决断》第1、2卷和《论两个灵魂》中对自由和强迫的区分。对于后者，他也是沉默以对，因为多纳图派领袖和信众既拒绝理论辩论和文本考察，又以谩骂和贴标签的方式来指控大公教会，使得任何努力都归于徒劳。在这位多纳图派司铎看来，奥古斯丁的沉默倒是表明大公教会理屈词穷。为了扭转如此窘境，除了以书信和著作来论证大公教会的正当性，奥古斯丁还必须寻求在现实生活中应对多纳图派的语言暴力和身体暴力的有效手段。而这就要求，他首先必须突破之前对意志与信仰之关系的论证，不是说信仰的转向不再是意志自由决断的结果或可以被强迫，而是说外在的适度强制有助于内在的心灵去以意志的自由决断来实现信仰的转向。要实现这一认识转换，奥古斯丁还需要更多的现实例证和理论预备。

在400—401年间，奥古斯丁撰写《书信》66给卡拉马的多纳图派主教克里斯宾（Crispinus），谴责他给大约80名佃农施行再洗礼，申明后者是受到地主的胁迫，而不是出于自由决断。

> 先移除对任何主人的害怕，让他们选择自己所意愿的。结果就是，像我们所说的，他们是在强迫之下留在谬误里，还是出于意愿去拥抱真理，就将是很清楚的。因为，如果他们不懂得这些，那么

---

① 奥古斯丁，《书信》35.4。

你是多么急急切切地拖走他们啊！但如果他们懂得这些，那么就像我之前说的，让他们来听取我们两人的话，之后让他们决断。如果有人之前从你那边转到我们这边，即那些被其主人所强制的，那么让同样的事现在再次发生吧！①

在希腊罗马社会中，庇护人与被庇护人的关系遍及各个领域。例如，被庇护人为庇护人谋求政治利益，并从之得到经济利益等。在宗教方面，庇护人可以凭借其相对优势地位要求被庇护人与自己保持信仰一致。多纳图派就利用庇护关系，要求佃农与地主的信仰保持一致，使经济领域中的不平等导致信仰领域中的强迫，而佃农如果拒绝则有可能失去承租的权利。这就使得，个体的信仰取向并不完全取决于意志的自由决断，而是在整个政治、经济的实际运行体系中相互博弈的结果，往往从属于其政治上和经济上的迫切需求，以致让渡了信仰上的真实需求。奥古斯丁所设想的理想状态，即个体可以完全出于其意志自由来决断"留在谬误里"还是"去拥抱真理"，对于绝大多数普通民众来说都只是理论层面上的，在现实生活中很少有实现的可能。要完全实现这种自由，就不仅要求个体具有内在心灵的完善的反思能力，还要求个体可以暂时摆脱各种现实需求，仅仅关注应用这一反思能力去决断其信仰取向。显然，上述要求只有对于知识精英才是可能的，普通民众只能关注如何尽量去满足自己的各种现实需求。在更加清楚地认识到这种景况之后，奥古斯丁开始改变自己的观点，就不足为奇了。

吉尔多在 397—398 年发动叛乱，部分多纳图派参与其中。在叛乱被平定后，帝国以敕令为法律手段，强制多纳图派回归大公教会，而部分信众的确实现了回归。与克里斯宾给佃农施行再洗礼一起，这给奥古斯丁提供了一正一反两个现实例证，而新的理论预备将随即而至。鉴于游荡派的袭击日益严重，从自由对话的毫无功效到敕令强制的直接有效，使奥古斯丁开始转变自己的态度，从原本强调意志决断、语言和理论说服、合一必须基于真实的信仰，转变到认可宗教强制、先合一再归

---

① 奥古斯丁，《书信》66.2。

正信仰、对敕令的害怕将会慢慢被基督的爱所替代等。① 对于他来说，对多纳图派实施宗教强制主要出于如下原因：（1）制止和杜绝游荡派的暴力袭击；（2）为多纳图派普通信众回归大公教会提供氛围和动力；（3）对多纳图派的领袖和顽固分子实行法律惩罚以强制之。

在约401年，奥古斯丁撰写《致大公教徒：论多纳图派》（*Epistula ad Catholicos de secta Donatistarum*），在19.52 – 20.56中讨论大公教会强制多纳图派回归的合法性。为了反对这种强制和迫害，多纳图派辩称，正如耶稣讲的麦子和稗子的比喻，如果不必提前把稗子薅出来，而是"容这两样一齐长，等着收割"（《马太福音》13：30），在收割时才将二者分开，那么大公教会何不任由自己"一齐长"呢？

针对这一说法，奥古斯丁给出了多重理由。其一，是麦子还是稗子取决于上帝的预知，即使在时间中为恶，也可能借助悔改而在永恒中转变为善，多纳图派不应当放弃被寻找、被找到、被呼召和被寻回。② 其二，即使把强制等同为迫害，那么我们从现实生活中会发现，"不是一切迫害都是应当受指责的"（*non omnem persecutionem esse culpabilem*），比如父亲对待儿子、丈夫对待妻子、主人对待奴隶和地主对待雇工，行使正当的权力且进行温柔的惩罚，可以使后者避免做出更大的恶。目的或意图决定行为的性质，只要试图使他人避免恶与不法，他们就是"改造者和指导者"；只有试图使他人远离善与合法，他们才是"迫害者和压迫者"；而当强制超过了阻止犯罪的必要程度，这才是应当受指责的。③ 其三，游荡派作恶违反帝国法律，马克西米安派导致内部分裂，而多纳图派敌视基督的教会，三者都应当承受帝国旨在训诫的罚款和剥夺部分公民权，才能脱离如此严重的犯罪，并脱离永恒的惩罚。

> 作为大公基督教徒的皇帝们给予你们如下的爱，不仅出于其基督般的仁慈，没有下令依照应当的来惩罚你们的亵渎；又出于其基

---

① 参见奥古斯丁，《书信》93.16 – 20；亦参见奥古斯丁，《回顾篇》2.5。
② 参见奥古斯丁，《致大公教徒：论多纳图派》19.52。
③ 参见奥古斯丁，《致大公教徒：论多纳图派》20.53。

督般的关怀，没有任凭这些亵渎完全不受惩罚。①

其四，与帝国既适当又温柔的惩罚相比，不是大公教会在迫害多纳图派，而是多纳图派的分裂和游荡派的暴力在迫害大公教会。正如与父亲的管教相比，儿子走上邪路是对父亲的更严厉的迫害。②

在圣经中，强制甚或迫害的例子比比皆是，例如耶稣用鞭子赶出商贩以洁净圣殿（《约翰福音》2：15）、耶稣在比喻中允许强迫人来赴宴（《路加福音》14：16，21-23）、基督使保罗暂时失明以使之归信（《使徒行传》9：1-18）等，但都是出于善好的目的，且取得了良好的效果。③ 游荡派的暴力不仅威胁大公教会，也威胁多纳图派信众，引入帝国权力制止暴力并无不妥。保罗也多次申明自己罗马公民的身份，甚至要求上诉到异教徒皇帝。在消除暴力之后，宗教强制才有可能去治疗教会分裂的伤痛，形式上的合一为借助言辞说理来规劝预备了前提，而多纳图派对帝国权力的害怕将在基督的平安和弟兄的互爱中得到抚慰，最终教会合一将使得北非教会的信众同得称义的荣耀。

为了回应巴该主教马克西米安被游荡派毒打，霍诺里皇帝在405年2月12日发布《合一敕令》。而为了促使多纳图派顺利回归，奥古斯丁开始思考，国家以法律为手段进行强制应当遵守哪些原则。对此，他给出了四点建议。其一，强制的目的是训诫，而非报复。其二，不能使用肉刑和死刑，因为肉刑是没有必要的，而死刑直接剥夺了其悔改的可能。其三，主要手段是处以罚金，但同时不使其陷入绝对贫困。其四，惩罚的综合力度足以使之不敢再施行宗教暴力。正如以下将表明的，这些原则也同样适用于处理408年卡拉马的异教徒暴乱。

在405年《合一敕令》发布之后，奥古斯丁开始系统论证宗教强制

---

① 奥古斯丁，《致大公教徒：论多纳图派》20.55。
② 参见奥古斯丁，《致大公教徒：论多纳图派》20.56。
③ 布朗强调，奥古斯丁转变"态度"（attitude）而接受强制观念，是出于其神学思想发展的内在原因，学习和解释旧约圣经是重要的促进因素。参见 Peter Brown, "St. Augustine's Attitude to Religious Coercion", *Journal of Roman Studies*, Vol. 54, 1964, pp. 107-116, and in Peter Brown, *Religion and Society in the Age of Saint Augustine*, London: Faber and Faber, 1972, pp. 260-278.

的合理性，集中体现在两封长信中，即《书信》93 和《书信》185。其中的论证要点包括，只要出于爱和正义，对作恶者和迷途者的强制或迫害就不违背基督教的原则；援引世俗权威或罗马国家的有限干预有益于基督教会；强制所导致的害怕并不取消意志的自由决断，反而保证其选择善而回归大公教会；强制使许多多纳图派信众回归大公教会，这一积极效果反证了其合理性；教会必须是大而公之的；洗礼的有效性在于基督和三位一体的上帝，而不在于施洗者。以下将分析，奥古斯丁在这两封书信中如何澄清自己对宗教强制的态度转变。

在 407 或 408 年，奥古斯丁撰写《书信》93 给多纳图派中的分裂派即罗格图派（Rogatists）主教文森特（Vincentius），在 93.5.16-17 中讲述了自己对宗教强制转变态度的过程和原因。他之前认为，无论向善或向恶，人们都应当不被强制。"我不会说，一个人能够违背自己的意志而成为善好的。"① 但在现实中，部分多纳图派信众的确出于害怕而回归了大公教会。这一事实使得，奥古斯丁必须重估之前所坚持的态度。

> 因此，我屈从于同事们向我提到的这些例子。我的观点原本是，没有人应当被强迫进入基督的合一，我们应当以言语来行动，以论证来战斗，且以理性来战胜。否则，我们就会有假冒的大公教徒，而我们知道他们之前是明显的异端。但我的这个观点被打败了，不是被对手的言语，而是被那些提供了证据的例子。第一个反驳我的就是我自己所在的城市。虽然它之前完全在多纳图派手中，但出于对帝国法律的害怕，它转向了大公教会的合一；而我们已经看到，它现在憎恶你们的这种顽固所造成的破坏，以致没有人会相信，它之前是其中的一部分。报告给我的许多其他城市也是这样，这使得，我借着如此事实而认识到，我们能够正确地理解经上所说的也适用于这里，"给智慧人机会，他就越发有智慧"（《箴言》9：9）。②

---

① 奥古斯丁，《书信》93.5.16。
② 奥古斯丁，《书信》93.5.16；《箴言》9：9 的和合本译文为："教导智慧人，他就越发有智慧。"

在现实生活中，信仰上的顽固有着多重原因，但并非总是紧密关涉到意志的自由决断，家庭的传统、长久的习惯、教内的友谊（如同奥古斯丁在摩尼教中长达九年）或理性上的怠惰都足以维持原有的信仰生活。在这种情况下，帝国法律所营造的害怕氛围就迫使多纳图派信众去反思这种顽固，并摆脱各种牵绊而重新进行信仰决断。在奥古斯丁看来，无论是仅仅出于害怕法律的惩罚，还是真正发现了大公真理，回归大公教会这一目标上的正义性已经决定了宗教强制的合理性。

在约 417 年，奥古斯丁撰写《书信》185 给博尼费斯，向其阐释大公教会在教会合一上的立场和做法，为宗教强制政策进行全面辩护。正如现实生活中父亲用暴力管教儿子，基督也用暴力来呼召保罗，教导和强制都是实现善好目标的手段，仁慈体现在目标上，并不局限于手段上，强制往往是教导的敲门砖。除了《路加福音》14：23"勉强人进来"赴宴、牧人驱赶聚拢羊群等，保罗在大马士革路上皈依是更为直接的案例（《使徒行传》9：1-18）。基督先是用大光使保罗目盲，之后他接受了亚拿尼亚的教导和救治，才得以看见和相信。

> 他们（指多纳图派）应当认识到，基督先施加强力于他，之后教导他；先打击他，之后安慰他。此外，神奇的是，保罗是在身体性惩罚的强制之下才亲近福音，随后却为传讲福音而多受劳苦，远多于仅仅借助言语而被呼召的；虽然更大的害怕驱使他去爱，但他的"爱既完全，就把惧怕除去"（《约翰一书》4：18）。①

借助于这些案例，奥古斯丁再次记叙了自己转变态度的原因。在《合一敕令》之前，他和少数几位同事认为，虽然多纳图派多有暴力行径，大公教会可以利用狄奥多西的反异端法来加以制止，对教区内存在暴力的多纳图派主教处以罚金，但不应当求助于皇帝来"彻底镇压"

---

① 奥古斯丁，《书信》185.6.22；参见 E. M. Atkins & R. J. Dodaro eds., *Augustine: Political Writings*, Cambridge: Cambridge University Press, 2004, p. 187.

(entirely suppressed)这一应当彼此合一的派别,以免有人假装成为大公教徒。但其他同事以更多城市和村镇的实际案例来证明,只有在皇帝的法律被顺利贯彻的地方,才不断有多纳图派信众加入大公教会。鉴于马克西米安被游荡派残酷殴打和部分多纳图派在教会斗争中的猖狂姿态,奥古斯丁开始认识到,仅仅杜绝暴力是不足够的,有必要求助于皇帝以宗教强制来实现教会合一。保罗上诉于异教徒皇帝再次成为可以效仿的案例,更何况大公教会当下是求助于基督徒皇帝。

> 在这里,保罗足够清楚地表明,当发现皇帝是基督徒而教会处于危险中时,基督的仆人应当怎么做。因此,一旦敬虔的皇帝注意到这些事,他就会选择颁布极为敬虔的法律来纠正他们不敬虔的谬误,且利用害怕和强制来使那些带着基督的印记却反对基督的人进入大公教会的合一,而不是仅仅镇压他们从事暴力的自由,却留给他们迷途和失丧的自由。①

相较于使徒时代的异教氛围,当前的基督教氛围更为大公教会求助于作为大公教徒的皇帝增加了双重理由。由此,在世易时移之中,奥古斯丁越发相信,宗教强制既有圣经依据,又有现实基础;既出于爱,又止于善,就成为制止多纳图派暴力和分裂的有效手段。

正如4—5世纪的历史所表明的,多纳图派在北非地区长时间占据优势地位,即使到了411年迦太基会议时也与大公教会旗鼓相当,同时它也积极寻求各个皇帝和行省官员的默许或支持,甚至还得到了朱利安皇帝和吉尔多的偏袒。正如普库里安的司铎所指责的,多纳图派把这种强制称为迫害,奥古斯丁也坦然接受了这一说辞。但可以看到,既不同于前三个世纪罗马帝国对基督教的迫害,也不同于西欧近代的宗教迫害或宗教战争,这里所论证的宗教强制不是进攻性的和破坏性的,而是防御性的和建设性的。由此,正如夏洞奇所评价的:"奥古斯丁时代的宗

---

① 奥古斯丁,《书信》185.7.28;参见 E. M. Atkins & R. J. Dodaro eds., *Augustine: Political Writings*, Cambridge: Cambridge University Press, 2004, p. 191.

教强制，实质上是公教会借助国家力量来保护自己，并战胜具有攻击能力的对手。"①

从以 395 年前的《书信》23 为代表的强调和平对话与理性说服，到约 401 年《致大公教徒：论多纳图派》开始认可宗教强制的必要性，再到 405 年《合一敕令》之后全面为宗教强制辩护，正如奥古斯丁所承认的，他对宗教强制的态度发生了根本转折。即使教牧能力上的不足和行省政治上的不利可能延缓了他的正式表态，但他的实际做法却是适应帝国形势的发展而不断进行调整。②

二　意志哲学的深化

是否应当认可宗教强制，不仅关涉到教会与国家之间的政教关系问题，也关涉到如何解决意志的自主性与向善性、呼召的普遍性与预定的有限性之间的冲突。弗伦德就看到，奥古斯丁从 393 年到 398 年逐渐转而认可宗教强制，并不仅仅出于塔格斯特的案例和自己作为摩尼教徒时所经历的严格教规，更是与其意志学说紧密关联。"迫害开始于他的神学观点、与他的人类意志的自由这一概念关联起来；他论证说，为了保证人正确地利用他的自由，严厉是必要的。"③

延续着由《论自由决断》和《致辛普里西安》所确立起的早期意志学说，现在的棘手问题是，多纳图派是否有权选择自己的信仰，宗教强制是否取消了其意志的自由决断；既然预定得救的数目是有限的，那么强制多纳图派回归大公教会是否能够增加其得救的概率。伴随着对宗教强制的态度转变，奥古斯丁必须承认罗马国家的有限但积极的功用，也必须解决强制意志的向善如何不违背其决断的自主。我们这里首先考察第二个问题，而把第一个问题留待下一章。

---

① 夏洞奇：《尘世的权威：奥古斯丁的社会政治思想》，上海三联书店 2007 年版，第 322 页。

② 参见夏洞奇：《尘世的权威：奥古斯丁的社会政治思想》，上海三联书店 2007 年版，第 318 – 320 页；Donald X. Burt, *Friendship and Society: An Introduction to Augustine's Practical Philosophy*, Grand Rapids: Eerdmans, 1999, pp. 213 – 215.

③ W. H. C. Frend, *The Donatist Church: A Movement of Protest in Roman North Africa*, Clarendon: Oxford University Press, 1952, p. 241.

在《驳佩提里安著作》2.84.185-186中，奥古斯丁重述了佩提里安的立场，即后者引用《约翰福音》6：44（"若不是差我来的父吸引人，就没有能到我这里来的"）、《便西拉智训》15：16-17（"他将火和水放在你面前，任凭你随意取舍。你可以在生命和死亡之间作出选择，无论你选择什么，都将如愿以偿"）①和《申命记》30：19（"我将生死、祸福陈明在你面前，所以你要拣选生命，使你和你的后裔都得存活"）的经文来论证，即使是善好的道路，也应当让人们去自由决断，而不能强迫其选择。"你们为什么不允许每个人去遵循其自由决断，因为主上帝亲自将之赋予人类，同时展示了义路，以免也许有人不知情地陷入败坏。"②对于佩提里安来说，（1）上帝赐予了自由决断和义路，即使不选择义路，那么这也是人在知情的情况下所作出的自由决断，为之承担责任是应当的；（2）与之相对，如果强迫人选择义路，那么这就违背了上帝所赐予的自由决断，人并不应当因此获得拯救。在回应中，奥古斯丁承认（1），但不认为（2）必然成立。他论证说，宗教强制并不取消自由决断，人应当根据结果的好坏来改变自由决断以得福避祸；在这一过程中，外在的警告和训诫是必要的。在抱怨遭受迫害时，多纳图派应当首先反思自身的行为，是为义受逼迫，还是为作恶受逼迫，国家在前者中是迫害者，在后者中却是矫正者。③

可以看到，多纳图派以宗教宽容来论证自由决断的自主性，奥古斯丁则以宗教强制来论证自由决断的向善性。如同救赎之后所获得的真正的自由意志，个体意志在尘世中所能实现的真正自由也仅仅在于其做出向善的决断。为了论证宗教强制的合理性，奥古斯丁延续和深化了早期的意志学说，既维护意志的自主性，即意志在本质上是无法被强迫的，"意志是灵魂的一种运动（animi motus），没有什么会强迫（cogente nullo）

---

① 张久宣译：《圣经后典》，商务印书馆1981年版，第152页。《便西拉智训》15：11-20被认为是在论述人类犯罪具有自由意志，不应当将之归咎于上帝的创造。其中，15：14-15说："太初时候，主创造人类，他让他们自由自在地为所欲为。如果你愿意的话，你就可以遵守主的诫命。是否忠诚于他全由你自己决定。"

② 奥古斯丁，《驳佩提里安著作》2.84.185。

③ 参见奥古斯丁，《驳佩提里安著作》2.84.186。

它失去某种东西或获得某种东西";① 又要求意志必须保持其向善性，以各种外在限制和劝勉促使其发生内在转变，同时维持预定的有限性与不确定性之间的微妙平衡。对于前者，奥古斯丁延续了《论两个灵魂》10.12–14 中对行为上的强迫和意志上的强迫的区分，否认后一种强迫的可能性；而对于后者，他反对多纳图派以自由决断的名义来放任自流，重申《致辛普里西安》1.2 中对预定的论证。即使上帝的预定在数目上是有限的，但其预定的具体对象出于其"最隐秘的公义"（aequitate occultissima），不是我们可以得知的。② 借鉴《罗马书》9：14–24 的论证策略，奥古斯丁在《致辛普里西安》1.2.22 的释经中也把恩典论建基于创造论上，对于谁将被预定得救，这只能去相信和试图理解，而不能去质疑上帝的公义；在不能理解的地方，人类也只能把赞美和感谢归给作为创造主的上帝，安守自己在被造上的地位和理智上的有限。这就使得，每个人都有可能被预定，而大公教会就有必要对多纳图派进行训诫和矫正，以使得这一可能的预定最终得以实现。

在充满乡土气、身体暴力和教派隔阂的教牧生活中，奥古斯丁认识到，要打破多纳图派在信仰上的顽固，自己必须把之前对意志的自主能力的乐观态度与当前对强制的必要性的谨慎态度结合起来，从切身的现实出发重新论证二者的相容性。正如布朗所看到的："在出任主教的前十年里，奥古斯丁对教会和社会的态度发生了某些深刻且不祥的变化。"③ 针对佩提里安式的反诘，布朗继续评论说：

> 在回应中，奥古斯丁给他们的回答正是他将会给佩拉纠派的：最终的、个体的决断行为肯定是自主的；但这一决断行为能够经由很长的过程来预备，这一过程并不必然是人们为自己选择的，反而时常是上帝违背他们的意志而强加给他们的。这是一个"教

---

① 奥古斯丁，《论两个灵魂》10.14。
② 对于预定数目的有限性与预定个体的不确定性，参见奥古斯丁，《论责备与恩典》13.39–40。
③ Peter Brown, *Augustine of Hippo: A Biography*, a new edition with an epilogue, Berkeley and Los Angeles: University of California Press, 2000, p. 231.

导"（teaching, *eruditio*）和警告（warning, *admonitio*）的过程，其中甚至包括害怕、限制和外在的不便："让外面有限制；而里面就生出意志。"①

《论自由决断》第 1—2 卷与第 3 卷分别论证了堕落前的意志与堕落后的意志。作为自由意志（*libera voluntas*），前者"能够不犯罪"（*potest non peccare*），但可以在善、恶之间自由决断，即能够行善或者作恶；而后者是一旦选择了恶，就陷入作恶的必然性，即"不能不犯罪"（*non potest non peccare*），其自由只表现为自由决断（*liberum arbitrium*）。"当一个人意愿（*vult*）正确地去做却不能够（*non potest*）时，其出于必然性（*necessitate*）而做的也要被谴责。"② 到了后期与佩拉纠派论战时，奥古斯丁论证出得蒙救赎后的意志，即"不能够犯罪"（*non potest peccare*），从而实现真正的自由意志。基于对意志的三个阶段的划分，奥古斯丁就论证说，宗教强制不仅没有取消多纳图派的自由决断，反而使之有可能最终获得真正的自由意志。

三 教会论与洗礼论的发展

多纳图派与北非大公教会分享着绝大部分相同的教义和仪式，但不同的是，多纳图派坚持圣洁教会的观念和再洗礼的做法，严重威胁着北非大公教会的教会论和洗礼论。在 4 世纪的多半时间里，多纳图派在规模和声势上都超过了北非大公教会，也自诩是真正的大公教会。虽然更多是出于自我标榜，但圣洁教会的观念无疑有着相当突出的圣经基础，基督和保罗都教导，可以把不顺服的信徒赶出教会（《马太福音》18：15－17；《哥林多前书》5：2、5：11－13），而麦子和稗子的比喻更多是指教会中混杂了罪人，但并不是放松对信众的道德要求。至于再洗礼的做法，正如《以弗所书》4：4－6 的教导，既然上帝、基督、圣灵、教会、信仰和洗礼都只有一个，那么从教会的唯一可以推论出，在大公

---

① Peter Brown, *Augustine of Hippo: A Biography*, a new edition with an epilogue, Berkeley and Los Angeles: University of California Press, 2000, p. 232.
② 奥古斯丁,《论自由决断》3.18.51。

教会之外没有真信仰和真洗礼，异端教徒必须回归大公教会才能获得拯救；从圣灵的唯一可以推论出，在大公教会之外没有圣灵，异端教派的洗礼必然是无效的。(《使徒行传》1：5、11：16、19：1－6) 由此，异端教徒要加入大公教会所领受的洗礼在仪式上是第二次，但在性质上是第一次有圣灵降下的真洗礼。理论上的预备似乎已经十分完备和可靠。

这就使得，在3世纪教会分裂与合一的斗争中，再洗礼的做法虽然充满争论，但已经成为异端教派应对大公教徒和大公教会应对异端教徒的常见做法。大公教会不承认异端教派的洗礼，而异端教派自称大公教会，也不承认对手的洗礼，双方都对加入己派的已经受洗的信徒施行再洗礼。在北非地区，这至少可以追溯到迦太基主教阿格瑞皮（Agrippinus）在约220年召开的地区会议；而在应对诺瓦提安派时，迦太基主教西普里安在256年召开地区会议，再次论证了其正当性。同时代的东方教会也是如此。优西比乌对此记载说：

> 当时出现了一系列争论，即是否有必要让那些摒弃各种异端的人藉着洗礼（或再洗礼）获得洁净。在这些争论中，一种古旧习俗逐渐占据上风：只要祷告和按手就足够了。迦太基主教西普里安在当时第一个坚持认为，这些人只有藉着洗礼得着洁净之后，才能被重新接纳。然而，司提反认为，任何革新举措，若违背起初就已建立的传统，就都是错误的，并且为此非常生气。①

在《书信》69和《书信》72中，西普里安驳斥异端教派的洗礼，要求对加入大公教会的异端教徒施行再洗礼。在256年的迦太基会议上，北非大公教会主教做出集体决定：

> 只有在大公教会中施行的一洗，那些人不是被再洗礼，而是被我们洗礼（not re-baptized, but baptized by us），他们随时从不洁净

---

① 优西比乌,《教会史》7.2－3。

和不神圣的水中出来，被拯救的水所包含的真理所洗净和圣化。①

基于此，西普里安认为，再洗礼的做法并未违背圣经教导，反而是"一洗"的初次和真正实现。针对大公教会内部的顾虑，他不仅将这一做法诉诸阿格瑞皮的先例，还展示了再洗礼在随后促进北非地区教会合一中的实际果效。

多纳图派援引西普里安的论证，以北非教会传统的继承人自居，既自称大公教会，又坚持本派的洗礼才是"一洗"，而不是"上交者"所施行的洗礼，由此就理直气壮地对大公教徒施行再洗礼，并对奥古斯丁的书信抗议置若罔闻。由于狄奥多西仅颁布了反异端法，并不直接适用于分裂教派，在此情况之下，奥古斯丁就试图论证，多纳图派的教会论和洗礼论是异端，可以适用于反异端法。在399年的答复中，霍诺里命令使用反异端法对付多纳图派，禁止其接受捐赠或遗产，并对其主教处以罚金等。404年的北非大公会议请求皇帝正式将多纳图派定为异端；而405年的《合一敕令》就明确规定，再洗礼的教义和做法都属于异端，应当予以禁止。②

圣洁教会的观念和再洗礼的做法相互支撑，而为了论证对异端教派施行宗教强制的合理性，奥古斯丁就有必要驳斥多纳图派的上述立场。作为主要对手之一，佩提里安（Petilian of Constantine）从394年担任君士坦丁城的多纳图派主教，在400/1年撰写了《致改宗者书信》（*Epistola ad Presbyteros*），甚至以《致奥古斯丁》（*Ad Augustinum*）的布道直接批判奥古斯丁本人，还是411年迦太基会议多纳图派一方的七位发言代表之一。在《驳佩提里安著作》第2卷中，奥古斯丁逐句引述这封书信并予以驳斥。

佩提里安的主要观点包括，（1）洗礼的有效性取决于施洗者的洁净良心；（2）真教会在于保持圣礼的洁净；（3）大公的意思是整全，

---

① 西普里安，《书信》72.1；转引自 Ante-Nicene Fathers 系列第5卷。
② 参见奥古斯丁，《书信》61.1。

而不是指地理范围。① 奥古斯丁对此进行了细致反驳。其一，洗礼的有效性不取决于施行圣礼者的圣洁程度，而取决于三位一体的上帝和作为中保的基督，只要奉其名而施洗就是有效的，由此上交者所施行的圣礼仍然是有效的。多纳图派将再洗礼的做法追溯到西普里安，但奥古斯丁认为，自己虽然尊重他的殉道和其他教导，但他出于维护教会合一的正确目的而犯了教义上的错误；多纳图派不仅继承了这一教义错误，还犯下导致教会分裂的大罪，实际上更加违背了北非教会的传统。② 其二，教会是圣洁的，但其信众不都是义人，而是善与恶、麦子和稗子、义人与罪人的混杂，只有等到最后审判时才能由上帝做出区分，尘世的教会无法越俎代庖。其三，大公（catholic, catholon）的含义的确是"整全的"（according to the whole），③ 但既然福音要"传到地极"（《使徒行传》1：8），而"基督是教会的头"（《以弗所书》5：23），那么教会就必须是地理范围上的大而公之的和普世的。其标志就是，与帝国范围内的大公教会保持联系和一致，遵守同样的教义和圣礼，而多纳图派却仅仅局限于北非地区，虽然自称在罗马也有己派信徒，但拿不出可靠的证据。④ 其四，基督徒必须承认罗马帝国的世俗权威，以爱上帝与爱邻如己与其他信众友好相处，不能诉诸暴力，更不能对之实施人身伤害。

总体来说，教会分裂不仅在神学上是站不住脚的，也会造成不同教派之间的对立和敌意。是否应当和如何能够寻求教会合一，这是古代和现代社会所面临的普遍问题。对于如此的现实需要，奥古斯丁驳斥多纳图派的过往历史可以提供正反两方面的借鉴。其中，反面的借鉴是，不同于4—5世纪的罗马帝国，任何宗教不宽容或强制政策已经被文明社会所抛弃，当前的教会合一绝不可以采取政治、法律或暴力等强制手段来实现；否则，这不仅会造成巨大的社会代价，还会适得其反，使现有的分裂变得更持久、更深刻和更痛苦。正面的借鉴是，首先，基督教会

---

① 参见 W. H. C. Frend, *The Donatist Church: A Movement of Protest in Roman North Africa*, Clarendon: Oxford University Press, 1952, p. 254.
② 参见奥古斯丁，《驳文法学家克莱斯康尼》2.32.40。
③ 参见奥古斯丁，《致大公教徒：论多纳图派》2.2。
④ 参见奥古斯丁，《书信》43.9、49.3、66.2、86.2；《驳帕门尼安书信》2.108；《论洗礼》3.19。

应当是大而公之的,各个教派必须体认到教会合一的必要性和重要性,认可法律和政府宗教政策的管理规定,摒弃任何暴力行为和政治分离倾向;其次,在实行政教分离和宗教信仰自由的基本国策之下,各个教派完全有意愿、有条件放弃对抗而彼此承认,通过平等的自由对话寻求和积累共识,以教会内部的合一与和谐来共同襄助世界和平的建设征程。

第四节 温柔的严厉:国家作为惩罚者

在《罗马书》13:1-7中,保罗集中论述了初代教会对待尘世国家的政治权威的态度。而如何解释这段经文,或要求教会一味顺从政治权威,或要求政治权威完全遵从上帝的诫命,在基督教释经史上出现过重大分歧。奥古斯丁以字意释经认可,耶稣和保罗对凯撒的物与上帝的物的区分,但要求罗马帝国谨守权力边界,只能管辖臣民的身体,而不能试图管辖臣民的灵魂。对于"你只要行善,就可得他的称赞",奥古斯丁鼓励说,基督徒在之前宗教迫害中的殉道将会得到称赞,罗马帝国是这一称赞的肇始者,而上帝是其授予者。与此同时,既然皇帝和官员都是"上帝的用人",那么他们只要出于维护教会合一的善好目的,就有权管辖宗教事务。罗马帝国惩罚教派分裂和宗教暴力,就如同父亲惩罚淘气的孩子,其对身体回归大公教会的强制是为了保障多纳图派在灵魂上的可能拯救。

一 奥古斯丁论《罗马书》13:1-7

在394—395年间,奥古斯丁尝试注释《罗马书》,写成两部小作品《罗马书章句》和《罗马书断评》后,随即放弃了详细注释的计划。在《罗马书章句》72-74中,他第一次注释《罗马书》13:1-7,初步展示了他对罗马国家或世俗政权的态度,构成了在驳斥多纳图派时多次引证这段经文来为宗教强制进行辩护的基础。[①]

在《罗马书章句》72中,奥古斯丁认为,保罗教导基督徒要顺服

---

① 参见奥古斯丁,《罗马书章句》72.6-74.3。

世俗政权和掌权者，不能因为在基督里获得了神学意义上的"自由"，就可以藐视世俗的伦理规范（《哥林多前书》5：1），或饮食上冒犯心灵软弱的弟兄（《哥林多前书》8：9），抑或挑战世俗政权在管理世俗事务上的权威。他把人划分为灵魂和身体两个部分，而灵魂是"承负着理性、适宜于统治身体的特定实体"①。身体依赖世上之物存活，而世上之物由世俗政权管辖；灵魂依赖天上之物存活，而天上之物由上帝管辖。依循着"凯撒的物当归给凯撒；上帝的物当归给上帝"（《马太福音》22：21）的教导，身体和灵魂应当顺服不同的原则，即身体顺服世俗政权，而灵魂顺服上帝，在前者表现为纳税纳捐和惧怕恭敬，在后者表现为被召和信仰，二者并行不悖，但不可倒错。世俗政权应当自觉认识到，其只能管辖臣民身体所需的世上之物，而不能管辖臣民灵魂所需的信仰，后者是上帝的专属领域，世俗政权的权威在此全然无效。然而，这种身体与灵魂、世俗与神圣、凯撒与上帝的截然二分并不是4世纪之前的罗马帝国所能够接受的，因为罗马国家长久以来都坚持宗教服务于政治和战争，② 而即使到了君士坦丁的米尔维安桥之战，天空中的十字架仍然预示着新凯撒将获得战争的新胜利。③

正如优西比乌《教会史》所记述的，在313年《米兰敕令》之前，基督徒经常遭受来自世俗政权的或大或小的迫害。既然如此，《罗马书》13：3就容易引发质疑，因为虽然可以与异教徒一起安享"罗马和平"，但基督徒似乎从没有因为善行而得到过世俗政权的称赞。针对这一质疑，奥古斯丁在《罗马书章句》73中解释说，后半句经文 bonum fac et habebis laudem ex illa 是由命令式搭配将来时组成，可以译为"行善，你将从他得到称赞"；介词结构 ex illa 表明，称赞并不一定是掌权者作为行为的主体而主动做出的，还可以是其所作所为在客观上所导致的后续结果。这就使得，掌权者可以选择称赞或者迫害基督徒的善行，但即使基督徒因为迫害而殉道，其客观上却使得，他们因为殉道而随后

---

① 奥古斯丁，《论灵魂的宏量》13.22；关于这一定义对中世纪哲学的影响，参见［法］吉尔松：《中世纪哲学精神》，沈清松译，上海世纪出版集团2008年版，第174—188页。
② 参见奥古斯丁，《上帝之城》4.29。
③ 参见奥古斯丁，《上帝之城》5.25；优西比乌，《君士坦丁传》1.28–31。

获得上帝所赐予的永生的冠冕（《提摩太后书》4：8），以至于他们实际上从之获得了从上帝而来的真正的称赞。

在遭受迫害的情况下，基督徒是否应当顺服掌权者？借助世俗与神圣、今生与来生、时间与永恒的截然划分，奥古斯丁在《罗马书章句》74 中论证说，基督徒不应当仅出于惧怕来顺服世俗权威，也应当出于清洁或无亏的良心（《提摩太前书》1：5、3：9；《提摩太后书》1：3）和上帝所命令的爱来顺服之；即使掌权者以迫害来剥夺基督徒所拥有的世上之物，但仍然不得不为其保留永存之物，并为尽快得以安享这些永存之物提前预备了道路。这一道路就是殉道和从之而来的冠冕。

在约 400 年 8 月 10 日，奥古斯丁在殉道士圣劳伦斯（Saint Lawrence）诞辰日做了《布道》302。劳伦斯是罗马教会的大执事，掌管财务，在瓦莱里皇帝治下于约 258 年殉道。这篇布道发生于部分希波暴民因为反抗加强关税征收而杀死一名帝国官员之后，使得其中论及基督徒对待暴力的态度和如何在殉道中从掌权者得到称赞。①

针对"你不可为恶所胜，反要以善胜恶"（《罗马书》12：21），奥古斯丁要求，基督徒不作恶且不意愿作恶，因为作恶的人将由掌权者所管辖，"他不是空空地佩剑"（《罗马书》13：4）。针对圣劳伦斯行善却殉道而死，这篇布道继承但更加明确了《罗马书章句》中的解释。

> 你们看，如果掌权者是公义的，那么你们就将从他们得到称赞，实际上是他们自己称赞你们。而如果他们是不公义的，当你们为信仰、为公义和为真理而死时，你们就将从他们得到称赞，尽管他们正在对你们大发怒气。你们看，这称赞是从他们来的，你们将来得到它，不是因为他们正在称赞你们，而是因为他们正在为你们提供将来被称赞的机会。②

---

① 参见 E. M. Atkins & R. J. Dodaro eds., *Augustine: Political Writings*, Cambridge: Cambridge University Press, 2004, p. 273, note 1.

② 奥古斯丁，《布道》302.12；亦参见 Bede the Venerable, *Excepts from the Works of Saint Augustine on the Letters of the Blessed Apostle Paul*, David Hurst trans., Kalamozoo: Cistercian Publications, 1999, p. 102.

其中，奥古斯丁使用现在时描述基督徒行善并在当前就从掌权者这里得来的报偿。如果掌权者是公义的，其报偿就是称赞；而如果是不公义的，其报偿就只会是迫害和殉道。在前者，基督徒可以平安地度过短暂的尘世生活；在后者，他们则可以借此殉道，得到将来更大的称赞。他之后使用将来时描述基督徒行善而在将来从上帝那里得来的报偿。因为上帝肯定是公义的，其报偿就肯定是称赞和殉道的冠冕。这既承认基督徒应当在身体层面上顺服世俗权威的管辖，但更鼓励其应当在灵魂层面上不顾虑世俗权威的任何报偿，而仅仅顺服上帝的管辖。

针对"掌权的都是上帝所命的"(《罗马书》13:1)，奥古斯丁批评了希波暴民谋杀官员的私人暴力行为。虽然这名官员参与压榨民众，但他有自己的法官和掌权者，其他人没有权柄对之实施暴力，"这不是公共的惩罚，而仅仅是公开的强盗行为"①。即使犯人已经被法官判处死刑，但执行者也只能是由法律授权的行刑人；其他人并非上帝所命的掌权者，如果他们杀死死刑犯，那就只能是谋杀，而非行刑。在布道最后，奥古斯丁劝诫民众与帝国官方在和平中互动，即民众以温柔与和平来生活，以和平与恭敬来表达诉求，警告和阻止身边的作恶者，而掌权者则以和平来履行自己的义务，以向上帝即更高的掌权者负责。

在400年写成的《驳帕门尼安书信》(Contra epistulam Parmeniani) 1.8.13中，奥古斯丁援引《罗马书》13:1、3、4的经文，批评多纳图热衷于自诩殉道。一方面，多纳图派作为异端和分裂教会是在作恶而非行善，仅仅适用于"作官的……叫作恶的惧怕"，就应当受到君士坦丁及其法官所代表的掌权者的惩罚。另一方面，遭受掌权者惩罚以致死亡的并不都是殉道者，因为殉道的前提是行善，而不是分裂教会等作恶，否则监狱里、刑场上、矿山中和流放地都充满了殉道者。"对于行善的人受难，称赞从造成这一受难的掌权者那里临到他。但作恶的人从其恶所得到的，他不应当将之归咎于掌权者的残酷。"② 在《驳佩提里安著作》2.20.45和《致大公教徒：论多纳图派》20.54中，奥古斯丁也援

---

① 奥古斯丁，《布道》302.12。
② 奥古斯丁，《驳帕门尼安书信》1.8.13。

引《罗马书》13：2-4 论证，罗马帝国惩罚多纳图派的异端和分裂教会是正当行使其管辖权。

在 405—411 年间，奥古斯丁撰写《书信》87 给多纳图派主教艾麦瑞特。在《书信》87.7-8 中，他认为，分裂教会是一种作恶，世俗权威通常会援引《罗马书》13：2-4 来论证其迫害的正当性；而依据历史记录、再洗礼的做法和大公教会的分布态势，多纳图派都无法证明自己不是分裂教会。多纳图派声称，"基督徒即使迫害恶人也是不允许的"，奥古斯丁承认这一点，但转而反问说："将此作为异议提给特为这一目的而设立的掌权者不是恰当的吗？"① 由此，多纳图派分裂基督徒皇帝所在的大公教会且实行再洗礼，就不应当指责大公教会请求他们来实施宗教强制。

> 我们的人向所设立的掌权者寻求保护，以防范非法的和私人的暴力行为，你们自己不做这些行为且为之忧伤悲叹。我们的人这样做，不是为了迫害你们，而是为了保护自己。②

作为范例，为了抵制犹太人的谋杀阴谋，保罗主动寻求罗马军队的保护（《使徒行传》23：12-24）。对于掌权者的惩罚行为，

> 但不管什么时候，那些皇帝们知道你们分裂教会的恶行，就依据自己的关切和权威设立可选择的任何手段来对付你们。因为他们不是空空地佩剑，而是上帝的用人，以惩罚作恶者来执行他的忿怒。③

在 407 或 408 年，奥古斯丁撰写《书信》93 给文森特，在前半部分论证说，大公教会寻求世俗权威的支持是正当的，既基于旧约中的案例和经文，又基于这一做法是多纳图派所首先开创的。在《书信》

---

① 奥古斯丁，《书信》87.8。
② 奥古斯丁，《书信》87.8。
③ 奥古斯丁，《书信》87.8。

93.3.9 中，奥古斯丁承认，虽然在福音书和使徒书信中没有论及，教会可以向地上的王寻求支持以抵挡教会的敌人，但旧约经文（例如《诗篇》2：10－11）和案例（例如巴比伦王尼布甲尼撒从拜金像到承认上帝）表明，使徒时代是地上的王拜金像的阶段，以致基督徒遭受迫害；而当前是地上的王承认上帝的阶段，以至于基督徒不再遭受迫害，反而可以寻求世俗权威的支持。其中，《诗篇》2：10－11 说："现在，你们君王应当省悟，你们世上的审判官该受管教。当存畏惧侍奉耶和华，又当存战兢而快乐。"与此对应，在惊奇地看到先知但以理的三个朋友可以历经火窑而不伤之后，尼布甲尼撒省悟且开始"存畏惧侍奉耶和华"，以至于下旨任何人不得谤讟上帝，"因为没有别神能这样施行拯救"（《但以理书》3：29）。

在其下，奥古斯丁论证说，寻求世俗权威介入教会事务，首先是多纳图派向君士坦丁诬告凯基里安派，而不是北非大公教会，并且在三次未得逞之后反而仍然拒绝教会合一；多纳图派还向信奉偶像崇拜的朱利安皇帝请愿，得到其纵容而使得北非教会陷入更深的分裂。① 既然如此，北非大公教会更可以向作为大公教徒的皇帝请愿，"让地上的王侍奉基督，甚至签署支持基督的法律！"② 就像在尼布甲尼撒案例中，在仍以肉体生存于尘世这一阶段，基督徒是否遭遇迫害仅仅取决于世俗权威承认真理还是攻击真理。援引《罗马书》13：1－3，奥古斯丁评论说：

> 如果掌权者喜爱真理，纠正某个人，那么这人被纠正，就从之得到了称赞；但如果掌权者抵挡真理，向某人发怒，那么这人作为胜利者被戴上冠冕，就从之得到了称赞。③

可以看到，这一评论延续了《布道》302 的解释路径。

在 418 年 5 月 27 日，奥古斯丁在迦太基的西普里安祭坛上做了

---

① 参见奥古斯丁，《书信》93.4.12－14。
② 奥古斯丁，《书信》93.5.19。
③ 奥古斯丁，《书信》93.6.20。

《布道》13，专门解释《诗篇》2：10，"你们世上的审判官该受管教"，有市政和行省官员参加。其中，他论证说，上帝是人之存在和人之正义的源泉，而审判世上的人首先要驯服自己的身体，即应当洁净身体、节制激情、爱智慧和战胜不当的欲求；基督徒在神学上审判世界和掌权者依照法律审判世界都要先行做到"攻克己身，叫身服我"（《哥林多前书》9：27），即在审判了自己的良心之后再来审判其他人。"但首先，为了你自己的缘故，做自己的法官。首先审判自己，之后你就能够安全地离开你良心的内室，走向其他人。"① 审判应当出于爱，其对象是罪而非罪人，法官在攻击罪时不要把人判处死刑，否则其就没有机会忏悔和汲取教训，而忠心的审判将得到上帝的奖赏。

相较于《布道》302.12 援引《罗马书》13：3 来劝诫希波信众不要反叛行政当局，奥古斯丁在《布道》13.6 中援引《罗马书》13：1-3，来劝诫在场的官员们在治理和审判中践行公义。②

> 如果称赞不是由他们做出的，也仍然是从他们来的（ex illa）。因为只要你行事公义，公义的掌权者就将称赞你；或即使不公义的掌权者定你的罪，公义的上帝也将赐给你冠冕。你自己应当坚守公义，过善好的生活。无论掌权者定你的罪或免除你的罪，你都将从他们（ex illa）得到称赞。③

可以看到，虽然各有侧重，但在论证思路上，二者是一脉相承的。

在《布道》302.2 中，奥古斯丁把人的生命划分为死前和死后两个阶段，今生只能是短暂且不幸的，而来生可以是永生和幸福的，由此劝勉大公教徒行事公义，也劝勉官员们施政公义，因为二者都终将受到上帝的公义审判。今生虽然短暂，但今生的和平仍然是有益的和必要的。正如《书信》93 所论，与多纳图派相比，大公教会更可以向代表世俗

---

① 奥古斯丁，《布道》13.7。
② 参见 E. M. Atkins & R. J. Dodaro eds., *Augustine: Political Writings*, Cambridge: Cambridge University Press, 2004, p. 276, note 7.
③ 奥古斯丁，《布道》13.6。

权威的帝国皇帝请愿，以施用旧法或颁布新法来打击分裂教会的顽固和骄傲，以宗教强制来实现北非教会的合一。然而，鉴于其实施主体是皇帝、帝国官员及其背后的暴力机关，奥古斯丁就需要进一步论证，世俗权威如何可以适用于教会，皇帝和官员如何有权管辖宗教事务，且合法暴力的边界在哪里。

二 奥古斯丁论帝国有权管辖宗教事务

在获得罗马帝国的承认之后，基督教会迅速认可皇帝的权威，开始寻求帝国权力的支持，大公教会和异端派别都积极游说以争取皇帝的青睐，寻求政治保护，不仅充分利用反异教法打击罗马传统宗教，还彼此指责对方为异端，论证己方教义为正统，只有在不利于己方的情况下才会抵制皇帝的权威。在安布罗斯与阿里乌派斗争时是如此，[①] 在奥古斯丁与多纳图派斗争时也是如此。在分裂之初与合一前后，多纳图派正是采取进退两手的方法，积极游说以获得君士坦丁或霍诺里的支持，在失败后则宣扬自己如同义人受难，以被帝国权力迫害为其教会圣洁的明证。

可以看到，在4—5世纪的教会史中，教权的合法性得到政权的承认，政权的权威性也得到教权的认可。虽然双方还在相互试探和适时调整关系，但总体上是教会在帝国的屋檐之下，政权掌控着教权的施行范围和具体效果，主教更多只能游说官员们同情自己的立场，而教权没有能力制衡或约束政权在宗教事务上的决策。由于分裂派和异端派别丛出，大公教会难以聚拢起统一的教权。而借助统一的政权，罗马帝国则可以对它们分而治之，支持或镇压某一教派更多是出于地区稳定的需要，而不是基于固定的教义立场。在此种情势之下，大公教会主动请求帝国权力介入教会纷争并非不光彩，宗教宽容或宗教信仰自由也根本不在同时代的考虑之列。405年的《合一敕令》再次显明了罗马帝国的主导态度，即支持大公教会和镇压多纳图派。

[①] 参见奥古斯丁，《忏悔录》9.7.15。

任何人都不应当回想起一个摩尼教徒或多纳图派,就如我们已经知晓的,特别是他们还没有停止自己的癫狂。只应当存在一个(una)大而公之的敬拜,一个(una)拯救;只应当寻求三位一体的内在和谐的神圣。①

多纳图派的避战和游荡派的滋扰是冷战与热战并存的斗争策略,以致北非大公教会不得不寻求世俗权威的保护,从理论说服转变到宗教强制,不断在政权中选择自己的利益代言人,上自皇帝霍诺里、大元帅斯蒂利科、御前书记官马科林和行省执政总督阿普林格,下到希波地方官员等。奥古斯丁持续观察政局时务的变化,努力运用其教义解释和私人交往上的才能,积极为大公教会布局政治关系,并最终赢得了相对于多纳图派的比较优势。即使奥古斯丁是405年之后才完全认可宗教强制,但北非大公教会的实际操作和理论准备却至少可以追溯到他和奥勒留获任圣职之时。对于北非大公教会来说,宗教强制的表现形式是,北非行省的各级官员和驻防的罗马军队执行先皇旧法和驻在拉文纳宫廷的霍诺里皇帝的新敕令,以法庭审判的方式完成对多纳图派违抗者的惩罚,在军队保护下对其教堂和财产完成征收或罚没。这就意味着,要为宗教强制进行辩护,奥古斯丁还必须论证罗马帝国在宗教领域中的位置和强力干预的正当理由。

在400年,奥古斯丁写成《驳帕门尼安书信》,在1.9.15-10.16中讨论皇帝是否有权管辖宗教事务。针对多纳图派的质疑,"皇帝或皇帝所委任的人对宗教事务做出裁决,这也许并不合适吧?"② 奥古斯丁回应说,其一,当初是多纳图派首先向君士坦丁请愿的,而不是北非大公教会,但他们在三次失败后却抵制皇帝和主教会议的裁决;其二,皇帝惩罚以宗教之名寻求败坏的行为,不会使多纳图派获得殉道者的冠冕,"真正的义并不来自遭受苦难,但在满有荣耀中遭受苦难却来自

---

① 《狄奥多西法典》16.5.38;参见 Horace E. Six-Means, *Augustine and Catholic Christianization: The Catholicization of Roman Africa, 391-408*, New York: Peter Lang, 2011, p. 165.
② 奥古斯丁,《驳帕门尼安书信》1.9.15。

义";① 其三，多纳图派也认可霍诺里新近颁布的禁止异教崇拜的敕令，即皇帝有权处理有缺陷的和虚假的宗教。皇帝既然有权镇压异教崇拜，也就有权抑制异端信仰，而多纳图派正身处其中，没有什么可以抱怨的。奥古斯丁引用《罗马书》13：4－7和《马太福音》22：21来确认，基督徒应当给予上帝以基督徒的爱，给予掌权者以人类的恭敬，正如多纳图派压制本派中的马克西米安派分裂，北非大公教会寻求基督徒掌权者来压制多纳图派就是理所应当的了。

其中，基督徒掌权者包括基督徒皇帝和基督徒官员，而奥古斯丁实际上更多的是与后者交往，在书信中劝勉其保护大公教会，在惩罚多纳图派时遵从"温柔的严厉"（tempered severity）。处身于古代社会的政治现实中，奥古斯丁当然知道，皇帝和官员在维护社会秩序时往往是异常严厉的，死刑、肉刑、苦役和流放都是常用的处罚方式，甚至作为基督徒皇帝之典范的狄奥多西也一度下令屠杀帖撒罗尼迦民众，以示对后者涉嫌参与谋杀驻地军事将领的报复。② 而要说服基督徒官员不判处死刑和肉刑，他就要用神学原则来尽力矫正当下的司法体系，劝勉其充分运用法官的自由裁量权来施行合适的惩罚。

在411年末，奥古斯丁分别撰写《书信》133和《书信》134给马科林和阿普林格，论述了基督徒官员的双重身份和双重功能。首先，基督徒官员同时具有政治身份和信仰身份，既是皇帝的代表，又是教会的儿子，主教在其面前是臣民，其在主教面前是平信徒，使得其在执行皇帝的命令时应当听取主教的建议，践行教会所认可的教义和原则。

> 当然，对于您，我们读到保罗说的话，你们不是空空地佩剑，而是上帝的用人，刑罚那作恶的。然而，有益于行省的事却并非都是有益于教会的事。前者的治理应当依赖于严厉，但后者的饶恕应当表现为仁慈。如果我与一位不是基督徒的法官谈论这些，我就会用其他方式，但即使那样，我也不会放弃教会的益处。在其允许的

---

① 奥古斯丁,《驳帕门尼安书信》1.9.15。
② 参见安布罗斯,《编外书信》11。

范围内,我将坚持认为,上帝的大公教会仆人遭受各种苦难,应当可以作为忍耐的范例,但并不要被其敌人的血所玷污;而如果他拒绝认可,我就会怀疑,他是出于恶意来抵挡我。但现在,这些事情是摆在您的面前,我的计划就不同,我的方法也不同。我们当然看到,您是在上掌权者所委派的法官;但我们也认识到,您是基督教敬虔的儿子。如果您的高位被放置一边,您的信仰也被放置一边,我就正在与您一起审视我们共同面对的事,但在这件事上,您能够做我所不能够做的;与我们一道做出您的决定,把您的帮助扩展到我们。①

依据《罗马书》13:1-7的说法,所有官员都是上帝的用人,同时代表皇帝运用权柄来赏善罚恶。保罗时代的官员几乎都不是基督徒,其权柄可以具有部分的公义;但奥古斯丁时代的官员几乎都是基督徒,就在"上帝的用人"之外进一步成为"基督教敬虔的儿子",即教会的儿子,其权柄应当具有充分的公义。基督徒官员的充分公义表现为,在赏善罚恶中既要有益于行省,也要有益于教会,前者只需要严厉,而后者必须辅以仁慈,二者并行不悖。严厉表现为坚持赏善罚恶的基本原则,而仁慈表现为在这一过程中不使用死刑和肉刑,后者从属于作为法官的官员的自由裁量权。奥古斯丁向以阿普林格为代表的基督徒官员呼吁,在对多纳图派实施宗教强制时运用自由裁量权,充分考虑大公教会的立场,以把执行皇帝的敕令与促成教会的合一结合起来。

您应当让教会的敌人活着,有忏悔的时间。对于教会的事务,您作为基督徒法官应当如此去行:这是我们的请求,这是我们的建议,这是我们说情的目的。②

撰写于约417年的《书信》185.5.19-20也论及世俗权威干预宗

---

① 奥古斯丁,《书信》134.3。
② 奥古斯丁,《书信》134.4。

教事务的正当性。针对多纳图派抱怨,使徒们并没有向罗马皇帝请愿,奥古斯丁回应说,万事以时代变化为宜,使徒时代的皇帝不是基督徒,不以法律禁止不敬虔,而当下的皇帝是基督徒,可以以法律来维护敬虔;作为个人,皇帝只需要自己敬虔地生活,但作为皇帝,他必须以适度严格的法律来称赞公义和惩罚不义;国家应当关注民众的道德是否洁净,也应当关注其信仰是否敬虔,道德规条和宗教规条对于国家同等重要,不可偏废。

在承认罗马帝国有权柄管辖宗教事务的同时,奥古斯丁还为之设置了明确的边界,即应当把"爱你们的仇敌"(《马太福音》5:44)与惩罚结合起来,使惩罚是出于爱且止于爱,指向罪却不指向罪人。由此,爱邻如己不是空洞的原则,而是把旧约中对等惩罚的公义原则矫正为以爱来惩罚和护佑的拯救原则。我们将会看到,奥古斯丁并没有简单地以爱来否认惩罚与合法暴力的必要性,而是要求基督教伦理与罗马帝国的公民伦理相融合,在改造后者的同时承认基督徒保卫地上和平与帝国和平的义务,在信仰上超越尘世的同时又把尘世的生活安顿在和平的帝国之内,以好基督徒与好公民的统一来解决,从德尔图良的"雅典与耶路撒冷有何相干"所必然延伸出来的"罗马与耶路撒冷有何相干"这一对立难题。

三 如何利用国家权力?多纳图派求助于皇帝

在百年的斗争历史上,北非大公教会与多纳图派都求助于皇帝和帝国官员,试图争取有利于己派的政治支持。多纳图派并没有直接否认世俗权威介入宗教事务的正当性,甚至得到了背教者朱利安皇帝和叛乱者吉尔多将军的大力支持。

对于帝国的宗教强制,多纳图派却不断抗议,认为大公教会求助于尘世权力来打击自己是胜之不武。[①]佩提里安就批评说:"你们与这世界上的君王有什么相干,基督教对他们来说不全然是可憎恶的吗?"[②]

---

① 参见奥古斯丁,《书信》51.3。
② 奥古斯丁,《驳佩提里安著作》2.92.203。

与此针锋相对，奥古斯丁不时提醒，多纳图派自身就曾经多次请求皇帝和帝国官员，只是在未得逞的情况下才反对如此做法，这种自相矛盾使之没有理由抱怨当前的宗教强制政策。具体来说，在《书信》43.2.3－43.7.20 和《书信》93.5.16 中，奥古斯丁多次强调，是多纳图派而不是北非大公教会首先向尘世权力请愿，即向君士坦丁三次指控凯基里安出任迦太基主教，但他们"现在却不愿意借由通常的人类权力以尘世的鞭笞来矫正他们中的这些罪行"；① 对于自身中分裂的马克西米安派，多纳图派仍然积极求助于尘世权力。

> 如果这（指大公教会求助于尘世权力来打击自己）是一种罪行，那么为什么你们借助皇帝们所委派的法官（指行省官员）对同样分裂的马克西米安派进行残酷打击呢？②

不仅向基督徒皇帝，多纳图派还向背教者朱利安请愿，甚至赞美且过度赞美其德性，以致在信仰层面上和道德层面上都超出了基督徒所能够容忍的范围。在 400—403 年写成的《驳佩提里安著作》2.92.203 中，针对佩提里安的批评，奥古斯丁就反驳说，求助于皇帝是否正当在于具有怎样的目的，如果基督徒与基督徒皇帝没有什么相干，那么其与异教徒皇帝就更没有什么相干了，但多纳图派的做法却与此背道而驰。

> 你们怎么想让我们成为君王的老师？而实际上，我们的人如果与基督徒君主们保持友谊，只要恰当利用这一友谊，就并不犯罪；但如果过度利用，那么他们所犯的罪也远比你们的轻。既然指责我们，但你们与异教徒君王有什么相干，且更为严重地，与朱利安这一背教者和基督之名的敌人有什么相干。在你们的请愿下，教堂被交还给你们，好像正是你们的，但你们为何如此称赞他说，在他那

---

① 奥古斯丁，《书信》43.8.21。
② 奥古斯丁，《书信》51.3；更多分析参见 Geoffrey Grimshaw Willis, *Saint Augustine and the Donatist Controversy*, Eugene, Oregon: Wipf & Stock Publishers, 1950, p. 34.

里才有公义的一席之地。①

正如狄奥多西下令屠杀帖撒罗尼迦民众，即使基督徒皇帝也会犯罪，需要主教的训诫，在忏悔之后才能够得到赦免，但大公教会与皇帝的友谊仅仅建立在后者的大公信仰之上，使得其与背教者朱利安或之前的异教徒皇帝没有任何友谊可言。既然多纳图派能够向背教者朱利安请愿，得到之前被剥夺的教堂，那么大公教会就更有理由借助友谊向基督徒皇帝请愿，即为了教会的合一而要求对多纳图派施行宗教强制，后者不应当指责。更为严重的是，为了实现异教复兴，朱利安皇帝不惜扶持多纳图派，以挑拨北非教会的内部分裂和冲突，破坏大公教会的和平与合一，而多纳图派竟然为了一派之利称赞其为公义，就明显干犯了基督的身体，如同认可背教和偶像崇拜那样。②

对于大公教会和多纳图派来说，与皇帝的友谊具体表现为，皇帝发布具有倾向性的法律，在执行程度上要求严厉或温柔；或发布新法替代旧法，下令行省官员更加严厉执行或暂停执行等。前者比如朱利安以宗教宽容之名替代之前的大公基督教化政策，后者比如霍诺里在405年发布《合一敕令》。在奥古斯丁时代，罗马帝国的法律颁布与执行表现出三个突出特征。首先，在成文法之外，许多法律是皇帝针对行省、官员或有影响力的群体或个体的请求而随时发布的，也可以随着皇帝的驾崩而被撤销；其次，法律的执行程度部分取决于地方总督，部分取决于地方群体的动机，官员同时会担任法官；再次，晚期罗马刑事系统中没有规定最低刑罚，法官可以对各种请愿进行自由裁量。③

法律在颁布和执行上的时机化和自由化使得，各色人等和组织都会试图"利用"与皇帝和官员的关系来施加有利于己方的影响。处于如此社会现实，奥古斯丁区分了"恰当利用"和"过度利用"，不得不以

---

① 奥古斯丁，《驳佩提里安著作》2.92.203。
② 奥古斯丁多次批评多纳图派向朱利安皇帝请愿的行为。参见《驳帕门尼安书信》1.12.19；亦参见《驳佩提里安著作》2.92.203、2.92.205；《书信》93.4.12。
③ 参见 E. M. Atkins & R. J. Dodaro eds., *Augustine: Political Writings*, Cambridge: Cambridge University Press, 2004, p. xviii.

派遣大公教会游说团、撰写书信和个人交往参与其中,以劝勉行省官员在宗教强制中不要过度使用暴力。正如海金(John von Heyking)所论的:

> 这种两难处境部分在于,各方都相对容易地操作帝国法律以符合自己的利益。在晚期罗马帝国中,有权势的人能够利用其庇护身份来"利用"法律,这使得法律难以得到执行。哈里斯(Jill Harries)对此说:"'利用'法律(对于奥古斯丁)是至关重要的,而不折不扣地执行法律却不是。"这就意味着,像其他罗马庇护人一样,奥古斯丁要重新解释和应用法律以帮助其委托人。然而,对于奥古斯丁和其他主教来说,这种"利用"在一定程度上可以限制帝国官员滥用权力。①

在宗教强制的过程中,奥古斯丁尽量利用帝国法律为教会合一服务,借用圣经经文和教义来影响法律的执行。可以看到,他的确以主教的职权成功干预了某些执法过程,比如请求让多纳图派主教克里斯宾无须缴纳罚金,对拒不回归的多纳图派不要判处死刑或肉刑等。然而,这对于奥古斯丁来说既是不得已而为之,其效果也是非常不确定的。其一,他的主教裁决权是出于帝国法律的授权,更多适用于教会内部事务。其二,他对帝国官员的影响是有限的,即使虔诚的大公教徒马科林在组织迦太基会议时也并未明显偏袒北非大公教会。其三,他施加影响的主要方式是求情,无论是写信还是前往求见;如果不是出于教牧需要,他并不情愿去这样做。在《布道》302.17 中,奥古斯丁向信众论及自己求见官员以说情的场景,表达了自己的百般不愿。

> 你们都知道,是你们的需要逼我们去那些我们自己不想去的地方:察言观色,站在门外等待,等着形形色色的人进出,被叫唤,

---

① John von Heyking, *Augustine and Politics as Longing in the World*, Columbia: University of Missouri Press, 2001, p. 224, note 4.

有时好不容易才被接纳，卑躬屈膝地诉说，恳求，有时去讨恩惠，有时失落地回来。若不是被迫，谁会愿意忍受这些呢？……要求你们，恳求你们，别逼我们：我们不愿意和掌权的打交道。①

可以想象，如果教会合一且世界和平，奥古斯丁更情愿退居读经祈祷，不与帝国掌权者有任何瓜葛。然而，天不遂人愿，他不得不怀着爱邻如己的态度参与教派斗争，其向帝国求情和请愿的不得已并非是认可帝国的政治理由，但其与帝国的这种君子之交淡如水的理想也并非敌视帝国或尘世。

四 世俗权威在爱中实施惩罚

虽然论证罗马帝国应当对多纳图派施行宗教强制，但奥古斯丁极力限制这种干预的出发点和具体手段，以使之符合圣经教义和教会需要。在出发点上，帝国对多纳图派的惩罚必须是出于爱。正如医生给病人开刀，父亲责罚顽劣的儿子，"但这二者都是出于爱。然而，如果他们忽视之，任之败坏，那么他们错误的仁慈实际上是残忍"②。现实生活也告诉我们，出于爱的惩罚可以造成害怕，而使其害怕惩罚则是管教的通行手段。这就使得，在宗教强制中，爱是强制者的出发点，而惩罚只是其手段；害怕是被强制者的切身感受，而回归正道才是其良好的结果。

奥古斯丁把罗马帝国中政府对公民的训诫类比为罗马家庭中家长对儿女的训诫。针对卡拉马异教徒的宗教暴力，奥古斯丁在 409 年写下《书信》104，其中援引很多现实例子，包括父亲夺下儿子手中把玩的剑，大人拉住小孩的头发使他不去用手拍蛇，父母或老师惩罚犯错的孩子，来论证北非大公教会利用帝国法律来制止宗教暴力，完全是为了这些异教徒的益处。"这一切是出于关心，而不是残忍。"③

国家对公民的惩罚权在于，人类被造时的自然秩序被原罪所打破，

---

① 奥古斯丁，《布道》302.17；转引自夏洞奇：《尘世的权威：奥古斯丁的社会政治思想》，上海三联书店 2007 年版，第 306 页。
② 奥古斯丁，《书信》185.2.7；亦参见《书信》133.2。
③ 奥古斯丁，《书信》104.7。

人与人之间从平等变成不平等,最终导致了人对人的奴役和国家的诞生。在《上帝之城》19.16 中,奥古斯丁论证说,旧约时代的族长也有奴隶,但同属于家庭成员,在服事上帝方面是平等的,家长有权力训诫家庭成员的各种过错,以维护家中的和平。

> 而真是家父长的那些人,像对待儿女一样帮助家中所有的人,服侍和敬拜上帝,希望和祈祷进入天上的家。……如果有人在家里因为不服从而破坏了家中的和平,他就会被责备、鞭打,或别的正义而合法的惩罚纠正,只要这是人类社会允许的。这些对被纠正者有利,因为他重新获得了自己已脱离的和平。①

这一新的自然秩序适用于由家庭所组成的城邦或国家,即统治者与被统治者在政治权力上是不平等的,但在崇拜上帝上是平等的。类似于家长在家庭中,统治者在国家中也可以训诫破坏和平的公民。

> 人的家庭要么是城邦之始,要么是城邦的一小部分。……这足以表明,家中的和平指向城邦的和平,即家中有序的命令与和谐的遵从指向公民间有序的命令与和谐的遵从。这样,从城邦的法律中,家父长应该总结出自己的诫命,用来治理家庭,使家庭与城邦的和平相谐调。②

由此,虽然国家在起源和本质上是消极的,但在尘世中仍然有着维护和平的有限的积极功用。

在具体手段上,奥古斯丁要求,对多纳图派的惩罚应当使用"温柔的严厉"或仁慈(gentleness)。③ 温柔与严厉并非两种不可调和的手段,对邻人的爱可以使得二者结合起来。这种爱表现为,在上帝的预定论之下,仍然试图给予每个人以悔罪的机会。正如布朗所论,奥古斯丁逐渐

---

① 奥古斯丁,《上帝之城》19.16。
② 奥古斯丁,《上帝之城》19.16。
③ 参见奥古斯丁,《书信》93.10。

深化了《致辛普里西安》中已经触及的预定论问题，在被造的自由意志因为亚当的初罪而陷入继续犯罪的必然性之后，人类只能依赖上帝的先行临在的恩典才能实现信仰的开端，但究竟哪些人才能得到这样的恩典却不出于人类的自由决断，而出于上帝的预知和预定。既然上帝已经预知某些人将得到恩典并实现皈依和拯救，这一预定显然在数目和对象上都是确定的，那么去强制和教导其他人就是在做无用功。当从早期的意志论发展到晚期越发冷峻的预定论之后，就会产生对普罗大众的鄙视，即绝大部分人都不在上帝预定的范围内，甚至多纳图派回归大公教会也并不能够改变上帝的预定。

对于这种理论困境，奥古斯丁坚持认定，虽然上述预定对于上帝来说是确定的，但对于我们来说却是"神圣奥秘"（*divina secreta*）；既然如此，我们在尘世中就有必要求助于世俗权威，以爱为出发点和以温柔的严厉为手段来强制多纳图派回归大公教会，努力给予所有人以忏悔和拯救的机会，但至于教会中到底谁是麦子和稗子，则必须等到上帝审判的时候再做出区分。可以看到，奥古斯丁以爱的普遍原则中和了冷峻的预定论，爱所要求的宗教强制也维护了多纳图派的意志的自由决断，从而构成了既严厉又温柔的具体实践。

第四章　风雨中的帝国与教会

借由基督的教导，旧约中"以眼还眼，以牙还牙"（《申命记》19：21）的作为对等报复的公义，在新约中演变为"不要与恶人作对"（《马太福音》5：39）和"要爱你们的仇敌"（《马太福音》5：39），即作为"凡事谦卑"（《使徒行传》20：19）的爱。以这种爱邻人也爱仇敌的双重之爱作为伦理学基础，基督运动就不追求现世的报复，反而要求以今生的忏悔和皈依追求来生的拯救和永生。

在这种双重之爱中，爱邻人是容易接受的，但爱仇敌却不容易得到认可。在4—5世纪的罗马帝国，内有各种犯罪和宗教暴力，外有蛮族的入侵和与波斯的战事，仅仅爱仇敌如何能够使基督徒"敢于直面惨淡的人生，敢于正视淋漓的鲜血"（鲁迅：《记念刘和珍君》）。人的生命被划分为生前和死后两个阶段，今生的羁旅虽然短暂和不幸，但总是在尘世国家中度过，罗马帝国所经历的风雨也必然临到基督徒身上。这种风雨不得不同舟的现实使得，除了针对多纳图派的"温柔的严厉"，大公教会还必须思考，如何应对异教徒的暴力和蛮族的入侵，如何应对现世中的各种潜在冲突，好基督徒与好公民如何能够真正完美地融合。问题的答案不仅可以回应异教徒对基督教的质疑，也可以使基督徒在尘世国家的和平或动荡中始终坚守信仰的稳固。

在本章中，我们将考察三个历史事件，分别是408年的卡拉马暴乱、410年的罗马陷落和428年的汪达尔人入侵。其中，卡拉马暴乱是卡拉马城的异教徒袭击当地大公教会，从属于罗马帝国在基督教化过程中所广泛经历的宗教冲突，奥古斯丁在回应中以基督教的上帝之爱取代了古代社会的城邦之爱，展示了以政治共同体为核心的家国主义向以信仰共同体为核心的世界主义的转变。罗马陷落是蛮族将军阿拉瑞克率领西哥特人进入罗马城劫掠三天，在文化心理上震惊了东、西部帝国，而异教徒普遍指责，这是罗马帝国舍弃异教去拥抱基督教所导致的结果。奥古斯丁为此发表了五篇布道，并开始撰写皇皇巨著《上帝之城》，以期给出系统的回答。汪达尔人入侵是北非地区驻防将军博尼费斯故意引狼入室的结果，直接导致西部帝国失去北非地区，并最终于476年灭亡。奥古斯丁曾经劝勉博尼费斯保卫北非地区，但后者为了一时的政治投机而抛弃了所有政治忠诚和宗教敬虔。在多纳图派争端之外，这三个历史事件促进了奥古斯丁政治思想的拓展和深化，使得其政教关系学说愈发成熟。

第一节　卡拉马暴乱与奥古斯丁的回应

在4—5世纪，罗马帝国经历了大公基督教化的过程，君士坦丁青睐基督教也宽容异教，但除了背教者朱利安的短暂统治之外，其他皇帝大多支持大公教会，狄奥多西在380年发布《帖撒罗尼迦敕令》，确立大公基督教为罗马帝国的国教；[1] 在391年和392年分别发布反异教和反异端的敕令，[2] 形成了法律上对大公基督教化的保证。

然而，虽然这一过程进展不断，但尚未根本瓦解基层社会的宗教生态结构，异教仍然拥有众多信仰者，偶像崇拜和庆典游行仍然在继续。与此同时，从埃及到北非地区，大公基督教吸纳了不少异教因素，呈现出明显的地方化特色；而狂热的基督徒则开始热衷于摧毁本地区的异教神庙和攻击教会内部的不同派别，甚至声称"有基督者不犯法"，[3] 挑起了很多暴力冲突。[4] 在这一时期，神庙破坏运动遍及埃及、叙利亚和

---

[1] 参见《狄奥多西法典》16.1.2。
[2] 参见《狄奥多西法典》16.10.10、16.5.21。
[3] 参见 Michael Gaddis, *There Is No Crime for Those Who Have Christ: Religious Violence in the Christian Roman Empire*, Berkeley: University of California Press, 2005, pp. 151 – 207.
[4] 参见狄奥多莱，《教会史》5.22.3 – 6；索佐门，《教会史》7.15.11 – 15；亦参见 David Frankfurter, "Christianity and Paganism, I: Egypt", in Augustine Casiday and Frederick W. Norris eds., *The Cambridge History of Christianity: Volume 2, Constantine to C. 600*, Cambridge: Cambridge University Press, 2007, pp. 173 – 188.

北非地区。亚历山大里亚宗主教提阿非罗（Theophilus）在391年率众摧毁了萨拉贝姆神庙，叙利亚阿帕美主教马可鲁斯（Marcellus, Bishop of Apamea）摧毁了当地的朱庇特神庙。对此，皇帝们发布多个敕令，但徘徊于允许和限制之间，并不完全一致和连续。[①]

对于北非地区来说，主要的宗教群体包括大公教会、异教、多纳图派、摩尼教和犹太人，后四者都威胁着大公教会，且都一直延续到汪达尔王国时期。[②] 在《布道》62.18中，奥古斯丁说：

> 亲爱的弟兄们，你们应当知道，他们（指异教徒）的喃喃怨言如何与异端（指多纳图派）和犹太人的喃喃怨言相互附和。异端、犹太人和异教徒已经联合起来，抵挡合一。[③]

虽然在法律层面上，大公基督教才是国教，但在实际的宗教生态中，北非地区的大公教会不仅受到多纳图派的强力抵制，也受到异教徒的不时挑战，而卡拉马暴乱就是后者的表现之一。

一　事件的经过与双方的通信

卡拉马（Calama）在希波西南约65公里，位于现在阿尔及利亚的盖勒马（Guelma）。在391年，波斯都加入希波修道院追随奥古斯丁，并在397年出任卡拉马大公教会主教，而同期同城的多纳图派主教正是克里斯宾。

在400或401年，奥古斯丁就撰写《书信》66给克里斯宾，抗议

[①] 399年1月29日的敕令规定，神庙中不关乎偶像崇拜的艺术应当予以保护（《狄奥多西法典》16.10.15），例如在胜利女神祭坛事件中，可以移除祭坛但保留雕像；同年7月10日的敕令要求，应当摧毁乡村神庙（《狄奥多西法典》16.10.16）；同年8月20日的敕令规定，如果神庙中已经没有神像和偶像崇拜活动，则不可以破坏神庙（《狄奥多西法典》16.10.18）；407年11月15日的敕令规定，可以征收神庙用作公共用途（《西蒙迪敕令集》12）。

[②] 有关4—5世纪北非地区的宗教互动，参见 Anna Leone, "Christianity and Paganism, IV: North Africa", in Augustine Casiday and Frederick W. Norris eds., *The Cambridge History of Christianity: Volume 2, Constantine to C.600*, Cambridge: Cambridge University Press, 2007, pp. 231–247.

[③] 奥古斯丁，《布道》62.18。

其对该城部分佃农施行再洗礼。① 在403年8月,波斯都前往教区内的非古拉（Figula）探望大公教徒,得知有多纳图派的伏击后就转向奥利维塔（Oliveta）,但主教克里斯宾的司铎即同名的克里斯宾仍然率众袭击并焚烧他当时所在的房子,幸亏与波斯都同住的农民及时灭火,他才幸免于难。主教克里斯宾因此被执政总督定为异端,依照反异端法罚款十磅金子,但波斯都求情使之免除了罚款。克里斯宾对此并不领情,向霍诺里上诉,就被重新罚款,后因大公教会主教们的求情而再次被免除。② 在411年的迦太基会议上,波斯都与奥古斯丁同为大公教会一方的辩手。在汪达尔人入侵中,他来到希波避难,见证了奥古斯丁的去世,之后整理其著作,并为其撰写了最早的传记。

在408年6月1日,卡拉马的异教徒举行偶像崇拜的庆典游行,在经过大公教会教堂门前时,波斯都出面干预,而他们直接用石头袭击教堂。八天之后,波斯都前往市政官员那里报案,作为司法调查的准备步骤,但受到冷遇,而异教徒却第二次用石头袭击教堂。在6月9日,一场冰雹过后,异教徒第三次用石头袭击教堂,并纵火焚烧,杀死一名神职人员,波斯都躲在角落里再次侥幸逃脱。在此期间,除了一个外乡人,卡拉马的众多官长、显贵和异教徒平民都没有出面阻止。

在《书信》91.8中,奥古斯丁简要却生动地叙述了整个事件的经过。

> 6月1日是异教节日,其间举办了一场偶像崇拜仪式,违犯了新近颁布的法律,却没有人出来阻止。这场表演虚浮夸张,不知羞耻:一群神情可怖的人手舞足蹈地行进到教堂所在的街上,正冲着教堂门口,这甚至是朱利安统治时都没有发生过的!当有圣职者尝试阻止这一完全非法的且相当不适宜的行为时,他们向教堂扔了石头。大约八天之后,主教到市政长官那里正式诉诸那些广为人知的法律。正当他们筹划如何施行那些法律的命令时,教堂再次被扔了石头。到了第二天,我们的人以威胁诉诸法律来阻止暴行的希望似

---

① 亦参见奥古斯丁,《驳佩提里安著作》2.83.184。
② 参见奥古斯丁,《书信》88.7、105.4。

乎归于徒然，因为当我们想诉诸正式程序而记录在案时，我们的公共权利被拒绝了。在那一天，天上下了一场冰雹，来回应他们如冰雹般的石头，也许他们至少害怕众神！但冰雹一结束，他们立即第三次向教堂扔了石头，并最后点燃了教堂的屋顶，放火烧其中的人员。上帝的一位仆人失路撞上了他们，他们就杀了他。其他人藏在能藏的地方，或逃到能逃的地方；主教这时也藏了起来，挤在某个狭窄的角落里，并听到那些搜寻他要杀他的人的说话声；他们责备着自己，因为如果找不到他，他们的暴行就无处发泄。这一切从傍晚持续到夜里。没有一个有地位和有影响的人站出来，尝试控制他们或提供解救；没有一个，除了一位外乡人（peregrinum）。他帮助上帝的许多仆人逃脱那些要杀他们的人的手，也迫使劫掠者归还许多的财物。①

其中，八天之后报告市政长官是遵守司法程序，而他们要诉诸的新近颁布的法律是407年11月15日颁布的反异教敕令，即《狄奥多西法典》16.10.19。由此可见，卡拉马大公教会努力遵守帝国的现行法律，试图以司法手段来保护自己。《狄奥多西法典》16.10.19应当是与《狄奥多西法典》16.5.43和《西蒙迪敕令集》12记载了同一款敕令，其中要求禁止异教庆典，赋予大公教会主教使用教会人手去干预的权力，而官员应当严格执行，否则将被处以罚款。这一敕令是霍诺里皇帝在罗马签发给枢密大臣克提乌斯（Curtius）的，而霍诺里在407年末和408年初在罗马停留，在408年末已经离开，其签发的时间应当是407年11月15日。按照法律公布的通常程序，克提乌斯将之分发给自己下辖的各行省总督并写信说明，各行省总督在张贴公布本敕令时会同时张贴其解释性敕令（explanatory edict），如同实施细则。② 在408年6月5日，本敕令被张贴公布于迦太基，而显然及时地适用于处理卡拉马暴乱。至于波斯都是否据此才前往市政官员那里交涉，这并非事件的核心，因为

---

① 奥古斯丁，《书信》91.8。
② 参见 Clyde Parr trans., *The Theodosian Code and Novels and the Sirmondian Constitutions*, Union, New Jersey: The Lawbook Exchange, Ltd., 2001, p. 483, note 8.

袭击教堂、纵火和谋杀都足以去报案和诉讼，但本敕令的公布的确有利于后续法律事务和请愿事宜，且奥古斯丁在同年 7 月撰写《书信》91 回应内卡塔瑞的来信时，就自然可以援引这一敕令了。①

  应当从神庙那里剥夺其从实物税所得的收入，用以资助我们最忠心的士兵的各种花费。（1）如果任何神像至今仍然矗立在神庙和神龛中，如果它们之前或现在还得到任何地方的异教徒的崇拜，它们应当被从基座上推倒，因为我们知道，这一规定经常被不断重复的制裁所判定。（2）坐落于城市、市镇或市镇外的神庙的建筑自身应当被用于公共用途。各处的祭坛应当被摧毁，坐落在我们所有的土地上的所有神庙都应当被转用于合适用途。承租人应当被强制去摧毁它们。（3）决不允许在墓葬地为渎神的仪式举行欢宴，或庆祝任何庄严的典礼。我们赋予这些地方的主教以利用教会人手去禁止此类活动的权力。此外，我们处罚法官以二十磅金的罚款，其下属以同样数额的罚款，如果他们以自己的默许疏于执行上述规定。②

在这一敕令中，剥夺神庙的经济来源、破坏神庙中的偶像并将建筑转用于其他用途，成为禁止异教的主要形式；同时以经济处罚要求帝国土地承租人和官员严格执行，并赋予大公教会主教以监督执行和实际干预的权力。在实际操作中，出于个人信仰原因或地区稳定的需要，地方官员并不愿意非常积极地执行敕令，但也难以直接约束大公教会的过激反应，即主教和平信徒在宗教热情的鼓动下更容易私自执行敕令，将干预权直接扩展为冲击神庙和破坏神像，最终与异教徒发生血腥冲突。正如在卡拉马暴乱中，市政官员更多采取默许和观望的态度，对冲突不制

---

  ① 由于这一敕令已经于 407 年 11 月 15 日由霍诺里皇帝签发，且袭击教堂事件本身就违反民事刑事法和之前的反异端法，纠结于 6 月 1 日事件发生、6 月 5 日敕令发布和 6 月 9 日纵火谋杀之间的时间关联和敕令传播速度就是没有必要的。参见 Erika T. Hermanowicz, *Possidius of Calama: A Study of the North African Episcopate at the Time of Augustine*, Oxford: Oxford University Press, 2008, pp. 157 - 164.
  ② 《狄奥多西法典》16.10.19。

止，对违法不惩罚，导致其结局不可收拾，而主教波斯都不得不亲身前往拉文纳，直接向皇帝请愿。

颁布反异教法引发异教徒与基督徒的冲突，这并非个案，在399年也同样发生过。在399年8月20日，皇帝签发敕令给非洲执政总督阿波罗多（Apollodorus），即《狄奥多西法典》16.10.18。其中规定，如果神庙中已经没有神像等非法之物，则不可以破坏神庙；如果有人举行祭祀，则应当依照法律进行惩罚。"各种偶像应当在举行调查之后在官员的指导下拆除，因为很明显，对虚妄迷信的崇拜到现在还在奉献给偶像。"①

按照这一敕令，虽然批准拆除神庙中的偶像，但这不是私人行为，而应当在当地官方的调查和指导之下才能进行。在帝国法律允许而地方官员不积极作为的情况下，基督徒就很可能主动充当起执法者，聚众冲击神庙并摧毁偶像。基于这一敕令，基督徒在399年就冲进拜萨西恩（Byzacena）行省苏菲斯（Sufes）的赫克勒斯神庙，试图摧毁庙中雕像，而异教徒发起反击，杀死多达60名基督徒，造成同时代最为血腥的冲突之一。对于苏菲斯暴乱，奥古斯丁在同年夏天稍后撰写了《书信》50向当地官员表达抗议。首先，这一屠杀违犯现行法律，是对皇帝的不尊重。"在你们当中，罗马的法律被埋葬，对公义法庭的害怕被摒弃。当然对皇帝们没有任何尊重和敬畏。"② 其次，神庙中的偶像是由各种物质材料制作而成，大公教会可以重新恢复这些偶像，但异教徒却不能使被杀的基督徒恢复生命。

> 而如果你们说，这是你们的赫克勒斯，那么我们募集一块块硬币，从手艺人那里买来你们的神。之后，恢复你们沾满鲜血的手所剥夺的生命吧！正如我们给你们恢复了你们的赫克勒斯，也恢复这么多人的生命吧！③

---

① 《狄奥多西法典》16.10.18。
② 奥古斯丁，《书信》50。
③ 奥古斯丁，《书信》50。

与苏菲斯暴乱不同,卡拉马的大公教徒并未冲击神庙和破坏偶像,而是仅仅阻止异教游行在自己教堂门口的表演。但可以看到,在不可逆的基督教化进程中,异教徒的如此愤怒是对帝国法律越发严厉地禁止异教所导致的反弹,虽然最终归于徒劳。

在卡拉马暴乱发生后,卡拉马的退休官员内卡塔瑞先后撰写了两封书信给奥古斯丁为异教徒袭击者求情,奥古斯丁也回信两封,前者收录为《书信》90 和 103,后者收录为《书信》91 和 104。[①] 内卡塔瑞的父亲是基督徒,[②] 其儿子名叫帕拉多克斯(Paradoxus),[③] 但他自己还是异教徒,此时可能还担任着"城市保卫者"(defensor civitatis)的角色。[④] 奥古斯丁在 397 年写信给普洛夫托(Profuturus),其中提到内卡塔瑞向他求情很多事。[⑤] 在暴乱发生后,内卡塔瑞就撰写《书信》90 给奥古斯丁,而奥古斯丁在 408 年 7 月撰写《书信》91 作为回应,且在写信前已经去过卡拉马,分别会见了当事的大公教徒和异教徒,但并未达成预期的解决方案。在这个时候,波斯都已经从卡拉马来到希波,与奥古斯丁和北非大公教会商谈应对事宜,最终决定渡海前往拉文纳,并在同年 8 月正式启程。[⑥] 这一请愿行为对卡拉马的市政官员产生了一定的压力,使得他们继续要求内卡塔瑞写信向奥古斯丁求情。在收到《书信》91 后,内卡塔瑞撰写了《书信》103 给奥古斯丁,而奥古斯丁在 409 年 3 月 27 日才收到,抱怨其距离撰写《书信》91 时已经隔了八个月时间,随后撰写了《书信》104 作为回应,而此时波斯都已经在拉文纳取得进展。在此之后,二者不再有书信往来,事件的结局也不得而知。

关于内卡塔瑞的信仰,没有确凿证据表明他是大公教徒,而从其频

[①] 这四封书信的英译文参见 E. M. Atkins & R. J. Dodaro eds., *Augustine: Political Writings*, Cambridge: Cambridge University Press, 2004, p. 1 – 22.

[②] 参见奥古斯丁,《书信》91.2。

[③] 参见奥古斯丁,《书信》104.15。

[④] 参见 J. R. Martindale, *The Prosopography of the Later Roman Empire*, volume 2, A. D. 395 – 527, Cambridge: Cambridge University Press, 1980, p. 774.

[⑤] 参见奥古斯丁,《书信》38.3。

[⑥] 参见奥古斯丁,《书信》95.1;海默诺维茨(Erika T. Hermanowicz)认为,波斯都启程去拉文纳的时间是 408 年 9 月或 10 月。参见 Erika T. Hermanowicz, "Book Six of Augustine's De musica *and the Episcopal Embassies of 408*", *Augustinian Studies*, Vol. 35, 2004, pp. 165 – 198.

繁引用西塞罗的著作来论证城邦之爱来看，他更可能是异教徒。① 同时，奥古斯丁的卡拉马之行无果而终也说明，内卡塔瑞没有能力说服本城市政官员和异教徒协商解决暴乱所引发的问题，其书信仅仅请求大公教会的仁慈也没有展示出解决问题的充分诚意。这就使得，北非大公教会最终选择支持波斯都前往拉文纳直接向皇帝请愿，以更严厉的惩罚来强制地方官员执行反异教法律。

值得注意的是，卡拉马暴乱及其处理还寓于帝国宫廷斗争以及北非大公教会与多纳图派斗争的急剧变化中。在 408 年 8 月 23 日，斯蒂利科被霍诺里下令处决；而多纳图派随即蠢蠢欲动，试图改变帝国之前的宗教强制政策，甚至马可罗比凯旋般地回到希波。同期，还有两位大公教会主教被杀，三位被重伤。在 9 月，奥古斯丁写信给奥利姆匹，小心探问帝国是否将延续之前的宗教政策；在 10 月，北非大公教会派遣代表团前往拉文纳游说；在 11 月和 409 年 1 月 15 日，霍诺里颁布敕令，要求继续执行之前的反异端法，而《西蒙迪敕令集》14 甚至要求："针对大公教会教牧人员、神圣崇拜和崇拜地点的暴行必须被处以死刑（a capital sentence）。"② 这一敕令确认，帝国的反异端和反异教的宗教政策不会因为斯蒂利科的倒台而废除。由此，北非大公教会的惶惶人心得到不少抚慰，重新恢复底气来应对多纳图派和卡拉马异教徒的挑战。

二　内卡塔瑞的求情与理由

《书信》90 非常简短，但包含了求情的基本结构，即违法的事实和求情的理由。对于违法的事实，内卡塔瑞承认，卡拉马异教徒有着"严重的不端行为"（serious misbehavior），依照法律应当受到惩罚，但把损害区分为不同程度，仅要求宽恕犯罪的部分。关于求情的理由，他从求情者自己和被求情者奥古斯丁出发给出了两条理由。从求情者来说，自己遵循西塞罗的教导，出于对母城的爱而来求情。从被求情者来说，作

---

① 这一认定不同于其他学者的猜测。参见 James O'Donnell, *Augustine: A New Biography*, New York: Harper Collins Publishers, 2006, pp. 185 – 188.

② 《西蒙迪敕令集》14，具体参见上文分析。

为基督教主教，奥古斯丁的职责应当不是到法庭里去指控罪人，反而是帮助他们，并向上帝祈求仁慈。

求情的关键理由是，内卡塔瑞诉诸西塞罗的权威，以古典政治德性中的爱国家为自己辩护，即虽然已经是退出政治生活的老人，但当卡拉马异教徒犯下恶行时，自己仍然遵守着爱母城的传统德性来为之求情；而作为同样受过良好古典教育的人，奥古斯丁应当也认可西塞罗的这一立场。对于爱国家（patriotic love）或爱母城，内卡塔瑞论证说，这在程度上远重于对亲生父母的爱，在时间上则是没有止境的。

> 如果一个良善的人对其母城的效劳有任何界限或终点的话，那么现在我就完全有借口来推脱对她的义务。但实际上相反，人对其母城的爱和感恩是与日俱增的，生命越接近其终点，人就越想让他的国家变得繁荣和安全。①

内卡塔瑞的来信没有提及西塞罗的名字，反而是奥古斯丁在回信中直接点明，他的立场出自西塞罗的《论共和国》。在《论共和国》6.9到结尾中，基里皮奥讲述了自己的梦，梦中他见到了阿非利加努斯和父亲鲍鲁斯，而鲍鲁斯向他讲述了人类的受造、在世的使命和死后的回归上天。人类在受造降生时被赋予了源自永恒之火的灵魂，其在世的使命是照料地球，完成这一使命就可以脱离肉体的牢狱，回到天上去。在其中，宇宙浩瀚，星辰众多，地球渺小，而罗马国家相较于宇宙和地球就更加渺小，只是"在地球上点上的一个点"（《论共和国》6.16）。空间上的狭隘与时间上的短暂使得，在世的荣耀是不值得追求的。

> 如果你希望能从高处俯瞰并观察这处居地和永恒的住所，那你就不要听从民众的意见，不要把实现自己事业的希望寄托于人间的

---

① 奥古斯丁，《书信》91。

奖赏，而应该让美德靠自身的魅力把你引向真正的荣耀。①

这种生活并不追求"人间的奖赏"，但真正的荣耀却体现在，以德性为国家服务，并在服务中成就德性，即应当"尊重正义和虔诚，它们不仅对于你的父母，对于你的亲人们，而且对于你的无比伟大的祖国都是非常重要的"；②其报偿是，"为了国家的安康尽心尽力便是最高尚的，受其激励和磨炼的灵魂会更快地飞来这处地方和它的居所"，③"这种回归上天的道路由对国家的贡献打开"④。与此类似，西塞罗的《论义务》1.57也说："在所有的社会关系中没有哪一种比我们每个人同国家的关系更重要，更亲切。……只要对祖国有利，有哪个高尚的人会犹豫为祖国而献身？"⑤

借助基里皮奥之梦，西塞罗论证了德性、荣耀与幸福之间的关系，其中引入古希腊的内在德性学说，试图以内在德性来驯服对外在荣耀的追求，比如凯撒以战争和财富来获得荣耀，而真正的荣耀是以正义和虔诚为国家服务，其最终报偿不是个人获得独裁权，而是在死后回归到天上去，与众神、立国者和罗马英雄在一起，从而实现真正的幸福。在此意义上，西塞罗强调，德性应当从理智沉思的领域走向政治实践的领域，实现在政治家服务国家的过程中，以国家的伟大和繁荣来获得自己的荣耀。作为共和国的挽救者，

　　西塞罗努力的方向和目标：以德性限制、约束和提升荣耀，尽

---

① 西塞罗，《论共和国》6.23；参见［古罗马］西塞罗：《西塞罗文集·政治学卷》，王焕生译，中央编译出版社2010年版，第143页。有关西塞罗的宇宙论、政治学与德性论之间的关联，参见［美］施特劳斯讲疏：《西塞罗的政治哲学》，尼科尔斯编订，于璐译，华东师范大学出版社2018年版，第138—150页。
② 西塞罗，《论共和国》6.16；参见［古罗马］西塞罗：《西塞罗文集·政治学卷》，王焕生译，中央编译出版社2010年版，第139页。
③ 西塞罗，《论共和国》6.26；参见［古罗马］西塞罗：《西塞罗文集·政治学卷》，王焕生译，中央编译出版社2010年版，第145页。
④ 西塞罗，《论共和国》6.24；参见［古罗马］西塞罗：《西塞罗文集·政治学卷》，王焕生译，中央编译出版社2010年版，第143页。
⑤ 西塞罗，《论义务》1.17.57；参见［古罗马］西塞罗：《西塞罗文集·政治学卷》，王焕生译，中央编译出版社2010年版，第347页。

量将其内化为个人的动机而无求于外（所谓"足乎己而无待于外"）；强调"真正的荣耀"与德性、公益的统一以及高尚性与利益的统一来激发人们的善行，以灵魂不死、精神不朽来提升荣耀的价值，并以此驯化像恺撒这样的人的野心。①

然而，西塞罗的学说和实践没有抵挡住共和国晚期的野心家们，罗马帝国已经呼之欲出。

内卡塔瑞援引西塞罗来解释自己写信的原因，一方面在于，奥古斯丁也接受过古典教育，对西塞罗及其著作肯定熟稔于心，与自己有着相同的教育背景和思想基础；另一方面也表明，他写信更多是因为卡拉马市政官员和异教徒暴民恳请自己的结果，带有一定的被迫性质。与此对应，他写信的目的是，请求奥古斯丁代表北非大公教会以主教的仁慈不追究暴乱的违法行为，以异教徒暴民的悔罪来实现卡拉马的社会和解，从而促进该城的"繁荣和安全"。对于这一提议，奥古斯丁以反讽加以拒绝，坚持只有向上帝悔罪和巨额财产处罚并行才可以达成和解，追求地上之城的繁荣应当让渡于追求进入天上之城。

与《书信》90 相比，内卡塔瑞的《书信》103 稍长，但几乎没有正面回应奥古斯丁在《书信》91 中的论证，这让后者在《书信》104 中多有抱怨。虽然已经得知奥古斯丁不支持死刑，但 409 年 1 月 15 日的《西蒙迪敕令集》14 批准对伤害大公教士的暴民适用死刑。正如奥古斯丁在《书信》104.1 中所猜测的，内卡塔瑞很可能是在得知这一敕令后才再次写信，担心北非大公教会据此来重新指控卡拉马的暴乱者。这一事件进展使得，《书信》103 距《书信》91 相隔八个月，还对后者故意有多处错误理解并反复确认奥古斯丁的态度。②

正如内卡塔瑞所陈明的，《书信》103 可以划分为三个部分。在第一部分，他首先称赞，奥古斯丁不是书斋里寻章摘句的哲学家，而是西

---

① 刘训练：《在荣耀与德性之间：西塞罗对罗马政治伦理的再造》，《学海》2017 年第 4 期，第 73 页。

② 参见 Erika T. Hermanowicz, *Possidius of Calama: A Study of the North African Episcopate at the Time of Augustine*, Oxford: Oxford University Press, 2008, pp. 174–179.

塞罗式的爱国者，拯救同胞的生命，对罪犯和窃国者有着"公义之怒"（righteous indignation）。虽然承认奥古斯丁的教导，即上帝所在的天上之城才是灵魂所值得追求的，"这应当是我们主要的目标和我们主要的爱",[①] 但内卡塔瑞仍然试图为地上之城的价值辩护，即服务于母城的人会被提升到天上之城，为母城寻求安全的人将更亲近上帝。这一说法实际上延续了《论共和国》第 6 卷中的基里皮奥之梦，只不过把众神替换成了上帝，使得人类对作为母城的地上之城的义务为进入上帝的天上之城预备道路，政治忠诚与信仰虔敬在基督教时代再次完美结合，真正实现了其古代的理想范式。

在第二部分，针对奥古斯丁的反讽，即内卡塔瑞所服务的母城不是充满繁花，而是正在充满火焰和荆棘，后者回应说，如同玫瑰和麦穗，繁花通常从荆棘中长出来，快乐与痛苦总是交织在一起。显然，这一斯多亚式的回应并不能令人满意。在奥古斯丁看来，火焰和荆棘并不是与繁花自然相伴而生，而是人类堕落之后所犯的罪，卡拉马异教徒的暴乱应当受到法律的公义惩罚，由此才能保证地上之城的秩序与繁荣。

第三部分是本封书信的主体。虽然《西蒙迪敕令集》14 刚刚颁布，但已经确认奥古斯丁不会要求对谋杀和纵火进行死刑判决，内卡塔瑞就试图再请求豁免两种惩罚，一是对暴乱者不要求处以巨额罚金，二是对教唆者即市政官员等精英阶层不使用肉刑审问。对于前者，内卡塔瑞论证说，被剥夺财产而陷入赤贫的不幸将使人更不免于作恶，而"过一种充满各种恶的生活还不如以死亡去终结这些恶"[②]。与此同时，从言辞粗俗、虚假指控、偷窃财物到冒犯圣所，这些罪都应当请求仁慈，并无不同。"如果（正如一些哲学家所认可的）所有的罪都是相等的，那么宽恕就应当被同样赋予给它们每一个。"[③] 这里所说的哲学家主要是斯多亚主义哲学家克里希波斯（Chrysippus）和芝诺，但西塞罗并不认可。对于后者，罗马法庭采纳从刑讯获得的证词，使得被指控者通常会遭受肉体折磨。内卡塔瑞请求说，奥古斯丁在《书信》91.9 中区分出暴乱

[①] 奥古斯丁，《书信》103.2。
[②] 奥古斯丁，《书信》103.3。
[③] 奥古斯丁，《书信》103.3。

的教唆者，而对其进行指控和定罪将肯定使用刑讯，以致即使最终无罪获释，这些精英阶层也会失去社会尊严，且在肉体上留下伤疤，其父母妻子都会为之蒙羞悲痛。他于是呼吁："施与宽恕而非报复，以为自己赢得称赞。"① 最后，内卡塔瑞还要求，应当区分肇事者和并未参与其中的无辜者，以死刑威胁来指控后者是残忍的，而不能证实的指控也将使指控者遭受法律惩罚。

三 奥古斯丁的拒绝与理由

奥古斯丁从青年时代起就阅读西塞罗的作品，② 直到写作《上帝之城》时还批判其学说。西塞罗的学说无疑可以代表古代政治的理想，"给城邦开出的哲学药方一般都假设，理性和公民间共有的荣耀感使得，有公民精神的领袖会治理好城邦且没有冲突"③。然而，卡拉马暴乱表明，这一哲学药方并不能在实践中必然实现其理想，关键还在于理性和荣耀究竟指向何处。现实政治中掺杂着不同的利益诉求，出于认识偏见或宗教信仰等，政治领袖们往往难以践行西塞罗所提倡的以德性服务国家或母城，其追求的荣耀更多是在今生的地上之城中，而非在来生的天上之城中。

借由其米兰花园的皈依经历和对意志堕落的哲学探究，奥古斯丁越发认识到，人类的理性必须让渡给上帝的恩典，以便从启示重新获得整全认识，而人类的荣耀必须被安置在信仰上帝而非众神上，以便在堕落之后重新建构道德自主性。依据这种"皈依的政治学"（politics of conversion）和"先验的自我主义"（transcendental egoism），④ 奥古斯丁就秉持着不同于内卡塔瑞的立场。后者的立场是，卡拉马异教徒承认犯了暴行，应当受到法律的惩罚，由此来寻求主教的仁慈。而奥古斯丁的立场是，只能在忏悔和皈依大公信仰之后，他们对暴乱的悔罪才是真诚

---

① 奥古斯丁，《书信》103.4。
② 最早阅读的是《致荷尔顿西》，参见奥古斯丁，《忏悔录》3.4.7。
③ Peter Iver Kaufman, "Patience and/or Politics: Augustine and the Crisis at Calama, 408–409", *Vigiliae Christianae*, Vol. 57, No. 1, 2003, p. 27.
④ 参见 Peter Iver Kaufman, "Patience and/or Politics: Augustine and the Crisis at Calama, 408–409", *Vigiliae Christianae*, Vol. 57, No. 1, 2003, pp. 25–26.

的，也才能真正寻求到上帝的仁慈;① 但即使如此，今生的、地上之城中的惩罚仍然是必要的，只是并非死刑或肉刑，而是相当数额的罚金。这种以忏悔和皈依为指向的惩罚恰恰是上帝的仁慈的表现，其不是出于恨和报复，而是出于爱和矫正。

1. 《书信》91 的论证

《书信》91 可以划分为三个部分，奥古斯丁试图论证，城邦的真正繁荣在于公民的德性，异教信仰并不教导真正的德性，而对恶行必须进行有效的惩罚。

在《书信》91.1–3 中，奥古斯丁赞许内卡塔瑞直到老年仍然如此热爱母城，也认可他从西塞罗那里引用的论据，"一个良善的人对其母城的效劳是没有任何界限或终点的"，② 但随即将之从爱地上之城提升到爱天上之城，前者为俗爱，而后者为圣爱，今生对天上之城的效劳将使之在来生安享其永恒的安息。双方的分歧是，母城应当如何变得繁荣。首先，奥古斯丁暗引《埃涅阿斯纪》7.643–644 的诗句，"当年意大利肥沃的土地上的花朵都是些什么人，有那些武器可以代表意大利的炽烈的精神"，③ 运用双关语 *florere* 表达"开花"（flowering）和"繁荣"（flourishing）两重含义，以反讽内卡塔瑞的求情，即放任卡拉马暴乱中的武器和火焰而不受惩罚，不能使他的母城变得繁荣，"那样的花朵不会结出果实，而只会结出荆棘"（《马太福音》7：16；《路加福音》6：43–44）。④ 其次，虽然引用《论共和国》中的论断，但内卡塔瑞没有看到，在西塞罗那里，母城的真正繁荣建基于各种德性，而不是作恶却不受惩罚。⑤ 奥古斯丁对此强调，有关这些德性的教导是在基督教会里，而不是在异教作品中，即除非皈依大公信仰，否则异教徒不可能获

---

① 参见 William E. Connolly, *The Augustinian Imperative: A Reflection on the Politics of Morality*, Newbury Park: SAGE Publications, 1993, pp. 65–86.

② 这句话亦可译为："对于高尚的人们来说，关心国家不存在任何尺度和界限。"参见［古罗马］西塞罗：《西塞罗文集·政治学卷》，王焕生译，中央编译出版社 2010 年版，第120 页。

③ ［古罗马］维吉尔：《埃涅阿斯纪》，杨周翰译，上海人民出版社 2016 年版，第 244 页。

④ 奥古斯丁，《书信》91.2。

⑤ 参见西塞罗，《论共和国》4.7.7。

得真正的德性。

在《书信》91.4-6 中，为了论证异教作品并不教导德性，奥古斯丁主要批判了罗马戏剧。西塞罗以基里皮奥之口反对戏剧表演对在世的人进行称赞或抨击，① 奥古斯丁表示认可，但罗马舞台上仍然充斥着以特伦斯的《阉奴》为代表的情节。在《阉奴》3.5 中，特伦斯描述说，一个青年看到墙壁上朱庇特引诱达那厄的壁画就想要模仿，并给自己找到了神圣理由。

> 那幅画画着这样的情景：传说朱庇特怎样化作黄金雨，降进达那厄的胸怀里。这时我也开始欣赏起那幅画来。我看到从前朱庇特便已经耍过这样的把戏，我心里更加感到高兴起来。神灵都让自己化作凡人的形象，偷偷地潜进别人的屋子里，以虚假的形象，化作雨水去欺骗凡间女子。况且他是怎样的神啊！他能用震耳的雷鸣动摇苍穹。我作为凡人为什么不能那样？我也很乐意能那样做。②

从《忏悔录》到《上帝之城》，奥古斯丁都乐此不疲地援引这个情节，来批判罗马戏剧并不培养德性，反而为作恶提供了模仿的"神圣"榜样。在《忏悔录》1.16.26 中，他做了如下描述：

> 假如不是特伦斯描写一个浪漫青年看见一幅绘着"朱庇特把金雨落在达那厄怀中，迷惑这妇人"的壁画，便奉朱庇特为奸淫的榜样，我们不会知道诗中所用：金雨、怀中、迷惑、天宫等词句。瞧，这青年好像在神的诱掖之下，鼓励自己干放诞风流的勾当："这是哪一路神道啊？他说。竟能发出雷霆振撼天宫。我一个凡夫，不这样做吗？我已经干了，真觉自豪。"③

---

① 参见西塞罗，《论共和国》4.10.10-12。
② [古罗马] 特伦提乌斯：《古罗马戏剧全集·特伦提乌斯》，王焕生译，吉林出版集团有限责任公司 2015 年版，第 254—255 页。
③ 奥古斯丁，《忏悔录》1.16.26。

在《上帝之城》2.7 中，他则做了如下描述。

> 在特伦斯的诗篇中，有一个堕落的年轻人看到这样一幅壁画："那里有一幅画，画的是朱庇特，下了一阵黄金的雨，落到达那厄膝头。"那个青年在这里看到了对他的下流行径的如此权威的支持，于是说他所做的就是模仿神。"那神"，他说，"从最高的天上用惊雷震撼了神殿。我这个小小的人，为什么不能这么做呢？我真的做了，而且充满快乐。"①

奥古斯丁看到，在罗马的社会生活中，朱庇特有着两种截然不同的呈现形象。

> 朱庇特在任何地方都被庆祝做了通奸的行为：在绘画中、在（浇铸、捶打或雕刻的）塑像中、在书写中、在公共阅读中、在舞台上、在诗歌中、在舞蹈中。②

这就使得，观看戏剧的青年人会模仿没有德性的朱庇特，而不是有德性的加图。但与此同时，这种行为绝对不会出现在神庙中。在走出剧场而进入神庙之后，同一个青年人却只能崇拜作为神的朱庇特，而不是作为人的加图。对于奥古斯丁来说，这种在剧场中嘲笑却在神庙中崇拜的矛盾行为表明，罗马国家的剧场神学与其城邦神学彼此冲突，后者要论证异教神祇是罗马强盛的保卫者，而前者却宣扬他们是罗马道德的败坏者；正如《论共和国》中的对话者所声言的，"堕落的人们因为模仿那些神祇而变得更坏"，就只能证明后者"肯定不是真实的，而是虚假的和虚构的"。③ 在《上帝之城》第 6—10 卷中，奥古斯丁梳理并批判了整个异教神学。其中，瓦罗把古代神学划分为三类，即剧场神学（或神话神学）、城邦神学和哲学神学（或自然神学），虽然批判剧场中的

---

① 奥古斯丁,《上帝之城》2.7。
② 奥古斯丁,《书信》91.5。
③ 奥古斯丁,《书信》91.4。

神秘神学，但因为害怕大众的意见就不敢批判神庙中的城邦神学；而塞涅卡虽然批判这二者，但也因为害怕而被迫遵守城邦神学所要求的外在风俗；奥古斯丁则援引柏拉图的哲学神学来批判这二者，① 并最终以上帝同时兼具道德性和神圣性来否定异教神祇的存在合理性。

寓于上述更宏阔的理论争辩，奥古斯丁认为，异教徒应当放弃对以朱庇特为代表的异教神祇的信仰，转而皈依对上帝的真正信仰，以真正的德性使得，其今后在地上之城中的圣洁而敬虔的生活可以为将来进入天上之城预备道路。正因为如此，在不舍弃仁慈的前提下，地上之城中所作的恶就更应当受到惩罚。这不仅是要矫正实际的作恶者，也是要防止其他人去模仿，就像青年人模仿朱庇特通奸一样。对于上帝来说，他要么在当下惩罚，要么当下不惩罚，而任凭作恶者继续堕落，以致在死后承受永恒的惩罚。相较于后者来说，前者是更轻省的担子。

在《书信》91.7–10中，奥古斯丁着重论证惩罚的必要性。针对内卡塔瑞所论，主教的职责是仁慈，《书信》91.7试图说明主教履行其职责的一般原则，即愿意为人们提供安全，且求情不要对作恶者施与过于严厉的惩罚，但其前提是，作恶者必须完成自我革新；91.8描述了卡拉马暴乱的发生过程；91.9则具体回应了各方的责任和惩罚方式。

内卡塔瑞承认参与暴乱的人违犯了法律，但要求不累及没有参与的"无辜者"。奥古斯丁对此认为，从所有民众中很难区分出无辜者和有罪者，但可以把他们区分为四类人，即出于害怕的旁观者、出于冷漠的旁观者、实际参与的打砸抢烧者和背后的教唆者，其罪责依次增加。第一类人虽然反对暴乱，但因为"害怕冒犯本城里那些有权势的人，他们知道这些人是教会的敌人"，② 而不敢出面制止。第二类人没有参与暴乱但内心里表示赞同。第四类人虽然也没有参与具体的打砸抢烧，却是整个暴乱的发起人，在事先、事中和事后都起到决定性作用，即事先不执行帝国敕令，保护主教制止异教庆典游行的权力；事中威慑内心不赞同的民众，使之不敢帮助教会；事后推诿帝国赋予的法律义务，置主教

---

① 在《理想国》377d中，柏拉图反对荷马所描述的众神形象，认为应当把这样的诗人赶出城邦；奥古斯丁援引这一论证并表示认可。参见奥古斯丁，《上帝之城》8.13。

② 奥古斯丁，《书信》91.9。

合理合法的要求于不顾,反而包庇和放纵犯罪者。这类人作为教会的敌人正是卡拉马的市政官员和精英阶层。既然一个外乡人出面都能够保护教士的安全和教堂的财产,那么卡拉马的每一个民众就没有任何理由来推脱自己的法律义务和道德责任。

对于这四类人,第一类人有着善好的良心,可以得到宽恕,但其他三类人都应当受到惩罚。对于惩罚的正当性和具体原则,奥古斯丁论证说:

> 我们并不愿意以报复过去的事来喂养我们的怒气,而宁愿尝试着眼于未来而施与仁慈。有很多惩罚恶人的方法,不仅是温柔的,也是为了他们的益处和善好生活,基督徒同样可以使用。他们已经被给予了三种益处:身体健康、能够活下去和贫穷度日。①

这些是大公教会所要求的在地上之城中的惩罚,至于上帝要如何进行公义的惩罚则是人类所不能测度的。在这里,如同随后对待顽固的多纳图派,今生的惩罚体现了三个原则,即不使用死刑和肉刑、保障基本生存条件和维持非常贫困的生存状态。

在《书信》91.10 中,奥古斯丁记叙说,自己已经亲身前往卡拉马,不仅安慰大公教徒,平息其愤怒,也接见肇事的异教徒,表明大公教会的立场。这一立场是,不寻求"以命偿命"(《出埃及记》21:23)的对等报复,而是以有效但温柔的惩罚使之不必忧虑惩罚过重,但又足以阻止其他人模仿犯罪;大公教徒甚至宁愿失丧自己的生命,也要收获更多异教徒的灵魂。"我们所愿意的益处是灵魂:我们如此热切地保守它们,以致于准备冒着撒热血的风险。"②

2. 《书信》104 的论证

《书信》104 的篇幅比《书信》91 更长,可以划分为四个部分,主要回应内卡塔瑞有关惩罚的合理性和罪的差异化的追问,呼应着奥古斯

---

① 奥古斯丁,《书信》91.9。
② 奥古斯丁,《书信》91.10。

丁同时期对宗教强制的论证。

在《书信》104.1–2中，奥古斯丁抱怨说，大公教会不会要求施行死刑和肉刑，而内卡塔瑞没有正面回应，反而扭曲了自己的观点，引申出"死亡完全除去我们对恶的感知，而贫穷的生活会生出无穷无尽的不幸"[1]。

针对内卡塔瑞的曲解，《书信》104.3–6进行了反驳。其一，因罚金而导致的贫穷和为生计劳碌不是罪，反而可以抑制罪的发生。其二，在异教文献中，伊壁鸠鲁等认为灵魂有朽，死亡的确是所有恶的终结，而西塞罗等认为灵魂不朽，死后的不幸与幸福取决于今生的恶行或善行，但双方都认为，今生是短暂的，不会有"无穷无尽的不幸"。其三，奥古斯丁重申，惩罚会坚持三条底线，即"身体健康、能够活下去和贫穷度日"。具体来说就是，不会有死刑或肉刑，罚款并不罚至赤贫，但会贫穷到没有钱去偶像崇拜。异教徒暴乱者至少可以模仿他们的先祖，例如古罗马英雄辛辛纳图斯（Lucivs Quinctius Cincinnatus）在拯救共和国后却回家耕田，继续自己原本的清贫生活，而法布瑞乌斯（Gaius Fabricivs Luscinus）作为监察官则把略微奢侈的鲁菲努斯（Publius Cornelius Rufinus）逐出元老院。其四，所有的罪都应当得到惩罚，既是避免其变得越发严重，又是避免有人去模仿，否则作恶者和模仿者都将承受上帝的永死惩罚。作为一种益处，惩罚"不应当被看作对罪的报复，而应当被看作保护性的明智政策。我不是要求惩罚，而是保护他们不再招致惩罚"[2]。

在《书信》104.7–12中，奥古斯丁全面论证惩罚的必要性和大公教会对于惩罚所秉承的原则。关于惩罚的必要性，正如不把剑给小孩子玩，提起小孩的头发阻止他用手拍蛇，或者医生不顾病人的哭喊进行烧烙手术，奥古斯丁强调，在应对这类情况时，我们不是去做被请求的事，而是去做对之真正有益的事，而为了制止更大的伤害可以施与善意的小伤害，"这一切是出于关心，而不是残忍"[3]；具体到卡拉马暴乱，

---

[1] 奥古斯丁，《书信》104.2。
[2] 奥古斯丁，《书信》104.6。
[3] 奥古斯丁，《书信》104.7。

内卡塔瑞应当"关注请求者的真正利益,而不是他们的愿望。"① 对于为何必须惩罚,大公教会所秉承的原则是,惩罚遵循着"不要以恶报恶"(《罗马书》12：17;《帖撒罗尼迦前书》5：15)的教导,其目的不是报复,而是出于爱的矫正,使之不要再作恶。正如内卡塔瑞所请求的,忏悔的确可以获得仁慈,但真正的忏悔必须是在上帝面前,以洁净灵魂而获得永生;异教徒不相信上帝,其忏悔只能使其不再更严重地冒犯上帝,而施与惩罚则可以打破其忏悔后所获得的虚假的安全感,并教导他们去拥抱真正的忏悔和真正的安全。至于惩罚与否,大公教会对肇事者的爱是训诫和拯救,而内卡塔瑞的爱是放纵和沉沦。即使不同的大道和小径都指向天上的母城,但能够到达母城的道路却只有一条,其单数(way)指皈依上帝,例如基督说"我是道路"(《约翰福音》14：6);其复数(ways)指皈依中所具有的各种德性,例如保罗在《加拉太书》5：22 中所列举的。佩柔-苏斯(Emile Perreau-Saussine)对此评论说:

> 如果陷在当下时间,人们的主观"愿望"应当顺从于他们的客观需要和"利益",其中包括对永恒生命的正确理解。成年人也会像孩童那样,仅仅考虑直接的满足,还没有获得真正信仰所赋予的成熟。地上的政治生活应当顺从于圣经上所应许的永恒生命。②

内卡塔瑞的求情理由是,所有的罪都是相等的(equal),也应当同样被赦免。在《书信》104.13-17 中,奥古斯丁进行了集中反驳。其一,认为笑得略微过度的人与放火的人犯有相等的罪,这是斯多亚学派的谬论。就如同认可,大象和老鼠是相等的,因为二者都是动物;苍蝇和鹰是相等的,因为二者都会飞;内卡塔瑞的儿子把别人咒骂陌生人等

---

① 奥古斯丁,《书信》104.7。
② Emile Perreau-Saussine, "Heaven as a Political Theme in Augustine's City of God", in Markus Bockmuehl and Guy G. Stroumsa eds., *Paradise in Antiquity*: *Jewish and Christian Views*, Cambridge: Cambridge University Press, 2010, p. 181.

同于咒骂自己的父亲，因为二者都是咒骂。其二，不同于斯多亚学派所提倡的圣人不动心或不动情，① 连西塞罗都称赞凯撒的仁慈，基督教更是提倡仁慈，但仁慈并非随意宽恕恶行，否则就会鼓励犯罪，如同怕孩子哭而不夺下其手中的刀。其三，正如《书信》91.9 所论，卡拉马暴乱中可以区分出四类人，即无奈的旁观者、支持的旁观者、实际的犯罪者和背后的教唆者。奥古斯丁重申，不要求调查教唆者，否则必须使用肉刑。而如果斯多亚学派是对的，即所有罪都是相等的，那么所有人都应当背负相等的罪责，受到相等的惩罚，而非给予赦免。

《书信》91 和《书信》104 表明，即使在《西蒙迪敕令集》14 中，霍诺里明令，对伤害大公教士的暴徒应当判处死刑以示震慑，但北非大公教会普遍反对其具体实施。作为这一普遍立场的代表，奥古斯丁从教义层面上和实践层面上阐释了大公教会的理由。在《书信》100 中，奥古斯丁建议时任非洲执政总督的多纳图（Donatus）如何处置多纳图派。对于其写作时间，一般认为是从 408 年 8、9 月到 409 年 3 月之后，而海默诺维茨认定，这封书信写于 409 年 3 月之后，旨在回应《西蒙迪敕令集》14 中有关判处死刑的规定。②

其中，奥古斯丁明确反对死刑，主要出于两个原因。其一，死刑使得被惩罚者失去忏悔和改过自新的机会，只能等待上帝的永罚。"这就是我们为什么愿意他们改过自新而非被判处死刑，法官和法律的介入使他们害怕，以至于将来不会遭受永恒审判的惩罚。"③ 其二，判处死刑会起到适得其反的作用。这是因为，大公教会努力"以善胜恶"（《罗马书》12：21），为使多纳图派回归不惜撒血殉道，而对肇事者可能判处死刑会使大公教会不愿意去起诉，以致他们会更加肆无忌惮地攻击。

> 由此，如果您认为，这些案件应当判处死刑，那么您会使我们

---

① 有关斯多亚学派的圣人不动心学说和奥古斯丁对之的批判，参见吴飞：《奥古斯丁论前性情》，《世界哲学》2010 年第 1 期，第 32—46 页。

② 参见 Erika T. Hermanowicz, *Possidius of Calama: A Study of the North African Episcopate at the Time of Augustine*, Oxford: Oxford University Press, 2008, pp. 185–186.

③ 奥古斯丁，《书信》100.1。

不再把任何这样的案件呈报到您的法庭。当他们知道这一点，就将更加肆无忌惮地试图摧毁我们，而我们却被逼入一种必然性，即选择被他们所杀，而不是到您的法庭进行指控，以使得他们被杀。①

为了既阻止暴行的重复或模仿，又保留改过自新的机会，奥古斯丁对处理多纳图派的建议是，不要判处死刑，而是加强执行其他法律惩罚，尤其是剥夺部分公民权和严厉的经济处罚。

西塞罗在《论共和国》中宣扬，公民应当以德性来服务国家，并最终作为报偿而使灵魂回归到天上去。虽然承认，这一观点接近于基督教对德性与幸福之间关联的论证，但在《书信》91 和《书信》104 中，奥古斯丁要求，内卡塔瑞及其异教徒同胞应当从城邦之爱上升到上帝之爱，从政治层面上的爱国者转变为信仰层面上的爱国者，以皈依上帝和爱邻人来完成忏悔，在承受惩罚中不再作恶，实现社会和解与城邦和平，最终获得上帝的仁慈和永恒的救赎。罗伯茨（Veronica Roberts）认为，在《上帝之城》中，奥古斯丁更全面地回应了西塞罗式的爱国者：

> 尽管想让罗马变得真正繁荣是好的，但使罗马偶像化并不能够实现这一点。吊诡的是，通过允许其公民的心灵被提升超越罗马，罗马将会被更好地服务。为了把西塞罗式的爱国者转化为拥有这样的心灵的公民，奥古斯丁的工作就如同一位外科医生。他把对正义城邦的渴望和对幸福的欲求与对罗马繁荣的关切分离开来，之后将它们重新统一在上帝之城中。②

在罗马帝国基督教化的过程中，应当如何应对异教徒和异端派别的宗教暴力，如何应对蛮族入侵者的战争暴力，或如何应对现世中所有形式的暴力，成为大公教会必须回答的紧迫问题。奥古斯丁对此的回应是，温柔的同时必须严厉，仁慈的前提是惩罚的施与，对内可以借助世

---

① 奥古斯丁，《书信》100.2。
② 参见 Veronica Roberts, "Augustine's Ciceronian Response to the Ciceronian Patriot", Perspectives on Political Science, Vol. 45, No. 2, 2016, p. 122.

俗国家的法律和执法来制止异教徒和异端派别的宗教暴力，对外可以借助世俗国家发动正义战争，甚至是先发制人的正义战争，来抵御蛮族入侵者的战争暴力。

这就意味着，在地上之城中，大公教会并不试图抛弃罗马帝国，反而在可能的情况下仍然有必要在罗马帝国的屋檐下寻求尘世的安全，以在国家和平中度过今生的信仰羁旅，等待死后的永恒生命。可以推测，如果实现了尘世的永久和平，那么世俗国家的保护功用就不必要了，以政治共同体为核心的国家公民将会走向消亡，而大公教徒则可以完全成为以信仰共同体为核心的世界公民，并进而以朝向上帝的共同的爱和正义组成世界范围内的基督教共和国。

第二节　罗马陷落与奥古斯丁的回应

对于奥古斯丁时代来说，"罗马陷落"是指，在 410 年 8 月 24 日，阿拉瑞克率领西哥特人军队进入罗马城并掳掠焚烧三天而去。这一事件既是罗马帝国 4—5 世纪之交政治、军事交困的组成部分，又是从 4 世纪到 7 世纪的欧洲民族大迁徙或蛮族大入侵的表现之一。对于当时的罗马帝国来说，罗马 410 年的短暂陷落在政治上和军事上都不是重要事件，但在文化上和心理上却对同时代的异教精英和基督教精英造成了剧烈震动，因此在后世被看作西罗马帝国衰亡过程中的标志性事件。异教徒普遍指责说，这是由于罗马帝国皈依基督教而失去了罗马传统神祇的保护，基督教应当为此负责。而要如何理解这一事件和反驳上述指责，就成为奥古斯丁及其同事所不得不面对的难题。

一　政治、军事交困中的罗马陷落

罗马陷落的前因至少可以追溯到 376 年哥特人要求迁入罗马帝国避难，而北方蛮族入侵和东、西帝国内部的权力斗争都是促成这一事件的直接原因。在以下行文中，我们主要依赖彼得·希瑟（Peter Heather）的研究成果来梳理这段历史，以理解罗马陷落为何只是一系列复杂前因的小小的、甚至是无足轻重的后果。①

哥特人从属于日耳曼部落。在 376 年，匈人的入侵迫使两支哥特人进入多瑙河北岸，人数可能多达 20 万，他们请求进入东罗马帝国避难，其中一支是瑟文吉人，由阿拉维乌斯（Alavivus）和佛瑞提根（Fritigern）率领。依照 4 世纪已经形成的接纳惯例，移民中的适龄男子会被招募从军，其余则按要求迁入帝国某地成为农民，帝国军队控制着移民迁入的整个过程。但在 376 年，瓦伦斯皇帝正在应对波斯战事，多瑙河地区的罗马军队数量有限，于是就只接纳了瑟文吉人，双方协议将之迁入色雷斯地区定居。为了强制瑟文吉人前往区域首府马西安诺堡，指挥官卢皮奇努斯抽调部分军队来监督，而另一支哥特人即格鲁森尼人乘机渡过多瑙河，瑟文吉人就故意拖慢转移速度，以让格鲁森尼人跟上。卢皮奇努斯设宴试图扣押瑟文吉人首领未果，双方相互戒备使得 376 年的协议并未得到有效执行。由于粮食短缺，瑟文吉人劫掠马西安诺堡附近地区，卢皮奇努斯率军镇压失败。从 377 年起，两支哥特人与帝国军队在巴尔干半岛各行省开战，进行大肆劫掠破坏。

在 378 年 8 月 9 日，由于未耐心等待即将赶到的格拉提安皇帝率领的军队，瓦伦斯皇帝鲁莽进攻哈德良堡附近的哥特人军队，导致罗马军队遭受重创，其本人也战死。在 379 年 1 月，军事世家出身的狄奥多西被格拉提安任命为东部帝国皇帝。在 380 年，两支哥特人分开，格鲁森尼人前往潘诺尼亚，被西部帝国的军队打败，瑟文吉人向南向东移动，在 381 年也被迫使退回色雷斯，双方在 382 年 10 月 3 日最终议和，哥特人表示归顺狄奥多西。作为议和条件，皇帝允许哥特人在帝国境内聚居，哥特人则为帝国提供兵源，在战役中提供辅助部队。不过，皇帝既不承认色雷斯是哥特人的独立封地，也不承认任何哥特人为其最高首领。

在 382 年的合约之后，狄奥多西对哥特人采取了安抚政策，在 387—388 年和 392—394 年分别讨伐西部篡权者马克西姆（Magnus Maximus）

---

① 参见［英］彼得·希瑟：《罗马帝国的陨落：一部新的历史》，向俊译，中信出版社 2016 年版，第 167—272 页。其中的描述大量参照了佐西莫斯《罗马新史》第 4—6 卷、索佐门《教会史》第 9 卷的记载。

和尤金（Eugenius）时，就要求哥特人出兵辅助作战。阿拉瑞克第一次崭露头角是在391年率领哥特人入侵色雷斯，但被斯蒂利科打败。在394年9月的冷河战役中，阿拉瑞克率领哥特人帮助狄奥多西打败尤金，其部伤亡巨大，但没有获得皇帝的对等奖赏。狄奥多西在395年1月病逝于米兰，次子霍诺里继位西部帝国皇帝，而斯蒂利科实际摄政，西部帝国也开始遭受北方蛮族入侵、内部叛乱和不列颠篡位皇帝的三重灾难。随后，阿拉瑞克被哥特人选举为最高首领，以发动叛乱要求得到帝国的正式承认，并要求授予其大将军（magister militum）的合法头衔。霍诺里拒绝接受这些要求。哥特人就从色雷斯南下雅典，又向西向北一路劫掠。东部帝国宫廷总管尤特罗庇乌斯（Eutropius）在397年主张议和，但在399年被打倒，其继任者则拒绝议和。阿拉瑞克率部在401年秋天来到意大利，试图与斯蒂利科议和，但在402年秋天和403年初的两场战役后无果退回达契亚和马其顿。拉达盖苏斯（Radagaisus）在405年率领一支哥特人越过阿尔卑斯山，围困佛洛伦萨，但被斯蒂利科率军打败，自己也在406年8月被处决。汪达尔人与其他蛮族部落于406年12月越过莱茵河入侵高卢，在409年洗劫完后越过比利牛斯山，占领瓜分了西班牙。不列颠行省在406年发生篡位，第三个篡位者君士坦丁三世（Constantine Ⅲ）在407年成功并移驾高卢，在409年得到霍诺里的承认，但在411年被时任将军君士坦提乌斯三世（Constantius Ⅲ）打败和处决。

为了招募新兵和增加兵力以抵御北方蛮族入侵，在406年8月，斯蒂利科放弃追求掌控东部帝国的大权，而是计划仅仅要求阿拉瑞克归还达契亚和马其顿，从而使得自己可以批准已经占据此地的哥特人合法居住，之后再与阿拉瑞克完成结盟，同时解决兵力不足且避免新的骚乱。为了执行这一计划，斯蒂利科与阿拉瑞克约定，后者移师到伊庇鲁斯，等待前者的军队前来汇合，一同威胁君士坦丁堡。但由于407年来自高卢的严峻威胁，斯蒂利科无法调兵东进，而阿拉瑞克在408年春要求其支付四千磅黄金作为保证，后者说服霍诺里和元老院如数支付，引发主战派不满。在408年5月，东部帝国皇帝阿卡狄乌斯驾崩，年仅7岁的狄奥多西二世继位，斯蒂利科试图前往干预。就在此时，曾受其提携的奥利姆匹挑拨皇帝和军队，散布谣言说，斯蒂利科将让自己的儿子继任东部帝国皇帝，以致引发兵变，其众多高官支持者被杀。斯蒂利科自己也放弃求生，在 8 月 22 日被处以斩首。

从此之后到 410 年底，霍诺里宫廷推翻以前的多项政策，在军事上庸碌无能，在和谈上犹豫无信，在利益上吝啬无恩，直接导致阿拉瑞克以三次围困罗马城作为谈判筹码，在多次谋求和谈未果后最终进城洗劫。其中，在 408 年秋天，阿拉瑞克联合妹夫阿陶尔夫（Athaulf）侵入意大利，在 11 月第一次围困罗马，而罗马元老院同意支付巨额赎金，并派团前往拉文纳，敦促霍诺里同意交换人质以使双方结盟。然而，霍诺里听从奥利姆匹的逸言，迟迟不予批准，罗马元老院只得再次派团游说。在 409 年 4 月，枢密大臣约维乌斯（Jovius）被派去和谈，霍诺里批准给予黄金和玉米，但拒绝任命阿拉瑞克为高级军队指挥官，其回信也言词倨傲。之后，阿拉瑞克转而放弃领地和黄金，只要求前往边境行省定居且免缴税款，但仍然遭到霍诺里拒绝，于是第二次围困罗马。在 409 年底，阿拉瑞克要求元老院选出罗马城尹大臣阿塔路为皇帝，自任最高指挥官，围攻拉文纳，但未能攻克。驻守北非地区的赫拉克里安打败阿塔路对北非的进攻，切断了罗马的粮食供应，并给霍诺里送去钱款。东部帝国派遣四千名士兵来到拉文纳协防，使得霍诺里放弃了逃往君士坦丁堡的计划。在 410 年 7 月，阿拉瑞克废黜阿塔路，霍诺里也同意重新和谈，但又派军偷袭正在等待和谈的阿拉瑞克。于是，阿拉瑞克率军第三次围困罗马，并从萨拉门进入城内洗劫三天，之后带走了霍诺里的妹妹加拉·普拉西提阿（Galla Placidia），造成了作为历史事件的罗马陷落。在此期间，大量民众和精英逃往帝国各地避难，并将这一消息很快传遍帝国，其中佩拉纠逃到迦太基，后前往巴勒斯坦地区；而小梅拉尼娅家族逃到北非地区，先在塔格斯特，之后来到希波。

二 罗马陷落的后果与原因

罗马的第一次陷落发生在公元前 390 年。凯尔特人在罗马主力军队外出作战时突袭入城，但由于惊扰到一群鹅而暴露了行动，少部分罗马人起来奋力守卫住卡匹托利山（Capitol）。此后，罗马国家不断崛起，最终成为帝国,统治整个地中海地区,使得罗马被视为永恒之城。君士坦丁下令建成君士坦丁堡,在4世纪中后期,它完全成为帝国的新首都。对于西部帝国的皇帝,格拉提安、瓦伦廷二世居停于米兰,狄奥多西在镇压西部篡权者期间也移驾米兰,霍诺里则在402年把宫廷移到了拉文纳,皇帝们更多是在视察和凯旋时才来到罗马。虽然如此,罗马仍然是帝国的精神首都。

从希瑟的上述描述中,我们可以看到,410年的罗马陷落完全是东、西部帝国疲于应对一系列内外政治军事斗争的偶然的附属结果,与异教或基督教没有什么干系。从小处说,"罗马遭劫仅仅是因为阿拉瑞克在振兴哥特部落的宏伟计划受阻后需要犒劳手下对他的忠诚"①;从大处说,"罗马遭劫只是一系列更具深远历史意义事件中的一部分。从根本上讲,公元410年8月中下旬发生的事件是由匈人向西迁到欧洲中部以及震撼整个西罗马帝国的蛮族入侵和篡权行为引起的"②。如果要寻找罪魁祸首的话,霍诺里的愚蠢无能应当是直接原因。他既怀疑斯蒂利科的政治忠诚,又不能做出恰当的政治决断,只是仅仅依靠机运才侥幸维系住自己的统治。甚至有记载说,当罗马陷落的消息传到拉文纳时,霍诺里非常震惊,以为是自己一只名叫罗马的高卢雄鸡死了,当确认是罗马城时反而长舒了一口气。③

然而,罗马国家的崛起使得,罗马早已经被视为在异教神祇的保护之下。在4世纪下半叶,罗马的基督教化进程相较于其他意大利城市也相对缓慢。在打败篡权者尤金之后,狄奥多西前往罗马,在元老院发表演讲,要求异教徒元老皈依大公信仰,但遭到拒绝。对此,佐西莫斯记载说:

> 那时他召集起仍虔诚地信奉祖传祭祀且不愿接近漠视神明之人

---

① [英]彼得·希瑟:《罗马帝国的陨落:一部新的历史》,向俊译,中信出版社2016年版,第272页。
② [英]彼得·希瑟:《罗马帝国的陨落:一部新的历史》,向俊译,中信出版社2016年版,第268页。
③ 参见 Procopius, *The Vandalic War*, 3.2.25–26;[东罗马]佐西莫斯:《罗马新史》,谢品巍译,上海人民出版社2013年版,第188页。

的众元老们，并在元老院发表了演讲：他呼吁元老们抛弃他们先前的错误（他是这么说的），而选择许诺能解脱一切罪恶与不义的基督教信仰。元老们要么不服从他的召集令，要么不愿放弃那些自建城之日起一直流传到他们的祖传祭祀，要么宁可赞同无理的要求也不愿接受他的请求。他们说，通过奉行这些祭祀，他们在一座近一千两百年都未曾被攻克的城市里活了下来，因此假如改变自己的信仰，他们不知道将会发生什么。①

异教徒元老的说辞是以事情的结果来证明其原因的有效性。既然罗马城的传统宗教崇拜自建城以来延续至今，这就证明，正是异教神祇的保护使得这座城池在近一千两百年中都没有被攻陷。与此相反，如果现在舍弃异教崇拜，那么罗马就肯定会失去其神祇的保护并被蛮族所攻陷。在这一观点看来，410 年的现实果然证明了上述预言，罗马帝国从崇拜朱庇特转到相信上帝，而罗马陷落就是失去异教神祇保护的明显结果。

在 409 年罗马被第二次围困时，时任城尹大臣的庞培亚努斯（Pompeianus）甚至急病乱投医，想以暂时恢复异教崇拜来请求传统神祇解救罗马，而罗马主教竟然表示同意。

> 经过同这些人的对话，庞培亚努斯方才意识到祭司们能够帮上多大的忙。不过，想到当时大部分人都是基督徒，他决定谨慎行事，便将整件事都透露给了罗马主教英诺森。后者考虑到城市的安危要重于自己的信念，于是就允许在私底下奉行起异教。然而，祭司们却宣称，私下里做并不会为罗马城带来裨益，因为传统的祭祀仪式必须由元老院公开地在朱庇特神庙和广场上进行，不过到头来却没有任何人敢参与这种祖先的祭拜，于是他们遣散了托斯卡纳

---

① 佐西莫斯，《罗马新史》4.59.1–2；参见 [东罗马] 佐西莫斯：《罗马新史》，谢品巍译，上海人民出版社 2013 年版，第 134—135 页。

人，转而尽其所能地取悦起了蛮族。①

相较于394年的元老院演讲，残存的异教徒元老似乎也不再相信，在当前的现实处境中，异教崇拜真的能够使传统神祇拯救当前被围困的罗马。即使如此，正如《上帝之城》第1卷所表明的，这种出于宗教理由的解释并非不可反驳，因为以朱庇特和维纳斯为代表的异教神祇既然之前不能保卫特洛伊，那么现在也就不能拯救罗马，因而其当前的陷落并非帝国皈依基督教的结果。

罗马陷落的原因不关乎宗教，但其结果却关乎宗教。阿拉瑞克及哥特人都信仰阿里乌派基督教，其发动叛乱、洗劫各地和三次围困罗马都旨在迫使东、西部帝国修订382年的和约，并获得皇帝承认的合法地位，其在动机上并不意愿洗劫罗马，在手段上也是"非常文明地"洗劫了罗马。他们不仅承认圣彼得大教堂和圣保罗大教堂为庇护所，不伤害进去避难的基督徒和异教徒，没有带走教堂中的大部分圣器，也仅仅焚毁了元老院议事厅，洗劫建筑物上的贵金属饰品，其他则并未加以严重损毁。② 在此期间的确发生了杀人、强奸、殴打、俘虏等恶性犯罪，但相较于古代破城后通常的烧杀抢掠则算是非常文明的。6世纪历史学家约达尼斯（Jordanis）甚至轻描淡写地说：

> 当他们最后进入了罗马的时候，在阿拉瑞克的命令下，拿走了里面的一些东西；但是，他们并没有像许多蛮族那样，在城里到处点火，也没有允许神圣的地方受到侵犯。③

同时代的佩拉纠、哲罗姆、奥罗修斯和奥古斯丁都记叙过罗马陷落后的情景。在写给德麦提亚斯（Demetrias）的信中，佩拉纠记叙了当时

---

① 佐西莫斯，《罗马新史》5.41.2-3；参见［东罗马］佐西莫斯：《罗马新史》，谢品巍译，上海人民出版社2013年版，第167页。

② 参见［英］彼得·希瑟：《罗马帝国的陨落：一部新的历史》，向俊译，中信出版社2016年版，第267—268页。

③ ［拜占庭］约达尼斯：《哥特史》，罗三洋译注，商务印书馆2012年版，第100页。

的悲惨景况。在约两年后写给妇女普瑞克皮娜（Principia）的《书信》127 中，哲罗姆记叙说，罗马市民被强迫交出金银，仅仅得以保命[1]；老妪马科拉（Marcella）被哥特士兵拷打求财，之后没有被继续伤害，而是被送到了圣保罗大教堂，但一些天之后因伤重去世[2]。在《以西结书注释》卷 3 的前言中，哲罗姆还记叙说，在罗马陷落后，大量市民逃到北非、埃及和巴勒斯坦地区，但早已经身无分文。[3] 在《教会史》9.10 中，索佐门甚至描述说，一个哥特士兵用剑威胁要强奸一位女大公教徒，被其宁死不屈的坚贞所挫败，反而将其送到圣彼得大教堂，并拿出六块金子给教堂守卫者，命令他们照顾她直到其丈夫到来。[4]

在《历史七书》7.39 中，奥罗修斯细致描述了罗马沦陷三天的经历，其中有明显掩饰的成分。在进入罗马城后，阿拉瑞克立即设立圣彼得大教堂和圣保罗大教堂为避难所，命令士兵不得侵扰。一个哥特基督徒军官进入一间女修道院，礼貌地要求一位老修女交出金银，后者告诉他，圣彼得大教堂的圣器都在这里，但上帝会惩罚劫掠者。这个军官上报阿拉瑞克，而阿拉瑞克命令禁止劫掠圣器，并要求将女修道院中的基督徒转移到圣彼得大教堂予以保护。这些基督徒一人携带一件圣器，以一场敬虔游行走向圣彼得大教堂，其间有哥特士兵夹道持剑保护，而市民和哥特士兵都高声唱诗赞美上帝，甚至异教徒都跑来忏悔皈依以寻求庇护。在第三天，哥特人离开城市，放火焚烧了一些建筑，但严重程度也远不如公元 64 年尼禄皇帝的纵火和公元前 390 年高卢人的破坏。奥罗修斯把罗马陷落解释为上帝对罗马的不满，是借阿拉瑞克之手来惩罚；而如同义人罗得被天使提前带出所多玛，罗马教会主教英诺森在城破之前已经安坐在拉文纳，上帝不让他看到自己的惩罚。[5] 对于罗马所遭受的洗劫，奥罗修斯的轻描淡写让人怀疑其理智上的诚实。

---

[1] 参见哲罗姆，《书信》127.12。
[2] 参见哲罗姆，《书信》127.13。
[3] 参见哲罗姆，《以西结书注释》第 3 卷前言。
[4] 参见索佐门，《教会史》9.10。
[5] 参见奥罗修斯，《历史七书》7.39.1–10。

在建城之后 1164 年，罗马被阿拉瑞克攻破。虽然这件事还在鲜活的记忆中，但如果有人去走访罗马的大量民众，听他们所说，那么他就会认为，正如他们自己所说的，除了他偶然从纵火所残留下的少许废墟所看到的，"什么都没有发生"。①

他甚至说，因为基督徒皇帝的德性，罗马的陷落仅仅失去了部分财富，但保有了其帝国。② 在这里，奥罗修斯不仅故意忽略了哥特人所信仰的阿里乌派异端问题，也刻意夸大了三天劫掠过程中双方同为基督徒的友好互助行为，全然不顾其他的严重犯罪。③

在《上帝之城》第 1 卷中，奥古斯丁承认，罗马陷落期间的确发生了许多恶行，但相较于战争惯例却远称不上严重。希腊人攻破特洛伊城后不尊重诸神的神殿，在其中杀死了普里阿摩斯，而野蛮人在罗马城破后反而尊重基督的教堂，甚至也保护其中的异教徒。

在最近罗马遭到的灾难当中，发生了各种各样的涂炭、屠杀、掳掠、焚烧、折磨，做这些是符合战争惯例的；但是这里面却有一种新的做法，很是不同寻常；本来很残暴嗜杀的野蛮人，露出温和的面孔，他们选出最大的教堂，确定在里面装满他们赦免的人，那里没有人被打，没有人被抓，满怀悲悯的敌人带着很多人来到那里，解救他们，使他们不被残忍的敌人拖走。④

对于其他基督徒而言，被杀后尸体未得安葬不是对死者的惩罚，被掳后将来的生命不会被上帝抛弃，被奸淫后心灵并不损伤自己的贞洁。

的确如此，从破坏程度上来说，410 年的罗马陷落几乎比古代世界的所有破城之后的惨烈都要轻微。不久之后，汪达尔人在 455 年攻陷罗

---

① 奥罗修斯，《历史七书》7.40.1。
② 参见奥罗修斯，《历史七书》2.3.3-4。
③ 参见 Peter Van Nuffelen, *Orosius and the Rhethoric of History*, Oxford: Oxford University Press, 2012, pp. 46-53.
④ 奥古斯丁，《上帝之城》1.7；另参见奥古斯丁，《上帝之城》1.1、1.2。

马时,进行了远为严重的洗劫和屠杀,甚至使他们的名字成为"烧杀抢掠、无恶不作的代名词"。①

三 心灵震动下的持续反思②

虽然在4—5世纪之交,罗马帝国内忧外患不断,但无论对于普通民众,还是对于知识精英,罗马城依然是罗马国家强盛的象征,其建城一千年以来不过被偷袭了一次,称其为永恒之城并不为过。这就使得,虽然罗马在410年陷落于蛮族之手短短三天,但是却造成了无比剧烈的心灵震动,从意大利迅速传遍了北非、埃及和巴勒斯坦。知识精英们的愕然、惊慌与悲伤是可以想象的,其中以哲罗姆的直接反应最具有代表性,而奥罗修斯的掩饰和奥古斯丁的冷峻则是在深刻反思之后的。

听闻了从西部传来罗马陷落的消息,远在伯利恒的哲罗姆极为震惊,在书信和圣经注释中多次为之悲叹,在情感上几乎无法接受。哲罗姆在411年从伯利恒写信给马科林及其妻子,是为《书信》126,其中回忆了听闻这一消息时的当下反应:

> 我很长时间以来就想注释《以西结书》的预言,践行我经常给好奇的读者所许下的诺言。然而,当开始口授时,我惊恐地得知在西部发生的浩劫,特别是罗马的陷落,以致就像通常所说的,我甚至忘了自己的名字。我长时间陷入沉默,知道这是伤心哭泣的时候。③

在其《书信》127.12中,他同样描述了自己的反应。"我的声音滞留在喉咙中;当我口授时,呜咽抑制了我的发声。这座曾经征服了整个

---

① [德]哈特温·布兰特:《古典时代的终结:罗马帝国晚期的历史》,周锐译,上海三联书店2018年版,第143页。
② 有关本小节的研究,同时参见吴飞:《奥古斯丁与罗马的陷落》,《复旦学报》2011年第4期,第67—74页;吴飞:《奥古斯丁的政治哲学与世界历史》,载刘玮主编:《西方政治哲学史第一卷:从古希腊到宗教改革》,中国人民大学出版社2019年版,第246—252页。
③ 哲罗姆,《书信》126.2,收录为奥古斯丁书信集中的《书信》165。

世界的城市，现在自己被征服了。"① 在《以西结书注释》第 1 卷的前言中，哲罗姆写道：

> 唉！帕马奇和马科拉的死、罗马的被围和许多弟兄姊妹的睡去，这些消息突然间临到我。我是如此惊呆和忧伤，以致每日每夜只想着基督群体的福祉，而不是其他的，就好像我正在分担着圣徒的被囚；我不能张开嘴唇，直到我得知某些更确切的消息；而在此期间，我满心忧虑，在盼望和绝望之间摇摆，为那些人的不幸而使自己饱受折磨。但当全世界的耀眼光芒被熄灭，或当罗马帝国被砍下头颅，而更正确地说，当整个世界在这一个城中灭亡了时，"我默然无声，连好话也不出口"（《诗篇》39：2）。②

在《以西结书注释》第 3 卷的前言中，他同样写道："谁会相信，借着征服整个世界而建成的罗马已经倾颓，万邦的母亲已经成了万邦的坟墓。"③ 基于这种震惊和悲伤，哲罗姆就开始把罗马的陷落解释为，敌基督者已经到来，整个世界将很快会毁灭，之后就是基督的末日审判。与此相应，佩拉纠在写给一位罗马妇女的书信中描述说："在刺耳的号角声和野蛮人的咆哮声中，罗马作为这个世界的女主人已经陷落了。"④

我们以下先行考察两位东部帝国的教会史家对罗马陷落的看法，以兹对比。君士坦丁堡的苏格拉底（约 380—439 年之后）在 439 年或稍后写成其《教会史》，其中 7.10 描述说，在罗马遭到洗劫之后，阿拉瑞克听说东罗马帝国皇帝狄奥多西二世（401 年出生，408—450 年在位）要派军前来，不敢等到消息证实就率军仓皇离开；⑤ 而 7.42 则颂赞狄奥多西二世说，他尊重教士，其温柔超过了所有人，如同《民数记》12：

---

① 哲罗姆，《书信》127.12，转引自 NPNF 2 - 6。
② 哲罗姆，《以西结书注释》第 1 卷前言，转引自 NPNF 2 - 6。
③ 哲罗姆，《以西结书注释》第 1 卷前言，转引自 NPNF 2 - 6。
④ 佩拉纠，《致德米提亚斯》31.1。
⑤ 参见苏格拉底，《教会史》7.10，转引自 NPNF 2 - 2。

3 称赞摩西,"为人极其谦和,胜过世上的众人",使得他可以战胜一切敌人。

> 因为这样的温柔,上帝使他不战而胜,正如篡位者约翰被俘虏和随后野蛮人狼狈逃窜所清楚表明的。宇宙的上帝已经赐予我们时代的这位最敬虔的皇帝以超自然的佑助,类似于之前赐予义人的那样。①

索佐门(约400—约450年)在440—443年写成其《教会史》,题献给狄奥多西二世,其中9.6描述了罗马陷落。他首先比较东、西部帝国在当时的差异:

> 东部帝国远离战争的邪恶,治理非常有序,与所有的期待相反,因为它的统治者还很年轻。与此同时,西部帝国却陷入各种混乱,因为许多暴君起来争权。②

在410年时,狄奥多西二世才登基两年,仅仅九岁,的确可以算是"还很年轻",而其治理有序应当更多是出于上帝的青睐,并非其自身的治理能力。由于在第二次罗马被围中,异教徒元老打算在卡皮托利山举行公开的异教献祭以求解围,索佐门就将这次围城解释为上帝对异教徒的惩罚。

> 所有理智清楚的人都注意到,这一围城给罗马人所招致的灾难都是上帝的忿怒的标记,以洁净他们脱离奢靡、放纵和对待彼此与对待外乡人的各种不义之举。③

对于阿拉瑞克前去第二次围困罗马,苏格拉底和索佐门都记载说,

---

① 苏格拉底,《教会史》7.42,转引自 NPNF 2-2。
② 索佐门,《教会史》9.6,转引自 NPNF 2-2。
③ 索佐门,《教会史》9.6,转引自 NPNF 2-2。

有修士前来劝阻他不要如此，否则会造成众多灾难，但后者辩解说，这不是出于自己的意志，而是有某种不可抵挡的力量在迫使他这样做，他最终就这样做了。[①]

在苏格拉底和索佐门的描述中，我们可以看到三处共同点。其一，他们都看到了东、西部帝国的差异，盛赞东部帝国的治理有方和皇帝的年轻有为。狄奥多西二世不仅个人敬虔，还以温柔对待教士，如同新摩西，得到了上帝的极大佑助，是基督徒皇帝的新范例。其二，他们都记载了阿拉瑞克与教士的对话，而类似于奥罗修斯的解释，都力图表明，他围困罗马不是出于自己的意愿，而是出于不可抗拒的上帝的意志，他自己不得不成为实现这一意志的工具，使罗马陷落是上帝对罗马人的各种败坏的惩罚。这一解释大致延承了旧约中犹太人对自己民族的痛苦历史的解释。其三，东部帝国之前派兵保卫了拉文纳，现在有传言说，又派兵来收复罗马，已经成为西部帝国的拯救者，正如狄奥多西一世两次西征打败篡权者马克西姆和尤金一样。苏格拉底和索佐门以东部帝国为主要视角，将之看作整个罗马帝国的继承者和保护者，君士坦丁堡也早已经成为真正的首都，而罗马陷落反倒成为东部帝国稳定兴盛的镜鉴。后续拜占庭帝国的历史也将表明，这一史观的有效性可以至少持续到千年之后，即1453年的君士坦丁堡陷落。

与之相对比，为了回应异教徒的质疑，奥古斯丁随即做了五篇布道，且从413年开始撰写《上帝之城》，在写作第11卷时要求从巴勒斯坦回来的奥罗修斯撰写一部历史资料集，后者在417—418年完成了《历史七书》的写作。

按照这一要求，奥罗修斯要依照时间顺序简要地梳理整个人类过去所经历的各种战争、疾病、饥荒、地震、洪水、火山爆发、闪电冰雹、杀亲等犯罪，其资料是从各种历史书和编年史中选取。在实际写作中，《历史七书》把人类历史划分为三个阶段，即从创世到罗马建城、从罗马建城到基督降生和基督降生以来。具体来说，第1卷是从世界被造和初人亚当被造，直到罗马建城之前；第2卷是从公元前753年罗马建城

[①] 参见苏格拉底，《教会史》7.10；索佐门，《教会史》9.6。

到高卢人攻占罗马；第 3 卷是从建城以来 364 年到 464 年，主要是亚历山大东征；第 4 卷是从建城以来 464 年到 606 年，主要是三次布匿战争；第 5 卷是从建城以来 606 年到 679 年，主要是罗马内战和逃奴战争；第 6 卷是从建城以来 662 年到奥古斯都统一国家，主要是罗马内战及其后续和平；第 7 卷是从建城以来 752 年到 1168 年（即公元 416 年），主要是基督降生和教会所经历的迫害与宽容。[①] 奥罗修斯的确很好地完成了资料整理的任务，但奥古斯丁很快就发现，其对人类历史的解释进路与自己大异其趣。

总体上来说，《历史七书》是把人类历史划分成两个阶段，即基督降生之前和之后。前六卷记录了基督降生之前的阶段，人类社会和罗马国家遭受的各种自然灾难和人为灾难不可胜数，而最为常见的灾难是连绵血腥的战争，上帝并不眷顾罗马，只是不使之被汉尼拔所灭亡。幸运的是，奥古斯都结束战争并开创了"罗马和平"，以致基督愿意在这个时代、在罗马帝国中道成肉身，在第一次人口普查中被称为罗马公民（《路加福音》2：1），使得罗马帝国远远超越之前的三大帝国。[②] 第 7 卷记录了基督降生之后的阶段，人类历史开始以罗马帝国为中心，迫害教会的皇帝各有惩罚，宽容教会的皇帝各有奖赏，而这一时代成为基督的时代，这一帝国成为基督救赎的工具。在当前的 416 年，基督教护佑下的罗马帝国四海咸宁，俨然成为最好的盛世。对此，奥罗修斯甚至说：

> 因此，我会很高兴地同意，如果从世界的开端直到现在，有任何东西能够被表明，其最终将得享类似的好运，那么这个基督时代就应当被自由地批判。我相信，正如借助我的言语，我们已经表明，且几乎证明了这一点，因为无数的战争已经结束，大量的篡权者已经被镇压，最野蛮的部落已经被打败、压制、征服和耗尽气

[①] 参见李隆国：《透过战争说和平：奥罗修与基督教史学的转型》，《历史研究》2009 年第 2 期，第 175—177 页。

[②] 参见奥罗修斯，《历史七书》6.22.6–8。

力,却只用了最少的流血,而没有战斗,也几乎没有任何杀戮。①

与哲罗姆相比,奥罗修斯坚持历史进化论,罗马陷落并不预示着末日降临,也不阻挡罗马帝国在基督时代进入盛世阶段。与之前的巴比伦陷落相比,罗马陷落只造成了极小的破坏,依然保存了皇帝和帝国,并不会复蹈前三大帝国灭亡的覆辙。其中的原因恰恰是罗马帝国的基督教信仰,基督徒入侵者与被入侵者在共同信仰下的宽恕中塑造出了新的团契关系。

> 看吧!巴比伦和罗马有着相似的开端、权势、国土面积、年岁、善好和邪恶,但他们的结束和衰落却是不相似的。巴比伦失去了她的王国,而罗马保有她的王国。巴比伦在她的王死后成为遗孤,而罗马和她的皇帝都是安全的。为什么会是这样呢?因为在那里,对其可耻的欲望的惩罚降临到巴比伦王身上;而在这里,基督宗教的恰当节制保持在罗马皇帝身上。在那里,没有对宗教的敬畏,放肆的狂暴就四处发泄自己的欲望;而在这里,有基督徒给予宽恕,有基督徒被给予宽恕,借助基督徒的记忆且在基督徒的记忆中,宽恕就被给予了。②

在奥罗修斯看来,阿里乌派异端与大公教徒都是基督徒,双方因为共同的基督信仰而在宽恕的德性上并无二致;正如在罗马陷落中是前者宽恕了后者,在镇压蛮族入侵者中则是后者宽恕了前者,这种信仰下的温情脉脉造就了罗马帝国的内忧外患得以迅速平息,使其在进入基督时代四百年后成为真正的盛世。

由此,我们可以看到,针对罗马陷落,同时代的教会精英们开始形成四种解释。其一,哲罗姆悲叹连连以致精神无依,将其作为末日降临

---

① 奥罗修斯,《历史七书》7.43.16-17,参见 Orosius, *Seven Books of History against the Pagans*, A. T. Fear trans., Liverpool: Liverpool University Press, 2010, p.413.
② 奥罗修斯,《历史七书》2.3.6-7,参见 Orosius, *Seven Books of History against the Pagans*, A. T. Fear trans., Liverpool: Liverpool University Press, 2010, p.77.

的开端。其二，苏格拉底和索佐门试图以君士坦丁堡作为新罗马，以东部帝国的稳定与兴盛来遮盖西部帝国的混乱与灾难，把整个帝国的光荣与梦想的发源地迁移到其新的继承地和发扬地，但当新罗马陷落和拜占庭帝国灭亡时，这一良苦用心就将归于虚空。其三，奥罗修斯几乎否认罗马陷落是一场灾难，反而近乎是基督徒在争夺尘世利益时的一次信仰排练，基督教已经治愈罗马在德性上的病症，使之正在进入盛世阶段，将会远远超越之前的人类历史和三大帝国的轮替。这种"厚今薄古"和"今胜于昔"的史观特色，[1] 也没有看到危机的迫近，即455年汪达尔人再次攻陷罗马和476年西部帝国最终亡于蛮族之手，将使得他无法再断言盛世的初现。如果他转向东部帝国，那么也会落入苏格拉底和索佐门的解释路径。正如吴飞所评价的：

> 奥罗修斯虽然把奥古斯丁的很多想法写到了书中，但他对世界历史的总体理解并未超出优西比乌的框架，仍然认为罗马在人类历史上具有至关重要的地位。他的《历史七书》更像对优西比乌的《编年史》的一部诠释，尽管有些自己的想法。[2]

在听闻罗马陷落所导致的各种灾难之后，与以上教内同事相同的是，奥古斯丁也坦承："的确，我们听到了许多报告，我们都为之悲叹，时常泪水盈眶，难以得到安慰。"[3] 但与他们不同的是，在布道和《上帝之城》中，奥古斯丁对罗马陷落提出了革命性的解释路径，即截然划分开地上之城与上帝之城，以永恒的不变性超越时间的流变性，使基督信仰得以超拔出尘世国家，而不受后者兴衰存亡的影响和制约。

四 奥古斯丁论罗马陷落

在罗马陷落之后，大量难民逃到北非地区，带来了这一令人震惊的消息。佩拉纠从罗马来到迦太基避难，与奥古斯丁稍远隔座相见，之后

---

[1] 参见夏洞奇：《奥罗修重放光芒？》，《世界宗教研究》2015年第1期，第126—132页。
[2] 吴飞：《奥古斯丁与罗马的陷落》，《复旦学报》2011年第4期，第70页。
[3] 奥古斯丁，《论罗马城的陷落》3。

就动身前往巴勒斯坦，两人没有过直接交流。罗马的陷落搅扰人心，异教徒的责难也回响耳边，"罗马的守护神没有拯救罗马，是因为他们已经抛弃了它。只要他们还在的话，他们就会保护罗马"；① 基督徒也会质疑，虽然罗马在异教徒时代被攻占过一次，但为何帝国已经以基督教为国教，而其精神首都却再次被蛮族劫掠，上帝为何没有保卫罗马？② 而既然上帝愿意为十个义人就不摧毁所多玛，难道在罗马找不到这么多的义人吗？③ 为了及时做出回应，奥古斯丁在 410 年 9 月到 412 年初先后做了五篇布道，都论及罗马陷落；随后从 413 年开始写作《上帝之城》，系统考察罗马陷落带来的更多问题。

这五篇布道分别是 410 年 9 月 25 日的《布道》24、410 年底的《布道》81、411 年 6 月 29 日的《布道》296 即《论罗马城的陷落》(De excidio urbis Romae)、411 年夏的《布道》105（于迦太基）和 411 年底或 412 年初的《布道》397。④ 关于《上帝之城》的写作缘起，奥古斯丁回顾说：

> 哥特诸部族在他们的王阿拉利克带领下劫掠了罗马，这场巨大的灾难性攻击使罗马饱受摧残。众多伪神的服侍者，也就是我们通常称为异教徒的，总想把这种摧残归罪给基督教，从此用更加尖刻和更加野蛮的方式污蔑真正的上帝。因为，我为上帝的殿，心里焦急，如同火烧，于是决定写《上帝之城》诸卷，以反对他们的污蔑或谬误。⑤

对于写作结构，《上帝之城》可以清晰划分为前十卷和后十二卷，其中前十卷划分为第 1—5 卷和第 6—10 卷，分别论证异教神祇既不能

---

① ［英］彼得·希瑟：《罗马帝国的陨落：一部新的历史》，向俊译，中信出版社，2016 年版，第 221—222 页。
② 参见奥古斯丁，《布道》81.9。
③ 参见奥古斯丁，《论罗马城的陷落》2。
④ 参见吴飞：《奥古斯丁与罗马的陷落》，《复旦学报》2011 年第 4 期，第 67 页。
⑤ 奥古斯丁，《回顾篇》2.43.1-2；中译文参见［古罗马］奥古斯丁：《上帝之城》（上），吴飞译，上海三联书店 2022 年版，第 3—4 页。

带来今生的幸福，也不能带来来生的幸福；后十二卷划分为第 11—14 卷、第 15—18 卷和第 19—22 卷，分别论证地上之城与上帝之城的开端、发展和结局。① 对于写作进度，奥古斯丁在 413 年 9 月完成《上帝之城》第 1—3 卷，在 415 年完成第 4—5 卷，② 在 417 年写作第 11 卷，③ 第 15—16 卷完成于 419/420 年完成的《旧约前七书问题》(Quaetiones in Heptateuchum)之后，在 425 年写作第 18 卷，④ 在 427 年完成全书。可以看到，《上帝之城》的写作贯穿于奥古斯丁晚期与佩拉纠派的艰苦论战之中。

在《布道》81.9 中，奥古斯丁正面回应，罗马为何在基督时代陷落。首先，这次陷落不是罗马被摧毁，而只是被鞭打；罗马人只要赞美上帝，就不会灭亡；罗马城由砖石砌成，建城毁城不过是砖石的聚散。其次，罗马城是罗慕洛所建，整个世界是上帝所造；正如所造的人终将死亡，上帝所造的世界终将毁灭，而人手所建的城也终将毁灭。最后，罗马的异教徒所崇拜的神不过是在特洛伊被打败的神，这些神当初没有能力保卫特洛伊，现在自然也没有能力保卫罗马。这一回应分别指明了如下三点：罗马陷落的实际损失并不重大，并非天崩地陷；罗马根本不是"永恒之城"，终将与世界一起按照上帝的意志而毁灭；与异教神祇没有能力保卫罗马相比，基督教的上帝不是没有能力，而是没有意愿保卫罗马。⑤

对于借罗马陷落攻击基督教的论调，奥古斯丁在《上帝之城》1.3 中就首先批评，罗马的异教徒没有资格这么说，因为他们在陷落期间曾经跑到基督教堂中避难，甚至还假装忏悔才保住性命，现在出来攻击是忘恩负义的行为。

那些坏事，本是由于卑下的品行，他们应该承受的，他们却亵

---

① 参见奥古斯丁,《上帝之城》10.32.4。
② 参见奥古斯丁,《书信》169.1.1。
③ 参见奥罗修斯,《历史七书》1, Preface.11。
④ 参见奥古斯丁,《书信》184A.3.5。
⑤ 参见奥古斯丁,《布道》81.9。

渎地归给了基督；他们还是靠了基督得以免于这些灾祸，却根本不肯考虑这些，而是疯狂地极尽亵渎之能事，摇唇鼓舌攻击他的圣名。而他们正是使用了这唇舌，谎话连篇，借着他的名字才活下来。或是在基督的神圣殿堂，他们恐惧地翘舌噤声，得到了他的守卫与保护，在敌人面前才毫发未损，但从里面出来后，他们反而充满了憎恨与敌意来攻击他。①

可以想象，如果遇到城市陷落的情况，其他异教徒也会如法炮制，就都没有资格来如此攻击基督教。

至于罗马陷落所引发的宏大思考，我们将留待下一章来深入考察。以下先行考察奥古斯丁在411年6月29日专门做的《布道》296，即《论罗马城的陷落》。这一布道主要针对的问题是，基督徒和异教徒都追问：既然上帝愿意为十个义人就不摧毁所多玛（参见《创世记》18：17-32），难道在当今罗马城里却找不到这么多的义人吗？在基督时代，上帝为何不饶恕充满基督徒的罗马城呢？

在布道中，奥古斯丁分步骤进行了回应。

其一，所有人都有罪，在罗马的确找不出真正的义人。以圣经中的三个人来代表三类人，即挪亚在洪水中驾驶方舟，代表着掌管教会的好人，但以理代表禁欲的圣人，而约伯代表结婚且生活幸福的人。但即使如此，但以理仍然忏悔自己的罪，以致没有人可以声称自己没有罪。上帝先使用戒律来矫正罪人，最后才使用审判，像个仁慈的父亲对待不肖的儿女。

其二，不像所多玛被完全毁灭，罗马城和罗马人都没有被毁灭，而只是被惩罚，其所承受的痛苦并不严重。有人被掳不过像但以理被掳那样，有人被杀不过像先知和使徒被杀那样，有人受苦不过像约伯受苦那样。以约伯为例，相较于身体生蛆化脓，刀剑的伤害要更容易承受，而相较于活受罪，死亡要更少痛苦，但约伯并没有像其妻子所建议的那样，咒诅上帝而死以避免如此痛苦，导致他的身体破碎销毁，但灵魂却

---

① 奥古斯丁，《上帝之城》1.3；另参见奥古斯丁，《上帝之城》1.1。

整全光鲜。正如圣经中所说:"因为耶和华所爱的,他必责备,正如父亲责备所喜爱的儿子。"(《箴言》3:12)我们也应当承认:"约伯不敢说,自己没有罪,即使他遭受痛苦不是出于惩罚,而是出于试探。在遭受痛苦时,我们每个人都应当这样说。"① 相较于将来永久的地狱之罚,当前的痛苦不过是暂时的,旨在矫正而非惩罚。

其三,对于在城破中被杀的基督徒,只要生前过着敬虔的信仰生活,他们的死反而使其脱离了肉体的痛苦,不再担心地上的饥饿、敌人、追索者和压迫者。他们之前在地上活着就像是死了,现在在地上死了反而在天上是活着的。

其四,在400年,君士坦丁堡在阿卡狄乌斯皇帝当政时也经历了毁城的异象,但皇帝和民众的悔罪使得城市得以幸免,就像《约拿书》中所记载的尼尼微城那样。在《布道》296.7中,奥古斯丁细致记载了这一事件。上帝向君士坦丁堡的一位基督徒官员显明异象,告诉他将有火从天上降下烧毁该城。这位官员告诉了主教,而主教就告诉了民众,民众在惊恐中纷纷悔罪。到了所说的时候,东边暮色中有火状的云出现,逐渐增大覆盖全城,有火出现在天空,空气中有硫黄的味道,每个人都逃进教堂,四处寻求洗礼,甚至在家里、街上和广场上都是如此,之后火云才渐渐消失。随后又有异象说,在下一个周六,君士坦丁堡将被毁灭,全城人必须离城。到了所说的时候,民众与皇帝都离开该城,在远处祷告上帝,看见巨大的烟升起,但后来渐渐消失。派去的人回来报告说,城并没有被毁,众人才在赞美上帝中得以归回。②

其五,与所多玛相比,上帝宽恕和拯救了罗马城,旨在矫正而非摧毁,使得敬虔者被洁净,而不敬虔者被定罪。"的确,在其不可言说的

---

① 奥古斯丁,《布道》296.4;参见 E. M. Atkins & R. J. Dodaro eds., *Augustine: Political Writings*, Cambridge: Cambridge University Press, 2004, p. 210.
② 奥古斯丁所描述的事件很可能是君士坦丁堡在400年经历的地震,期间引发火山爆发,从而空气中有硫磺,又有烟柱出现。参见 Averil Cameron, "Earthquake 400", *Chiron*, Vol. 17, 1987, pp. 351–354; D. Woods, "An Earthquake at Constantinople: Augustine's '*De Excidio Urbis*' VI. 7", *Augustiniana*, Vol. 42, 1992, pp. 331–337.

仁慈中，上帝将会保守那些他知道将被拯救的人，以致他们会悔罪。"①这一预定论表述使得，地上之城中所遭受的苦难是上帝施展拯救的工具，每个罪人都不能抱怨，而只能在悔罪中等待最后审判的结果。

虽然也认可，人类历史可以划分为基督降生之前和之后两个阶段，但不同于奥罗修斯的是，奥古斯丁明确否定了历史进化论；不同于苏格拉底的是，他也明确否认东部帝国例外论。首先，以旧约的三位人物为例，没有人能够成为完全的义人，对其罪的惩罚或赦免都出于上帝的公义，罗马城中的所有人对此也无可抱怨。其次，罗马沦陷并非近乎没有破坏，而是的确发生了许多犯罪，基督徒的德性与蛮族士兵的残酷并存。其陷落并非无足轻重，而是同样表明了上帝对罪人的惩罚。再次，基督降生在奥古斯都治下并不意味着，他认可罗马帝国，或以成为罗马公民为自豪，反而同样遭受了很多苦难；罗马终究是地上之城，与将来的天上之城有着截然差异，从不会达到所谓的盛世。最后，在罗马陷落之前，君士坦丁堡就经历过地震，并非东部帝国就国泰民安，基督信仰并不拯救西部帝国或东部帝国，而是二者同样要经受上帝所施与的惩罚或矫正，只有悔罪皈依才有可能得到赦免和拯救。

总体来说，《布道》296 的论证目的尚还十分有限，仅仅反驳了很多基督徒的抱怨，即上帝为何允许罗马陷落，但要全面反驳异教徒的抱怨，即基督教是否罗马陷落的原因，则要等到《上帝之城》的写作，前者的大部分论证也都被纳入后者的第 1 卷中。②

第三节　蛮族入侵威胁与奥古斯丁的回应

博尼费斯是奥古斯丁晚年所交往的行省将军，二者的多封通信前后历时十年之久，见证了罗马帝国与北非地区在 5 世纪上半叶的政治、军

---

① 奥古斯丁，《布道》296.9；参见 E. M. Atkins & R. J. Dodaro eds. , *Augustine*: *Political Writings*, Cambridge: Cambridge University Press, 2004, p. 214.

② 参见 Marie Vianney O'Reilly, *Sancti Aurelii Augustini De Excidio Urbis Romae Sermo*: *A Critical Text and Translation with Introduction and Commentary*, Washington, D. C. : The Catholic University of America Press, 1955, pp. 7 – 9.

事博弈。对于北非地区来说，土著部落的侵扰一直是祸患，而汪达尔人的大举入侵更是重大灾难。奥古斯丁最初劝勉博尼费斯坚守军事岗位，作为虔诚的大公教徒以手中的剑保卫北非地区的和平与大公教会的安宁；最后劝勉他停止反叛帝国宫廷，摈弃世俗的贪欲而重拾之前的修道理想。然而，对于博尼费斯来说，与奥古斯丁的交往仅仅是其信仰生活中的插曲，其容忍阿里乌派、军事反叛和引狼入室都不过是谋求自己尘世利益的手段。这些就表明，主教的权威在军政大员面前并没有可靠的约束力，后者的德性、信仰和政治雄心才是其行事为人的基础，他们甚至可以不顾皇帝或宫廷的权威。

一 帝国将军博尼费斯其人

博尼费斯（Boniface 或 Bonifatius）出身行伍，在历史上第一次出现于 413 年率军抵御西哥特王阿陶尔夫，其军旅生涯从多瑙河畔，辗转到马赛，再到迦太基。他在 417 年之前成为驻守北非地区的将军（military tribune），在 423 年实际上成为非洲扈从将军，主要职责是防范汪达尔人的入侵，在 425 年前往宫廷，被正式任命为宫廷和非洲扈从将军（comes domesticorum et Africae），之后再次回到北非驻守。在 427 年，他被敏感的宫廷视为潜在的反叛者，被敌对派将军埃提乌斯（Flavius Aetius）、菲利克斯（Flavius Constantius Felix）和摄政太后加拉·普拉西提阿排挤，陷入一场政治和军事阴谋。面临如此境遇，他像之前的赫拉克里安一样拥兵反叛，在两年中打败宫廷派来围剿的军队，期间与汪达尔人勾结，开放直布罗陀海峡，引诱其在 428 年或 429 年春入侵北非地区，试图以此来增加自己与宫廷博弈的筹码。在 432 年，他与宫廷达成和解并被召回意大利，作为将军在里米尼（Rimini）附近打败埃提乌斯，并于同年去世。[①] 在个人生活方面，博尼费斯的第一任妻子在 420 年左右去世，这使得他一度对大公教会的修道生活产生兴趣；但在 425 年从宫廷回来后，他迎娶了富有的第二任妻子佩拉吉娅（Pelagia），其

---

① 参见 E. M. Atkins & R. J. Dodaro eds., Augustine: Political Writings, Cambridge: Cambridge University Press, 2004, pp. 229 – 230；夏洞奇:《尘世的权威：奥古斯丁的社会政治思想》，上海三联书店 2007 年版，第 253 页注释 5。

妻子信仰阿里乌派，并允许他们的女儿和女仆都受洗或再洗礼为阿里乌派，还在妻子之外拥有若干情妇，完全抛弃了之前的修道理想。

之前的摩尔人将军吉尔多是当地人，在北非地区拥有大量的地产，会关注北非地区的安全。与之相比，博尼费斯是职业将军，其利益仅仅在于军事胜利和与宫廷的关系，对北非地区没有天然的义务，可以为了维护自己在帝国中的地位而不惜牺牲北非地区的利益。① 盖萨里克（Geiserich，约389—477年）率领汪达尔人与阿兰人渡过直布罗陀海峡，迅速攻占了毛里塔尼亚和努米迪亚。不像西班牙地区，北非地区大公教会主教既没有组织武装抵抗，也没有主动选择殉道，反而束手无策，如同待宰的羔羊。博尼费斯之后下令抵抗，但很快被打败。汪达尔人在430年围困并攻破希波，最终在439年攻占迦太基，其建立的汪达尔王国在442年得到瓦伦廷三世的承认，在474年得到东罗马帝国皇帝芝诺的承认。其间，汪达尔人不断袭扰意大利地区，在455年严重洗劫罗马城，还干预西部帝国的内部斗争，几次中断对之的粮食供应，在468年打败东、西部帝国的联合讨伐。② 虽然同属于基督徒，但汪达尔人信仰阿里乌派，对大公教会和残存的多纳图派都多有迫害。③ 后续历史表明，为了一时私利，博尼费斯的做法成为"导致西部帝国痛苦自杀的最后几步之一"④。

二 奥古斯丁与博尼费斯的通信

从出任主教伊始，与地方、行省或宫廷军政要员的交往就是奥古斯丁的工作内容之一，而主政人物的更替和帝国气运的变化都要求其不断调整工作策略。正如夏洞奇所看到的：

---

① 参见 Peter Brown, *Augustine of Hippo: A Biography*, a new edition with an epilogue, Berkeley and Los Angeles: University of California Press, 2000, p. 426.

② 参见［德］哈特温·布兰特：《古典时代的终结：罗马帝国晚期的历史》，周锐译，上海三联书店2018年版，第144—147页。

③ 参见 Augustine Casiday and Frederick W. Norris eds., *The Cambridge History of Christianity: Volume 2, Constantine to C. 600*, Cambridge: Cambridge University Press, 2007, pp. 240–241.

④ Brent Shaw, *Sacred Violence: African Christians and Sectarian Hatred in the Age of Augustine*, Cambridge: Cambridge University Press, 2011, p. 773.

在马科林死后，大受挫折的奥古斯丁一度淡出了北非的政治舞台。在416年重返迦太基之后，他更加重视那些在北非掌握实权的军政要员，努力争取他们对公教会的理解和支持。在这些工作中，写给驻防北非之重要将领博尼费斯的书信185就是一例。①

早在409年，霍诺里就敕令，攻击大公教会神职人员和教堂的行为都应当由政府来执行惩罚，如果有难处，比如攻击者人数众多或距离偏僻，则大公教会可以报告北非将军派军队将之捉拿归案。② 作为高级军事长官，博尼费斯从417年直至432年驻守北非地区，前后长达十五年，掌握着北非诸行省的实际控制权，其军队是"唯一有效的警察力量"，是帝国法律的执行者。虽然不喜欢军人对当地民众的欺压，但奥古斯丁必须与博尼费斯等打交道，要求其积极执行帝国强制多纳图派的敕令，同时要求其保卫北非地区，以不受内陆土著居民和虎视眈眈的蛮族的袭扰。③ 博尼费斯的军队中有大量哥特人，而他们是阿里乌派基督徒，这使得奥古斯丁的异端批判和教会合一努力仅仅适用于多纳图派。

奥古斯丁给博尼费斯写过五封书信，分别是《书信》185、185A、189（417年），17﹡（约424年）和220（428年），时间从417年博尼费斯驻守北非之初，到428年其与拉文纳宫廷开战。其中，《书信》185A是仅包含一句话的残段，赞许博尼费斯在繁忙的军务中仍然关注大公信仰且愿意北非教会从分裂回归合一，与《书信》185的开头问安类似，可能写于同一时期。④《书信》17﹡也非常简短，主要是向博尼费斯报告，一些人前去迦太基拜见他，却被风暴吹到希波且损失惨重，希波大公教会尽力帮助他们重新启程，之后赞许了他的大公信仰。

---

① 夏洞奇：《尘世的权威：奥古斯丁的社会政治思想》，上海三联书店2007年版，第328页。
② 参见《狄奥多西法典》16.2.31。
③ 参见 Peter Brown, *Augustine of Hippo: A Biography*, a new edition with an epilogue, Berkeley and Los Angeles: University of California Press, 2000, p. 425.
④ 参见奥古斯丁，《书信》185A。

三　围绕政治问题的劝勉

《书信》185 是一封多达 51 段的长信，旨在向博尼费斯全面阐发大公教会应对多纳图派的立场与理由。其中，奥古斯丁首先区分阿里乌派和多纳图派，前者的谬误是不承认三位一体，后者的谬误是抵挡教会的合一，而大公教会必须是世界范围内的大而公之教会；其次介绍多纳图派的起源及其热衷暴力和殉道，阻碍了北非教会的合一；再次，以保罗皈依为事例来论证大公教会采取宗教强制政策的合理性，以马克西米安被殴一案来论证大公教会可以援引皇帝敕令来具体执行宗教强制；又次，在具体做法上，大公教会并不垂涎多纳图派的财产，回归的多纳图派主教可以保留圣职和原来的教堂；最后，如果多纳图派拒绝合一，就是不相信基督，从而犯了"干犯圣灵"（《马太福音》12：32）的罪，会永不得赦免。

大公教徒福斯图斯（Faustus）将《书信》185 送给了博尼费斯，后者热情地要求奥古斯丁再写信来，以坚固自己的大公信仰，奥古斯丁同年就写了充满劝勉的《书信》189。其中，在鼓励博尼费斯践行爱的两条诫命和追求属天幸福之后，奥古斯丁主要论证了作为世俗职业的军人身份与作为宗教信仰的基督徒身份的相容，要求他成为人类和平和地上安全的缔造者和维护者，以之来盼望神圣的和平与永恒的安全。

在《书信》189.4-6 中，奥古斯丁援引圣经中的多则故事，包括耶稣在迦百农医治一个百夫长家的仆人（《马太福音》8：8-10、《路加福音》7：6-9），施洗约翰教训前来受洗的士兵，"不要以强暴待人，也不要讹诈人，自己有钱粮就当知足"（《路加福音》3：14），使徒彼得给百夫长哥尼流一家施洗（《使徒行传》10：1-33），用以论证，军人这一世俗职业并不妨碍成为敬虔的基督徒，全身心修道祷告有益处，率军防范野蛮人也有益处。

> 的确，那些舍弃了所有这些属世行为且以禁欲的完全圣洁来服事上帝的人占据着更高的位置。然而，正如使徒保罗所说："只是各人领受上帝的恩赐，一个是这样，一个是那样。"（《哥林多前

书》7：7）由此，其他人以祷告为你抵御不可见的敌人，而你以战斗为他们抵御可见的野蛮人。只要各人都分享同一个信仰，那么斗争将会是轻省的，魔鬼及其天使将会更容易被打败。①

按照所领受的恩赐不同，不是每个人都必须放弃尘世中的职业和岗位来追求脱离尘世的圣洁生活；只要"分享同一个信仰"，各个职业就各有益处，各人也应当立足于自己的特定职业和岗位来践行爱的诫命。奥古斯丁教导说，作为职业军人，博尼费斯是在以刀剑来保护基督教会，以刀剑之下的战争来维护尘世之上的和平；在战争中要充满勇气，在胜利后要安抚敌人，因为战争只是必要的手段，和平才是最终的目的，而且这一和平也要临到被征服者。

博尼费斯在427年拥兵反叛宫廷，而奥古斯丁在428年给他撰写了《书信》220，让执事保罗为信使，其中回顾了博尼费斯与自己的交往，指责他之后贪恋尘世而未能履行其军事职责。在丧妻之初，博尼费斯意识到今生的虚无，就有意放弃官位，进入修道生活以服事上帝。奥古斯丁和阿利比在图布纳（Tubuna）单独与博尼费斯讨论灵魂和他的这一意图，指出他当前的军事职务正是在服事基督的教会，"即你一心一意地要使众教会过上安静而和平的生活，就像使徒保罗所说的，以全部的敬虔和圣洁保护其不受野蛮人入侵的袭扰"②；而只要不贪恋尘世，过圣洁的禁欲生活，他就可以在有形的军事武器之外被装备上更强大的属灵武器。博尼费斯还曾经专程来到希波拜访，但奥古斯丁当时身体虚弱，几乎不能与之说话，使得二者的会面效果大打折扣。

然而，不久之后，上述善良的意图很快被博尼费斯抛诸脑后，大公教会对之的美好期许也化为梦幻泡影。在家庭事务上，博尼费斯放弃禁欲生活，迎娶了信仰阿里乌派的第二任妻子，并允许自己女儿接受阿里乌派的洗礼，允许作为大公教徒的女仆们接受阿里乌派的再洗礼，在妻

---

① 奥古斯丁，《书信》189.5；参见 E. M. Atkins and R. J. Dodaro eds., *Augustine: Political Writings*, Cambridge: Cambridge University Press, 2004, p. 216.
② 奥古斯丁，《书信》220.3；参见 E. M. Atkins and R. J. Dodaro eds., *Augustine: Political Writings*, Cambridge: Cambridge University Press, 2004, pp. 219-220.

子之外还有若干情妇。在政治事务上，他公开反叛宫廷，并声称自己是正义的。奥古斯丁没有置评其反叛的原因是否符合正义，但肯定这是出于贪恋此世的善好，已经不像之前还是上帝的仆人。在军事事务上，博尼费斯也没有忠于军人的职守，并未着力组织抵抗蛮族对北非地区的袭击。相较于多纳图派的零星暴力，北非内陆蛮族和即将到来的北方蛮族才是当时北非地区和大公教会所面临的最为危险的敌人。对蛮族入侵的军事防御完全依赖于博尼费斯所率领的帝国军队，而后者不积极作为直接导致了大公教会不得不承受严重后果。

虽然不置评反叛宫廷的是非曲直，但奥古斯丁明确批判博尼费斯在防御蛮族上的不作为，以致不能保证北非地区和大公教会所需要的尘世和平。

> 其下，我要怎么说在非洲发生的大破坏呢？非洲的野蛮人在这里正取得胜利，没有遇到任何抵抗，只要你还处在当前的状态，关注于你个人的需要，而不组织防御以避免这一灾难。当初你在非洲被任命为宫廷和北非扈从将军，拥有崇高的权威和庞大的军队，之前作为军团将校时就借助不多的联盟军队进攻且平定了同样那些部落，但现在谁还会相信这一点呢？谁还会害怕，野蛮人现在已经变得如此大胆，进攻到如此之远，造成了如此大的破坏，劫掠了如此广泛的地区，使如此多的原本充满人烟的地方变得荒凉？肯定的，任何人都会预言说，只要你获得扈从将军的职位，非洲的蛮族就不仅会臣服，甚至最终会成为罗马帝国的进贡者。但现在，你能够看到，人们的希望是怎样被彻底颠覆的。我不需要再耗费笔墨与你讨论这些：比起我的文字，你对此将有更多的想法。①

针对博尼费斯可能将上述境况归咎于自己被与宫廷的战争所拖累，奥古斯丁明确说，自己并不旨在听取双方的申辩并做出判断，也不旨在

---

① 奥古斯丁，《书信》220.7；参见 E. M. Atkins and R. J. Dodaro eds., *Augustine: Political Writings*, Cambridge: Cambridge University Press, 2004, pp. 221–222.

对尘世事务提供建议,而是仅仅提醒他,罗马帝国把诸般属世的善好已经给予了博尼费斯,他不应当以恶报善;而即使帝国宫廷所行有亏,他作为基督徒也不应当"以恶报恶"(《罗马书》12:17;《帖撒罗尼迦前书》5:15)。在此之外,奥古斯丁仅仅针对信仰事务提供劝勉,就援引《约翰一书》2:15-17,以灵魂的内在洁净来要求博尼费斯先行"破心中贼"(《王阳明全集·与杨仕德薛尚谦书》),即"你内在的且不可见的敌人",而这一敌人就是属世的各种贪欲。

> 征服引导你去爱世界的诸般激情;为你过去的恶行忏悔,因为那时候,在这诸般激情的鼓动下,你就被各种虚空的贪欲所拖行。如果你拥抱这一建议,如果你紧握住和坚守住,你就将获得那些安全的善好,你也将在那些不安全的善好中自由行动,不会置自己的灵魂于险境。①

在书信的最后,奥古斯丁还要求博尼费斯说服其现任妻子守贞,自己则摆脱贪欲的牢笼,忠于自己的军事职责以寻求和平,去以属世的善好来做善好的事工,且为了属世的善好去避免做恶的事工。

《书信》220应当是写于汪达尔人入侵之前,因为奥古斯丁仅仅提及北非内陆蛮族的侵袭,对北非地区的安全局面还没有绝望,不同于430年汪达尔人围困希波时的极度冷峻。在本封书信中,奥古斯丁在神学层面上设定了有朽与不朽、暂时与永恒之间的对立,仍然鼓励博尼费斯能够重拾当年在军事上抵御内陆蛮族入侵时的忠诚勇武,也重拾当年丧妻之初一度向往修道生活的赤诚之心。然而,在现实层面上,政治形势与军事形势的急剧变化远远超出所有人的预期,宫廷与博尼费斯必须在新形势下做出各自的决断,而这些远不是奥古斯丁所能体会到的。在此境况下,除了要求对蛮族入侵进行军事防御之外,奥古斯丁放弃了对其政治事务的干预。这是因为,他仅仅是从别人的传言和公开事件中才

---

① 奥古斯丁,《书信》220.9;参见 E. M. Atkins and R. J. Dodaro ed., *Augustine: Political Writings*, Cambridge: Cambridge University Press, 2004, p. 223.

得知博尼费斯的家庭重组和武力反叛，而不能像安布罗斯那样全面且及时地掌握宫廷内部和高层政治斗争的具体动向，从而无法对之做出准确反应以表达大公教会的立场。与此相应，鉴于政治信息的匮乏和滞后，奥古斯丁只能普适性地教导基督教道德，要求博尼费斯谨守将军的世俗职务和基督徒的信仰本分。然而，在生死攸关的权力斗争中，这一抽象的道德教导既无法对博尼费斯形成有效约束，也无法维护大公教会的世俗利益。帝国、将军与即将到来的汪达尔人围猎政治权力，北非地区不过是其围猎场，而北非大公教会则只能是这场围猎的旁观者，在飘摇的时代风雨中艰难求生，其间的诸般尴尬和无奈正是奥古斯丁面对博尼费斯时的感受。

在出任主教之后不久就写信给希波官员优西比乌，到临终之前还写信给宫廷派到北非地区来调停反叛的高级官员达瑞乌斯（Darius），奥古斯丁积极向各级官员阐释大公教会在教会分裂、地区安全等议题上的立场，利用主教身份对平信徒官员或将军进行教义教导和道德劝勉，着力构建通向上层的私人关系，为大公教会争取政治上和军事上的支持。然而，主教的朋友也可以转变为主教的敌人，宫廷与官员往往基于自身的利益变化而调整宗教政策，决定性地影响着大公教会所面临的处境，而大公教会只能努力去适应这一处境，其影响皇帝与官员决策的能力与效果都极为有限。

从《书信》189论证基督信仰与士兵身份的相容，到《书信》220劝勉帝国将军积极抵御蛮族入侵，奥古斯丁实际上肯定了尘世和平的重要性与正义战争的合理性；而为了以正义战争来实现尘世和平，他也进而肯定了尘世国家的有限但关键性的积极价值。与此相呼应，在对上帝之城与地上之城的划分中，奥古斯丁就既不会将地上之城简单地等同于尘世国家，也不会把尘世国家简单地看作魔鬼之城的一部分。

第四节　风雨如何同舟：刀剑之侧的大公教会

在《论花环》中，德尔图良描述说，古希腊神话和异教崇拜有头戴花环的装扮，而一名基督徒士兵拒绝头戴花环来迎接皇帝的赏金，就被起诉以致殉道。① 一方面，他认为，基督徒从军是在试图服事两个主，即上帝和皇帝，而二者是不可得兼的。另一方面，由于官员主持的庆典肯定包含偶像崇拜仪式，他也反对基督徒出任公职。

对于基督徒是否可以参军，哈纳克（Adolf Harnack）总结了早期基督教的八点反对理由。（1）参军是打仗，而基督教原则上反对战争和流血；（2）官员会做出死刑判决，而士兵必须予以执行；（3）士兵对皇帝的誓言有违于对上帝的誓言；（4）皇帝崇拜在军队中非常盛行，而士兵很难避免；（5）官员会进行异教献祭，而士兵会不免参与其中；（6）军队标识有偶像崇拜的含义；（7）士兵在和平时期的行为有违于基督徒道德；（8）军队中的粗俗游戏和笑话也与偶像崇拜有关。②

虽然如此，3世纪的罗马军队中有着相当数量的基督徒，只不过在特定时期可能会受到迫害。在《教会史》7.15中，优西比乌就记叙了，军人凯撒利亚的马里努斯由于基督信仰而被斩首，其所受的指控是，"根据长期以来就已创制的法律，马里努斯没有资格享有任何罗马官阶，因为他是一名基督徒，而且从未向皇帝献过祭"③。甚至在4世纪初的大迫害中，军队中的基督徒也是首先遭到攻击的。④ 然而，在君士坦丁皈依之后，宗教宽容政策和军队标识的改变使得，基督徒从军不再有如此多的障碍。其后的主要问题是，在为皇帝而战的同时，基督徒士兵应当如何为上帝而战；在尘世和平的期许中，主教应当如何使用合法暴力来保护和促进基督信仰。

在四十年的圣职生涯中，奥古斯丁愈发深刻地认识到自己和北非大公教会的能力界限，以致一方面不得不把针对教会内部的教义争端和教派分裂的调解权让渡给帝国，依赖宫廷的政策调整来艰难应对多纳图派；另一方面完全不能从容应对帝国晚期在政治上和军事上的各种人员更替和重大变故，比如斯蒂利科被处死、罗马城陷落、马科林兄弟被处

---

① 参见德尔图良，《论花环》1、7；参见［古罗马］德尔图良：《护教篇》，涂世华译，商务印书馆2012年版，第194—195、203—206页。

② 参见 Adolf Harnack, *Militia Christi: The Christian Religion and the Military in the First Three Centuries*, Philadelphia: Fortress Press, 1981, p. 65.

③ 参见优西比乌，《教会史》7.15。

④ 参见优西比乌，《教会史》8.4。

死、博尼费斯叛乱和汪达尔人入侵北非地区等。在这种艰难而又被动的处境中，奥古斯丁谨慎地调整着北非大公教会的应对策略，并为之论证出更为适洽的教义基础。正如夏洞奇所评价的：

> 从根本上，奥古斯丁及其公教会的世俗权力是与晚期罗马帝国的基督教化程度相一致的：一方面，主教们不得不卷入某些世俗事务，也确实具有一定的干预世俗事务的能力；另一方面，在皇帝和高官面前，这种力量又是有限的。教会虽然能够影响国家，但反过来说，国家对教会的影响更是巨大的。面临强大的外部威胁时，教会不得不求助于皇帝，依靠政治权威来保护自己，并借助它来战胜对手。①

面对异教徒和多纳图派的刀剑伤害，奥古斯丁并非要求一味地忍耐殉道，而是积极求助于作为尘世国家的罗马帝国的刀剑保护，以后者的合法暴力来制止前者的非法暴力。

对于如何区分暴力的合法与非法，可以简要地说，合法暴力是公共性的，其行使主体必须是尘世国家及得到法律授权的官员，其具体手段必须是有节制的和仁慈的，其目的不是伤害，而是制止伤害；与此相比，非法暴力是私人性的，即没有得到法律授权，最为典型的是私人行使的、手段残忍的和以伤害他人为目的暴力行为。

一　寻求刀剑的保护：有权诉诸合法暴力

在奥古斯丁看来，非法暴力主要表现为以下三种：多纳图派特别是游荡派对北非大公教会的袭击、卡拉马异教徒对北非大公教会的袭击和部分基督徒聚众袭击异教神庙，都从属于宗教暴力。对于第三种情况，奥古斯丁虽然认可，异教神庙应当被摧毁和改造，但要求其必须在反异教法的授权下由地方官员来公开地执行，而不应当由基督徒以私人暴力

---

① 夏洞奇：《尘世的权威：奥古斯丁的社会政治思想》，上海三联书店2007年版，第307页。

来执行。对于卡拉马暴乱,他鼓励波斯都前往宫廷寻求皇帝的支持,以新的帝国敕令来要求地方官员制止异教徒的私人暴力。对于游荡派的频繁暴力,奥古斯丁则要求以反异端法来应对,主要使用经济手段,即处以巨额罚金,而不认可处以死刑或肉刑。对于并未实施非法暴力的其他多纳图派,宗教强制政策也意味着诉诸合法暴力,以最终实现教会合一。

大公教会自身并不使用刀剑,而是要求尘世国家以刀剑来保护自己。对于非法暴力,虽然不能"以恶报恶",但可以以合法暴力来制止。合法暴力的行使主体必须是尘世国家,表现为国家和法律的强制力量,具体表现为官员或法官的法庭判决和以军队武力为后盾的执行判决。在要求执行反异端法和帝国敕令的同时,奥古斯丁积极影响这些法律的执行,不仅否定死刑和肉刑的适用性,甚至还为多纳图派主教克里斯宾求情,要求法官免除其十磅金子的罚金。① 这样不仅制止了异教徒和游荡派的非法暴力,又在教会合一的愿景中彰显了北非大公教会的仁慈。

在《书信》134 中,奥古斯丁劝勉阿普林格,应当以仁慈来处置游荡派中犯谋杀罪的暴力行径。

> 以良善来与恶人战斗。他们放任其骇人的怒气,活生生地撕扯下人的肢体。而您应当以仁慈行事,确保他们用以作恶的肢体被完整地用于某些有益的工作。他们没有饶恕上帝的仆人,后者正在向他们布道以使之改过自新。而在他们被逮捕时,在被带到您面前时,在被定罪时,您却应当饶恕他们。他们用不敬虔的刀剑去流基督徒的血,而为了基督的缘故,您应当避免用法律的刀剑来流他们的血。②

正如应对游荡派的宗教暴力,在面临蛮族的入侵威胁时,北非大公

---

① 参见奥古斯丁,《书信》88.7。
② 奥古斯丁,《书信》134.4;参见 E. M. Atkins & R. J. Dodaro eds., *Augustine: Political Writings*, Cambridge: Cambridge University Press, 2004, pp. 65-66。

教会也积极寻求刀剑的保护，即诉诸尘世国家来发动正义战争。在《书信》220 中，奥古斯丁劝勉博尼费斯忠于职守，抵御北非内陆蛮族的入侵。在写于 429/430 年的《书信》229 中，他也劝勉前来调停的达瑞乌斯：

> 对于那些战斗的人，如果他们是良善的，那么当然是为了和平，但仍然是通过流血。与此相反，您被差派来是为了避免任何流血。对于其他人，前者是一种必然；而对于你，后者是一种喜乐。[①]

宫廷派军与博尼费斯打了两年仗，达瑞乌斯成功完成了调停。这一劝勉虽然鼓励其尽量避免流血，但在不能避免时，奥古斯丁明确认可，战争仍然是出于必然的选项，其目的却仍然是实现和平。

对于 5 世纪初的罗马帝国来说，和平主要意味着抵御北方蛮族的入侵。在希望帝国以合法暴力来保护北非大公教会的同时，奥古斯丁也为帝国的和平寻求必要的理论论证。其一，帝国为了和平可以发动正义战争，甚至可以先发制人以阻止战事的扩大。[②] 其二，基督徒应当摒弃德尔图良式的敌视世俗事务的态度，转而关心帝国的和平。其三，今生的羁旅生活并不意味着放弃对国家存在的论证；相反，在罗马的和平之下，基督徒才能更好地关注信仰，得以在尘世间证成其成圣的人生，最终在上帝的预知里实现他的预定。

二 避免刀剑的伤害：必须反抗非法暴力

在 411/2 年，马科林在《书信》136 中说，其官员朋友沃鲁西安向其他朋友朗读了奥古斯丁的来信，之后一起探究圣经教义，并有三个疑难问题想请教。其中第三个问题是，在罗马陷落之后，以沃鲁西安为代表的异教徒精英普遍质疑，基督教的伦理教导是否能够与罗马帝国的公

---

① 奥古斯丁，《书信》229.2；参见 E. M. Atkins and R. J. Dodaro eds., *Augustine: Political Writings*, Cambridge: Cambridge University Press, 2004, p. 226.

② 参见 J. Warren Smith, "Augustine and the Limits of Preemptive and Preventive War", *The Journal of Religious Ethics*, Vol. 35, No. 1, 2007, pp. 141-162.

民伦理相容。这具体是指,既然圣经中频繁教导,"不要以恶报恶",那么基督徒如何能够抵御蛮族入侵,如何能够打赢正义战争以保卫帝国。换言之,对于所遭受的非法暴力,基督徒是否只能一味地忍耐和饶恕? 而如果必须反抗这种暴力,那么圣经是否能够为之提供充分的教义基础?

从字面上看,耶稣和使徒的确频繁教导,应当甘心忍耐和饶恕别人的非法暴力。在《马太福音》5:38-41 中,耶稣论报复说:"你们听见有话说:'以眼还眼,以牙还牙。'只是我告诉你们:不要与恶人作对。有人打你的右脸(the right cheek/*dextera maxilla tua*),连左脸(the other/*alteram*)也转过来由他打(*si quis te percusserit in dextera maxilla tua praebe illi et alteram*);有人想要告你,要拿你的里衣,连外衣也由他拿去;有人强逼你走一里路,你就同他走二里。"随后在《马太福音》5:43-44 中,耶稣论爱仇敌说:"你们听见有话说:'当爱你的邻舍,恨你的仇敌。'只是我告诉你们:要爱你们的仇敌,为那逼迫你们的祷告。"在《路加福音》6:27-29 中,耶稣也有类似的教导:"只是我告诉你们这听道的人,你们的仇敌,要爱他;恨你们的,要待他好;咒诅你们的,要为他祝福;凌辱你们的,要为他祷告。有人打你这边的脸(the cheek),连那边的脸(the other)也由他打(*ei qui te percutit in maxillam praebe et alteram*)。有人夺你的外衣,连里衣也由他拿去。"除了上述诫命,保罗还说:"亲爱的弟兄,不要自己伸冤,宁可让步,听凭主怒(或作"让人发怒")。因为经上记着:'主说:"伸冤在我,我必报应。"'所以,'你的仇敌若饿了,就给他吃;若渴了,就给他喝。因为你这样行,就是把炭火堆在他的头上'"(《罗马书》12:19-20)。

与《路加福音》6:27-29 相比,《马太福音》5:39 更明确地说,被打了右脸则再转左脸由他打,并不因为前者而恼怒或报复,却以后者来表示"凡事忍耐"(《罗马书》12:12)。这些经文的字面含义是非常清楚的,几乎不存在歧义的可能。既然如此,沃鲁西安的质疑就接踵而至。马科林转述说:

> 他(沃鲁西安)声称,所有这些诫命都与公民伦理相违背。

谁会允许敌人从自己这里偷东西呢？谁会不愿意以正义战争的形式来造成恶，以报偿对罗马帝国任一行省的蹂躏呢？尊贵的阁下将会理解对其他诫命所能够提出的这类反驳。沃鲁西安认为，所有这些问题可以被添加到前一个问题上，特别是因为（虽然他自己没有提到这一点），很明显，在基督徒皇帝治下，帝国正在经历着艰难处境，即使他们大体上谨守基督宗教。①

在这一质疑中，沃鲁西安等异教知识精英把基督教伦理与罗马公民伦理对立起来，后者强调在城邦和国家中获取荣耀，谨守勇敢、节制等传统德性，并以对外战争的方式为罗马谋取生存和崛起，其代表人物包括辛辛那提乌斯、老加图和西塞罗等；进而追问，既然基督教已经成为帝国的国教，是皇帝和众多臣民所信仰的宗教，那么其伦理教导所强调的"打右脸转左脸"的忍耐和饶恕如何同样能够为罗马谋取和平与安全，而鉴于5世纪初北方蛮族的入侵，帝国多个行省所遭受的蹂躏将如何得到正义的报偿。

对于这一释经难题，奥古斯丁既不能否定如此清晰的字面含义，又必须为基督徒应当反抗非法暴力寻求辩护。故意曲解前者可能造成过度的寓意释经，有违奥古斯丁一贯重视字意释经的做法；而故意否认后者则使得，北非大公教会以游荡派的暴力袭击为由要求对多纳图派实施宗教强制政策就会失去部分根基，同时也使得基督信仰失去对异教知识精英的感召力，且任由罗马帝国遭受蛮族蹂躏而不予反抗的教导也无法得到绝大多数信众的支持。在如此的释经困境中，奥古斯丁即使在《上帝之城》中划分出地上之城与上帝之城，以尘世国家中的今生为信仰的短暂羁旅，也必须论证，基督教虽然不保佑罗马帝国，但至少不会损害罗马帝国。这就使得，他既承认基督徒在帝国内部可以反抗非法暴力，又承认其对入侵蛮族可以发动正义战争。要实现这一释经目的，奥古斯丁就转而援引耶稣和保罗对非法暴力的实际反应来论证，我们内心里应当

---

① 奥古斯丁,《书信》136. 2; 参见 E. M. Atkins and R. J. Dodaro eds., *Augustine: Political Writings*, Cambridge: Cambridge University Press, 2004, p. 29.

以爱来饶恕暴力实施者或蛮族，但行动上却必须以矫正来使之回归和平。

在《驳福斯图斯》22.79 中，① 奥古斯丁论及摩尼教所认可的灵知主义文献《多马行传》1.5－9 记载的故事。其中说，多马参加国王嫁女的婚宴，被一个传酒人伸手打了，就预言说："我的神会在来世宽恕你的这个错误，但是会在此世显示他的神迹，我不久就会看到，你的这只打我的手会被狗叼走。"稍后果然，这个传酒人去泉边打水，被狮子咬死撕碎，而一只黑狗叼着他的右手来到宴会上。② 这一故事中不仅没有"打右脸转左脸"的忍耐和饶恕，反而如同咒诅一般使得对恶行的惩罚将会即时临到，似乎完全不符合耶稣和保罗的教导。

对此，奥古斯丁解释说：

> 至于这个故事是真实的，还是虚构的，我当前并没有兴趣。摩尼教徒把这些作品当作真实的和神圣的，但大公教会将之拒在正典之外。他们就至少被迫承认，当主说，"有人打你右脸，连左脸也转过来由他打"，他是在教导忍耐的德性，而这一德性可以存在于内心的情感中，即使没有显明在身体的动作中或在话语中表达出来。因为，当他被那人的手所打时，多马请求上帝，伤害他的人在来世得到饶恕，但这一伤害在此世不能不受惩罚。他并没有把另一边脸转向那人，或告诉那人再来打他。他显然在内心里坚持爱的情感，但要求在外表上进行矫正的范例。③

在这里，奥古斯丁区分了内在的饶恕与外在的矫正，前者出于爱，而后者出于训诫，没有训诫的爱无益于矫正他人的过错，而没有爱的训诫无益于涵养自己的内心，二者必须结合起来，以内心的爱来做出外在的训诫，使他人矫正过错，从而在来世可以获得上帝的拯救。由此，

---

① 《驳福斯图斯》的写作时间可能是 397/399 年、398/400 年或 408/410 年，但肯定都在写于 411/412 年的《书信》136 和《书信》138 之前。
② 参见张新樟编译：《古代诺替主义经典文集》，东方出版社 2017 年版，第 97—99 页。
③ 奥古斯丁，《驳福斯图斯》22.79。

"打右脸转左脸"所教导的忍耐和饶恕是从内心上说的,即不因为受到他人的伤害就咒诅其灵魂在来世不得拯救,而不是要求从外在的行为上放任他人再犯过错,否则就等同于放弃拯救其已经入了歧途的灵魂。同时代的克里索斯托在《马太福音布道》18 中也专门分析过上述经文。

针对沃鲁西安的质疑,即"打右脸转左脸"所教导的忍耐和饶恕与传统的罗马公民伦理不相容,对外不能抵挡蛮族入侵以保卫国家,对内不能反抗非法暴力以保卫社会,奥古斯丁就在回复他的《书信》137.7 中给出了原则性回应,进而在回复马科林的《书信》138.9 – 17 中给出了更为全面的回应。

在《书信》137.7 中,奥古斯丁回应说,从爱上帝和爱邻如己这两条核心诫命中,我们可以发现自然哲学、道德哲学和逻辑学,也可以发现"国家的安全"。

> 因为上帝是最高的和最真实的善,人类因他而彼此相爱,不能向他隐藏用以去爱的情感,当共同的善即上帝被爱时,当人类以对他的完全真诚而彼此相爱时,信心的根基和联结与牢固的和谐就会建立起最好的城市并保卫它。①

按照其理想状态,从人人爱上帝的确可以发展到人人彼此相爱,但所建立起的更多不是某个需要保卫的城市,而更应当是包括整个人类在内的大同世界。因此,上述简要说法还算不上是论证,其中所谈及的理想状态也不适用于当前罗马帝国四处受敌的境况。

到了《书信》138.9 – 15 和 138.16 – 17 中,奥古斯丁使用历史案例、圣经案例和字意释经等,分别来正面回应沃鲁西安所质疑的两个代表性问题,即"打右脸转左脸"所宣扬的忍耐和饶恕如何能够保卫罗马帝国,且基督徒皇帝是否罗马帝国当前境况的原因。

在《书信》138.9 – 15 中,他首先援引了撒路斯特赞美罗马先辈和

---

① 奥古斯丁,《书信》137.17。

西塞罗赞美凯撒,即他们的品格都是情愿饶恕而非追讨别人的过犯,恰恰符合基督教所倡导的德性。"除了摆脱报复的激情,情愿饶恕而非追讨冒犯自己的人,忘记自己所遭受的恶行,'不要以恶报恶'还会是什么呢?"① 两位异教作家的观点表明,罗马公民普遍肯定这种品格,认为其有助于罗马的不断崛起和扩张;与此相应,当基督教倡导"不要以恶报恶"时,异教徒不应当认为,这有害于国家。

其次,这一倡导并非要求一味地忍耐恶,而是同时要求以善胜恶,即为了较大的、属天的益处,例如信心和公义,可以出于忍耐而牺牲较小的、属世的益处,使得作恶者可以忏悔并回归和平,从而有利于城市和国家。在具体释经上,奥古斯丁仍然注重"打右脸转左脸"的字意。

> 不管怎样,如果仔细考察经文,并认为应当遵守其确切的含义,那么我们就不会转右脸,即使左脸被打了。耶稣准确所说的是,"如果有人打了你的右脸,转左脸由他打"(和合本译文,"有人打你的右脸,连左脸也转过来由他打")。然而,更为通常的是左脸被打,因为人更容易用右手打别人的左脸。但这句经文的通常解释如下:如果有人冒犯了你的有更大价值的东西,那么就给他有更小价值的东西。否则,你就使得报复而非忍耐成为你的目标,更关心暂时的东西,而不是永恒的东西。(当然,比起永恒的东西,你应当更少关心暂时的东西,正如与右脸相比的左脸。)②

大多数人是右撇子,使得打脸通常是,别人用右手打自己的左脸。而在左和右之分中,日常习俗认为,右边或右手要比左边或左手尊贵;圣经上也是如此,"主耶稣和他们说完了话,后来被接到天上,坐在上帝的右边"(《马可福音》14:62;16:19);"谁能定他们的罪呢?有

---

① 奥古斯丁,《书信》138.9;参见 E. M. Atkins & R. J. Dodaro eds., *Augustine: Political Writings*, Cambridge: Cambridge University Press, 2004, p. 35.
② 奥古斯丁,《书信》138.12;参见 E. M. Atkins and R. J. Dodaro eds., *Augustine: Political Writings*, Cambridge: Cambridge University Press, 2004, p. 36.

基督耶稣已经死了，而且从死里复活，现今在上帝的右边，也替我们祈求"（《罗马书》8：34）。因此，右脸也比左脸尊贵。在《马太福音》5：39中，"打右脸"的时态是虚拟式完成时，而"转左脸"是命令式。奥古斯丁承认，这句经文的字面含义是非常清楚的，但在释经上却"通常"被解释为：在遭受冒犯时，基督徒应当忍耐而非报复，比如"打回去"；但与此同时，一旦被冒犯或必须遭受牺牲，他可以选择以价值较小的来代替价值较大的，比如为了保存灵魂的信仰可以让身体的整全被冒犯，或者为了得到将来的永生可以牺牲当下的今生，殉道士们就是如此做的。《路加福音》6：29没有区分右脸和左脸，但表达了同样要忍耐而不要报复的意思。这两节经文都明确表达了，作为"不要以恶报恶"的具体表现，基督徒只能以忍耐遭受各种的恶，其主动性仅仅是以牺牲较小的善来保有较大的善。上述释经似乎坐实了沃鲁西安的质疑，即这一基督教伦理不仅无法保卫基督徒身体上的尊严，更无法保卫罗马帝国免遭蛮族的入侵，完全不能取代罗马传统公民伦理的功用。

第三，奥古斯丁并没有停留在"打右脸转左脸"的释经上，而是将之与耶稣和保罗针对打脸的反应结合起来论证，基督徒在内心中应当忍耐他人的恶，但在外在行为上应当训诫和制止这一恶。

> 最后，这些教导更关切对内在心灵的训练，而不是我们的外在行为。由此，忍耐和善意应当被秘密地保留在人的心灵中，而在外在行为上，我们应当做任何可能有益于他们的事，因为我们意愿他们得益。这明确地表现在耶稣身上，他是我们杰出的忍耐的例子。①

其下，奥古斯丁列举了耶稣和保罗的案例。在被捕之后，耶稣在大祭司家里受审被打，但并没有转另一边的脸再由他打，而是斥责打人

---

① 奥古斯丁，《书信》138.13；参见 E. M. Atkins and R. J. Dodaro eds., *Augustine*: *Political Writings*, Cambridge: Cambridge University Press, 2004, p. 37.

者:"我若说的不是,你可以指证那不是;我若说的是,你为什么打我呢?"(《约翰福音》18:23)奥古斯丁承认,耶稣实际所做的并不符合"打右脸转左脸"的字意,但为了打他的人的益处,他随后却选择了被钉十字架而死。与此类似,在被大祭司亚拿尼亚下令打脸之后,保罗直接斥责大祭司:"你这粉饰的墙,上帝要打你!你坐堂为的是按律法审问我,你竟违背律法,吩咐人打我吗?"(《使徒行传》23:3)可以看到,奥古斯丁的释经是试图在不曲解字意的前提下寻求圣经的内在合一,但一旦发生字意上的冲突,例如耶稣的实际行动不符合其语言教导,就选择使整个释经来符合圣经的精意。在打脸一事上,虽然被冒犯时忍耐是必要的,但不是一味的和无原则的,否则反而纵容了冒犯者依照其堕落的意志而继续陷在罪里。就像耶稣和保罗一样,虽然"不要以恶报恶",但可以以善报恶,即在忍耐的同时应当对冒犯者进行不无严厉的惩罚,违背其堕落的意志但矫正其过错,以实际上维护其最根本的益处。对比上文可以看到,这一释经成果基本上等同于奥古斯丁在驳斥多纳图派时对宗教强制的论证。

最后,在内在与外在、目的与手段的区分下,基督徒只要秉持善好意志,就可以针对内部的冒犯者和外部的野蛮人施与惩罚,在必要时可以发动正义战争。

> 如果地上的国家如此遵守基督的诫命,那么就甚至可以以善意来发动战争;战争的目的是以保卫一个和平社会来更容易地服务于那些被打败者,这个社会是敬虔且公义的。因为如果失败使得被打败者被剥夺了作恶的自由,那么它就有益于他们。①

奥古斯丁认为,行为的目的决定着行为的性质,正义战争的目的是制止恶行和保卫和平,其手段是有节制的战争行为;不同于一般的谋杀犯罪,士兵们的正当杀人必须是基于合法的军事命令,其限度是不滥杀

---

① 奥古斯丁,《书信》138.14;参见 E. M. Atkins and R. J. Dodaro eds., *Augustine*: *Political Writings*, Cambridge: Cambridge University Press, 2004, p. 38.

无辜等。① 这一正义战争理论基本确立了后世基督教对待战争的态度，阿奎那和伊拉斯谟等都表示认可，而路德提出两个王国的区分，即在上帝的属灵王国中可以忍耐，但在世界的世俗王国中，世俗权力有义务去利用强制来保卫基督徒的现世和平，肯定了保卫本国的自卫战争和保卫他国的正义战争。由此，基督教宣扬和平，但仍然承认尘世国家有着对内惩罚和对外战争的主权，不会危害罗马帝国，反而完全有理由保卫罗马帝国在地上的和平与安全。

针对基督徒皇帝是否正在导致罗马帝国衰落，奥古斯丁在《书信》138.16－17 中诉诸罗马的过往历史予以反驳。首先，当前针对基督徒皇帝的指控同样可以针对之前的非基督徒君主，因为罗马共同体的衰落是早已有之的话题。异教历史学家撒路斯特和讽刺诗人尤维纳利斯在其作品中早已经记叙，罗马共和国在对外战争中获得了巨额财富，以致罗马人民之前的艰苦朴素、勇敢奉公的品格被败坏。

其次，罗马先辈们拥有较好的公民德性，以致建立起强大的尘世国家，上帝在其中启示了公民德性的效果，保佑了这一扩张和强大的进程。

> 罗马先辈们的确利用他们的德性建立和扩张了国家，即使他们没有对真正上帝的真正敬虔，以致可以借助上帝的用以拯救的宗教也使得自己得以进入永恒之城。然而，他们仍然保护着自己的正直，这足以建立、扩张和保持他们的地上之城。因为上帝在罗马帝国的财富和名声中展示了，即使没有真正的宗教，公民德性却有如此大的力量；也显明，有了这一宗教，人们将成为另一个城的公

---

① 有关奥古斯丁的正义战争理论，参见 David A. Lenihan, "The Just War Theory in the Work of Saint Augustine", *Augustinian Studies*, Vol. 19, 1988, pp. 37－70; Robert L. Holmes, "St. Augustine and the Just War Theory", in Gareth B. Matthews ed., *The Augustinian Tradition*, Berkeley: University of California Press, 1999, pp. 323－344; John Mark Mattox, *Saint Augustine and the Theory of Just War*, London: Continuum, 2006; J. Warren Smith, "Augustine and the Limits of Preemptive and Preventive War", *The Journal of Religious Ethics*, Vol. 35, No. 1, 2007, pp. 141－162; Philip Wynn, *Augustine on War and Military Service*, Minneapolis: Fortress Press, 2013.

民。在这个城中，其国王是真理，其法律是爱，其边界是永恒。①

在《上帝之城》5.12 中，奥古斯丁把罗马的崛起归诸对荣耀的欲求，具体表现为两个阶段，先是摆脱王治的对自由的欲求，后是追求霸权的对统治的欲求（libido dominandi），少数罗马公民也的确具有非凡的德性，比如勇敢、节制、安贫等。② 针对异教知识精英，他在这里更充分地肯定，即使没有基督信仰，异教徒也可以具有一定的德性，甚至罗马的公民德性足以建立和扩张罗马国家，使之成为强大的地上之城；但要获得拯救和进入永恒之城，罗马人就必须皈依基督信仰，培养出以真理为根基、以爱为路径和以永恒为目标的真正德性。

在 5 世纪初的风雨之中，大公教会与罗马帝国如何同舟共济？借助既承认"打右脸转左脸"的字意，又重视耶稣和保罗的实际案例，奥古斯丁就要求，基督徒应当在心灵的内在品格里保有忍耐和饶恕，但在外在行为上要学像耶稣和保罗，使得不仅能够制止他人的冒犯和蛮族的入侵，又能够引导其皈依大公信仰，从地上之城进入永恒之城。对于卡拉马暴乱和汪达尔人入侵，奥古斯丁试图论证，基督徒可以使用合法暴力和正义战争来维护尘世国家的和平，大公教会既求助于罗马帝国保护自己，又鼓励其信众保卫罗马帝国，即旨在超越帝国，而并非抛弃帝国。要更全面而深入地回应马科林和沃鲁西安的质疑，回应基督教与罗马帝国的关系，奥古斯丁就从 413 年开始写作《上帝之城》，直到 427 年才完成这一鸿篇巨制。

---

① 奥古斯丁，《书信》138.17；参见 E. M. Atkins and R. J. Dodaro eds., *Augustine: Political Writings*, Cambridge: Cambridge University Press, 2004, p. 40–41.

② 奥古斯丁把古希腊哲学中的四种主要德性重新解释为对上帝的四种爱。参见花威：《德性与信仰：论奥古斯丁〈忏悔录〉中的阿利比》，《伦理学研究》2016 年第 2 期，第 35—39 页。既然如此，异教徒就无法具有真正的德性，但这一论题引发了很多争论。参见 John Marenbon, *Pagans and Philosophers: The Problem of Paganism from Augustine to Leibniz*, Pinceton: Princeton University Press, 2015.

第五章 肯定还是否定：
奥古斯丁论罗马帝国

有关早期基督教对待古代政治的基本态度，研究者们达成了一些基本共识。例如，达斯曼（Ernst Dassmann）认为，在君士坦丁之前，"早期基督教对古代各种政治文化的'保留态度'，即顺服与漠视相混合且仅仅偶尔表达敌意，使得基督教的被逐身份成为某种德性"。与此相对应，考夫曼（Peter Kaufman）认为，在以《米兰敕令》开始的4世纪，以优西比乌为例，"有影响力的4世纪基督徒毫无保留地欢迎随着君士坦丁而来的各种变化，期待着帝国的（如果不也是地方的）政治的'基督教化'"①。

然而，有关在4—5世纪之交，奥古斯丁对待古代政治和罗马帝国的态度，研究者们却充满了争论。从大的方面说，这可以包括，他是否有政治学说，其学说到底是什么，与古希腊罗马的政治学说有怎样的关联，是否开启了现代世界的政治学说。从小的方面说，这可以包括，地上之城指什么，是否有积极价值，其与魔鬼之城是什么关系，是否承认存在第三座城。

我们先行回顾学界对于这些争论所给出的不同解释进路。具体来说，罗伯茨（Veronica Roberts）就梳理了三种解释方向。其中，以福廷（Ernest Fortin）、福利（Michael Foley）和凯斯（Mary Keys）为代表的学者认为，奥古斯丁"发展了由古代政治哲学所开启的传统"；以迪恩（Herbert Deane）、尼布尔（Reinhold Niebuhr）和马库斯（Robert Markus）

---

① Peter Iver Kaufman, "Patience and/or Politics: Augustine and the Crisis at Calama, 408 – 409", *Vigiliae Christianae*, Vol. 57, No. 1, 2003, p. 22.

为代表的学者认为，他"与这一传统完全决裂，另行提供了对政治生活的前现代分析"；而以米尔班（John Milbank）和布朗（Peter Brown）为代表的学者认为，奥古斯丁"对政治过于悲观，以致没有提出脱离其教会论的政治理论"[①]。

与此相应，吴飞也梳理出伯内尔（Peter J. Burnell）、马库斯和奥多诺万（Oliver O'Donovan）所代表的三派解释。

> 我们若把三派各自的说法放在一起看，就可以清楚地看到奥古斯丁的政治思想居于从古典向现代过渡的中间位置。他和古典政治哲学家一样，强调人类的社会性和相关的道德；但所有三派观点都承认，这种道德不是绝对和最高的，而且都和人类的原罪相关。三派的差别在于，尘世道德的这种相对性到底是在什么限度之内的。伯内尔认为，原罪只是在一定程度上削弱了人的社会道德，但并没有取消它。马库斯和奥多诺万都认为，奥古斯丁并不认可世俗社会的道德意义。但他们对奥古斯丁的这种否定态度并不相同。马库斯认为，奥古斯丁将政治与道德分离，恰恰是给道德的自由追求留出足够的空间；奥多诺万却认为，马库斯所说的完全是现代人的观念，并不符合奥古斯丁的思想。虽然我承认奥多诺万的最后结论，但马库斯的观点的意义在于，他揭示出，奥古斯丁的思想与现代政教分离的思想之间有很大程度的相关性，或者说，现代思想正是从奥古斯丁的基督教政治思想发展出来的，只是，在奥古斯丁与现代人之间，还有很多过渡环节，不能简单地将二者等同起来。在这个意义上，奥多诺万与马库斯的讲法恰好可以相互补充。他们都认为，奥古斯丁将世俗政治与道德分开。在马库斯看来，这种分开导致的是信仰的多元化；但在奥多诺万看来，这种分开导致的，却是世俗政治和历史的意义丧失。两个人所讲的，正是现代政治的两个

[①] 参见 Veronica Roberts, "Augustine's Ciceronian Response to the Ciceronian Patriot", *Perspectives on Political Science*, Vol. 45, No. 2, 2016, p. 113.

维度,而这两个维度,在奥古斯丁那里都已经存在了。①

相较于后世的激烈争论,奥古斯丁从来没有专门写过政治理论方面的著作。对于通常被当作政治作品的《上帝之城》,其书名不过取自《诗篇》87:3,"上帝的城啊,有荣耀的事乃指着你说的",指的是教会论意义上的"圣徒的团契"(the Communion of Saints)。② 对于上述发展论、断裂论和悲观论的解释路径和三位学者所代表的解释路径,我们在奥古斯丁的著作中都可以找到支持性的说法,但要提出整全且融贯的系统性解释却从来不是容易的事情。

在本章中,我们将由小及大、由近及远、从具体到抽象,论述奥古斯丁政治学说和政教关系思想的基本架构。第一节将探讨,奥古斯丁是否认可,在魔鬼之城与上帝之城外,还存在着第三座城,其对《加拉太书》4:21-5:1中"两个耶路撒冷"释经的再解释是否可以指称具体的政治实体。对此,我们认为,上帝之城与魔鬼之城都只是信仰层面上的精神之城,并没有对应的政治实体,而尘世国家才是基督徒当下生存在世的唯一的政治场域。第二节将把奥古斯丁与优西比乌相对比,展示大公教会对基督徒皇帝的态度变化。与优西比乌类似,奥古斯丁也频繁论述罗马皇帝的功过是非,甚至大力赞扬了狄奥多西的信仰和功绩,延续了君主镜鉴的写作传统。但不同于优西比乌把君士坦丁比作新摩西或新基督,他仍然认定,狄奥多西在信仰上与其他基督徒相同,都要追求自己个体灵魂的拯救。第三节将以宗教暴力为切入点,在应对宗教暴力中讨论奥古斯丁对尘世国家的双重态度。在双城论的划分中,他的确将罗马帝国划归为地上之城,但与多纳图派的斗争展示了,他有限肯定尘世国家的必要性,而罗马帝国虽然比不上天上的耶路撒冷,在地上也建

---

① 吴飞:《心灵秩序与世界历史:奥古斯丁对西方古典文明的终结》(增订本),生活·读书·新知三联书店2019年版,第267—268页。在其下,他还补充说:"介入古典与现代之间的奥古斯丁的基督教思想呈现出很大的弹性。如果强调古典的倾向,就会有伯内尔那样的解释;如果注重现代的价值,就可能有马库斯的解释;但如果要更深入地揭示基督教思想的内核,则需要奥多诺万那样的目光。"

② 参见 Peter Brown, "Augustine", in Beryl Smalley ed., *Trends in Medieval Political Thought*, Oxford: Basil Blackwell, 1965, p. 1.

不成基督教共和国，但也并非单纯的魔鬼之城。在第四节中，我们将以宗教身份为主题，探讨奥古斯丁对多纳图派和罗马帝国的双重批判。在宗教身份上，奥古斯丁要求以大公主义超越多纳图派所标榜的地方主义，以信仰优先超越罗马帝国所要求的政治优先，不仅保证基督信仰是大而公之即普世的，又不受限于尘世国家的政治诉求。在第五节中，我们将讨论"政治奥古斯丁主义"，探讨奥古斯丁的双城论学说所蕴含的两重解释路径如何影响了5世纪以降的西方政教关系。

第一节 是否存在第三座城：奥古斯丁论尘世国家

《创世记》16章和21章记叙说，撒拉在上帝的应许下生了以撒，就要求亚伯拉罕把夏甲和以实玛利赶走，而上帝也表示认可。在《加拉太书》4：21－5：1中，保罗将这一历史事件解释为"比方"，认为撒拉代表着自由之约，是"天上的耶路撒冷"（《加拉太书》4：26），而夏甲代表着为奴之约，是"现在的耶路撒冷"（《加拉太书》4：25）。在《上帝之城》15.2中，奥古斯丁则整段援引了保罗的上述释经，但把撒拉看作地上的耶路撒冷，把夏甲看作这一耶路撒冷的"像"，而只有上帝之城才是天上的耶路撒冷。

在对《上帝之城》的相关研究中，学者们大都争论，奥古斯丁是否认可，在魔鬼之城与上帝之城之外，还存在着第三座城；而如果存在，撒拉所代表的地上的耶路撒冷是等同于现在的尘世国家，还是等同于尘世中的基督教会，从而使之具有合法且超越的神圣权力。然而，与此番争论纷纭相比，很少有学者关注，保罗对撒拉事件的解释与奥古斯丁对之的再解释有哪些差异，而其间的差异又是出于何种原因，如何展现了奥古斯丁对待尘世国家的态度。

有鉴于此，本节将集中比较保罗对撒拉事件的解释与奥古斯丁的再解释，不仅梳理出二者之间的截然差异，并尝试分析其间的多重原因。在具体行文中，我们将首先梳理《创世记》中记叙的撒拉事件，描述其作为历史事件的基本脉络；其次考察保罗对撒拉事件的寓意解释，即将撒拉一系解释为以信福音为称义的唯一路径，同时把加拉太教会的搅扰者归为夏甲一系，以行律法作为称义的必要条件，将二者截然对立起来，根本不存在"像"与"被像"的可能关系；最后考察奥古斯丁对这一事件的再解释，其中将保罗思想中信福音与行律法之间的二元对立，转化为上帝之城、地上之城与魔鬼之城之间的三元对比，即存在着"实体""像"与"像的像"之间的模仿关系。我们将会看到，从初代教会到4—5世纪的教会，教会处境与神学议题的转换才促生了从保罗的解释到奥古斯丁的再解释的演进与创新。

一 历史上的撒拉事件

依据《创世记》16章和21章的记叙，亚伯拉罕的妻子撒拉不能生育，就让自己的使女埃及人夏甲给他生了儿子以实玛利；但在上帝的应许下，撒拉后来生了儿子以撒，并要求把夏甲和以实玛利赶出去，"因为这使女的儿子不可与我的儿子以撒一同承受产业"（《创世记》21：10）。对于撒拉的决定，上帝宽慰亚伯拉罕，"因为从以撒生的，才要称为你的后裔"（《创世记》21：10）。借着与上帝立下的"割礼之约"（《创世记》17：9-14），亚伯拉罕生以撒，以撒生雅各，雅各生十二支派，使得以色列全家与上帝立定这一盟约，并借由摩西在西奈山上所领受的"律法之约"（《出埃及记》19—34章）而延续下来，直到耶稣降临的时代。

在撒拉事件中，我们可以看到以下历史事实。夏甲是埃及人，是撒拉的使女，分别表明其种族身份和阶级身份。由于不能生育，撒拉才允许夏甲给亚伯拉罕做妾，显示了主母与使女之间的权力关系。但夏甲怀孕后就轻慢撒拉，试图以妾的家庭身份来挑战正妻的权力，随后遭到苦待。在逃跑中，夏甲被上帝要求重回家庭，并得到"后裔极其繁多"（《创世记》16：10）的祝福，就为亚伯拉罕生育了长子以实玛利。在"割礼之约"后，亚伯拉罕认可以实玛利是与上帝立约的一方，但被上帝所否定，并预言撒拉将生育的以撒才是立约的一方。这一应许在一年后实现，撒拉为亚伯拉罕生育了次子以撒，就要求赶走夏甲和以实玛利，使之不再享有家庭身份和立约身份。

从家庭的维度讲，撒拉事件是一场以生育为手段来争夺家庭主导权和家产继承权的纠纷。而从神人立约的维度讲，它却划分出了应许生育与自然生育、神圣生育与世俗生育、盟约生育与非盟约生育，使一个家庭内部的家产纷争急剧扩张为人类历史中的盟约之民与非盟约之民的截然划分。如同之后的以扫一样，以实玛利虽然是亚伯拉罕的长子，虽然也将繁衍出大国，但却不是神人立约中的一方，并最终成为被排斥在犹太人与上帝所立盟约之外的外邦人。因此，撒拉与夏甲之争就预示了犹太人与外邦人之间的截然差别，使得犹太人可以借着肉体的代际相传夸口，即只有自己才是上帝的选民，而外邦人要加入这一盟约就必须领受肉体上的割礼和谨守各种律法。

在保罗之外，撒拉与夏甲之争在斐洛和拉比释经中都得到了充分重视。在《论接受初级学问》（*De congressu quaerendae eruditionis gratia*）等作品中，斐洛援引《加拉太书》4：1－7中的信仰成长和知识分层来解释，夏甲代表着初级学问或教育，包括"语法、几何、天文、修辞、音乐和所有其他初级的理智知识的分支"，等同于保罗所说的"世俗小学"（《加拉太书》4：3）；而撒拉则代表着更高层级的知识或真正的智慧，甚至撒拉被看成是德性自身。①

通过把夏甲看作初级学问，把撒拉看作最高智慧或德性，再借着从初级到高级、从预备到实现的阶段划分，朗格内克（Richard N. Longenecker）得出结论说：

> 斐洛的夏甲－撒拉比喻与保罗的《加拉太书》4：21－31具有几处显著的表面相似。二者都依赖于故事中的相似要素：为奴与自由的对比；两个儿子；青睐撒拉和以撒，而赶走夏甲和以实玛利。在二者那里，夏甲和以实玛利都代表着一个初级的和预备性的阶段，并被更高的阶段所取代；与之相比，在后续的拉比释经传统

---

① Richard N. Longenecker, *Galatians*, Grand Rapids, Michigan: Zondervan, 1990, pp. 204-205; Ben Witherington Ⅲ, *Grace in Galatia: A Commentary on Paul's Letter to the Galatians*, Grand Rapids, Michigan: William B. Eerdmans Publishing Company, 1998, pp. 324, 284; Hent de Vries, "Philsophia Ancilla Theologiae: Allegory and Ascension in Philo's *On Mating with the Preliminary Studies* (*De congressu quaerendae eruditionis gratia*)", Jack Ben-Levi trans., in *The Bible and Critical Theory*, Vol. 5, No. 3, 2009, 41.1-41.19.

中，二者的形象却是完全消极的和负面的。①

的确如此，在拉比释经中，夏甲和以实玛利并非任何完美结局的预备阶段，反而是撒拉和以撒的完全对立面。对于夏甲的埃及人身份，拉比们倾向于解释为，夏甲是法老的女儿，被赐给撒拉做使女是对之前误纳撒拉为妻的补偿（《创世记》12：10－20），抑或是表达对撒拉的持续爱意。对于以实玛利的道德行为，依据其儿时的"戏笑"（《创世记》21：9）和天使所预言的"为人必像野驴"（《创世记》16：12），拉比们倾向于解释为，他长大后成为性不道德者、劫掠者、谋杀者、崇拜偶像者和争夺家产者，与以撒的温良形象形成鲜明对比，甚至他的子孙还买卖了以撒的子孙约瑟（《创世记》37：25－28；39：1）。这一解释路径有可能受到伊斯兰教兴起的影响，使得拉比们试图将以实玛利和以扫的这些后裔看作拒斥托拉的"万国"。②

作为同时代人，保罗的释经应当没有受到斐洛的明显影响，其间的相似并非本质上的。与此类似，后续的拉比释经更多是为了维护正在形成的拉比犹太教，以与基督教和伊斯兰教相抗争，三者之间的释经争论也从属于各自的论证目的。

二 保罗：信福音与行律法之争

在《加拉太书》4章中，保罗突然引入撒拉与夏甲的历史故事，并进行了全新解释。一般来说，这封书信是保罗传教早期的书信，其收信对象是位于南加拉太地区的众教会；③它们是保罗第一次传教就已经建立的（《使徒行传》13—14章），也与他有着特殊的亲密关系（《加拉

---

① Richard N. Longenecker, *Galatians*, Grand Rapids, Michigan: Zondervan, 1990, p. 205.

② 参见 Emmanouela Grypeou and Helen Spurling, *The Book of Genesis in Late Antiquity: Encounters between Jewish and Christian Exegesis*, Leiden: Brill, 2013, pp. 239－256; David J. Zucker, "Conflicting Conclusions: The Hatred of Isaac and Ishmael", *Judaism*, Vol. 39, No. 1, 1990, pp. 37－46.

③ 对于《加拉太书》的收信教会，在20世纪的新约研究中存在北加拉太和南加拉太之争，双方各有理据。具体可以参见 Thomas R. Schreiner, *Galatians: Exegetical Commentary on the New Testament*, Grand Rapids, Michigan: Zondervan, 2010, pp. 22－31.

太书》4：13 - 15）。

然而，部分犹太基督徒搅扰者很快来到加拉太教会，要求外邦基督徒遵守割礼和饮食律法，认为这样才能补全保罗所传的福音，并成为上帝的新子民。对此，保罗迅速写信给加拉太教会，宣称自己的福音直接来自基督，是整全无缺的，不要"去从别的福音"；而这些搅扰者所传的"并不是福音"，反而是"要把基督的福音更改了"（《加拉太书》1：7），且"不过要藉着你们的肉体夸口"（《加拉太书》6：13）。

类似于之前从耶路撒冷下到安提阿教会的"从雅各那里来的人"（《加拉太书》2：12），这群搅扰者应该是犹太基督徒，但强调割礼和饮食律法是基督福音的必要部分，就要求外邦基督徒也严加遵守，因此被称为"犹太化主义者"（the Judaizers）。这一神学争议显然威胁到保罗的宣教核心，而如何迅速澄清信福音与行律法之间的关系就成为《加拉太书》的首要问题。在历经"书信开头"（Epistolary Prescript）、"引入"（*Exordium*）、"叙述"（*Narratio*）和"论点"（*Propositio*）之后，保罗在"证据"（*Probatio*）环节中引入了撒拉和夏甲的历史故事，[①] 并进行寓意释经。

> 4：21 你们这愿意在律法以下的人，请告诉我，你们岂没有听见律法吗？22 因为律法上记着，亚伯拉罕有两个儿子：一个是使女生的，一个是自主之妇人生的。23 然而那使女所生的，是按着血气生的；那自主之妇人所生的，是凭着应许生的。24 这都是比方。那两个妇人就是两约。一约是出于西奈山，生子为奴，乃是夏甲。25 这夏甲二字是指着阿拉伯的西奈山，与现在的耶路撒冷同类。因耶路撒冷和他的儿女都是为奴的。26 但那天上的耶路撒冷是自主的，她是我们的母。27 因为经上记着："不怀孕、不生养的，你要欢乐。未曾经过产难的，你要高声欢呼，因为没有丈夫的，比有丈夫的儿女更多。" 28 弟兄们，我们是凭着应许作儿女，

[①] 对《加拉太书》的这一章节划分得益于引入古希腊罗马修辞学来研究新约圣经，特别是《加拉太书》，具体参见 Hans Dieter Betz, *Galatians: A Commentary on Paul's Letter to the Churches in Galatia*, Philadelphia: Fortress, 1979, pp. 16 – 23.

如同以撒一样。29 当时,那按着血气生的,逼迫了那按着圣灵生的,现在也是这样。30 然而经上是怎么说的呢?是说:"把使女和他儿子赶出去,因为使女的儿子不可与自主妇人的儿子一同承受产业。"31 弟兄们,这样看来,我们不是使女的儿女,乃是自主妇人的儿女了。5:1 基督释放了我们,叫我们得以自由,以要站立得稳,不要再被奴仆的轭挟制。

在这段释经论证中,我们可以看到,《加拉太书》4:21 是呼吁被搅扰的部分加拉太信众,4:22-23 和 29-30 是概述《创世记》中的历史故事,4:24-26、28 和 31 是对这一历史故事的解释,4:27 是引用《以赛亚书》54:1,而 5:1 则是这一论证的结论。① 在其中,保罗将寓意释经与预表释经相结合,② 把撒拉-以撒和夏甲-以实玛利看作两条相反路径,从最初就有为奴与自由、血气与应许之间的对立,并直到现在还预表了旧约与新约、现在的耶路撒冷与在上的耶路撒冷、他们的母与我们的母之间的对立。

具体来说,保罗在释经中划分出两个层面,即历史层面和寓意-预表层面。其中,历史层面上的对立包括:(1)夏甲,家庭身份是使女,阶级身份是为奴的,按照自然的方式即血气生了以实玛利,而以实玛利"戏笑"(《创世记》21:9)即"逼迫"(《加拉太书》4:29)以撒,③由此才被赶出了家庭;(2)撒拉,家庭身份是主母,阶级身份是自由的,按照应许的方式即圣灵生了以撒,而以撒凭借母亲的身份和上帝的

---

① 对于这里的 5:1 应当上接 4:21-4:31 组成为一个完整论证,还是与下文直至 6:10 组成书信主体的最后一个环节即劝勉(Exhortatio),学者们有着不同的划分。其中,马丁(J. Louis Martyn)、威辛顿(Ben Witherington III)和施赖纳(Thomas R. Schreiner)认可前一种划分,而贝茨(Hans Dieter Betz)、邓雅各(James D. G. Dunn)和朗格内克则认可后一种划分。
② 贝茨认为,这里同时使用了两种释经方法。参见 Hans Dieter Betz, *Galatians: A Commentary on Paul's Letter to the Churches in Galatia*, Philadelphia: Fortress, 1979, pp. 239-240.
③ 对于"戏笑"(play),保罗从中解读出了"逼迫"(persecute)的含义,而后续多位教父依据七十士译本的译文,并援引《撒母耳记下》2:14,将之解释为恶意的攻击。"以实玛利并非无恶意地与以撒玩耍,而是在攻击他。"参见 Emmanouela Grypeou and Helen Spurling, *The Book of Genesis in Late Antiquity: Encounters between Jewish and Christian Exegesis*, Leiden: Brill, 2013, p. 286.

应许，成为家产的继承者和亚伯拉罕的真正后裔。

与此对应，寓意－预表层面上的对立则是：（1）夏甲代表着旧约，是为奴之约，出于西奈山，且指阿拉伯的西奈山，对应现在的耶路撒冷即地上的耶路撒冷，是犹太化主义者的母；（2）撒拉代表着新约，是自由之约，对应天上的耶路撒冷，是"我们的母"（《加拉太书》4：26）；（3）在"当时"（《加拉太书》4：29），夏甲"小看"（《创世记》16：4）撒拉，以实玛利攻击以撒，应当被赶走；这就对应于，在"现在"，犹太化主义者搅扰加拉太教会，要求外邦基督徒受割礼和遵守洁净律法，"应当被咒诅"（《加拉太书》1：9）。

两相对比，我们可以看出，历史层面上的信息是《创世记》中已经包含的，在这里得到了精要但完整的呈现；但在寓意释经中，保罗增添了新的信息，包括划分出新、旧两约和天上的、地上的两个耶路撒冷，并把地上的、犹太化主义者所代表的耶路撒冷城等同于阿拉伯的西奈山。[1] 这一等同在《创世记》释经中显得非常突兀，却彰显了保罗在《加拉太书》中把信福音与行律法、恩典与割礼对立起来的释经意图。

在这一释经论证中，之所以保罗引入撒拉和夏甲事件，很可能是因为，犹太化主义者已经用之来试图说服加拉太教会的外邦基督徒，即如果不受割礼和遵守律法，他们就只能是以实玛利的后裔，而不能像以撒那样，成为亚伯拉罕与上帝所立盟约的继承人。[2] 在第二圣殿时期，犹太文献中就大量阐释和对比撒拉和夏甲、以撒和以实玛利，来论证自己是亚伯拉罕和以撒的后裔，而不是以实玛利的后裔，并确证自己的信仰。到了1世纪，犹太化主义者显然沿用了这一论证策略。对此，保罗显然并不陌生，但对之进行了彻底倒转，把唯独以信福音来称义的基督

---

[1] 对于阿拉伯的西奈山和《出埃及记》中的西奈山的具体位置，学者们迄今并未做出可以确信的考证。参见 Hans Dieter Betz, *Galatians: A Commentary on Paul's Letter to the Churches in Galatia*, Philadelphia: Fortress, 1979, pp. 244, note 59.

[2] 参见 C. K. Barrett, "The Allegory of Sarah and Hagar", in C. K. Barrett, *Essays on Paul*, Philadelphia: Westminster, 1982, pp. 154 – 170; Richard B. Hays, *Echoes of Scripture in the Letters of Paul*, New Haven: Yale University Press, 1989, pp. 111 – 121; Ben Witherington Ⅲ, *Grace in Galatia: A Commentary on Paul's Letter to the Galatians*, Grand Rapids, Michigan: William B. Eerdmans Publishing Company, 1998, p. 324.

徒称为以撒的后裔，而把犹太化主义者和不信基督的犹太人看作以实玛利的后裔。①

在这一释经与倒转中，双方争论的核心问题是，律法在基督信仰中究竟占据什么位置。对于加拉太教会，前来搅扰的犹太化主义者认为，其一，现在的耶路撒冷教会是各地教会的母会，有权柄对各地子教会进行教义指导和教规监督（《使徒行传》15：24）；其二，外邦基督徒要成为亚伯拉罕的真正后裔，除了信福音，还必须像犹太基督徒那样遵守律法，特别是割礼和饮食律法，毕竟割礼之约是上帝与亚伯拉罕所立定的，西奈山上的律法是上帝颁布给摩西的。② 可以看到，律法与福音的关系，即外邦人信福音是否还必须要行律法，是保罗传教过程中面临的最急迫也最棘手的问题，甚至从耶路撒冷会议（《使徒行传》15：1-19）、安提阿冲突（《加拉太书》2：11-14）一直持续到他最后一次上到耶路撒冷而被捕（《使徒行传》21：17-26）。他在匆忙中写成的《加拉太书》给出了精要论述，但直到传教晚期写成的《罗马书》才从容地给出更完整更充分的论证。

回到释经本身，对于夏甲的为奴身份，保罗将之等同于不信基督的犹太人和信基督的犹太化主义者，他们的先祖在埃及时受法老的奴役，出埃及之后在西奈山上开始受律法的奴役。这是因为，虽然"律法是圣洁的，诫命也是圣洁、公义、良善的"（《罗马书》7：12），但律法的功用是消极意义上的，只是让人知罪（《罗马书》7：7），并不能让人脱离罪。从旧约中的历史也可以看出，如同割礼之约，律法之约也是用否定的方式来确认以色列人与上帝之间的盟约关系，即如果你们违背律法，那么就不再是上帝的子民，反而应当承受他的烈怒和惩罚。

在保罗看来，基督的福音成全了律法，将盟约关系中的否定式确认改为肯定式确认，将身体上的约束改为心灵上的约束，使犹太人脱离了律法的奴役，因为"那字句是叫人死，精意是叫人活"（《哥林多后书》3：6）。这就是说，无论是犹太人，还是外邦人，只要信福音并遵守"爱

---

① 参见 Richard N. Longenecker, *Galatians*, Grand Rapids, Michigan: Zondervan, 1990, pp. 200-203.

② 参见 J. Louis Martyn, *Galatians*, New Haven: Yale University Press, 1997, pp. 18.

上帝"和"爱邻如己"的诫命,就得到了"在基督耶稣里的自由"(《加拉太书》2∶4),可以成为上帝的儿女,而无须受割礼和遵守饮食律法,也最终将获得救赎。① 与之前在律法以下为奴相比,与当前还在"地上的耶路撒冷"中为奴相比,这种自由就如同从作为自由妇人的撒拉所得的新生,使所有基督徒像以撒一样成为亚伯拉罕的真正后裔,遮盖了其他身份上的差异,包括种族、阶级和性别,并都得以承受产业,即进入"天上的耶路撒冷"(《加拉太书》3∶26-29)。这两个耶路撒冷并不是指任何实际存在的城市或国家,而是指被律法奴役的状态和脱离这一奴役的自由状态。

对于不信基督的犹太人来说,他们还在"地上的耶路撒冷"中被律法奴役。而对于犹太基督徒来说,他们可以继续遵守律法,但律法如同"训蒙的师傅"(《加拉太书》3∶24),其功用是消极的和有期限的,既不能代替信仰,也不能补足信仰,更不能使犹太人得以称义,反而已经到了预定日子,应当让位于信福音,因为只有后者才能使人得以称义(《加拉太书》3∶10-11、5∶4-6)。

经由上述分析,我们可以看到如下两点。

其一,在有关信福音与行律法的争论中,保罗对撒拉-夏甲事件进行寓意释经,旨在回应强调行律法之必要性的犹太化主义者,论证外邦基督徒无须遵守律法,就可以与犹太基督徒一起成为上帝的儿女。这一释经努力更多从属于1世纪处境下偏重集体的教会论,服务于保罗向外邦人宣讲基督信仰的现实需要,而不是后续世纪中偏重个体的救赎论,更不涉及有关政治和国家的衍生争论。

其二,保罗强调,自己与犹太化主义者之间是非此即彼的二元对立关系,是撒拉与夏甲、自由与为奴、依靠信仰与依靠律法、真福音与假福音、真信仰与假信仰之间的截然差别。"那并不是福音,不过有些人搅扰你们,要把基督的福音更改了"(《加拉太书》1∶7),而他们"应当被咒诅"(《加拉太书》1∶8),甚至应当"把自己割绝了"(《加拉

---

① 参见花威:《爱邻如己:基督教的伦理旨归》,《中国宗教》2016年第3期,第54—55页。

太书》5：12)。用"比方"(《加拉太书》4：24)来说，这一截然差别就正如撒拉与夏甲是自由与为奴的差别，以撒与以实玛利是产业继承人与非继承人的差别，也正如"天上的耶路撒冷"与"地上的耶路撒冷"的差别。可以看到，双方之间没有任何可以调和或混杂的余地，也没有任何"像"与"被像"的可能关系。

然而，在随后的释经史上，教父传统对撒拉-夏甲事件的解释大体上延循了拉比传统的解释，比如夏甲是法老的女儿，亚伯拉罕赶走夏甲是表达对撒拉的爱等，甚至更关注亚伯拉罕纳妾是否符合基督教伦理。只有在极少数教父那里，比如亚历山大里亚的西里尔（Cyril of Alexandria），撒拉与夏甲的对比才被解释为犹太教与基督教、犹太会堂与基督教会的对比，并开始不同于保罗那里的反犹太化主义者（anti-Judaizers）的立场，而逐渐萌发出了教父传统中的反犹太教（anti-Judaism）的倾向。[1]

三 奥古斯丁：上帝之城、撒拉与夏甲的"像"和"被像"

基于《上帝之城》的论证主旨，在其卷数划分中，我们可以看到，奥古斯丁对《加拉太书》4：21-5：1 的引用和解释出现在 15.2 中，恰恰属于开始论证尘世之城与上帝之城的各自发展，而撒拉与夏甲的分立似乎也非常切合主题。

不过，对于这段经文及其中的撒拉-夏甲事件，奥古斯丁之前就至少六次论及过。在 391—392 年写成的《论信仰的益处》3.8 中，他批判摩尼教徒对这段经文的解释，后者试图以之否定律法的任何正面价值，并把自己视为撒拉和以撒一脉，而把大公教徒视为夏甲和以实玛利一脉。[2] 在 394—395 年写成的《加拉太书章句》40-41 中，奥古斯丁注释说，以实玛利代表旧约和旧约之民，承受着肉体上的束缚和属世的应许这一奴隶之轭，不能成为天上产业的属灵继承人；而以撒代表新约和新约之民，不仅是从自由的妇人所生，更是从上帝的应许而生；新约

---

[1] 参见 Emmanouela Grypeou and Helen Spurling, *The Book of Genesis in Late Antiquity: Encounters between Jewish and Christian Exegesis*, Leiden: Brill, 2013, pp. 259-288.

[2] 参见奥古斯丁,《论信仰的益处》3.8。

之民即基督徒虽然是新近的子民，但其从上帝和天上的耶路撒冷所来的预定却是古老的，不惧怕犹太化主义者和不信基督的犹太人的逼迫。① 在之后写成的《驳福斯图斯》22.30-32 中，奥古斯丁回应摩尼教徒福斯图斯对亚伯拉罕纳夏甲为妾并生子的批评，论证相信基督的人就是亚伯拉罕的真正后裔。②

在 416 年末或 417 年初完成的《论佩拉纠行迹》5.14 中，奥古斯丁引用了《加拉太书》4：21-22 和 4：24-26，区分"旧约"一词的两重含义，即一是指在基督降临前有关律法和先知的作品，二是指由为奴的夏甲所代表的、在西奈山上所立的盟约，都与由基督降临所确立的新约相对；旧约应许了犹太人作为旧人在迦南地的胜利和王权，对应地上的耶路撒冷，而新约应许了基督徒作为新人所要安享的属天王国，对应天上的耶路撒冷。③ 在 407—408 年或在 420 年之前所作的《布道》3 中，④ 奥古斯丁引用《加拉太书》4：29-30 来批评多纳图派；他承认并未发现以实玛利从行为上逼迫了以撒，而"戏笑"更可能是以实玛利引诱年幼的以撒偏离正路，以至于撒拉将之视为逼迫，就像多纳图派引诱和逼迫了大公教徒那样。⑤ 在《诗篇解》119.7 中，奥古斯丁则把以实玛利看作指代地上王国，把以撒看作指代天上王国，前者是后者的影子，而地上的耶路撒冷也是天上王国的影子。⑥

可以看到，前五次对撒拉-夏甲事件的解释和对《加拉太书》的引用，奥古斯丁并没有明显超出保罗的寓意释经，更多是做了重复，而《诗篇解》119.7 仅引入了影子或"像"的类比关系。不过，到了《上帝之城》15.2 却大不相同，奥古斯丁在其中整段引用《加拉太书》4：21-5：1，并在引文前后做出了创造性解释。

---

① 参见奥古斯丁，《加拉太书章句》40-41。
② 参见奥古斯丁，《驳福斯图斯》22.30-32。
③ 参见奥古斯丁，《佩拉纠行迹》5.14。
④ 有关《布道》3 的时间，参见 Allan D. Fitzgerald ed., *Augustine through the Ages: An Encyclopedia*, Grand Rapids: William B. Eerdmans Publishing Company, 1999, p.774.
⑤ 参见奥古斯丁，《布道》3。
⑥ 参见奥古斯丁，《诗篇解》119.7。

这个城有一个影子，一个预兆性的像，其含义并不是要把上帝之城实现在地上，而是要指出她将在某个时间实现，这个城也被称为圣城，不是因为她真的是圣城，而是因为她是未来的圣城的像。使徒对加拉太人提到了这个其实只能为奴的像，以及她所象征的那个真正自由的城。……从使徒的权威传下来的这样的理解，告诉我们应该如何接受两约的圣经，即旧约与新约。地上之城的一部分，作为天上之城的像，不代表自己，而是代表那一个，是为奴的。她不是为自己而建的，而是为了所象征的另一个而建的。由于她又被另一个来象征，那预示性的又由另一个来预示了。撒拉的使女夏甲和她的儿子，就是这个像的像；但是影子在光照下就会消失，这光就是经上说的自由的撒拉，她象征了自由之城，夏甲是她的象征，是她的影子，侍奉她。她说："你把这使女和她儿子赶出去，因为这使女的儿子不可与我的儿子以撒一同承受产业。"使徒则说"与自由妇人的儿子"。我们发现地上之城有两个形式，在一个形式中，她展示了自己的样子，在另一个形式中，则以自己的显现，象征着天上之城。地上之城的公民是因为罪而有过错了的自然产生的；真正天上之城的公民则产生于恩典，脱离了罪，回归自然；所以后者是贵重的器皿，前者是卑贱的器皿。甚至亚伯拉罕的两个儿子都象征了这二者，一个出自名叫夏甲的使女，就是依照肉身生的以实玛利，另一个出自自由的妇人撒拉，是按照应许生的以撒。两个都是亚伯拉罕的骨肉；但是一个只是实现了惯常的自然，另一个则是应许给的，象征了恩典；一个只有人的用途，另一个获得了神的福祉。①

《上帝之城》15.3 继续解释这一事件，但并没有增添新的说法。除此之外，《上帝之城》19.11 还论及耶路撒冷，"这个城有一个神秘的名字耶路撒冷，我前面说过，意思就是'和平之像'"，但也没有超出15.2 的解释。

---

① 奥古斯丁，《上帝之城》15.2。

上接 15.1 所论及的第一座城，即该隐所建的尘世之城，而亚伯却没有建城，因为他是"天上的圣徒之城"的公民，只是暂时在尘世上旅行，等待最后审判，身体才会复活而组成自己的王国。这一说法已经暗示，尘世之城是人类当下所唯一拥有的、现实的城，表现为尘世国家，上帝之城的公民也生活在其中，只有等到末世的复活和审判，才得以组成真正属于自己的城。

对于这两种公民和两座城，15.2 引入撒拉-夏甲事件，显然试图给出更充分更有力的释经论证。其中，奥古斯丁认为，上帝之城有一个影子，即"预兆性的像"，就是当前的耶路撒冷，它虽然被称为圣城，但其实只是上帝之城的"像"；地上之城有两个面相，即包括两个部分，其中一个部分就是当前的耶路撒冷，作为上帝之城的"像"，表现为自由的妇人撒拉和儿子以撒；而另一部分就是上帝之城的"像的像"，即当前的耶路撒冷的"像"，表现为为奴的使女夏甲和儿子以实玛利。这就是三元之间的模仿关系，即夏甲-撒拉-上帝之城、像的像-像-实体本身、魔鬼之城-地上之城-天上之城，前者是后者的"像"，而后者被前者所像。

不同于保罗以夏甲代表当前的耶路撒冷，以撒拉代表天上的耶路撒冷（《加拉太书》4：25-26），奥古斯丁把二者的位置都依次下移，夏甲所代表的奴役是尘世之城中的奴役，包括仍然陷在罪中、未得恩典和应许的人们；而撒拉所代表的自由仅仅是尘世之城中的自由，包括领受了恩典并出于应许的基督徒，相对于上帝之城中的自由就仍然是一种奴役，且这些基督徒也并不确定已经被预定为上帝之城的公民。再进一步说，夏甲所代表的是尘世的非基督徒和犹太化主义者，撒拉所代表的是尘世的基督徒，脱离了律法的奴役，其信仰和皈依都出于恩典，但他们并非全部被预定将来会得蒙救赎。正如在《致辛普里西安》1.2.16 中，奥古斯丁已经论证，上帝"出于最隐秘且最远离人类的感知的公义"（*aequitate occultissima et ab humanis sensibus remotissima*）而预定其中某些人得救，人类既不能参透，也不能质疑，因为所有人之前早就陷入了

"罪的团块"（massa peccati）。①

与此同时，尘世的基督徒并不是组成尘世国家，而只是组成尘世教会。当非基督徒，包括犹太人，获得恩典而成为基督徒之后，夏甲所代表的影子或"像的像"就被光照而消失，加入撒拉所代表的"像"之中，获得了脱离律法之奴役的"自由"。然而，成为基督徒，进入撒拉对"实体"即上帝之城的"像"中，并不意味着获得了完全的自由，反而仍然受到"肉体的情欲，眼目的情欲，并今生的骄傲"（《约翰一书》1：16）的奴役，内省良心也时刻处于受折磨之中。② 这就使得，在尘世之中，并非全部基督徒都必然继续从"像"上升到这"像"所模仿的"实体"中，即成为上帝之城的公民，并获得完全的自由。这是因为，除了上帝"最隐秘的公义"，尘世教会也根本不可能成为多纳图派所标榜的"圣洁没有瑕疵的"（《以弗所书》5：27）教会，而是既有麦子，也有稗子，只有等到最后审判时才会做出区分（《马太福音》13：24-30）。③ 教会集体中的善恶混杂与个体拣选上的不确定，最终划分开了"像"与"实体"、撒拉与上帝、耶路撒冷与上帝之城之间的截然差异。

四　奥古斯丁与保罗的释经之争

在针对撒拉-夏甲事件的解释中，保罗把犹太化主义者的行律法与外邦基督徒的信福音对立起来，强调前者不是后者的前提或必要补充，而后者完全取代和成全了前者。对于这种二元对立关系，夏甲代表地上的耶路撒冷，撒拉代表天上的耶路撒冷，二者之间并没有"像"与"被像"的关系，而是意味着奴役与自由的截然差异。在保罗这里，外邦基督徒只要因信福音而无须行律法就可以称义，犹太人只能因信福音而非行律法才可以称义，这样就解决了1世纪的教会论中的合一问题。

与之相比，在《上帝之城》15.2 中，奥古斯丁却将保罗释经中的

---

① 参见奥古斯丁，《致辛普里西安》1.2.16。
② 具体研究参见花威：《奥古斯丁与内省良心的起源》，《汉语基督教学术论评》2021 年第 31 期，第 125—148 页。
③ 参见奥古斯丁，《书信》129.5。

二元对立关系解释成三元模仿关系，即上帝之城是天上的耶路撒冷，撒拉只代表地上的耶路撒冷，而夏甲更是地上耶路撒冷的像；不仅撒拉的地位明显下降，而且三者之间的关系是从"实体"到"实体的像"再到"像的像"的依次被模仿的关系。基于这种模仿与被模仿的关系，奥古斯丁试图论证，对于以基督教为国教的罗马帝国来说，即使所有人当前都集体生活在地上的耶路撒冷中，也只有得蒙上帝救赎的个体才会最终进入上帝之城，"像"与"像的像"都将在未来圣城的光照下消失。可以看到，相较于保罗的教会合一问题，奥古斯丁所关注的更多是个体救赎问题。

不过，对于《上帝之城》15.2 的释经，国际学界长久以来并不关注奥古斯丁与保罗之间的差异，反而以之为核心文本来探讨奥古斯丁的政治哲学之谜，即如果人类历史是上帝之城与魔鬼之城斗争的历史，那么是否存在第三座城，即尘世国家（包括其政治和社会）处于何种地位，是否具有积极意义。而在这一问题背后蕴含着 4—5 世纪以降的政教关系问题，即基督教会和尘世国家都试图从中寻找神学依据，来证明自己是上帝之城在地上的代表，从而应当独享地上的最终权柄。

对此，雷斯岗（Hans Leisegang）在 1925 年提出一个著名说法，认为奥古斯丁一共认可三座城，即属灵的天上之城、属灵的地上之城和属肉体的地上之城，后二者分别由撒拉和夏甲所代表，而地上的耶路撒冷就是属灵的地上之城，是属灵的天上之城即上帝之城在地上的展现。[①]而显然，这一地上的耶路撒冷就可以指代基督教会或基督教国家，并使得后者借助其属灵的性质而声称获得了从上帝来的神圣权力，要么教权干涉政权，要么政权操纵教权。与此不同，克兰兹（F. Edward Cranz）在 1950 年发表反驳文章说，在《上帝之城》15.2 中找不到支持三城说的文本证据。

> 只有夏甲，而不是任何社会，才是一个像的像。只有以色列，

[①] 参见 Hans Leisegang, "Der Ursprung der Lehre Augustine von der Civitas Dei", *Archiv für Kirchengeschichte*, Vol. 16, 1925, pp. 127–158.

而不是任何其他意义上的地上之城，才是天上之城的像。而奥古斯丁并没有说，上帝在地上的朝圣之城是天上的上帝之城的像。①

他试图论证，夏甲或以色列并不代表任何当前的基督教会或尘世国家，其在保罗和奥古斯丁那里只具有启示的神学意义，而非现实的政治意义；不同于优西比乌，奥古斯丁并不试图为罗马帝国辩护，更不会认为一个基督教帝国是尘世政治的完美未来。② 可以看到，后续更多讨论集中关注尘世政治的性质，比如它是否具有德性，是有"自然的"、更积极的意义，还是完全负面的，抑或介于地上之城与上帝之城之间，但它们的结论大多徘徊于雷斯岗与克兰兹的两极立场之间。③

相较于《加拉太书》中的释经，国际学界仅仅把奥古斯丁对撒拉事件的再解释引入政治哲学的讨论，是因为他把保罗那里的二元对立关系发展为三元模仿关系，就似乎为尘世国家找到了在神学上相对应的地上之城，无论其是属灵的，还是属肉体的。然而，我们会发现，当前政治哲学的解释取向其实是把魔鬼之城与上帝之城都看作现实存在的政治实体，进而再将二者过度对立起来，似乎人类当前生存其中的尘世之城或尘世国家必须要在这种对立中找到自己的恰当位置。而只要将《上帝之城》15.2 中的释经论证放回到其整体的写作意图中，我们就会看到，这种过度对立并不恰当。因为奥古斯丁在同时期发展成熟的原罪论和预定论已经表明，上帝之城只能在最后审判之后才会显露出来，其公民当

---

① F. Edward Cranz, "De Civitate Dei, XV, 2, and Augustine's Idea of the Christian Society", *Speculum*, Vol. 25, No. 2, 1950, p. 217.

② 参见 F. Edward Cranz, "De Civitate Dei, XV, 2, and Augustine's Idea of the Christian Society," in *Speculum*, Vol. 25, No. 2, 1950, pp. 215 – 225.

③ 这些争论至少包括：Peter Brown, "Saint Augustine", in Beryl Smalley ed., *Trends in Medieval Political Thought*, Oxford: Basil Blackwell, 1965, pp. 1 – 21; Robert A. Markus, *Saeculum: History and Society in the Theology of St. Augustine*, Cambridge: Cambridge University Press, 1970; Herbert A. Deane, "Classical and Christian Political Thought", *Political Theory*, Vol. 1, 1973, pp. 415 – 425; Peter J. Burnell, "The Status of Politics in St. Augustine's City of God", *History of Political Thought*, Vol. 8, No. 1, 1992, pp. 13 – 29; Eugene TeSelle, *Living in Two Cities: Augustinian Trajectories in Political Thought*, Scranton: University of Scranton Press, 1998, pp. 38 – 40. 相关中文研究参见吴飞：《心灵秩序与世界历史：奥古斯丁对西方古典文明的终结》（增订本），生活·读书·新知三联书店 2019 年版，第 245—269 页。

前仍然生活在表现为尘世之城的尘世国家中，比如罗马帝国，也生活在混杂着真、假信徒的基督教会中；而魔鬼之城则是由将来不会得以进入上帝之城的公民组成，也将在最后审判时才被分离出来。这就使得，魔鬼之城和上帝之城都不是现实存在的政治实体，而是以信仰与不信仰、得救与不得救所划分出的两个团契（societas），并只有在末世论意义上才能够彼此分别。

只要将《上帝之城》与其政治书信结合起来，我们就会更清楚地看到，奥古斯丁肯定，基督徒在尘世之城或尘世国家中应当承担公民义务，对内制止恶行导致的国家无序，对外制止侵略导致的国家存亡，前者表现为针对多纳图派所论证的宗教强制，而后者表现为针对蛮族入侵所论证的正义战争。① 由此，奥古斯丁承认，此生此世，人类所生活其中的尘世之城即尘世国家才是唯一真实的和现实的政治实体，魔鬼之城和上帝之城都只有等到最后审判才会从中分别和显露出来，试图现在就划分开这二者并谋求教权或政权的主导地位，都是徒劳的。

最后，回到保罗与奥古斯丁的释经差异问题，即撒拉－夏甲之间的二元对立关系为何会被转换为上帝之城－撒拉－夏甲之间的三元模仿关系，三者之间的"像"与"被像"是如何确立起来的？我们认为，个中原因有以下三个方面。

其一，在1世纪中叶，保罗要处理的是急迫且棘手的犹太基督徒与外邦基督徒的教会合一问题；但到了4—5世纪，在处理异端和教会分裂的同时，大公教会更关注个体的最终救赎问题，释经目的的转移促生了这一释经结果上的重大拓展与创新。

其二，个体的最终救赎问题包含两个面相，同时是尘世之城的两个面相，即所有个体都生活在尘世国家中，所有信徒都生活在基督教会中，既要履行政治义务和信仰义务，又要在集体被预定的确定性与个体是否被预定的不确定之间一直挣扎，直至最后审判的到来。

其三，具体来说，"像"与"被像"的三元模仿关系就在于，所有人都生活在撒拉所代表的地上的耶路撒冷即尘世之城中，不能确定自己

---

① 参见奥古斯丁，《书信》132.2、137.17、138.9－15 和 138.16－17.

属于"像"还是属于"被像",而只有在最后审判时才能划分开来,即或者进入上帝之城,或者进入夏甲所代表的魔鬼之城。

由此可见,对于撒拉事件的含义,保罗进行了寓意解释,批评犹太化主义者对于信福音与行律法之关系的错误理解;而奥古斯丁进行了再解释,论证人类的救赎是从作为"像"的地上之城上升到作为"被像"的上帝之城,否则就会落入作为"像的像"的魔鬼之城。在保罗那里,夏甲代表地上的耶路撒冷,指代那些强调行律法的犹太化主义者,而撒拉代表天上的耶路撒冷,指代以信福音而称义的基督徒,二者之间是截然对立的。在奥古斯丁这里,所有人都生活在当下的地上之城中,只有在最后审判时才会知晓自己的最终归宿;而个体救赎的不确定使得,地上之城中的每个人都不得不勤勉信仰和做工,并把救赎的全然主权放回到上帝的手中。

当然,现实中的信仰和做工总是发生在尘世之城和尘世国家中。保罗和奥古斯丁都认为,我们只有好好活在地上,才有可能将来活在天上,而不应当逃避尘世赋予民众的道德义务和国家赋予公民的政治义务。对于罗马帝国,保罗自豪于自己的罗马公民权,并在传教中充分利用帝国的交通和法律;而奥古斯丁强调,基督徒应当保卫帝国的秩序与和平,帝国虽然不是天国的预备,但也不是完全的罪恶之城。由此,对于撒拉事件的释经,从保罗偏重的教会论,到奥古斯丁偏重的救赎论,再到当下对尘世国家之价值的争论,恰恰展示了古老经文的丰富意涵和现代启示。

第二节 能否成为上帝的朋友:奥古斯丁论罗马皇帝

313年《米兰敕令》的颁布虽然没有显著改变帝国的政教关系模式,但彻底改变了帝国与基督教会的关系。从君士坦丁的皈依,一直到5世纪上半叶的狄奥多西二世和瓦伦廷三世,除了背教者朱利安,罗马帝国皇帝普遍是基督徒,绝大部分也青睐于大公教会。基于这种长久压迫之后的青睐,大公教会随即投桃报李,热情赞颂基督徒皇帝们的丰功伟绩,但对异教徒皇帝如李锡尼和背教者皇帝如朱利安则予以强烈谴责。皇帝对待教会的态度直接对应着主教对待皇帝的态度。主教和教会史家普遍认为，敬虔的皇帝将会得到上帝的奖赏，而背教的皇帝或异教徒皇帝将会得到上帝的惩罚。对于大公教会来说，皇帝是否坚守基督信仰不仅成为其统治合法性的标志，也借此可以解释帝国范围内发生的军政大事。

然而，4—5世纪的历史表明，这一解释路向不断受到帝国历经风雨的考验，以致奥古斯丁最终抛弃了从优西比乌到奥罗修斯的乐观态度，而开始清醒地认识到，是否坚守基督信仰与尘世国家的兴衰存亡之间并不存在内在勾连，上帝对人类灵魂的拯救也并不扩展到对任何政治共同体的肯定。

一 "上帝的朋友"：从优西比乌到奥罗修斯

处身于从迫害到宽容的历史转折中，我们不难想象，以优西比乌为代表的基督徒会毫不吝啬地赞美君士坦丁，并开始以宗教原因来解释第一位基督徒皇帝的所有行为。比如，优西比乌将君士坦丁解释为新摩西，最初生长在暴君的宫廷中，之后逃离暴君转而承认上帝，并把以色列全家拯救出埃及地。① 这就使得，他的军事行动被解释为拯救基督徒脱离异教徒皇帝的迫害，其军事胜利被解释为上帝佑助基督徒皇帝的结果。对于君士坦丁来说，其关键性胜利主要包括311年战胜马克森提和324年战胜李锡尼，前者使得他成为西部帝国的唯一皇帝，而后者使得他成为整个帝国的唯一皇帝。

优西比乌记叙说，为了讨伐马克森提的异教崇拜和荒淫行为，君士坦丁在祷告时看到天空中显现出十字架异象，在睡梦中得到启示来制作十字架军旗，于是自己就接受基督信仰，开始研读圣经，最终在米尔维安桥之战中得胜而进入罗马，如同基督荣入耶路撒冷。② 与此类似，李锡尼参与颁布《米兰敕令》而得以与君士坦丁平分帝国，但很快在东部帝国继续崇拜太阳神（*Sol Invictus*）并再次迫害基督徒，由此给了这

---

① 参见优西比乌，《君士坦丁传》1.12。
② 参见优西比乌，《君士坦丁传》1.28–1.40。

位"皇帝兼上帝的朋友"① 发动内战的神圣理由,并最终统一东、西部帝国,成为唯一的皇帝。

> 敌人倒下了,大能的得胜者君士坦丁——因着真诚的信仰,他拥有各项卓绝的美德——及其儿子基利司布——他是上帝最亲爱的统治者之一,在各方面都像父亲一般出色——一起赢回他们自己的东部省份,从而将罗马帝国结合成一单独整体,就像以前一样,从初升的太阳到最深的黄昏,在一片从北到南的广阔领域中,将帝国完全置于他们的和平统治之下。②

借助两次关键性胜利,君士坦丁结束了罗马帝国自3世纪后半叶以来的混乱,重建了和平与统一。如同耶稣出生在奥古斯都所开启的"罗马和平"中,获得帝国青睐的大公教会就重新出生在君士坦丁所开启的"罗马和平"中。以优西比乌为代表的大公教会不仅把君士坦丁的胜利看作上帝的旨意,还祝福其儿子们的德性和统治,在神学上为君士坦丁王朝确立合法性和神圣性。这一举动就实际上确认了罗马帝国与大公教会的联姻,即帝国为教会提供法律支持和财力支持,教会为帝国提供神学论证和教义论证,皇帝的政治目标与教会的信仰目标由此融贯统一,以致君士坦丁作为基督徒皇帝可以对主教们宣称:"你们是教会之内的人们的主教,而我也许是上帝所任命的管理教会之外的人们的主教。"③

在东、西部帝国实现统一之后,大公教会也开始寻求自身的合一。从313年开始,君士坦丁接受多纳图派的请愿,三次指示以小规模宗教会议来调查北非地区的教会分裂。在325年,君士坦丁亲自主持召开全帝国范围内的尼西亚会议,以调查阿里乌派争端,使得教会内部的教义和组织事务成为帝国公共的政治事务之一。以政治权力主导教会权力,

---

① 优西比乌,《教会史》10.9。
② 优西比乌,《教会史》10.9。
③ 优西比乌,《君士坦丁传》4.24,该书以下皆援引林中泽译本,不再一一注出,具体版本参见优西比乌:《君士坦丁传》,林中泽译,商务印书馆2015年版。

以皇帝的信仰取向主导国家的信仰取向，以致皇帝不仅是教会外人士的主教，也实际上成为主教的主教。在与主教的温煦交往中，皇帝如同新基督，而主教如同新门徒。对于会议期间的登基二十周年庆典宴会，优西比乌描述说：

> 在餐厅内，一些人与皇帝同坐在一张餐桌旁，另一些人则轻松地躺在安排于每一边上的躺椅上。可以设想，这是一幅想象中的基督王国的画像，正在发生的事情是"梦，而不是现实"。①

在优西比乌看来，这一图景模仿了基督与门徒的最后晚餐，如同永恒的基督王国在时间中的预演，即基督徒皇帝几乎取代了主教的职责，以其敬虔的信仰正在引领大公教会和整个帝国开启全体人类的拯救进程。而在传扬基督信仰上，君士坦丁已经如同基督，真正实现了把福音"传到地极"（《使徒行传》1：8）。"他更像他的救主，就如能够繁育出数倍、被撒播于地上的谷粒，借助上帝的祝福生长出大量的庄稼，并用自身的果实蔓延到整个世界。"②

鉴于其开创性功绩，我们可以理解，优西比乌和同时代教会对君士坦丁的极力赞誉。

> 在罗马诸帝当中，只有他用极度的虔诚荣耀了万有的君主上帝；只有他向所有人公开赞颂基督之道；只有他破天荒地第一次尊崇他的教会；只有他消灭了一切多神教的错误，揭穿了每一种形式的偶像崇拜；肯定地说，只有他，在世时和死后均被认为配得上获得任何其他人——包括希腊人和蛮人，甚至古代罗马人——都无法获得的荣誉，因为像他这样的人，从创世起讫我们的时代为止从来没有被记载过。③

---

① 优西比乌，《君士坦丁传》3.15。
② 优西比乌，《君士坦丁传》4.72。
③ 优西比乌，《君士坦丁传》4.75。

这一赞誉显然过于夸张,以致严重遮盖了君士坦丁的实际作为。因为我们知道,在宗教信仰上,君士坦丁身兼罗马传统宗教大祭司一职,仍然保留太阳神崇拜,315 年在罗马所建的凯旋门上也雕刻了罗马诸神;在道德品行上,他下令处死自己的妻子和长子基利司布,处死李锡尼的儿子,完全没有展现出基督徒的忍耐和饶恕。①

秉承着上述史观,与君士坦丁相对比,基督教史学家极力贬低背教者朱利安,将之短暂的统治和失败的东征看作上帝惩罚其不敬虔的标志,再次高度赞扬基督徒皇帝狄奥多西的丰功伟绩。优西比乌没有活到朱利安和狄奥多西的时代,但以奥罗修斯为代表的4—5 世纪教会史家们都认为,皇帝在宗教上的倒退措施必然导致军事上和政治上的悲惨结局,如同之前的马克森提和李锡尼;而宗教上的敬虔将会保证军事上的胜利和政治上的稳定。

君士坦提乌斯挥师平叛朱利安的篡位,但在 361 年 11 月中途驾崩,使后者成为帝国唯一的皇帝。正式登基之后,朱利安随即放弃其基督信仰,不仅颁布对各宗教、各派别的宽容敕令,批准恢复罗马传统宗教,重建耶路撒冷圣殿,并允许多纳图派主教从流放地回归,还在 362 年 6 月 13 日颁布教育敕令,变相禁止基督徒从事和接受学校传统教育,② 甚至亲自撰写《反加利利人》来批判基督教。③ 在《历史七书》7.30.2 - 3 中,奥罗修斯记叙说:

> 他攻击基督信仰,更多是通过诡诈而非暴力,试图以荣耀来引诱人,而不是用折磨来迫使他们否认对基督的信仰而遵从对偶像的崇拜。他公开敕令说,基督徒不能教授博雅之学;但正如从我们的

---

① 参见[德]哈特温·布兰特:《古典时代的终结:罗马帝国晚期的历史》,周锐译,上海三联书店 2018 年版,第 31—38 页。

② 参见朱利安,《书信》42;《狄奥多西法典》13.3.5;Wilmer Cave Wright trans., *The Works of the Emperor Julian*, Volume 3, Loeb Classical Libeary, Cambridge: Harvard University Press, 1923, pp. 117 - 123; J. Stevenson ed., *Creeds, Councils and Controversies: Documents Illustrating the History of the Church, AD 337 - 461*, revised by W. H. C. Frend, Grand Rapids: Baker Academic, 2012, pp. 71 - 73.

③ 参见[古罗马]朱利安:《尤利安文选》,马勇编译,华夏出版社 2017 年版,第 130—173 页。

前辈所认识到的，几乎在任何地方，这一敕令所影响到的人都选择放弃自己的职位，而非信仰。①

这一意图明显的教育敕令引发了广泛反对，甚至被看作朱利安背教中影响最为恶劣的政策，直至后世还经常被提及和批判。② 在 363 年 6 月 26 日，朱利安在东征波斯的战事中受伤驾崩，成为上帝的沉重惩罚如此迅疾临到的标记。"由此，借着亵渎者的死亡，上帝的仁慈就终止了这些亵渎的计划。"③

与朱利安相比，狄奥多西是虔诚的大公教徒；与君士坦丁相比，他几乎没有信仰上和道德上的瑕疵。将军出身的狄奥多西两次西征，分别打败篡权者马克西姆和尤金，维护了东、西部帝国的统一，保护了瓦伦廷二世对西部帝国的统治，并要求他从阿里乌派信仰转回到大公信仰，还在凯旋罗马期间积极游说元老院的异教徒元老也接受大公信仰。④ 在移驾米兰期间，狄奥多西多次接受主教安布罗斯的尖锐进谏，不仅许诺不惩罚卡利尼古姆会堂被焚事件，甚至不惜放弃皇帝的尊荣为帖撒罗尼迦屠杀事件表达忏悔。⑤ 与此对应，在 395 年 2 月，安布罗斯在米兰大教堂为驾崩的狄奥多西致葬礼颂赞，明确肯定他已经得蒙拯救。"因此，狄奥多西安住在光中，在圣徒群体中得了荣耀。"⑥

如果说安布罗斯展示了狄奥多西在信仰上的敬虔与德性上的谦卑，那么奥罗修斯则展示了其在军事上的赫赫战功。

---

① 奥罗修斯，《历史七书》7.30.2 - 3；参见 Orosius, *Seven Books of History against the Pagans*, A. T. Fear trans., Liverpool: Liverpool University Press, 2010, p. 376.
② 在《忏悔录》8.5.10 中，奥古斯丁叙述了辛普里西安的回忆，即在教育敕令的影响下，基督徒哲学家维克托瑞放弃教授异教徒雅学问。
③ 奥罗修斯，《历史七书》7.30.6；参见 Orosius, *Seven Books of History against the Pagans*, A. T. Fear trans., Liverpool: Liverpool University Press, 2010, p. 377.
④ 参见佐西莫斯，《罗马新史》4.59.1 - 2；参见 [东罗马] 佐西莫斯：《罗马新史》，谢品巍译，上海人民出版社 2013 年版，第 134—135 页。
⑤ 参见安布罗斯，《书信》74 =《编外书信》1A、《编外书信》11.
⑥ 安布罗斯，《狄奥多西葬礼布道》39；参见 J. H. W. G. Liebeschuetz trans., *Ambrose of Milan: Political Letters and Speeches*, Liverpool: Liverpool University Press, 2010, p. 196.

狄奥多西相信，一个承受着天主雷霆之怒的国家，只有神的仁慈才能匡正。他全心全意地信赖基督的扶助，一往无前地进攻强大的斯基泰部落，不顾他们曾是我们历代祖先的噩梦……就连亚历山大大帝也不敢招惹。那些部落已经消灭了罗马的大军，用罗马的骏马和武器装备自己。尽管如此，他还是捷报频传，击败了阿兰人、匈奴人和哥特人，凯旋地进入了君士坦丁堡……目睹狄奥多西的勇气和宽厚，哥特人的各大部落就都服从于罗马的权力了。……（甚至波斯人）奴颜婢膝地遣使君士坦丁堡，向狄奥多西求和，于是双方缔结合约，从此整个东方实现了和平，直到今天。[1]

不管是否存在夸大，奥罗修斯对这一评价都延循了个体信仰与神圣报偿之间的对等原则，不仅体现在来生的灵魂救赎上，也体现在今生的各项世俗胜利上。在他看来，狄奥多西对蛮族的战功超过了历史上的亚历山大和罗马先祖，对波斯的优势下的和平则超过了君士坦丁、君士坦提乌斯、朱利安和约维安等前任皇帝，甚至很大程度上实现了君士坦丁晚年的东方战略。[2] 与军事上的胜利相呼应，狄奥多西像君士坦丁一样，也安享了年岁上的寿终和皇位上的后继有人，但以其非凡的敬虔和谦卑超越了君士坦丁，成为基督徒皇帝的最佳楷模。

二 谨慎悲观：奥古斯丁论罗马皇帝

奥古斯丁在青年时代担任过宫廷修辞学教师，在担任圣职后关注宫廷的宗教敕令，与宫廷官员和皇帝近臣都有交往，主要历经了瓦伦廷二世（375—392 年）、狄奥多西（379—395 年）、霍诺里（393—423 年）和瓦伦廷三世（425—455 年）四任皇帝当政。在 384 年秋天，奥古斯丁从罗马来到米兰，担任瓦伦廷二世宫廷的修辞学教师，在教学的同时为皇帝登基纪念（384 年 11 月 22 日）和新任执政官包图上任（385 年

---

[1] 奥罗修斯，《历史七书》7.34.5-8；中译文选自夏洞奇：《奥罗修重放光芒？》，《世界宗教研究》2015 年第 1 期，第 131 页。
[2] 参见李隆国：《君士坦丁皇帝的东方战略》，《光明日报》2018 年 6 月 18 日第 6 版。

1月1日）撰写颂赞，① 全程目睹了安布罗斯与瓦伦廷二世宫廷对米兰教堂的争夺。② 到了386年秋天，完成信仰皈依的奥古斯丁以身体不适为由辞去教师职务。在387年夏秋，奥古斯丁一行试图从奥斯蒂亚乘船返乡，但由于篡权者马克西姆的军队封锁了海路，就不得不回到罗马暂避，直到388年夏天狄奥多西率军西征得胜后才得以成行。在与多纳图派的斗争中，奥古斯丁组织北非大公教会向霍诺里宫廷请愿，密切关注宫廷权臣的沉浮对宗教政策的影响。在与博尼费斯的交往中，他也了解到摄政太后加拉·普拉西提阿主导着瓦伦廷三世宫廷的权力争夺。

与奥罗修斯一样，优西比乌和奥古斯丁也注意到，耶稣出生在第一任皇帝奥古斯都治下，但并未将罗马帝国的开端看作人类救赎历史的新开端。优西比乌把耶稣的出生看作旧约先知预言的实现。③ 奥古斯丁也对此描述说：

> 在希律王统治犹大地的时候，罗马改变了共和国的形式，凯撒·奥古斯都成了罗马皇帝，在全球实现了和平，按照从前的先知的预言，基督在犹大的伯利恒降生了。④

依据早期教会传统的统计，从尼禄直到戴克里先，基督教会一共经受过十次迫害。⑤ 不过，从君士坦丁开始，除了背教者朱利安，帝国皇帝都成为基督徒，并在380年敕令大公基督教为国教，⑥ 使得罗马帝国在4—5世纪经历了迅速的大公基督教化，但青睐阿里乌派的瓦伦斯皇帝曾经迫害过东部帝国的大公教会。⑦ 在驳斥多纳图派著作和《上帝之城》5.21-26中，奥古斯丁集中点评了君士坦丁、朱利安和狄奥多西

---

① 参见奥古斯丁，《忏悔录》6.6.9；《驳佩提里安著作》3.30.。
② 参见奥古斯丁，《忏悔录》9.7.15-16；安布罗斯，《书信》75、75a、76和77。
③ 参见优西比乌，《教会史》1.5-6。
④ 奥古斯丁，《上帝之城》18.46。
⑤ 参见奥古斯丁，《上帝之城》18.52。
⑥ 参见《狄奥多西法典》16.1.2；J. Stevenson ed., *Creeds, Councils and Controversies: Documents Illustrating the History of the Church, AD 337-461*, revised by W. H. C. Frend, Grand Rapids: Baker Academic, 2012, p.174.
⑦ 参见奥古斯丁，《上帝之城》18.52。

三位皇帝。

在《上帝之城》5.25 中，奥古斯丁评论君士坦丁说：

> 皇帝君士坦丁并不敬拜鬼怪，而是服侍真正的上帝。于是，好上帝赐给他以人们不敢企及的、圆满的地上幸福，为的是不让人们以为，服侍他虽然能得到永生，但是这地上的国中的辉煌，不敬拜鬼怪就不能得到，因为那些精灵们在这些事上有能力。上帝命令君士坦丁在帝国建立一个和罗马相伴的城，这个城是罗马的女儿城，但是没有罗马那些鬼怪的神殿和塑像。君士坦丁享国日久，能够控制和捍卫整个罗马世界，唯有奥古斯都能和他媲美。他在自己指挥和发动的战争中，能够战无不胜。他击溃各国僭主，所向披靡。他年老时因病寿终正寝，子孙即位。不过，皇帝当基督徒并不能只是为了像君士坦丁这么享福，每个人当基督徒都是为了永恒的生命。①

虽然肯定受到《君士坦丁传》和《君士坦丁颂赞》的直接或间接影响，可以看到，全然不同于优西比乌所塑造的"上帝的朋友"、新摩西或新耶稣的形象，奥古斯丁在这里不仅没有提及君士坦丁在基督教合法化上的历史性功绩，也没有提及尼西亚会议上皇帝与主教的温煦融融，而是仅仅提及他从崇拜偶像转为皈依基督信仰。在这一新评价中，君士坦丁作为皇帝建立新罗马、征战蛮族和子孙即位等世俗成就不过是上帝赐予的今生中的暂时结果，其作为基督徒在信仰上与其他普通基督徒并无二致，都是为了得到来生中的永恒生命。吴飞对此评价说：

> 于是，君士坦丁的神圣性被彻底颠覆了，罗马帝国以来的皇帝崇拜遭到了前所未有的打击。奥古斯丁力图将基督徒的关注点移回

---

① 奥古斯丁，《上帝之城》5.25。

每个人的内心世界，因而要彻底瓦解地上政治的神圣性。①

不同于皇帝崇拜和盛大的异教庆典，当基督信仰被内在化，真正的幸福被延迟到来生，尘世政治上的功绩就只是上帝对之的奖赏，但全然不是将来一定会得到永恒生命的记号，也不是其保证。而如果明确知道，君士坦丁在公务方面对待敌人和亲人都残酷无情，对待传统宗教有着更多留恋，对待基督信仰有着更多利用的嫌疑，在个人方面不仅直到临死才接受洗礼，甚至允许亲阿里乌派的主教尼科米底亚的优西比乌（Eusebius of Nicomedia）来施行这一圣礼，那么奥古斯丁对他的评价肯定就会更低一层，以致完全无法与狄奥多西相提并论。②

君士坦丁王朝和狄奥多西王朝的皇帝们青睐于大公教会，瓦伦斯和瓦伦廷二世青睐于阿里乌派，而瓦伦廷一世则同时宽容大公教会和阿里乌派。与此相比，朱利安的背教行为就受到广泛批判，其允许多纳图派主教回归则受到北非大公教会的激烈批判。在朱利安登基之后，多纳图派就向之请愿，宣称唯有他才拥有正义。③ 奥古斯丁不仅称朱利安为"基督的敌人、背教者、基督徒的对手和魔鬼的奴隶"，还极力嘲讽多纳图派的谄媚行为。

> 帝国没有发布任何东西支持多纳图派，直到背教者朱利安才改变；他极度憎恶基督教的和平与合一，而由于憎恶这一宗教，他就毫无敬虔地背离了它。正如法官的记录所证实的，多纳图派向朱利安请愿，实际上以如此话语向他祈求，使得也许有些人顺服朱利安，更多是出于偶像崇拜方面的害怕，而不是陷入疯癫地赞美他，

---

① 吴飞：《尘世之城与魔鬼之城：奥古斯丁政治哲学中的一对张力》，载李猛编：《奥古斯丁的新世界》，上海三联书店2016年版，第24页。同时参见吴飞：《奥古斯丁的政治哲学与世界历史》，载刘玮主编：《西方政治哲学史第一卷：从古希腊到宗教改革》，中国人民大学出版社2019年版，第277—283页。

② 参见 Augustine, *The City of God* (Book 1–10), William Babcock trans., WSA 1/6, Hyde Park: New City Press, 2012, p. 178, note 99.

③ 奥古斯丁，《驳佩提里安著作》2.92.203。

因为他们说，唯独在他那里，正义才有一席之地。①

与此类似的嘲讽是，"你们为什么向朱利安请愿，他是基督教的真正憎恨者？你们为什么向他讨要教堂？你们为什么说，唯独在他那里，正义才有一席之地？"②

朱利安的"正义"仅仅持续了很短暂的时间，对波斯战事的惨败使得其"宗教宽容政策"也随即夭亡。虽然在位短暂和兵败身死是许多罗马皇帝的经历，但大公教会主教们更容易将之看作是，朱利安因为背教而遭受到来自上帝的迅疾惩罚。在《上帝之城》中，奥古斯丁两次批判说，朱利安求助于异教神谕的行为直接导致了其兵败身死。

> 朱利安对诸神的神谕过于迷信，甚至极为鲁莽地命令焚烧那些装粮草的舰船。随后军粮匮乏，不久之后，他自己也被敌人杀死。主将死后，军队陷入绝境，被敌人从四面包围，混乱中无法逃脱，只有签订合约，割让帝国的土地，这份合约今天还有效，虽然造成的损失没有哈德良带来的那么大，但还是很可观。看来，特尔米努斯神不向朱庇特让步的鸟占是空洞的，他先是因哈德良的意志，随后又因为朱利安的愚鲁和约维安的紧急状态让步。③

最后，看看这极端的例子，我们就不必一一列举了：他给了基督徒皇帝君士坦丁的，也给了叛教者朱利安。朱利安本来生具异秉，后来为渎神和邪恶的好奇心引诱，倾心霸权，沉迷于虚幻的神谕，自以为必将胜利，焚烧载有军需粮草的舰船。随后，他鲁莽地左冲右突，很快就因为自己的莽撞被杀死，于是全军陷在敌境，没有粮草供应，除非作出违背疆界神的预言的事情，否则就无法逃走，于是罗马帝国的疆界被改变了。对此，我在前面一卷已经提到。疆界之神没有让位给朱庇特，但现在让位给紧急状态的必然性了。唯一的和真正的上帝按照他所愿统治和管理这些；虽然原因是

---

① 奥古斯丁，《驳帕门尼安书信》1.12.19。
② 奥古斯丁，《驳佩提里安著作》2.92.205。
③ 奥古斯丁，《上帝之城》4.29。

隐秘的，但怎么会是不正义的呢？①

检讨朱利安对波斯战事的过程与失败需要更细致的历史研究，从同时代的历史学家马科林（Ammianus Marcellinus）到 5 世纪的佐西莫斯都有分析；②但对于大公教会来说，战败身亡只是结果，其根本原因是宗教上的，即朱利安抛弃了基督信仰，转而相信异教占卜和迫害大公教会。在数算教会传统上所说的十次迫害之后，奥古斯丁论及朱利安对大公教会的迫害：

> 并且，他们也没把朱利安算在那十个之内，这又如何解释呢？他曾禁止基督徒实行或接受文雅教育，难道这不是对教会的迫害吗？在他的治下，后来成为他之后的第三个皇帝的老瓦伦廷皈依了基督教，结果被他剥夺了军权。我们还不细谈他在安提俄库斯（即安提阿）开始的迫害，只是谈谈一个无比虔敬和坚定的年轻人。朱利安在那里抓了很多人来折磨，这个年轻人是第一个被抓住的，遭到了一整天的折磨，他在枷锁和酷刑之下依然唱赞美诗，皇帝被这惊人的自由和快乐所震慑，不敢再迫害别的人，唯恐惹来羞辱。③

与之前的国家迫害不同，朱利安的敌意更多只是取消帝国对大公教会的严重偏爱，回归到《米兰敕令》的原初含义，即对所有宗教都保持宽容政策。

---

① 奥古斯丁，《上帝之城》5.21。
② 参见 Ammianus Marcellinus，《功绩》（*Res Gestae*）第 24 - 25 卷；佐西莫斯，《罗马新史》3.11.1 - 3.31.2，其中都描述了这次战事的整个过程。参见 Ammianus Marcellinus, *The Later Roman Empire（A. D. 354 - 378）*, Walter Hamilton trans., New York: Penguin Books, 1986, pp. 266 - 299;［东罗马］佐西莫斯：《罗马新史》，谢品巍译，上海人民出版社 2013 年版，第 83—96 页。相关研究参见 Rowland Smith, "Telling Tales: Ammianus' Narrative of the Persian Expedition of Julian", in Jan Willem Drijvers and David Hunt eds., *Late Roman World and its Historians: Interpreting Ammianus Marcellinus*, London & New York: Routledge, 1999, pp. 79 - 92; Alan J. Ross, *Ammianus' Julian: Narrative and Genre in the Res Gestae*, Oxford: Oxford University Press, 2006; Beate Dignas and Engelbert Winter, *Rome and Persia in Late Antiquity: Neighbours and Rivals*, Cambridge: Cambridge University Press, 2007, pp. 90 - 94.
③ 奥古斯丁，《上帝之城》18.52。

与君士坦丁相比，狄奥多西的作为和信仰更符合基督徒皇帝的理想，尤其是其在悔罪中所表现出来的谦卑。在《上帝之城》5.26 中，奥古斯丁集中论述了狄奥多西的事迹，称赞其是"真正的虔诚者"。这些事迹主要包括，他对格拉提安尽忠服侍，对瓦伦廷二世尽心关爱，"用祈祷而不是武力"平定篡权者马克西姆和尤金，宽恕二者的属臣，其被迫从事内战仅仅是为了维护东、西部帝国的合一。在两次西征过程中，他都寻访圣徒的预言，甚至是远到埃及荒野的隐修士约翰，以致战场上出现了大风来参与战斗的神迹；他还摧毁了阿尔卑斯山的朱庇特神像，将其上金铸的霹雳奖赏给部下。

奥古斯丁毫不吝啬地称赞说：

> 虽然日理万机，西奥多（即狄奥多西）从即位的一开始，就没有停止以最正义和最悲悯的法律帮助教会对抗那些不敬的反对者。比起在地上称王，他更乐于把自己当作教会的成员。他到处摧毁异教的偶像，充分意识到，即使地上的好处也不能让鬼怪赐予，而要取决于真正的上帝的力量。后来西奥多在帖撒罗尼迦处理一些非常严重的丑事，当时教会长老也来干预，西奥多许诺说要宽大处理。但是被他周围的人的鼓动所迫，他不得不惩处某些人。教会的纪律迫使他行告解。当他以帝王之尊面对民众俯伏于地的时候，人们更多为这景象而哭泣，而不是因为自己的罪引起他的愤怒而害怕。什么会比这样一种宗教的谦卑更神奇呀？他做的这类好事很多，数也数不清。他在此世做了这些事，而人间的巅峰和至高点也不过是泡影。他做了这些事情，得到的赏赐是永恒的幸福，上帝只给予真正的虔诚者。①

在奥古斯丁看来，比起君士坦丁自谓为"教会之外的人们的主教"，狄奥多西更进一步，以为皇帝的位置抵不上在大公教会中做一个平信徒，不仅借用皇帝的权力来打击异教和推行大公基督教，使得帝国

---

① 奥古斯丁，《上帝之城》5.26。

臣民大量加入大公教会，还能够为自己的罪而像普通基督徒那样忏悔，由此远超过之前的诸位基督徒皇帝，并为后来者树立了榜样。前者对应着，狄奥多西与另两位皇帝在380年2月28日向君士坦丁堡民众发布敕令，确立大公基督教为帝国国教。① 后者对应着，狄奥多西在390年夏天下令屠杀部分帖撒罗尼迦民众，在安布罗斯的劝诫下选择公开忏悔此罪。

帖撒罗尼迦事件的大致经过是，该城颇受欢迎的赛车手因道德不端而被监禁，部分民众就群起谋杀了驻守该城的哥特人将军布赛瑞克（Butheric）以示报复，而居停米兰的狄奥多西听闻后大为愤怒，随即下令屠杀肇事者以正法律；不过，他很快取消了这一命令，但取消命令的谕令尚未送达帖撒罗尼迦，该城的几千名民众就已经被屠杀。安布罗斯在屠杀发生前警告皇帝取消命令，在之后撰写《书信》51即《编外书信》11，以大卫王为例要求他为此事公开悔罪，否则拒绝其到自己的教堂领圣餐，② 同时也勉励说："我过去常常认为，您的敬虔远超过许多皇帝的敬虔，而只有一位可以与您媲美。"③ 出乎意料的是，狄奥多西顺服了安布罗斯的训诫，前去主教教堂时不披戴皇袍以示悔罪，直到同年圣诞节才被允许重新领圣餐。

在4—5世纪的教会史中，主教训诫皇帝悔罪的事件是独一无二的，甚至被看作"一个令人惊异的范例，即一位坦率的主教以非凡勇气践行自己的职责，要求一位统治者重新遵守其道德义务"，④ 因此在同时代的教会史作品中得到普遍记载。⑤ 在与主教交往中所展现出的这一谦卑也为狄奥多西赢得了巨大的声誉。在《狄奥多西葬礼布道》（*Oration on the Death of Theodosius*）39–48中，安布罗斯长篇讲述了海伦娜的事迹。

---

① 参见《狄奥多西法典》16.1.2；Clyde Parr trans., *The Theodosian Code and Novels and the Sirmondian Constitutions*, Union, New Jersey: The Lawbook Exchange, Ltd., 2001, p. 440.
② 参见米兰的保林，《安布罗斯传》24；安布罗斯，《书信》51 =《编外书信》11。
③ 安布罗斯，《编外书信》11.13；参见 J. H. W. G. Liebeschuetz trans., *Ambrose of Milan: Political Letters and Speeches*, Liverpool: Liverpool University Press, 2010, pp. 267–268.
④ J. H. W. G. Liebeschuetz trans., *Ambrose of Milan: Political Letters and Speeches*, Liverpool: Liverpool University Press, 2010, p. 262.
⑤ 参见鲁菲努斯，《教会史》11.18；索佐门，《教会史》7.25；狄奥多莱，《教会史》5.17。

第一位基督徒皇帝君士坦丁在临终时才接受洗礼，但正是其母亲海伦娜为之寻求上帝的保护，并为了确保其对罗马世界的统治而前往耶路撒冷，找到圣十字架和两根钉子，且将钉子分别镶嵌进他的头盔和马勒上。在此意义上，利贝许茨（J. H. W. G. Liebeschuetz）评论说：

> 海伦娜而非君士坦丁才是基督教帝国的创建者，或至少接收了从上帝来的确凿记号，以之确立了基督教帝国。君士坦丁仅仅被简要提到在天上欢迎狄奥多西，其光芒完全被有关其母亲的奇迹般发现的记述所遮盖。①

在这场葬礼布道中，安布罗斯把海伦娜看作基督教帝国的创建者，并把狄奥多西看作这一帝国的守卫者和壮大者，明显超越了君士坦丁在神圣国度中的地位。

平信徒皇帝服从主教的训诫，虽然从神圣秩序上看应当如此，但在世俗秩序上或在既有的政教关系中，却是前所未有和不可想象的。优西比乌虽然自诩与君士坦丁关系亲密，但除了赞颂外，从没有训诫其尽早接受大公教会的洗礼。惊讶于狄奥多西的敬虔，奥古斯丁明确肯定，他已经是"真正的虔诚者"，是上帝所预定的圣徒，将会得到"永恒的幸福"作为赏赐。对于这种敬虔和谦卑，吴飞评论说：

> 他在抛开自己的帝王之尊的同时，也抛弃了罗马帝国的神圣性。奥古斯丁之所以把他当作基督徒皇帝的榜样，就在于他把人间的巅峰与至高点也看成了泡影，而只把自己当作一个普通的基督徒看待。狄奥多西之所以是最好的基督徒君主，恰恰是因为他尽可能地消除了君主的神圣性。②

---

① J. H. W. G. Liebeschuetz trans., *Ambrose of Milan: Political Letters and Speeches*, Liverpool: Liverpool University Press, 2010, p. 175.
② 吴飞：《尘世之城与魔鬼之城：奥古斯丁政治哲学中的一对张力》，载李猛编《奥古斯丁的新世界》，上海三联书店2016年版，第25页。

正是如此，当格拉提安辞去罗马传统宗教大祭司的头衔时，帝国之内的神圣秩序就发生了转换，异教神祇被完全排斥在外，而皇帝也重新"不忘自己是凡人"，基督徒皇帝虽然保有着世俗秩序上的尊贵和政教关系上的主导地位，但终究只能是相对于主教的平信徒。新的神圣秩序以上帝作为"巅峰与至高点"，并不受限于帝国，反而把整个世界和全部人类都囊括在内，唯独主教成为上帝在这个新世界中的代言人。可以推测而知，奥古斯丁既然在《书信》中经常以主教身份来劝勉平信徒官员，那么也并非不可以如此来训诫平信徒皇帝，正如他和教会史家们激烈批判背教者朱利安一样。

神圣秩序的转变使得，尘世国家的目的不是强盛和扩张，而是对内维护公义和对外维护和平；与此相应，皇帝的目标不是追求现世的权力或幸福，而是以敬虔治国理政，使广大臣民皈依大公信仰，共同寻求个体灵魂在来世的拯救。正因为如此，作为基督徒皇帝的榜样，狄奥多西虽然几乎被认定为圣徒，但其作为个体灵魂，仍然会时刻面临罪的试探，必须怀着不断被搅扰的内省良心，在各种试炼中谨守信仰以逐渐实现今生的成圣。我们将要追问的是，如果将这一信仰历程扩展到罗马帝国的所有臣民，那么是否会把整个帝国转变成一个基督教共和国，即不仅符合西塞罗对共和的定义，也会实际践行大公基督教的信仰目标，甚至几乎是把天上的国度实现在了地上。

三　君主镜鉴：作为圣徒的基督徒皇帝

在《君士坦丁传》和《君士坦丁颂赞》中，优西比乌几乎是把君士坦丁的实际作为确立为基督徒君主的范本，不仅舍弃不符合这一光辉形象的史料，还努力营造皇帝与主教"穆穆棣棣，君臣之间"（李华：《吊古战场文》）的温煦融融，由此开启了基督教的君主镜鉴传统。

与之相较，在《上帝之城》5.24 中，奥古斯丁虽然赞许狄奥多西的事工和谦卑，但更多是以多重虚拟式的表达来描述真正完美的基督徒君主。

> 我们说基督徒皇帝是幸福的，并不是因为他们统治的时间更

长,或者是能寿终正寝,留下儿子继位,也不是因为能镇压共和的敌人,或者能够防范和镇压敌对公民对自己的反叛。在此世的烦扰生活中这样那样的好处与慰藉,就是敬拜鬼怪的人也能够得到;这不属于上帝之国,而那些基督徒皇帝属于上帝之国。这些出自上帝的悲悯,但是上帝不希望信仰他的人把这当成至善。如果皇帝们以正义治国,如果那些赞美和谄媚的唇舌,那些过度的谦卑和礼敬不会让他们过于自大,如果他们不忘自己是凡人,我就说他们是幸福的。如果他们能够让自己的权力成为威严的上帝的侍婢,如果能在最大可能的范围内让人们服侍上帝,如果他们敬畏、热爱、服侍上帝,如果他们爱上帝的国(那个不必担心与人共享的国)胜过爱自己的国,如果他们缓于刑罚、敏于恕道,如果他们是为了王道的必要和保卫共和而用刑、而不是因为怀恨泄愤,如果他们网开一面不是因为徇情枉法、而是为了让人们改恶从善,如果对于他们不得不颁布的严厉政策他们还能用悲悯仁义、宽宏大量来补充,如果他们在可以纵情声色时克己复礼,如果他们比所有人都更憎恶荒唐的欲望,如果他们做这些都不是出于对空洞的光荣的热望、而是因为对永恒幸福的挚爱,如果他们为了赎罪不忘记以谦卑、忏悔、祈祷向真正的上帝献祭,那他们就是幸福的。我们说,这样的基督徒皇帝现在拥有幸福的希望,以后会有幸福的现实,我们期待幸福将会降临他们。①

这一系列虚拟式描述了基督徒君主治国理政的方方面面,包括个人德性、治理手段和治理目的等,以对上帝的义务来履行对尘世国家的义务,君主也不再是国家的所有者,而只是上帝选派的监管者,需要为臣民和自己的灵魂拯救负责。我们可以说:

  这样,奥古斯丁将皇帝个人与他的政治身份完全剥离了开来。虽然一个好皇帝也需要以德治国,赏善罚恶,但这样做的目的并不

---

① 奥古斯丁,《上帝之城》5.24。

是富国强兵，而是以此来服务于上帝之城和自己灵魂的拯救。①

在实际治理中，如果这些不是完全无法做到的，也是几乎没有任何皇帝实际做到过的。以狄奥多西为例，他极力支持和传播大公信仰，以政治权威来要求臣民归信上帝，以反异端法来试图消除异端和教派分裂，以正义即爱上帝为原则来统治国家，在统治中节制欲望和施与悲悯仁义，对主教的训诫保持顺服和谦卑，但在盛怒的冲动之下也会命令屠杀民众。寓于君主镜鉴的长久传统，不同于从色诺芬的《论僭政》和《居鲁士的教育》到马基雅维利的《君主论》，奥古斯丁在《上帝之城》5.24 中的描述使得，尘世国家中的德性统治仅仅是手段，其积极意义也被限定在相对狭窄的范围内。

奥古斯丁虽然参与开启了基督教的君主镜鉴传统，但努力防范把任何基督徒皇帝看作新摩西或新耶稣。与之相比，优西比乌笔下的君士坦丁几乎没有瑕疵，其个人信仰、国家治理以及与主教的相处都达到理想状态，尼西亚会议上的场景几乎预演了耶稣在天上的父家里接待已蒙拯救的门徒（《约翰福音》14:2-3）；而奥罗修斯则侧重论证，罗马帝国与基督教会有着完美的相互庇佑关系，狄奥多西赫赫战功之后的和平与安宁也几乎预演了最后审判后天国里的"饮至策勋，和乐且闲"（李华：《吊古战场文》）。可以说，在相对盲目的乐观情绪的激发下，优西比乌和奥罗修斯的写作是结论先行，在史料拣选上也不无偏见，以致其解释效力很快就遭受到帝国的现实挫折所带来的质疑。不同于这二者，以狄奥多西的犯罪与谦卑为例证，奥古斯丁始终区分凯撒的国与上帝的国，基督徒皇帝仍然只是凡人，其国家仍然只是尘世国家，所继承的原罪和所重新演现的意志堕落仍然使得，每个个体都无法避免犯罪的可能，而从皇帝到所有臣民，心灵的救赎也只能是个体意义上的。对于这种国家所代表的集体性与皇帝本人所代表的个体性，吴飞评论说：

---

① 吴飞：《奥古斯丁的政治哲学与世界历史》，载刘玮主编：《西方政治哲学史第一卷：从古希腊到宗教改革》，中国人民大学出版社 2019 年版，第 278 页。

社会的集体性无法取代任何个人心灵的努力，哪怕他是皇帝。一个看似悖谬的结论是：虽然奥古斯丁强调人类的集体性，但这种集体性在任何意义上都不能取代或补充个人的努力，它恰恰使每个个体回到自己的心灵秩序。①

我们在下文还会看到，当把意志哲学完全纳入政治学说之中，奥古斯丁就清醒地认识到，虽然"保卫共和"是基督徒皇帝的治国目的之一，② 但在无法达到完美的尘世国家中，基督徒皇帝的出现和罗马帝国的大公基督教化都无法使其蜕变成一个基督教共和国，更不可能成为优西比乌所描述的"基督的国度"。这种政治现实主义使得，奥古斯丁既肯定尘世国家在救赎历史中的积极价值，又抛弃了同时代所乐观预计的基督教共和国的梦想。

第三节　何为共和：奥古斯丁论罗马帝国

在《上帝之城》5.17 中，奥古斯丁感叹说：

至于这必朽的人生，日子屈指可数，转瞬即逝，那么，只要统治者不逼迫人们去做不敬和邪恶的事，终究要死去的人生活在什么样的统治之下，又有什么分别呢？③

从承认基督教是一种宗教，到宣布其作为帝国国教，即使在背教者朱利安统治的短暂期间，罗马帝国的统治者们并没有明显逼迫基督徒"去做不敬和邪恶的事"。然而，这是否意味着，作为尘世的羁旅者，基督徒可以完全不关心"生活在什么样的统治之下"，而好的统治与坏的统治对自己没有什么分别，却又希望可以安然地度过"这必朽的人

---

① 吴飞：《心灵秩序与世界历史：奥古斯丁对西方古典文明的终结》，生活·读书·新知三联书店 2013 年版，第 275 页。
② 奥古斯丁，《上帝之城》5.24。
③ 奥古斯丁，《上帝之城》5.17。

生",等待着最后审判而进入天国?面对多纳图派和卡拉马异教徒的宗教暴力,也面对背教者朱利安的变相迫害,大公教会究竟要如何应对呢?

依从奥古斯丁的意志哲学,人类在意志堕落之后陷入作恶的必然性,而恶划分为自己所作的恶和所遭受的恶,后者是前者的结果;对于北非地区的大公教徒来说,宗教暴力就可以从属于自己所遭受的恶。对于这种暴力,奥古斯丁的确可以引用圣经经文,冷静地回应,"惟有忍耐到底的必然得救"(《马太福音》10:22、24:13;《马可福音》13:13;《罗马书》5:3-4、12:12等),上帝将会以最后审判来惩罚那些作恶者。然而,我们从上文已经得知,他并没有要求北非大公教徒一味地忍耐和饶恕宗教暴力,反而积极寻求帝国统治者的支持去制止和防范这些暴力,论证对非法暴力的合理反抗,寻求以严格执法来惩罚异教暴徒,以宗教强制来迫使多纳图派认识到错误并进行改正,以皈依大公信仰,实现北非地区的教会合一。与此同时,基督徒皇帝也有义务施行好的统治,借助尘世国家的政治权威来保护大公教会,自身也由此将获得上帝的永恒奖赏。可以看到,前者是对宗教暴力的伦理或神学回应,而后者更多是对之的政治回应。

然而,关于尘世国家的性质及其在基督教神学中的位置,研究者们有着近一个世纪的激烈争论。由此,我们以下将考察奥古斯丁对待罗马帝国的政治态度,试图论证以下三点。首先,基督徒在此世只可能生活在某一特定的政治共同体中,其信仰的开启和完成不得不遭遇到国家的强制性力量,对之进行抵制、顺服还是利用是当下必须做出的决断。其次,尘世国家起源于人类的原罪,虽然没有真正的正义,却是基督徒信仰生活所处身其中的政治现实,是尘世羁旅的唯一生存空间;罗马帝国虽然经历着大公基督教化,但不可能成为基督教共和国。最后,在双城论的框架下,地上之城(civitas terrena)不等同于魔鬼之城,而主要表现为以罗马帝国为代表的尘世国家,其中的公民包括非基督徒、名义上的基督徒和真正的基督徒,而只有后者才是被预定的圣徒,并在将来成为上帝之城(civitas Dei)的公民。

一 基督徒与罗马帝国

正如耶稣明确划分开"我的国"与"这世界"(《约翰福音》18:

36），基督徒是生活在尘世国家中，同时盼望将来得以进入上帝的国（regnum Dei）。要追问的是，基督徒应当如何面对当下的尘世生活？对于耶稣的教导，"一个人不能事奉两个主。不是恶这个爱那个，就是重这个轻那个。你们不能又事奉上帝，又事奉玛门"（《马太福音》6：24），我们应当如何正确地理解呢？

从前文已经看出，耶稣和保罗都论述过尘世国家与上帝的国之间的关系。对于是否应当向罗马帝国纳税，耶稣回答说，"凯撒的物当归给凯撒；上帝的物当归给上帝"（《马太福音》22：21；《马可福音》12：17；《路加福音》20：25），承认了基督徒臣民有义务向尘世国家纳捐纳税以表示政治顺服，但同时要求其宗教信仰仅仅指向上帝，而非帝国皇帝或异教神祇，即"一个人不能事奉两个主"。延承这一立场，保罗在《罗马书》13：1－7中教导说，尘世国家的政治权威是出于上帝的命令，"是上帝的用人"（《罗马书》13：4），其功用是在世俗领域中进行赏善罚恶，基督徒臣民有义务纳粮上税，还应当表达惧怕和恭敬。在实际传教中，保罗自豪于自己作为罗马公民的政治身份（《使徒行传》22：28），以此寻求旅行便利；虽然承受了其他犹太人和地方官员的宗教暴力（《哥林多后书》11：23－27；《使徒行传》16：22－24），但他积极援引罗马法律来维护自己的人身权（《使徒行传》16：34、22：25）和辩护权（《使徒行传》25：16），并最终要求上诉凯撒而被解往帝国首都（《使徒行传》25：10－12）。

耶稣划分开上帝与凯撒，保罗利用政治身份和帝国的司法体系来传教，但对罗马帝国本身并没有更多的反思和批判。这就使得，在理论层面上，奥古斯丁有必要回答，罗马帝国是否有权管辖教会事务，其政治权威在基督教的救赎历史中占据怎样的位置。正如《上帝之城》前十卷所表明的，针对410年的罗马陷落，奥古斯丁划分开上帝之城与地上之城，似乎有足够理由来否定作为尘世国家的罗马帝国的存在正当性。但不同于耶稣和保罗，为了制止宗教暴力和论证宗教强制的合理性，奥古斯丁不得不直面罗马帝国在其中的重要功用，并同时回应，罗马帝国不能够借助皇帝与臣民皈依大公信仰而最终成为基督教共和国。这就使得，奥古斯丁对罗马帝国持有双重态度，既批判其自然与世俗德性，又肯定其有限的积极功用，从而建构起复杂且系统的政治理论。

二　奥古斯丁对罗马的批判

罗马的诞生和扩张可以划分为三个阶段，即王国时期、共和国时期和帝国时期。在地上之城与上帝之城的分野下，罗马显然属于地上之城，从属于奥古斯丁对后者的批判，而这一批判又普遍适用于罗马发展的三个阶段。在理论层面上，奥古斯丁的批判主要包括：（1）尘世国家或政治权威起源于人类的原罪；（2）尘世国家没有正义，罗马也从来不是共和；（3）罗马的崛起在于古代罗马人具有世俗德性，表现为爱自由和爱荣耀，但这些都不是真正的德性。

1. 尘世国家或政治权威起源于人类的原罪

在《上帝之城》19.15 中，奥古斯丁把《创世记》看作历史叙事，认为尘世国家或政治权威起源于人类的原罪和堕落。

《创世记》1—2 章的创造神话表明，上帝不仅祝福他所创造的人类，要"生养众多，遍满地面"（《创世记》1：28），还赋予人类以管理的职责，"治理这地，也要管理海里的鱼、空中的鸟，和地上各样行动的活物"（《创世记》1：28），而夏娃的被造是作为亚当的帮手（《创世记》2：18）。对于人类来说，最初的关系是上帝所祝福的作为帮手和被帮者的夫妻，"二人成为一体"，甚至"赤身露体，并不羞耻"（《创世记》2：24-25）。按照自然秩序，即理性高于非理性，奥古斯丁认为，上帝创造人类是要其管理非理性的受造物，而不是管理同类。"人不霸占人，但霸占牲畜。因此，他首先确立的义人是放牧牲畜的牧人，而不是人王。"[①]

然而，原罪打破了这一图景。在对偷吃禁果的惩罚中，夏娃不再是与亚当平等的帮手，而是"你必恋慕你丈夫，你丈夫必管辖你"（《创世记》3：16），夫妻之间的帮助关系被扭曲成了管辖关系。生育使得人类变得众多，从家庭扩张成社会，但家庭中的管辖关系预示着社会中的统治关系。虽然亚伯是义人，但建城的却是杀弟者该隐（《创世记》

[①]　奥古斯丁，《上帝之城》19.15。

4：17），成为第一位人王。正如奥古斯丁所见，直到挪亚惩罚迦南的父亲含的罪时，奴仆（servus）一词才出现，"他儿子是因为罪得到了这个名，而不是因为自然"①。这就表明，以主奴关系展现出来的统治及其伴生的压迫构成了尘世国家的基本结构，而政治权威就起源于人类的原罪和上帝对之的惩罚：人成为罪的奴仆，也成为他人的奴仆。显然，作为尘世国家的一员，罗马的政治权威也起源于人类的原罪，并没有任何神圣的源头。

2. 罗马没有正义，从来不是共和

在《上帝之城》2.21 中，奥古斯丁引用西塞罗在《论共和国》1.25 中对共和（res publica）的定义：

> 共和就是"人民之事"（rem populi）。人民（populum）指的并不是所有人和大众的集合，而是按照对"正义"（iuris）的认同和对共同的利益集合起来的团契（sociatum）。②

随后，他引述西塞罗在《论共和国》5.1 中的论断，即罗马在共和国末期就已经丧失了古代道德，以致"我们只剩了共和的名字，却早已失去了它真正的自身，这不是因为什么偶然，而是因为我们的罪过"③。但是，奥古斯丁批评说，事情并非西塞罗所认识到的那样。因为如果严格按照对人民的定义，即"共同认可什么是正义、并且是利益共同体的大众的团契"④，那么"罗马从未有过共和，因为从未有过人民之事"⑤。

其中的关键是，如何定义正义？而为了暂时避开这一争议，奥古斯

---

① 奥古斯丁，《上帝之城》19.15。
② 奥古斯丁，《上帝之城》2.21。对于这一定义，王焕生译为："国家乃是人民的事业，但人民不是人们某种随意聚合的集合体，而是许多人基于权利的一致和利益的共同而结合起来的集合体。"参见 [古罗马] 西塞罗：《西塞罗文集·政治学卷》，王焕生译，中央编译出版社 2010 年版，第 29 页。（其拉丁文为：Est res publica res populi, populus autem non omnis hominum coetus quoquo modo congregatus, sed coetus multidudinis iuris consensu et utilitatis communione sociatus.）
③ 奥古斯丁，《上帝之城》2.21。
④ 奥古斯丁，《上帝之城》19.21。
⑤ 奥古斯丁，《上帝之城》19.21。

丁以爱来定义人民，而不是以正义来定义人民。爱是灵魂的基本活动方式，可以以爱来定义人民，所有人在世总有爱的对象，包括爱上帝和爱受造物，对象的性质决定着爱的性质。"人民就是众多理性动物的集合，这些理性动物因为热爱的事情相和谐而组成团契。……他们所爱的东西越好，人民就越好；他们所共同爱的越坏，其和谐就越坏。按照我们的这个定义，罗马人民是人民，他们的事无疑就是人民之事（共和）。"①基于这一转换，共和就只是罗马的组织形式，所有的国家都可以被称为共和国，但并不为之提供立国的正当性与合法性。奥古斯丁坚持认为，正义才是国家的正当性与合法性的标准。

> 没有了正义，国家不过是一大群强盗。而强盗不过是一个小王国。团伙是人组成的，听首领的号令，通过盟约组织起来，根据共同认定的规则分赃。它如果不断招降纳叛，坏事日益增多，划定地盘、建立据点、攻占城池、约束人民，就越来越可以公然有王国之名。这个名字不是在去掉贪欲后才能获得，而是只要不受惩处，就能得到。②

这里要追问的是，在从小城发展成为帝国的过程中，罗马人民共同爱的对象是什么？如果这一爱并不符合正义，那么罗马就显然"不过是一大群强盗"。

不同于古希腊哲学，奥古斯丁把古希腊的四大德性重新定义为"对上帝的最高的爱"，而正义也是对上帝的一种爱，"正义是爱，只服事上帝并适得其所地管理属于人的万物"③。《上帝之城》5.19 中也说："没有真正的虔敬，也就是对真正的上帝的真正信仰，没有人会拥有真正的德性。只要服务于人间的光荣，就都不是真正的德性。"④ 具体来说，在《上帝之城》19.24 和 19.27 中，奥古斯丁将正义定义为三个层

---

① 奥古斯丁，《上帝之城》19.24。
② 奥古斯丁，《上帝之城》4.4。
③ 奥古斯丁，《论摩尼教和大公教的生活之道》1.15.25。
④ 奥古斯丁，《上帝之城》5.19。

面：上帝统治人，心灵统治身体和理性统治各种恶。

> 此世的正义，就是上帝命令遵从的人，心灵命令身体，理性命令顽抗的罪过，无论是征服还是阻挡；就是人祈求上帝，因他们的品德赐给恩典，赦免他们的罪，为了所接受的一切好处而谢恩。这之所以是正义，是因为我们指向和欲求终极的和平。①

显然，信仰上帝而称义，借助其恩典而成圣，就成为在地上之城中实现正义的实际路径，而这种正义只能在基督徒身上实现出来，古代罗马人所爱的并非基督教的上帝，因此完全不符合奥古斯丁对正义的定义。

3. 罗马共同的爱是爱自由和爱荣耀

依从维吉尔《埃涅阿斯纪》中的政治神学，罗马起源于维纳斯的儿子埃涅阿斯，其建城、发展和扩张都得到了众神之父朱庇特的祝福和保护。② 在《上帝之城》前五卷中，奥古斯丁集中批判这一政治神学。从历史事实来看，罗马人的先祖埃涅阿斯是特洛伊战争中的战败方，不是众神保佑被打败的他远渡意大利，而是他携带被打败的众神逃到了那里③；罗马的建城开始于哥哥罗慕洛谋杀弟弟雷穆斯，类似于该隐谋杀亚伯，其后也一直充满着各种邪恶和流血④。

对上述罗马历史的分析表明，古代罗马人所共同的爱是爱自由和爱荣耀，具体表现为对自由的欲望即不愿被统治和对统治的欲望即霸欲（*libido dominandi*）。

> 他们无比狂热地热爱这种光荣，为此而生，也毫不迟疑地为此而死。为了这一种巨大的欲望，他们克制了别的欲望。在他们看来，祖国受奴役是不光荣的，而称霸和发号施令是光荣的，所以首

---

① 奥古斯丁，《上帝之城》19.27。
② 参见维吉尔，《埃涅阿斯纪》第1卷，第223—296行。
③ 参见奥古斯丁，《上帝之城》1.3。
④ 参见奥古斯丁，《上帝之城》3.6。

先寻求自由，随后又渴望称霸。①

这两种爱使得他们具有某些世俗德性，例如勇敢和节制，因此罗马能够崛起为帝国。② 然而，这些世俗德性并非真正的德性，不符合真正的正义，以致罗马从来不存在共和。即使古代罗马人具有值得认可的世俗德性，但正如撒路斯特所论述的、加图所悲叹的和西塞罗所亲身经历的，这些德性在共和国末期也都已经完全腐败了。③ 尽管如此，奥古斯丁认为，罗马的建立、崛起和扩张成为帝国仍然是出于上帝的旨意。

> 另一个巴比伦，或说第一个巴比伦的女儿罗马，就这样建立了。上帝愿意通过她来征服整个大地，在一个共和国及其法律的范围内统合为一，在辽阔的疆域中实现和平。④

不过，这一切却有着我们并不知晓的"某种更隐秘的原因"。⑤ 正如魏特曼（Paul Weithman）所论，比起柏拉图和亚里士多德，奥古斯丁并不关心政体的类型及其堕落变化，而是关心"上帝的旨意如何在政治历史中起作用"，因此使得"政治历史被上帝的旨意所掌控"。⑥

三 罗马帝国的有限价值

一般来说，在前三个世纪，罗马帝国普遍施行宗教宽容政策，但要求臣民参与皇帝崇拜，镇压可能影响政治稳定的宗教组织，例如摩尼教和具有反罗马倾向的教派。从诞生开始至《米兰敕令》之前，由于教义、仪式、拒绝公共庆典和皇帝崇拜等原因，基督教承受着各种误解和

---

① 奥古斯丁，《上帝之城》5.12.1。
② 参见奥古斯丁，《书信》138.17；《上帝之城》5.12-13。
③ 参见奥古斯丁，《上帝之城》5.12.3。
④ 奥古斯丁，《上帝之城》18.22。
⑤ 参见奥古斯丁，《上帝之城》5.19、5.21。
⑥ Paul Weithman, "Augustine's Political Philosophy", in David Vincent Meconi and Eleonore Stump eds., *The Cambridge Companion to Augustine*, second edition, Cambridge: Cambridge University Press, 2014, pp. 235, 244.

镇压，主要表现为罗马帝国所进行的宗教迫害。针对这些迫害，基督教会进行了积极申辩。例如，德尔图良在《护教篇》中说，基督徒愿意服从国家的统治，为皇帝和国家祝福等，同时要求信众以逃迁或殉道而非背教来应对可能的迫害。

依照把正义定义为对上帝的爱，奥古斯丁显然可以延循对罗马起源和崛起的批判，认定 4 世纪之前的罗马帝国没有真正的正义。既然基督徒忍耐了之前来自罗马帝国的宗教迫害，那么在取得合法地位之后，大公教会为何积极请求罗马帝国介入教会的内部纷争，而北非大公教会甚至在 5 世纪初还要求以宗教强制来制止多纳图派并不普遍的宗教暴力呢？对于奥古斯丁来说，这一立场转变是否符合他对 4 世纪之前的罗马政制的判断，而罗马帝国在 4 世纪开始的大公基督教化是否改变了其作为尘世国家的性质，并获得了某种程度的正义？

对于这些问题，奥古斯丁并非没有意识到，而是积极利用圣经释经、现实案例等做出回应。正如上文所论证过的，基督徒可以反抗非法暴力，维护尘世国家的政治秩序与和平；如同父亲出于善意训诫儿子，罗马帝国以宗教强制训诫多纳图派，也是为了后者自身的益处；北非地区的军事力量是制止宗教暴力、维护帝国安全的必要手段。更为关键的原因在于，依照对正义的新定义，罗马帝国的大公基督教化和皇帝成为大公基督徒赋予了二者以一定程度的正义，使得北非大公教会有理由请求其以保障尘世和平的方式来保护自己。

具体而言，在异教徒皇帝时代，保罗已经在积极利用罗马帝国的各种益处来从事传教。而在基督徒皇帝主政的时代，北非大公教会向之请求帮助，来制止分裂派的宗教暴力并维护教会合一，就更有正当的理由。在奥古斯丁看来，"你若作恶，却当惧怕。因为他不是空空的佩剑。他是上帝的用人，是伸冤的，刑罚那作恶的"（《罗马书》13：4），保罗的这一论断就可以被用于支持北非大公教会的做法，即恳请罗马帝国以宗教强制来对付多纳图派的宗教暴力。很自然地，上述请求的对象还可以扩展到基督徒皇帝的代理人，例如马科林、马其顿尼和博尼费斯等。

布朗认为，在与马科林和沃鲁西安交往期间，特别是在《书信》138 中，奥古斯丁乐观地肯定，基督教伦理可以与罗马公民伦理相互契合，但在开始写作《上帝之城》时进行了大幅度回调。

在他410年左右的书信中，为了让包括马科林在内的罗马官员消除疑虑，奥古斯丁并未深思熟虑就声称，当前存在的基督教帝国是可能情况下最好的国家：因为基督教会在帝国中正像培养公民德性的学校，是"神圣的大讲堂"；关于诚实和兄弟之爱的教导能够使人们变得像古代罗马人那样生活朴素，且具有公心，并随附以永生作为益处。甚至当他在撰写《上帝之城》前几卷时，奥古斯丁才开始限制这些非常轻率的说法：鉴于世界的状态，好的基督徒公民和基督徒总督将不得不在自己当前的存在景况中坚持到底，不能更多地盼望会造就一个完全的基督教社会。古代罗马人的范例永不会借着基督教教导而"推陈出新"：他们已经被上帝利用来仅仅鼓励在另一个世界中建立起的"上帝之城"的成员，而不是使当前的罗马帝国经历某种神奇的道德复兴。①

按照上述说法，从411年和412年写信给马科林和沃鲁西安，到413年开始写作《上帝之城》，奥古斯丁都沉浸在联合宫廷成功强制多纳图派回归的兴奋和乐观情绪中，甚至411年由马科林主持召开迦太基会议正是他对基督教帝国表达认可的顶峰。然而，马科林兄弟在413年被怀疑涉嫌参与叛乱，并在同年9月被仓促处决，使得奥古斯丁方才认清这种联合的脆弱与虚幻，于是在失望中急剧改变了上述立场。② 从《上帝之城》的写作主旨来看，这一戏剧性的描述虽然精彩，但并不必然正确。从410年8月的罗马陷落起，奥古斯丁就开始集中思考罗马帝国与基督教的关系。虽然认可411年迦太基会议上对北非大公教会的有利裁决，且在随后与两位高级官员的通信中极力论证，基督教道德可以

---

① Peter Brown, *Augustine of Hippo: A Biography*, a new edition with an epilogue, Berkeley and Los Angeles: University of California Press, 2000, p. 338 – 339.

② 参见 Peter Brown, *Augustine of Hippo: A Biography*, a new edition with an epilogue, Berkeley and Los Angeles: University of California Press, 2000, pp. 337 – 338；同时参见前文"奥古斯丁与马科林的交往"所作的论述。

与罗马公民道德相容，但在马科林被处决之前就写成的《上帝之城》第1卷中，奥古斯丁已经在论证，罗马陷落表明，上帝并不因为罗马帝国承认基督教的合法地位就保卫它的安危或和平。

由此，无论是会议和通信，还是马科林之死，奥古斯丁对待罗马帝国不是从热情的肯定一下子转变为无情的绝望；相较于哲罗姆，他的完全冷峻与平静的态度不是突然形成的，反而可以追溯到更朝前的时刻，甚至是《致辛普里西安》和《忏悔录》中对上帝之全然主导性的论证，无论是针对个体的皈依，还是针对国家的气数。经历了马科林的突然被处决，可以想象，奥古斯丁开始激发起原本已经发现的理论洞见，从而完全抛弃了从优西比乌到奥罗修斯的盲目乐观，取消了大公基督教与罗马帝国的可能结盟关系，最终把理论重心放回到《致辛普里西安》和《忏悔录》所阐发的恩典论和预定论中。而这就意味着，无常中有常的世事变迁完全出于上帝的应许，普遍堕落中个体灵魂的救赎完全出于上帝的恩典，罗马帝国的基督教化和基督徒皇帝当政并不能够改变前者或促进后者，甚至被救赎的对象也只包括已经在永恒中被上帝所预定的那些选民。在415年左右写成的《论人之义的成全》中，奥古斯丁认为，虽然现在的罗马皇帝成了基督徒，但不能说现在的教会就变成荣耀的（《以弗所书》5∶27），否则这将是"更大且更危险的诱惑"①。

经由马科林之死所带来的打击，奥古斯丁的确可能发生了某种思想转变。然而，我们认为，奥古斯丁开始关注预定论更多是由佩拉纠派论战的主题所决定的，而并非不再肯定尘世政治的有限积极功用。即使预定出于上帝的恩典，无关乎多纳图派因为宗教强制而加入大公教会，或大公教徒能否在今生过上和平的生活，但这并不意味着，大公教会可以不关心罗马帝国的秩序与安全。否则，大公基督教就可以像多纳图派那样热衷于殉道，以外在的狂热行为来证明其内在的信仰是虔诚的，以主动死亡去试探上帝在预定中所持守的"最隐秘且最远离人的感知的公义"②，并自行认定马科林被杀后去见了基督③。

---

① 参见奥古斯丁，《论人之义的成全》15.35。
② 奥古斯丁，《致辛普里西安》1.2.16。
③ 参见奥古斯丁，《书信》151.9。

四 基督教共和国是否可能？

除了确立大公基督教为罗马帝国国教这一事实，奥古斯丁认为，狄奥多西在统治中展现了自己的虔诚信仰，符合正义原则，将会获得上帝的赏赐，即真正的幸福。在《君士坦丁传》中，优西比乌俨然肯定，基督徒皇帝当政是尘世国家的最好的政治形态，皇帝是非基督徒臣民的主教，其角色甚至等同于摩西或耶稣。与之不同，奥古斯丁一方面以双城论来确认，基督徒皇帝当政仍然是地上之城的一部分，他和普通基督徒一样应当追求个人的救赎和永恒的生命；另一方面以赞美狄奥多西来表明，其依据真正的正义来统治使得，罗马帝国具有了共和的影子。

与之前的时代相比，基督徒皇帝的出现似乎完全证实了保罗对政治权威的看法，"因为没有权柄不是出于上帝的。凡掌权的都是上帝所命的"（《罗马书》13：1）。面对从优西比乌到奥罗修斯的"帝国神学"，在认可罗马帝国基督教化和皇帝成为虔诚者的同时，奥古斯丁在理论层面上还不得不思考，在地上是否有可能建立起基督教共和国；而面对后世的如此宣称，他是否有足够的理由进行反驳。

接续着西塞罗的分析，把共和还原为人民之事，把人民还原为追求正义的团契，再把正义还原为对共同对象的爱，这一可以去道德的形式化定义必须确定何为爱的共同对象，而对象的不同就决定着爱、正义、人民与共和的善恶性质。对此，奥古斯丁把爱的对象确立为上帝，以之来建构与西塞罗相对应的理论推演路径，即对上帝的爱才是正义，爱上帝的人才是人民，爱上帝的人民才组成共和国。基于此，他就可以设想，如果整个国家都以皇帝中的狄奥多西和官员中的马科林作为榜样，以至于虔诚的皇帝和虔诚的臣民都在爱上帝中实现了真正的正义，那么罗马人就都成为"按照对正义的认同和对共同的利益集合起来的团契"即人民，而当下的罗马帝国也就是"人民之事"（res publica），即成为真正的共和国，也就是基督教共和国。[①]

对于这种理想形态，奥古斯丁的确做过设想，但随即就否定了其现

[①] 参见奥古斯丁，《上帝之城》2.21、19.21。

实可能性。在基督来临之前，罗马共和国已经大大败坏，完全失去了曾经的世俗德性。对于基督来临之后的情景，他做出了美好的设想，但认为，在当下的尘世国家中，这一设想并不会必然实现，反而往往"为山九仞，功亏一篑"（《尚书·旅獒》）。

> 如果"世上的君王和万民，首领和世上一切审判官，少年人和处女，老年人和孩童"（《诗篇》148：11－12），不分年龄，不分男女，就像施洗者约翰所说的，甚至税吏和士兵，都能够听到和看到基督教关于正义和诚实的道德的诫命，那共和就应该用此世的幸福来装点它的土地，然后上升到永恒的生命的顶点，在最高的祝福中为王。但是一个人听了，另一个人却蔑视它，更多人倾心于败坏的罪过的诱惑，却不愿与严厉的美德为友。①

在《上帝之城》5.19 中，奥古斯丁设想了圣徒成为皇帝或皇帝成为圣徒的理想状态，类似于柏拉图《理想国》中所论的第三波浪潮，即哲学家成为王或王成为哲学家。

> 而如果那些有真正的虔敬、过着真正的好生活的人，懂得治理人民的帝王之道，如果上帝的悲悯赐给他权力，那人间就没有比这更幸福的事了。但是那些有德之人，无论他们在此生有些什么，无不归于上帝的恩典，只有上帝才能按照他们的意志、信念、祈祷来赐予。同时他们也理解，他们还缺乏圣天使的团契中才有的完美的正义，他们要努力达到这些。②

在《上帝之城》19.23.5 中，奥古斯丁做了同样的设想，但随即予以否定。

---

① 奥古斯丁，《上帝之城》2.19。
② 奥古斯丁，《上帝之城》5.19。

因此，唯一至高的上帝依照他的恩典统治一个服从的城，那里，祭祀全都归于他，也只有那里才有正义。在那里，在所有属于那个城、遵从上帝的人那里，心灵统治身体，理性依照法律秩序充满信仰地统治罪过。在那里，每个正义的人，以及正义者组成的人民都在信仰中生活，信仰靠爱起作用。人按照上帝应该被爱的程度来爱上帝，爱邻人如爱自己。在没有这种正义的地方，人们不会依照对正义是什么的认同联合起来，不会形成有共同利益的团契。如果这就是人民的正确定义，那么，在没有这样的团契的地方，就没有人民。而在没有人民的地方，就没有共和，因为那里没有人民之事。①

如果一个国家确立基督教为国教，之后皇帝和每个臣民都相信了基督教，并成为虔诚的基督徒，即都成为麦子，而不存在任何稗子，那么这个国家可以算是基督教共和国吗？罗马帝国是否应当发展成为这样的共和国？如果基督教共和国在理论层面上是可以设想的，那么在现实中为什么不能实现呢？奥古斯丁对此给出了双重解释，即决断混杂论证和心灵堕落论证。

其一，决断混杂论证是指，不同个体的信仰决断寓于不同处境之中，是非常混杂的，很难都成为虔诚的基督徒。出于从未听闻过福音（《罗马书》10：14）、寓于家庭的信仰传统或屈从庇护人的信仰决断，并非所有人都会自主地决断皈依基督教。在奥古斯丁时代，仍然存在着异教徒、摩尼教徒和犹太人等群体，也并非所有基督徒都是大公教徒，还存在着多纳图派、阿里乌派和其他众多异端派别，甚至不同宗教之间的和平与基督教会内部的合一从来都是没有得到真正解决的难题。

这就使得，即使罗马帝国以大公基督教为国教，部分人比如狄奥多西和马科林也的确成为"真正的虔诚者"，但许多异教徒和犹太人仍然不接受基督教的上帝，部分基督徒也仍然会认可罪的诱惑而继续犯罪，以致这二者被划分为上帝之城的公民和魔鬼之城的公民，而后者就构成

---

① 奥古斯丁，《上帝之城》19.23.51。

了实际存在的"最坏和最邪恶的共和"。正如耶稣所说的,"若一国自相纷争,那国就站立不住"(《马可福音》3∶24),在基督徒与异教徒、圣徒与罪人、爱上帝者与爱自己者之间的对立中,罗马国家就会陷入一种分裂和对立局面,即只有前者才能在忍耐中盼望将来在救赎中才会实现的"最神圣和高贵的共和",且最终以天国中的团契的形式组成真正的人民。基督信仰的好坏程度使得,教会中总是有麦子与稗子相混合,而信仰对象上的不同选择则使得,尘世国家中总是有麦子和杂草相混合,以致罗马帝国无法成为完全由基督教圣徒组成的国家,更无法实现国家与教会的合一。而要实现上述理想情景,只能等到圣徒们在天上之城中真正实现了正义与共和,以至于每个人都成为新国度的一员。

其二,心灵堕落论证是指,只有真正的虔诚才产生真正的德性,一般人的德性根本比不上圣徒的德性,而圣徒也不能完全摆脱罪的诱惑,其在尘世的德性根本比不上天使的完美德性。鉴于"更多人倾心于败坏的罪过的诱惑,却不愿与严厉的美德为友",以古代罗马人为例,一般人的世俗德性仅仅用于追求人间的荣耀,由此并非"严厉的美德"。

> 没有真正的虔敬的人,追求人间的光荣,其德性不论得到多少赞美和表彰,根本无法与圣徒哪怕最起码的和初级的德性相比,圣徒的希望完全取决于真正上帝的恩典和悲悯。[①]

与一般人不同,圣徒追求正确的对象,即上帝,但仍然生活在此世之中,如同狄奥多西同样会犯罪,还会经受罪的时刻试探。

在《忏悔录》10.30.41 和 10.35.57 中,奥古斯丁就记叙说,自己在出任主教之后仍然会为田野中的野兔、墙沿上的蜘蛛这些"眼目的情欲"(《约翰福音》2∶16)打断神学思考,也会回忆起女人温暖的怀抱,甚至在睡梦中被肉体的贪欲所掌控。在晚期著作《驳佩拉纠派朱利安》4.2.10 中,奥古斯丁同样说:

[①] 奥古斯丁,《上帝之城》5.19。

> 如果它（指贪欲）从他们这里偷走了任何一点认可（ullus assensus），哪怕是在梦中，当他们醒来时，他们就会在呻吟中哀号，"我的灵魂何以充满幻影？"因为当梦境欺骗了熟睡的感官，这令人困窘的认可也会发生在圣洁的灵魂身上。如果那至高者因为这认可来反对他们，那还有什么人能过贞洁的生活呢？①

既然圣徒都无法践行《上帝之城》19.27中所要求的"此世的正义"，即无论在清醒时，还是在梦里，都应当"心灵命令身体，理性命令顽抗的罪过"，那么即使圣徒的集合也无法在地上组建成一个基督教共和国。

圣徒皇帝类似于哲学家王，奥古斯丁模仿了柏拉图《理想国》中对灵魂正义与城邦正义的类比论证，②把人类的政治问题还原为个体的灵魂问题，把正义的国家或共和国还原为正义的灵魂。相比于柏拉图肯定哲学家王可以通过教育养成，奥古斯丁否认圣徒可以完全实现信仰养成，因为灵魂在罪的时刻试探和搅扰下无法实现自身的正义，既不能控制身体的冲动，也无法收束起意志的分裂。在这一同构关系之下，既然每个灵魂都无法实现自身的正义，那么作为个体灵魂之集合的城邦或国家也就无法实现自己的"超验的、末世的理想正义"，从而在尘世中也不可能实现真正的人民与共和。对于奥古斯丁的上述论证方案，孙帅评论说：

> 这种此世的正义就是与犯罪的欲望，即肉欲，进行斗争的个体所能成就的最高境界。由于堕落后的人类无法根除犯罪的欲望，灵魂便不可能完全服从上帝，身体也不可能完全服从灵魂。因此，包括罗马在内的所有国家都无法实现正义，都没有真正的共和。可

---

① 奥古斯丁，《驳佩拉纠派朱利安》4.2.10；参见吴天岳：《意愿与自由：奥古斯丁意愿概念的道德心理学解读》，北京大学出版社2010年版，第301页。

② 有关这一论题，参见[英]伯纳德·威廉姆斯：《柏拉图〈理想国〉中城邦和灵魂的类比》，聂敏里译，《云南大学学报》2010年第1期，第13—19页；吴天岳：《重思〈理想国〉中的城邦-灵魂类比》，《江苏社会科学》2009年第3期，第84—90页；王玉峰：《城邦的正义与灵魂的正义：对柏拉图〈理想国〉的一种批判性分析》，北京大学出版社2009年版。

见，奥古斯丁不只是简单地批评罗马没有共和，更由此建构出一套全新的人性论和内在秩序学说。①

可以看到，在早期论证意志的堕落和信仰的开端时，奥古斯丁已经建立起完备的人性论和内在秩序学说，现在恰恰是将之应用到其政治学说中。对于基督徒来说，原罪导致每个个体陷入作恶的必然性，虽然上帝的恩典开启了人类意志的皈依，但皈依后的意志仍然需要恩典的时刻佑助，灵魂上的缺陷也不能被其完全修复。尘世国家由每个个体集合而成，就把这一缺陷也保留了下来，以致众多个体无法凝聚成真正作为共和的新团体，其存在价值也受到极大的限制。个体中有善人和恶人混杂，教会中有麦子和稗子混杂，尘世国家中也有圣徒和罪犯混杂。对此世生活的这种冷静洞察使得，奥古斯丁在论述尘世国家时坚持一种政治现实主义的态度，而非优西比乌或奥罗修斯的政治理想主义和乐观主义。对此，阿特金斯（E. M. Atkins）评论说：

> 对于奥古斯丁来说，政治的确是一种可能性的艺术，而他的政治思考既不是乌托邦的，也不是革命的。他坚决地肯定，个体的生命能够被神圣所改变，但他并不期待帝国的基督教化以变成圣徒所组成的整个团契。②

正如我们会看到的，虽然赞许罗马帝国以大公基督教为国教，但奥古斯丁并不要求和期许其建成一个基督教共和国。

在 5 世纪初期，面对着蛮族入侵、将军叛乱和宫廷内斗，霍诺里和绝大多数官员们并没有效仿狄奥多西，广大民众也没有成为"真正的虔诚者"。这就使得，奥古斯丁认同罗马帝国作为尘世国家的地位，要求其维护尘世的和平，把宗教强制政策仅仅限制于应对多纳图派，制止其

---

① 孙帅：《社会的动物：奥古斯丁思想中的家国问题》，载李猛编：《奥古斯丁的新世界》，上海三联书店 2016 年版，第 100—101 页。
② E. M. Atkins & R. J. Dodaro eds., *Augustine: Political Writings*, Cambridge: Cambridge University Press, 2004, p. xxvi.

宗教暴力，并使之回归大公教会，但仍然要求以宗教宽容来对待异教徒、摩尼教徒和犹太人等信仰群体。与此相应，他还要求制止大公教徒和异教徒的宗教暴力，维持尘世国家的统治秩序，其反异教、反异端和反犹太人的著作仅仅关注于理论驳斥，而并未要求强硬实施相应的国家政策。[1] 既非基督教国家，更非基督教共和国，奥古斯丁把罗马帝国限定为尘世的和世俗的国家，仅仅以对内的正义治理和对外的正义战争来实现秩序与和平，而把宗教信仰和灵魂救赎留给了基督教会。对此，弗伦德分析说：

> 晚些时候，作为成熟的思想家，他就拒绝把罗马帝国看作一个政治理想。在悲叹阿拉瑞克攻陷罗马是悲剧性的重要事件时，他自己站了前辈非洲基督教护教士的一边，认为城市的兴起源于不正义，即不正义的战争、侵略和劫掠。他（奥古斯丁）的理想是一系列小的王国，每个都生活在自己的界限范围内，但都是罗马大公群体的一员。仅仅从多纳图派的立场看，可能是这一观念导致了吉尔多和塔姆戈底的奥普塔图在397—398年发动叛乱。然而，在5—6世纪，这些观念却变成了现实。[2]

与此同时，我们可以说，这一不完美的、价值有限的国家形态恰恰可以成为从地上之城到天上之城过渡的合适桥梁。

接续布朗的观点，对于从优西比乌到奥古斯丁的态度变化，哈里森（Carol Harrison）描述说：

> 帝国的介入并非不受挑战；大公基督教并非总是赢得过异端派别，比如阿里乌派。皇帝的利益也并非总是与教会的利益相契合。优西比乌所代表的神学家们的早期的热情，甚至可以说是狂热的乐

---

[1] 参见 Donald X. Burt, *Friendship and Society*: *An Introduction to Augustine's Practical Philosophy*, Grand Rapids: Eerdmans, 1999, pp. 218 - 227.
[2] W. H. C. Frend, *The Donatist Church*: *A Movement of Protest in Roman North Africa*, Clarendon: Oxford University Press, 1952, p. 231.

观主义，形成了长久的传统，他把基督教帝国的降临即基督教时代描绘为，在一位近乎弥赛亚的皇帝的领导下打败了异教；后来的皇帝们例如狄奥多西使得这一热情受到了鼓励和强化。然而，对于奥古斯丁来说，这一理想逐渐得不到证据的支持。因为在其出任主教的第一个十年，他分享了这一优西比乌式的理想，但他的个人经验和神学演进，正如之前几章所分析的，已经表明，战胜异教且战胜恶的、完全实现的基督教帝国这一理想，对于他来说，开始变成一个危险的和不能企及的幻影。①

正如《上帝之城》的写作缘起所表明的，如果不存在战争和各种暴力，那么我们能够设想，奥古斯丁可以在双城论框架下彻底否弃罗马帝国，使其作为地上之城的具体形态仅仅是基督徒信仰羁旅的短暂驿站。然而，在4—5世纪的历史处境中，唯有罗马帝国的政治权威才有能力制止宗教暴力和防范阿里乌派蛮族入侵，保护北非地区和大公教会。这一政治现实使得，在批判尘世国家的自然和起源的同时，奥古斯丁充满温情地承认罗马帝国的有限但积极的功用，肯定尘世是信仰羁旅所必要且唯一的发生地，并以温和的信仰生活取代多纳图派所代表的殉道热情。

以罗马帝国为例，尘世国家本身是原罪的结果，其间的统治关系是主奴关系，但基督徒臣民仍然有义务维护其秩序与和平。到了基督徒皇帝治下，其间的统治关系变得类似于父子关系，而大公教会就有正当理由向罗马帝国请愿，要求其执行宗教强制政策以制止宗教暴力并实现教会合一，进而维护大公教会的安全，同时使得多纳图派以身体的回归更有可能成就其灵魂的救赎。由此可见，奥古斯丁一方面反对优西比乌和奥罗修斯的政治神学，不认为当下的基督教罗马帝国是最好的政治形态，或基督教信仰能够确保国家的长治久安和国运永祚；另一方面也反对把地上之城与上帝之城简单对立起来，把地上之城等同于魔鬼之城，

---

① Carol Harrison, *Augustine: Christian Truth and Fractured Humanity*, Oxford: Oxford University Press, 2000, p.132；亦参见 Robert A. Markus, *Saeculum: History and Society in the Theology of St. Augustine*, Cambridge: Cambridge University Press, 1970, Chapter 6.

而是肯定地上之城中的和平与信仰是进入上帝之城的必要预备。也就是说，罗马帝国的基督教化并不保证其作为尘世国家的结局，但可以为基督徒皇帝和臣民的信仰生活提供保护。地上之城虽然是必要的旅程，但又不是目的地，只有结束当前两城的混杂状态，最终进入上帝之城，人类才能获得真正的且永恒的幸福。

第四节　何为信仰：奥古斯丁论宗教身份

宗教身份是由某一宗教信仰所赋予个体或群体的身份记号。在与其他个体或群体的宗教互动中，这一身份记号所蕴含的族群边界就得到显露和强化。[①] 在4—5世纪的罗马帝国北非地区，其宗教版图基本上由罗马传统宗教、大公基督教和多纳图派组成，而信奉犹太教和摩尼教的人数相对较少。在基督教国教化的过程中，罗马帝国以大公基督教来替代传统宗教，试图重新塑造臣民的国家性宗教身份，压制异端和分裂派，以维护社会融合与地方稳定；而北非大公教会则积极参与帝国的宗教事务，支持建构这种统一身份，批判分裂的多纳图派所标榜的地方性宗教身份。在相对统一的基督徒宗教身份之下，罗马帝国、多纳图派和北非大公教会有着各自不同的利益诉求和理论论证，以致其间的宗教互动充满着冲突、波折和理论难题。

有关宗教身份的过往研究大都局限于奥古斯丁的宗教强制理论，即援引罗马帝国的强制力量来打击多纳图派所秉承的地方性宗教身份，但这只是该议题的一个向度。奥古斯丁支持但同时也警惕罗马帝国的大公基督教化，即后者以严酷法律（死刑和巨额罚金）推行宗教强制，本质上是要为所有臣民塑造新的国家性宗教身份，以促进其政治忠诚。基于如此严峻的斗争处境，奥古斯丁持续不懈地批判了多纳图派和罗马帝国在宗教身份建构上的理论主张，即以大公主义和教会合一批判多纳图派所标榜的地方性宗教身份，以双城的划分和信仰优先批判罗马帝国所

[①] 参见 Isabella Sandwell, *Religious Identity in Late Antiquity: Greeks, Jews and Christians in Antioch*, Cambridge: Cambridge University Press, 2007, pp. 3–4.

推行的国家性宗教身份。

有鉴于此,在既有的解释范式之下,我们把奥古斯丁对多纳图派的教义批判与《上帝之城》中对帝国的政治批判结合起来,力图论证他既反对多纳图派的地方性宗教身份,也不认可帝国所力图重塑的国家性宗教身份与背后优西比乌所代表的帝国政治神学,反而在双重批判中强调教权既利用又防范政权的立场,论证基督徒的宗教身份应当以永恒超越时间,以天国超越尘世,由此在政教关系议题上为批判中世纪以来的"政治奥古斯丁主义"提供了更充分的理论依据。

一 以大公主义替代地方主义

在罗马帝国境内,形形色色的宗教信仰为当地民众提供了具有地方主义特征的宗教身份,以之维护其身份意识,保障其"本体论上的安全"(ontological safety)①。与此相应,北非地区的基督教形成了相对独特而长久的教义和仪式传统。其一,北非地区历来有严格主义(rigorism)的信仰氛围,甚至会认为,犯了重罪,例如背教和通奸,就不能得到赦免,也不可以再加入教会,与意大利地区所普遍奉行的宽松主义(laxism)形成了鲜明对比②;其二,北非地区热衷于纪念殉道圣徒,不仅在教堂里举行宴饮庆祝,还普遍携带酒和食物前去墓地祭奠,而这一行为在意大利地区则被认为有异教仪式的嫌疑③。

正是基于这些差异,当北非教会特别是迦太基教会发生分裂时,部分主教和信众就很容易以地方教会自居,追溯自己的教会统绪,而把对手看作意大利地区的大公教会的附庸,并从语言、教义和仪式上抵制基督教的罗马化(romanization),塑造其独特的、带有地方特色的宗教身份,并最终形成一个主动隔离且充满敌意的宗教族群。

---

① 这一概念借用于现代研究,参见 Catarina Kinnvall, "Globalization and Religious Nationalism: Self, Identity, and the Search for Ontological Security", *Political Psychology*, Vol. 25, No. 5, 2004, pp. 741 – 767.

② 参见 Geoffrey Grimshaw Willis, *Saint Augustine and the Donatist Controversy*, Eugene: Wipf & Stock Publishers, 1950, pp. 1 – 3, 5.

③ 参见奥古斯丁,《书信》29.2 – 11;《忏悔录》6.2.2。其中,莫妮卡的祭奠仪式被米兰主教安布罗斯所阻止。

在帝国范围内，多纳图派是少数派，标榜自己忠诚于自德尔图良以降的北非基督教的地方传统，自豪于其地方性宗教身份，强调自己的洁净和优越；而在北非地区，它则是多数派，具有强烈的分裂意识和攻击意识，不仅牵涉本地区的政治叛乱活动，还在与大公教会的纷争中主动且不时诉诸宗教暴力，力图对外抵挡帝国的政治压制和大公教会的教义批评，对内防范己派信众分裂或出走大公教会。① 这种组织上的隔离与政治上的不服从不仅威胁到北非地区大公教会的合一与安全，还在帝国干预时大大削弱了皇帝和法律的权威，成为政治分离主义和宗教极端主义的潜在支持者，也侵蚀着帝国的基层治理、地方稳定和国家统一。②

针对这一教义分歧和教派分裂，奥古斯丁最初坚持和平对话，但得到的回应却是多纳图派的横眉冷眼和游荡派的暴力袭击。而鉴于帝国对参与反叛的多纳图派的有效镇压，他开始看到帝国敕令的强制作用，因此改变了自己的态度，并积极推动皇帝发布新的制裁敕令，并敦促地方官员切实执行反异端法。

奥古斯丁认可耶稣对凯撒与上帝的划分，也认可保罗《罗马书》13：1-7 的教导，顺从于帝国的政治统治，支持帝国的大公基督教化，并依照主教的职分不辞辛劳地参与地方治理。在地方官员执行帝国的强制政策时，他提出各种具体建议。对于部分顽固的多纳图派，其一，尽量处以罚金，不要使用肉刑，更不要判处死刑。因为身体的伤害不足以促成灵魂的转向，而死刑不仅使身体回归和灵魂救赎成为不可能，反而会点旺多纳图派错误但迷狂的殉道热情；其二，在处以罚金的同时，不要使他们陷入赤贫，以致连日常饮食都得不到保障。③ 宗教强制只是施行教会训诫的手段，其目的是迫使多纳图派先在身体上回归大公教会，之后在灵魂上才有机会领受大公教会的教导，以最终实现完全且真正的

---

① 参见 Brent Shaw, *Sacred Violence: African Christians and Sectarian Hatred in the Age of Augustine*, Cambridge: Cambridge University Press, 2011.
② 参见 John von Heyking, *Augustine and Politics as Longing in the World*, Columbia: University of Missouri Press, 2001, p. 240.
③ 参见奥古斯丁，《书信》134.4, 139.2, 153.18。

教会合一。

澄清基督教教义、反驳分裂派并引入帝国权力来维护教会合一使得，奥古斯丁客观上延续了从君士坦丁开始的政治操作，使地方性宗教认同服从于整个帝国范围内的宗教认同。然而，虽然认可罗马帝国的世俗权威，但奥古斯丁却不认可以政治优先为核心的国家性宗教身份，也没有在现实所迫下为之背书，反而在用以基督为头的教会论来驳斥多纳图派的同时，论证大公教会应当超越优西比乌所代表的早期基督教政治神学，以信仰优先来替代帝国主张的政治优先。① 在这一意义上，他既是真诚的罗马人，也是罗马的真诚反对者。

二 罗马帝国：国家宗教与政治忠诚

在1世纪的历史处境中，犹太教主要是犹太人的民族宗教，犹太人盼望弥赛亚降临，以带领本民族实现政治独立。而罗马帝国奉行宗教宽容和宗教多元，其国家宗教表现为作为国教的罗马传统宗教和皇帝崇拜。其中，皇帝生前被冠以传统宗教的大祭司头衔，死后可以被当作神灵来崇拜，臣民以帝国范围内的皇帝崇拜作为表达政治忠诚的方式，② 同时可以自由信仰所在地的各种地方神祇。而皇帝之宗教地位的多样化表达使其可以与不同宗教传统相结合，最终塑造了帝国的宗教一体化。③ 由此，皇帝崇拜和多神信仰就为臣民建构起了绝对统一的政治身份和相对统一的宗教身份。

在耶稣运动的兴起中，耶稣和保罗明确教导，"凯撒的物当归给凯撒；上帝的物当归给上帝"（《马太福音》22∶21），要以爱上帝和爱邻如己来成全摩西律法，基督徒不得参与多神宗教的献祭和皇帝崇拜。而

---

① 亦参见 Gregory W. Lee, "Using the Earthly City: Ecclesiology, Political Activity, and Religious Coercion in Augustine", *Augustinian Studies*, Vol. 47, No. 1, 2016, pp. 41 – 63.

② Everett Ferguson 对此说："物质利益与宗教感情的融和成为帝国的力量，而罗马保护这些表达忠诚的庆典聚会。" 参见 Everett Ferguson, *Backgrounds of Early Christianity*, Grand Rapids: William B. Eerdmans Publishing Company, 1993, p. 198；亦参见 Hans-Josef Klauck, *The Religious Context of Early Christianity: A Guide to Graeco-Roman Religions*, Brian McNeil trans., Edinburgh: T & T Clark, 2000, pp. 325 – 327.

③ 参见 James B. Rives, *Religion in the Roman Empire*, Oxford: Blackwell Publishing, 2007, pp. 148 – 156.

当这一信仰很快从犹太人扩展到其他帝国臣民时,就引发了强烈反弹。其一,它破坏了犹太人以律法为核心的民族性宗教身份,取消了犹太人作为上帝之选民的特殊地位,颠覆了犹太复国运动的理论基础,由此受到其他犹太人的抵制;其二,它也破坏了帝国以皇帝崇拜为核心的宗教政策,引发了政治上不忠诚、伦理上不道德和法律上不合法的指控,由此受到帝国政府的迫害。

在1世纪之后,虽然还受到帝国的间断迫害,但基督教迅速扩张,逐渐发展成为帝国不可忽视的信仰群体。313年的《米兰敕令》承认基督教为一种宗教,赋予其合法地位。青睐基督教的君士坦丁在政治、经济和法律上支持大公教会,积极介入教会内部事务,不仅组织调停多纳图派在北非地区所造成的教派分裂,还主持召开帝国范围内的尼西亚大公会议,处理阿里乌派争端。从此开始,基督徒皇帝们持续以法律敕令来推行帝国的大公基督教化,压制罗马传统宗教和地方宗教,试图为臣民建构起绝对统一的宗教身份,以继续维系其政治忠诚。[①] 这就使得,皇帝是臣民的主宰,也成为"上帝的朋友"。[②] 格拉提安在382年废除大祭司头衔,而狄奥多西在380年宣布大公基督教为帝国国教,在教会内部打击异端和分裂派,在教会外部限制罗马传统宗教。[③]

虽然罗马帝国的宗教政策在4世纪发生了转折,从之前宽容一切宗教但不承认基督教是宗教,转到唯独青睐基督教而不宽容所有其他宗教,但其背后仍然是一以贯之的政教关系模式。在帝国与教会的关系上,皇帝一直努力主导教会事务的发展进程,君士坦丁及其后继者"宣称自己在灵性上顺服于教会,但在现世上则统治着教会"[④]。其间的一贯性表现为,从以罗马传统宗教和皇帝崇拜来塑造臣民统一的政治身份和相对差异的宗教身份,转到以大公基督教来塑造臣民完全统一的政治

[①] 君士坦丁在米兰敕令后的系列书信中就表达了,信仰大公基督教有利于罗马帝国的整体利益。参见优西比乌,《教会史》10.7.
[②] 参见优西比乌,《教会史》10.9.
[③] 参见 J. Stevenson ed., *Creeds, Councils and Controversies: Documents Illustrating the History of the Church AD 337–461*, revised by W. H. C. Frend, London: SPCK, 1989, p. 150.
[④] 参见 Robert Dyson, *St Augustine of Hippo: The Christian Transformation of Political Philosophy*, London: Continuum, 2005, p. 158.

身份和宗教身份，以更为有效地促进政治忠诚、地方稳定和国家统一。这种转变不仅表现为皇帝不断以敕令来要求臣民皈依大公基督教，甚至狄奥多西在388年还迫使瓦伦廷二世从阿里乌派改信大公基督教，实现东、西部帝国的皇帝们在信仰上的完全一致。①

正如罗马的历史所表明的，从城邦到帝国，罗马政制中并没有划分开公共领域与私人领域，宗教信仰从来不是私人的、私下的和心灵内部的事情，反而总是公共的、公开的和身体力行的事情，是国家事务的有机组成部分，是国家兴盛的保证，民众在这一事务上没有充分的个体性和独立性。对此，在313年10月写给非洲总督雅努里的书信中，君士坦丁就明确表达了罗马国家的一贯立场。

> 藉着宗教崇拜，对于最神圣之天国（力量）的最高敬意得以保存。大量事实表明，损害宗教崇拜，公共事务就会受到极大威胁；合法恢复和保持宗教崇拜，罗马就会得到极大的好运，所有人类也会获得特别的幸运——这是来自神圣恩典的祝福。……在全心服事上帝中，这些人（大公教会的教士）无疑将会给国家的各项事务带来极大益处。②

具体来说，在臣民的信仰问题上，罗马帝国的出发点是，宗教身份必须从属于且服务于政治身份，臣民必须承认帝国所认可的政治神学，只不过从之前维吉尔在《埃涅阿斯纪》中所表达的神圣传统，转变为如今优西比乌在《教会史》中所表达的神圣传统，埃涅阿斯被君士坦丁所替代，基督徒皇帝成为"管理教会之外的人们的主教"③。为了建构统一的国家性宗教身份，基督徒皇帝始终坚持政治优先，以政权掌控教权的方式把教会吸纳为自身政治治理机器的一部分，使之负责管理帝国的宗教事务。

---

① 参见 Charles Freeman, *A. D 381: Heretics, Pagans and the Dawn of the Monotheistic State*, New York: The Overlook Press, 2009, p. 119.
② 优西比乌，《教会史》10.7。
③ 参见优西比乌，《君士坦丁传》4.24。

当在帝国范围内推行大公基督教时，皇帝们遭遇到了以多纳图派为代表的地方性宗教族群的抵制。为了应对这种已经显露出来的威胁，帝国宫廷从380年代就开始频繁发布宗教敕令，以大公教会的名义来压制异教、异端和分裂派，包括处以死刑、罚金和剥夺部分公民权等。显然，罗马帝国对基督教的宽容和青睐政策仅仅适用于服从皇帝权威的大公教会。而395年的敕令就宣布，所有非大公教徒都是异端。[①] 在405年，应北非大公教会的要求，霍诺里发布《合一敕令》，要求针对异端的处罚也适用于作为分裂派的多纳图派。在411年，他还指派马科林主持召开迦太基会议，要求双方主教进行当面辩论，并最终裁决大公教会获胜，而多纳图派主教和信众必须随即加入大公教会，否则处以严罚。甚至可以说，帝国在5世纪初推行的教会合一更多聚焦于北非地区。[②]

至少从4世纪初到5世纪初，皇帝一直主导着帝国大公基督教化的进程，教会权力主要来自皇帝权力的分授，大公教会主教可以参与帝国的基层治理，裁决信众的宗教事务和民事纠纷，成为帝国政治构架的一部分。从多纳图派的百年历史来反观，虽然在相同的基督信仰之下，帝国所推行的国家宗教并没有取得足够的成效，不仅种类繁多的异端频出，甚至北非地区的教会分裂已经造成了族群隔离和地方骚动。

其中的原因主要有以下三点。其一，从信奉传统宗教转换为信奉基督教，帝国处理宗教事务仍然是以促进臣民的政治忠诚为优先目的的。背教者朱利安甚至扶持多纳图派和阿里乌派，试图以此减缓罗马帝国大公基督教化的进程。不像北部的蛮族入侵和东部的波斯战事，北非地区的教派分裂尚未实质性地威胁到整个帝国的政治稳定和国家统一，不是基督徒皇帝的首要关切，由此帝国在北非地区并没有切实有力地支持大公教会，也迟迟没有严肃应对多纳图派所造成的教会分裂，而更多时候是维持现状，以致使其不断发展壮大。

其二，延循原有的政教关系模式，皇帝们更多依从自己的政治需要

---

① 参见《狄奥多西法典》16.5.28；Clyde Parr trans., *The Theodosian Code and Novels and the Sirmondian Constitutions*, Union, New Jersey: The Lawbook Exchange, Ltd., 2001, p.455.

② 参见 J. Patout Burns Jr. and Robin M. Jensen, *Christianity in Roman Africa: The Development of Its Practices and Beliefs*, Grand Rapids: William B. Eerdmans Publishing Company, 2014, p.54.

和信仰立场来处理帝国的宗教事务，在权力斗争和教义争论中往往变换支持对象。即使针对大公教会的主教，西部帝国的瓦伦廷二世及其母后尤斯蒂娜曾经强迫安布罗斯把主教教堂让渡给阿里乌派使用，东部帝国则把亚塔纳修和克里索斯托多次处以流放。这就使得，在与多纳图派的冲突中，北非地区的大公教会只能以政治忠诚的名义去寻求皇帝和地方官员的支持，在非常有利的条件下也只能在迦太基会议中作为平等的辩论一方来申明自己的立场。

其三，在教义分歧和教派分裂之下，帝国青睐一方反而会引发另一方的极度憎恶，而这种宗教身份的直接对立就导致了两个族群的隔离和敌意，以致双方之间不可能开展平等对话，甚至法律强制也无法消弭彼此的分歧。正是在帝国的政治压力之下，多纳图派才决定参加迦太基会议，且在辩论失败之后被迫加入大公教会。北非地区的这种教会"合一"虽然实现了帝国和大公教会的目的，但显然是不牢固且不长久的，多纳图派至少延续到了6世纪。

作为大公教会的主教和多纳图派的核心对手，奥古斯丁不仅勤耕著述来反驳多纳图派的教义谬误，向各级官员和皇帝陈情教派分裂的危害，还全程积极参与迦太基会议，利用帝国的青睐和官员朋友的支持而彻底扭转了大公教会在北非地区的弱势局面。针对多纳图派所标榜的地方性宗教身份，奥古斯丁批判其地方主义和隔离主义，论证基督信仰必须坚持大公主义，与北非地区之外的教会实现合一；与此同时，经历了410年的罗马陷落，针对罗马帝国所试图建构的国家性宗教身份，奥古斯丁也开始批判其国家主义和政治优先，论证基督信仰必须坚持信仰优先，并以上帝之城取代尘世之城的有限价值。

三 以信仰优先替代政治优先

对于基督教在4世纪实现了合法化和国教化，以优西比乌和奥罗修斯为代表的教会史家给予了热情歌颂，毫不吝啬地赞扬皇帝类似于作为人类救主的耶稣，罗马帝国抛弃多神宗教而皈依基督教也是出于上帝的神圣计划。从政治形态上看，罗马是从城邦演变成帝国，而到了5世纪初，教会已经发展成为一种新型的共同体，成为一种新的政治形态。马南（Pierre Manent）对此评论说：

> 由此，我们被促使从有些不寻常的角度来思考教会，它是作为一个政治的联合——这里使用的形容词不是在其微弱的或比喻的意义上，而是强烈的、充分的意义上。马上，一连串意蕴深长的政治形式——"罗马系列"——呈现在我们眼前：城邦、帝国、教会。城邦的特征是联合的强度，帝国的特征是其广度。教会就其自身而言，则寻求建立一种比城邦更有强度、更为亲密的联合，而且同时也比帝国更广阔。我们不是要思考教会此等主张的有效性——真实性。教会引起我们兴趣的地方是其作为一种新颖的人类联合、一种新奇的政治形式。这一形式在奥古斯丁的《上帝之城》中得到最广泛的、精确的讨论。①

的确如此，410年的罗马陷落开始激发出基督教的政治胜利所蕴含的政治效果，而《上帝之城》正是其先声。

从王国到共和国，罗马的历史观以维吉尔的《埃涅阿斯纪》为代表，即埃涅阿斯作为朱庇特的后代历经艰险来到意大利拉丁姆地区，其子嗣建立了罗马城，并在罗马众神的保护下扩张到整个地中海地区。由资助人奥古斯都所开创的帝国延承了维吉尔的政治神学，而罗马从小城发展成帝国也似乎证明了多神信仰的政治效果，在此之上建构臣民的国家性宗教身份更是再自然不过的。帝国基督教化的过程也是基督教罗马化的过程，原有的政治神学并没有改变，皇帝依然宣称自己是神所指派的，主导着帝国范围内的宗教事务，只是将罗马众神替换成基督教的上帝，将异教神庙替换成基督教的教堂，而臣民的国家性宗教身份也被法律规定为大公教徒。在这一意义上，从维吉尔到优西比乌，再到奥罗修斯，其为罗马的政教关系模式所做的论证其实是一脉相承的。然而，其中蕴含的深刻危机却是他们没有预见到或者敢于直面的。

---

① ［法］皮埃尔·马南：《城邦变形记》，曹明、苏婉儿译，广西师范大学出版社2019年版，第315—316页；另参见 Pierre Manent, *Metamorphoses of the City: On the Western Dynamic*, Cambridge: Harvard University Press, 2013, pp. 229–231.

对此，孙帅评论说：

> 根据亚历山大学派开创、凯撒利亚的主教优西比乌发扬光大的"帝国神学"，罗马帝国是神意在尘世运作的工具，被直接等同于基督教王国，或天国在地上的呈现。耶稣基督降生于奥古斯都时期的太平盛世（pax Augusti），基督教的地位在君士坦丁和狄奥多西一世治下得到加强，是当时基督教作家最爱称道的两个事实，是罗马帝国属于救赎历史之高潮最有力的证据。这种意识形态式的政治神学基于作为"政治问题"的一神论毫无保留地拥护罗马帝制，将皇帝提升到上帝的"形象"和"朋友"的高度。在优西比乌眼中，君士坦丁俨然成了政治性的救世主。经过斐洛、奥利金等人的铺垫，凯撒利亚的主教非常完美地化解了罗马帝国与犹太－基督教一神论之间的紧张，结果虽然削弱了异教的诸神崇拜及其政治功能，却没有撼动反而巩固了罗马人的传统政治理念。不过，优西比乌的政治神学在东方筑就了拜占庭帝国的主导政治理念，在西方却遭到了来自希波主教奥古斯丁的致命一击。尽管奥古斯丁早年也一度受过优西比乌帝国神学的影响，但思想成熟后的他毅然将帝国去神圣化、将基督教去政治化。而这终将改变西方政治的历史走向。①

像奥罗修斯一样，奥古斯丁承认，阿拉瑞克尊重基督教信仰，没有伤害逃到教堂避难的人们，包括基督徒和异教徒，以至于有违战争胜利后屠城毁庙的一般风俗。然而，与前人不同的是，奥古斯丁批判了上述三种解释传统。其一，维吉尔的解释传统在开端处就陷入了自相矛盾，既然罗马众神不能保卫特洛伊，以致埃涅阿斯被迫携带他们的雕像逃跑，那么他们之后怎么可能保卫罗马的强盛。② 其二，优西比乌的解释传统无法回答 410 年的罗马陷落，既然皇帝已经成为"上帝的朋友"，

---

① 孙帅：《社会的动物：奥古斯丁思想中的家国问题》，载李猛编：《奥古斯丁的新世界》，上海三联书店 2016 年版，第 39—40 页。
② 参见奥古斯丁，《上帝之城》1.1 – 1.7；亦参见夏洞奇：《尘世的权威：奥古斯丁的社会政治思想》，上海三联书店 2007 年版，第 256—264 页。

那么帝国的精神首都为何会在本应该得到更多护佑的基督时代再次陷于蛮族之手。其三，奥罗修斯的解释传统无法回应尘世帝国必然衰亡的宿命，如果看到455年罗马第三次陷落和476年西罗马帝国灭亡，他何以论证上帝对帝国的祝福与护佑。由此，不是如何拯救罗马帝国的未来结局，而是如何拯救基督教对尘世政治变迁的解释能力，就成为奥古斯丁迫切要回答的问题。而这正是他撰写《上帝之城》的直接动机。①

既然罗马的起源可以追溯到特洛伊的陷落，那么其后来的扩张就难以被认为是出于罗马众神的帮助，更何况朱庇特对罗马人的许诺已经被皇帝皈依基督教的上帝所打破。② 由此，奥古斯丁批判说，信奉传统宗教与实现国家强盛并不存在因果关联，罗马的崛起既不出于异教神祇的许诺，也不出于罗马人的任何德性，而是出于他们的两种欲望，即对自由的欲望和对统治的欲望。其中，前者对应着驱逐高傲者塔昆（Tarquinius）而建立共和国，后者对应着共和国和帝国不断对外征服，但这二者都是对荣誉的欲望（cupido gloriae），是一种堕落之罪。③

在批判了皈依前的罗马之后，奥古斯丁还批判了皈依后的罗马。如同罗马帝国是以基督教的名义来处理多纳图派，奥古斯丁也以基督教的名义来批判罗马帝国。首先，罗马帝国的皈依只是用基督教替换了传统宗教，原有的政教关系模式并没有改变，仍然坚持臣民的宗教身份与政治身份相统一，政治忠诚在其宗教生活中占据优先地位。其次，这种皈依并不保证上帝对帝国的护佑，罗马的陷落与帝国终将衰亡就表明了这一点，而即使基督徒皇帝也应该划分开宗教身份与政治身份，坚持信仰优先，与普通基督徒一样追求永恒的生命。④

虽然没有实际看到罗马的第三次陷落和西部帝国的灭亡，但410年的罗马陷落所引发的持续理论反思使得，奥古斯丁极具先见性地划分开了国家与教会、尘世之城与上帝之城。首先，鉴于国家在空间和时间上的有限性，我们必须冷静看待帝国的基督教化，这一皈依并不能保卫作

---

① 参见奥古斯丁，《上帝之城》1，前言。
② 参见维吉尔，《埃涅阿斯纪》第1卷，第223—296行。
③ 参见奥古斯丁，《上帝之城》5.12。
④ 参见奥古斯丁，《上帝之城》5.26。

为世俗政治实体的国家,而只能拯救从皇帝到臣民作为基督徒的每个个体。其次,皇帝的权力来自上帝的赐予,国家与教会应该各司其职,即国家处理世俗事务,照料臣民的身体,而教会处理神圣事务,照料臣民的灵魂。最后,遵从《罗马书》13:1-7的教导,基督徒臣民要向帝国交粮纳税,履行自己的世俗义务,但其信仰必须留给教会。[①]

在反驳多纳图派所标榜的地方性宗教身份的同时,奥古斯丁以双城论批判了罗马帝国所努力建构的国家性宗教身份,把宗教与政治、信仰上帝与忠诚帝国划分开来,打破了罗马建城以来的关联做法及其理论论证。以进入上帝之城为唯一目标,我们应当划分开宗教身份与政治身份,使得作为基督徒的信仰优先超越于作为臣民的政治优先,信众要把尘世生活看作暂时的羁旅,以爱邻如己来避免宗教暴力,以恒久忍耐来等待上帝的末日审判,从而在尘世实现普遍和平,在来世实现永恒救赎。

与前三种解释传统相比较,奥古斯丁从优西比乌等为帝国辩护的立场进入自己的超越国家的立场,既批判罗马共和国和帝国,也不认可在尘世建立基督教共和国,反而要求从时间和空间进入永恒和天国,将基督信仰无可置疑的有效性建立在此世之外和今生之后的上帝之城中。基督教和大公教会在当下尊重但不受制于帝国的政治权威,不为帝国的过去辩护,也不为帝国的未来祝福,自身更不受制于尘世国家的无常命运,反而借助上帝的神圣权威,以实现从堕落到救赎、从时间到永恒的普世主义与永恒国度。在上帝之城中,国度是无界的,信仰是永恒的,不局限于任何地理位置和历史时间。

第五节 "政治奥古斯丁主义"?

在实际的政治实践中,宗教自由与宗教强制其实是罗马帝国宗教政策的一体两面,其理论出发点都是如何建构国家性宗教身份,以促进政治忠诚。在4世纪之前,这表现为推行皇帝崇拜,以向皇帝献祭表达臣

[①] 参见奥古斯丁,《罗马书章句》72;《书信》134.1-3。

民的政治忠诚，甚至卡里古拉（Caligula）曾经试图把自己的肖像放到耶路撒冷圣殿的至圣所中；而在 4 世纪之后，这表现为皇帝依从自己的信仰主导或积极干涉教会事务，提倡尼西亚信仰或阿里乌主义，甚至背教者朱利安一度恢复了罗马元老院的胜利女神祭坛，试图复兴罗马传统宗教。

从迫害不合法的基督教，到镇压不合法的异端和分裂派，建构国家性宗教身份实际上并没有解决或缓解帝国内部的神学政治难题，甚至在 4 世纪已经同时出现大公教会支持下的基督徒暴民，同样危害到帝国的地方稳定和政治权威。① 在入世与出世的互动中，奥古斯丁既为宗教强制辩护，又以双城论力图使宗教信仰独立于臣民的政治义务，成为所有被造者的自然权利，从而使教会与国家保持一定距离，各守边界，不主动或被动成为国家行政机器的一部分，最终以政教的适度分离构建起相对健康的政教关系。

然而，在尘世之城中，国家和政治始终是教会无法避免的课题，奥古斯丁给出的解决方案是动态平衡的，偏重任何一方都会导致实践上的错误。一方面，他对尘世的价值的限定可能滋生出反国家、反政治共同体的极端信仰主义，把尘世的各种冲突都化约为基督教意义上的异教与正教、堕落与救赎、罪恶与恩典之间的冲突，以致敌视国家权力和政治义务。另一方面，他对教会独立性的肯定也可以被用来论证，神圣事务高于世俗事务，教权高于王权，正如中世纪教会所做的那样。

虽然在 4 世纪时，大公教会的某些主教就开始意识到教权应该独立于政权，甚至敢于用主教的信仰权威挑战皇帝的政治权威，例如在安布罗斯与狄奥多西、瓦伦廷二世之间。② 但实际上，其间的教权是被动反应式的，并非主动去攫取政治利益和经济利益。与此同时，这些挑战不仅是极为偶然的，其成功与否也是极不确定的。为了实现这一转换，从

---

① 参见 Michael Gaddis, *There Is No Crime for Those Who Have Christ: Religious Violence in the Christian Roman Empire*, Berkeley: University of California Press, 2005.

② 这些冲突主要包括胜利女神祭坛事件、米兰教堂争夺事件和帖撒罗尼迦处决基督徒暴民事件。参见安布罗斯，《书信》17、18、40、41 和 51；米兰的保林，《安布罗斯传》26；亦参见菲利普·内莫：《教会法与神圣帝国的兴衰：中世纪政治思想史讲稿》，张竝译，上海华东师范大学出版社 2011 年版，第 123—125 页。

教皇格拉修斯一世（Gelasius Ⅰ，492—496 年）到卜尼法斯八世（Boniface Ⅷ，1294—1303 年），中世纪教会致力于重新解释奥古斯丁的双城论，把王权政治等同于地上之城，而把教会等同于上帝之城在地上的实现，具体表现为罗马教会的权威和运行，并把国家的世俗权威纳入教会的神圣权威之下，以至于教皇有"任命、教导和惩罚"君王的权力，由此塑造了后世所谓的"政治奥古斯丁主义"。①

"政治奥古斯丁主义"这个术语是法国学者阿奎里埃尔（Henri-Xavier Arquilliere）在1934年以专著的形式提出的，用以指中世纪基督教国家倾向于模糊国家和教会之间的界限。② 接续曼多奈（Mandonnet）和吉尔松（Etienne Gilson）的观点，即奥古斯丁没有仔细区分自然领域与超自然领域、理性的真理与启示的真理，阿奎里埃尔论证说，中世纪政治思想家援引奥古斯丁，试图把国家的自然秩序吸纳进教会的超自然秩序中，使得"政治奥古斯丁主义"作为"教义奥古斯丁主义"的逻辑延伸；与此同时，他也承认，奥古斯丁本人延循了新约和教父传统，并不会认可所谓的"政治奥古斯丁主义"，自己不仅要求服从异教徒统治者，也对基督徒皇帝的统治保持审慎态度。③ 对于这一发展过程，孙帅评论说：

> 在一定程度上，亚里士多德–托马斯主义的"洗礼"无异于将希波主教拉回到了优西比乌的政治神学传统，以至于将中世纪语境下催生出一种所谓的"政治的奥古斯丁主义"……中世纪对奥古斯丁政教学说的解释是从他反多纳图派期间的著作出发的，侧重于强调大公教会的合一（unity）、圣事机制的客观性，以及君主在基督教王国中所起到的积极作用，并且淡化上帝之城与尘世的基督

---

① 参见 Robert Dyson, *St Augustine of Hippo: The Christian Transformation of Political Philosophy*, London: Continuum, 2005, pp. 142–145.

② 参见 Henri-Xavier Arquilliere, *L'augustinisme politique: essai sur la formation des theories politiques du Moyen âge*, Paris: Vrin, 1934.

③ 参见 Douglas Kries, "Political Augustinianism," in Allan D. Fitzgerald ed., *Augustine through the Ages: An Encyclopedia*, Grand Rapids: William B. Eerdmans Publishing Company, 1999, pp. 657–658.

教社会之间的区别，力图在尘世建立上帝的王国和真正的正义。①

正如上述分析，为了与蛮族皇帝争夺政治权力，中世纪的解释者们过度强化了奥古斯丁对尘世国家和基督徒皇帝的有限肯定，并将之作为大公教会的神圣权力的实践领域。但其中的致命曲解是，奥古斯丁从来没有认为，教会是上帝之城在地上的代表或实现，因为此世的教会总是罪人和义人的混杂，甚至主教阶层中也是如此。对于尘世的各种政权或国家，他的明确立场是，它们都不是上帝之城在地上的实现，而只有爱上帝的人才能在尘世的朝圣之旅中通向将来才会实现的上帝之城。对此，多达罗（Robert Dodaro）评论说：

> 奥古斯丁拒绝在任何根本意义上把上帝之城等同于还在朝圣之旅中的教会成员，或在过去、当代或未来历史中的任何政治实体。一个基督教共和国（res publica christiana）也许在名义上存在，甚或作为一个依法组成的政治共同体而存在，但都不会是上帝之城的具体展现。后者被看作为一个末世论意义上的实在，由在永恒的至福中与上帝一起生活的天使和圣徒组成；作为一个团契，它初步包括爱上帝和践行德性的人，因为这些显明，他们参与了在地上朝向上帝之城的朝圣之旅。②

奥古斯丁的政治交往表明，无论在与多纳图派的斗争中，还是在汪达尔人的入侵中，大公教会从皇帝、官员和将军的刀剑那里得到保护，也会从他们的刀剑那里得到伤害。要理解奥古斯丁的政治学说，我们需要把驳斥多纳图派的著作与《上帝之城》结合起来论证，既不能将尘世国家因其无限的堕落直接等同于魔鬼之城，也不能因其有限的善好就

---

① 孙帅：《社会的动物：奥古斯丁思想中的家国问题》，载李猛编：《奥古斯丁的新世界》，上海三联书店2016年版，第41页注14。另参见Francis Oakley, *Empty Bottles of Gentilism: Kingship and the Divine in Late Antiquity and the Early Middle Ages (to 1050)*, New Haven: Yale University Press, 2010, pp. 140–141.

② Robert Dodaro, "Church and State", in Allan D. Fitzgerald ed., *Augustine through the Ages: An Encyclopedia*, Grand Rapids: William B. Eerdmans Publishing Company, 1999, p. 182.

将之看作天上耶路撒冷的影子或在地上建立起来的基督教共和国,而是应当小心地坚守其间的微妙立场,即尘世国家既不是魔鬼之城,也不能够被建成为中世纪所自诩的基督教共和国,而只能作为比喻意义上的朝圣之城(pilgrim city)存在下去,仅仅是朝向上帝之城的过渡形态。

无论从4世纪初优西比乌代表大公教会极度盛赞君士坦丁,还是5世纪初北非大公教会不得不向霍诺里请愿颁布新敕令,大公教会在合法化的第一个百年中并未获得独立的地位,也没有设想会获得这样的地位,反而自觉地处身于帝国的屋檐下,并寻求其刀剑的保护。安布罗斯训诫瓦伦廷二世和狄奥多西并获得认可,不仅只是4世纪政教关系中的一个小小的特例和插曲,也更多依赖于一时的政治形势和皇帝的个人修为,否则更可能会像东部帝国的亚塔纳修和克里索斯托那样被多次流放。① 无论是君士坦丁、朱利安、狄奥多西和霍诺里,罗马帝国皇帝根本上控制着政教关系的走向,并依据个人的信仰偏好和特定的政治需要而决定其某一时期的宗教政策。对此,弗里曼(Charles Freeman)甚至论证说,狄奥多西在三位一体教义上的决定使得他下令,大公教会在381年召开君士坦丁堡大公会议,以此作为掩饰。② 我们可以设想,如果西罗马帝国没有在476年灭亡以致分裂为多个蛮族国家,而是与东罗马帝国一样国祚长久,甚至二者重新结合成大一统帝国,那么更有可能的是,大公教会根本不会取得更加独立的地位,而只能仍然像4世纪那样停留在附属于帝国的狭小位置上。

既然尘世之城不等同于魔鬼之城,教会也不是上帝之城在地上的预演,那么从奥古斯丁的双城论中就更应当引申出,帝国的政权与教会的教权之间必须适度分离。然而,相较于4世纪到5世纪初,进入中世纪的大公教会开始有能力挑战尘世国家的政权。这是因为,经历了从380年开始的国教化,大公基督教已经几乎成为所有臣民的信仰,罗马教廷

---

① 参见朱利安,《书信》51;亦参见 J. Stevenson ed., *Creeds, Councils and Controversies: Documents Illustrating the History of the Church, AD 337–461*, revised by W. H. C. Frend, Grand Rapids: Baker Academic, 2012, pp. 68–69.

② 参见 Charles Freeman, *A. D 381: Heretics, Pagans and the Dawn of the Monotheistic State*, New York: The Overlook Press, 2009.

可以通过控制臣民来牵制皇帝或君王；经历4世纪开始的贵族化，大量贵族子弟成为大公教会的神职人员，与贵族阶层和皇帝家族都有着深刻关联，对政治权力的博弈从属于贵族对皇权的争夺。这些逐渐累积起来的变量使得，大公教会意识到，自己无须继续被动地去寻求帝国和皇帝的刀剑保护，而是要双管齐下来自己保护自己。其一是，论证教会是上帝之城在地上的表现，具有神圣性，由此教权独立于政权；其二是，论证上帝高于皇帝，皇帝或君主的权力来自上帝，教会可以代表上帝，教皇是上帝在人间的代言人，由此教权高于政权；其三是，论证皇帝与民众都是平信徒，其灵魂的拯救端赖于教会的圣事，必须服从教会的训诫和教规，否则可以被处以开除教籍等绝罚。与此相应，皇帝们也试图以武力来控制教皇和教会，使之服务于自己的政权。可以看到，中世纪的皇帝们和主教们都没有安于接受在奥古斯丁双城论之下接近现代社会的政教分离模式，反而重新解释这一学说，要么教皇将教会等同于上帝之城在地上的展现，以致可以与皇帝分庭抗礼，将尘世国家纳入教会的信仰权威之下；要么皇帝援引《上帝之城》5.24或驳斥多纳图派的著作以教会的保护者自居，将教会纳入自己的政治权威之下。

在494年，教皇格拉修斯一世写信给位于君士坦丁堡的东罗马帝国皇帝阿纳斯塔修斯一世（Anastasius Ⅰ，491—518年在任），首次提出了"双剑理论"（Two Sword Theory），由此成为西方政教关系史上的转折点。

> 尊贵的陛下，这个世界主要被如下的两种权力所统治，即教士的神圣权威（*auctoritas sacrata pontificum*）和皇权（*regalis potestas*）。在其中，教士的权威是更有分量的，因为他们不得不为甚至是人的君王报送功德，以得到神圣审判。您也认识到，亲爱的儿子，尽管您被允许如此尊荣地统治人类，但在神圣事务上，您还是在教士的领袖面前谦卑地低下头，等待从他们的手中得到您可以得蒙拯救的方法。在接受和恰当对待属天的奥秘中，您认识到，您应当顺服于而不是超越于宗教秩序，且在这些事务上，您依赖于他们

的审判，而不要想强迫他们遵从您的意志。①

在这一训示中，格拉修斯一世强调，有关灵魂拯救的神圣事务是教士们的管辖范围，连皇帝自己的灵魂拯救也要依赖教士主持的圣礼，皇帝应当对此表示谦卑，承认教士的神圣权威在宗教秩序上高于自己的皇权。但整体上，他仍然承认宗教秩序与公共秩序（public order）的区分，将世俗事务划归为皇帝的管辖范围，只是教士可以在必要情况下施加干预。②

在此之后，教权与皇权孰高孰低之争既受制于教士的理论力量，也受制于皇帝的军事力量。其中，教皇格里高利一世（590—604 年在位）则更加提升了教权的地位。

> 他让世俗君主从属于教会，赋予他们保卫教会和传播信仰的神圣使命。这样，在以罗马教会为首的基督教世界中，世俗国家只不过是教会的一个机构和部门而已。……世俗国家本身并无神圣之处，但是它却可以服务于教会的心灵秩序，因而获得一种神圣的色彩。③

之后，查理曼大帝（742—814 年）十分强势，使得教皇列奥三世都需要自己的保护，并被加冕为"罗马人的皇帝"，以罗马帝国的继承者自居，并以自己的方式解释《上帝之城》5.24，以致"将帝国变成了一个神权政治，自居为上帝之城在尘世中的代理人，而罗马教会则沦

---

① James Harvey Robinson ed., *Readings in European History*, New York: Ginn and Company, 1904, pp. 72 – 73.

② 相关研究参见 Aloysius K. Ziegler, "Pope Gelasius I and His Teaching on the Relation of Church and State", *The Catholic Historical Review*, Vol. 27, 1942, pp. 412 – 437; F. Dvornik, "Pope Gelasius and Emperor Anastasius I", *Byzantinische Zeitschrift*, Vol. 44, 1951, pp. 111 – 116; Alan Cottrell, "Auctoritas and Potestas: A Reevaluation of the Correspondence of Gelasius I on Papal-Imperial Relations", *Mediaeval Studies*, Vol. 55, 1993, pp. 95 – 109.

③ 吴飞：《尘世之城与魔鬼之城：奥古斯丁政治哲学中的一对张力》，载李猛主编：《奥古斯丁的新世界》，上海三联书店 2016 年版，第 33 页。

为大帝国的一个部门，负责宗教事务而已"①。这一境况几乎完全等同于4世纪的政教关系。当皇帝变得弱势或国家陷入分裂时，罗马教廷往往积极介入高层政治，扶持自己的支持者成为皇帝或新君主，正如马基雅维利时代的意大利地区所展现出来的。

有鉴于阿奎里埃尔的研究，"政治奥古斯丁主义"成为20世纪以来的西方研究界重新热衷探讨的话题，其中所引申出的理论参与塑造了现代政治理论的新形态。② 对此，布鲁诺甚至评价说："对于奥古斯丁的解释及其社会和政治远见的应用，其未来的前景是确定的。"③

---

① 吴飞：《尘世之城与魔鬼之城：奥古斯丁政治哲学中的一对张力》，载李猛主编：《奥古斯丁的新世界》，上海三联书店2016年版，第34页；吴飞：《奥古斯丁的政治哲学与世界历史》，载刘玮主编：《西方政治哲学史第一卷：从古希腊到宗教改革》，中国人民大学出版社2019年版，第297页。

② 参见 Reinhold Niebuhr, "Augustine's Political Realism", in Robert McAfee Brown ed., *The Essential Reinhold Niebuhr: Selected Essays and Addresses*, New Haven: Yale University Press, 1986, pp. 123 – 141; in Dorothy F. Donnelly ed., *The City of God: A Collection of Critical Essays*, New York: Peter Lang, 1995, pp. 119 – 134; Craig J. N. de Paulo, Patrick A. Messina and Daniel P. Tompkins eds., *Augustinian Just War Theory and the Wars in Afghanistan and Iraq: Confessions, Contentions, and the Lust for Power*, New York: Peter Lang, 2011.

③ Michael Bruno, *Political Augustinianism: Modern Interpretations of Augustine's Political Thought*, Augsburg: Fortress Press, 2014, p. 13.

结　语

对于地上之城，其在政治维度上表现为尘世国家，在心灵维度上表现为魔鬼之城与圣徒之城的混杂。虽然尘世国家的兴起源于对统治的欲望，但在神圣历史中仍然具有有限但重要的积极价值。奥古斯丁对此认为，作为人类生存在世所寓于其中的政治实体，尘世国家是信仰之旅的实际发生地，人类的皈依和成圣只能在尘世国家中开启和完成，基督教会有必要借助其政治权威来抵制异教和异端，但必须坚持信仰优先替代政治优先。具体来说，应当肯定的是，罗马帝国在帝国范围内推行大公基督教，在北非地区压制多纳图派，客观上维护了教义统一和教会合一，使臣民具有相同的宗教身份，甚至基督徒皇帝也可以获得救赎；而应当批判的是，罗马帝国的大公基督教化不应当要求政治优先，以政治忠诚为核心，甚至试图借此为帝国作为政治实体的合法性提供神圣辩护。

在4—5世纪的基督教化进程中，奥古斯丁从时间与永恒的对比出发，以教会合一批判了多纳图派所标榜的地方性宗教身份，以信仰优先批判了罗马帝国所建构的国家性宗教身份，以双城论批判了从优西比乌到奥罗修斯所代表的早期基督教的政治神学，划分开神圣事务与世俗事务，努力论证国家与教会应当适度分离，并各司其职，从而既维护尘世国家的有限价值，又可以抑制教会对攫取世俗权力的冲动。借助这种严格划分，奥古斯丁拉开了教会与帝国的距离，使盲目的乐观情绪回归到冷静的教义思考，从而超越了同时代的基督教史学家。经历过中世纪的政教冲突和近代西方的宗教战争，面对当今世界的政教关系问题，奥古斯丁的这一立场仍然有着深刻的借鉴意义。

在早期驳斥摩尼教之后，与多纳图派的教义论战和政治斗争构成了奥古斯丁中期思想的发展历程，促成了他在圣礼论、教会论和神学政治议题上的理论成熟。借助这些理论基础，大公教会逐渐聚拢起统一的教权，形成了以罗马教廷为核心的基督教王国（Christendom），并开始积极干预和控制世俗政权，在中世纪总体上形成了教权高于政权的局面。自从路德开启宗教改革，从大公教会分裂出各派新教，从各派新教又分化出各个派别，在面对现代社会的各种问题时又继续分化，可谓是教派林立，彼此或交往对话，或争竞攻讦，或老死不相往来。与此同时，政教关系也经历了多次震荡，从宗教战争到宗教宽容，最终确立起政教分离和宗教信仰自由的基本政策，构成了现代神学政治议题的主要形态。然而，对于基督教而言，教派分化和宗教宽容恰恰维持和保护了教会的分裂，几乎使教派和解与教会合一成为不必要也不可能的愿景。对于奥古斯丁来说，这一切显然是始料未及而又难以接受的遗憾。

参考文献

本书提及的奥古斯丁著作目录

拉丁篇名	英文译名	中文译名
De anima et eius origine	On the Soul and Its Origin	论灵魂及其起源
De animae quantitate	On the Greatness of the Soul	论灵魂的宏量
De baptismo	OnBaptism	论洗礼
De civitate Dei	City of God	上帝之城
Confessiones	Confessions	忏悔录
De correptione et gratia	On admonition and grace	论责备与恩典
Ad Cresconium grammaticum partis Donati	To Cresconius, a Donatist grammarian	致多纳图派文法学家克莱斯康尼
De duabus animabus	On the Two Souls	论两个灵魂
De octo Dulcitii quaestinibus	On Eight Questions, from Dulcitius	答杜尔科特的八个问题
Enarrationes in Psalmos	Explanations of the Psalms	诗篇解
Enchiridion ad Laurentium de fide spe et caritate	A Handbook on Faith, Hope and Love	信仰手册
Epistulae	Letters	书信
Contra epistulam Parmeniani	Against the Letter of Parmenian	驳帕门尼安书信
Contra duas epistulas Pelagianorum	Against Two Letters of the Pelagians	驳佩拉纠派的两封书信

续表

拉丁篇名	英文译名	中文译名
De excidio urbis Romae	On the Sack of the City of Rome	论罗马城的倾覆
Expositio Epistulae ad Galatas	Commentary on the Letter to the Galatians	加拉太书章句
Expositio quarundam propositionum ex epistula Apostoli ad Romans	Commentary on Statements in the Letter to the Romans	罗马书章句
Contra Faustum Manicheum	Against Faustus, A Manichee	驳福斯图斯
Contra Gaudentium	Against Gaudentius	驳高登提
De gestis Pelagii	On the Deeds of Pelagius	佩拉纠行迹
De Genesi ad litteram	On the Literal Interpretation of Genesis	创世记字解
De immortalitate animae	On the Immortality of the Soul	论灵魂的不朽
Contra Julianum	Against Julian	驳朱利安
De libero arbitrio	On Free Choice	论自由决断
Contra litteras Petiliani	Against the Letters of Petilianus	驳佩提里安书信
De nuptiis et concupiscentia	On Marriage and Concupiscence	论婚姻与贪欲
De perfectione justitiae hominis	On the Perfection of Human Righteousness	论人之义的成全
Psalmus contra Partem Donati	Psalm against the Donatists	驳多纳图派的诗
Quaetiones in Heptateuchum	Questions of the Heptateuch	旧约前七书问题
De peccatorum meritis et remissione et de baptismo parvulorum	On the Merits and Forgiveness of Sins and on Infant Baptism	论罪的惩罚和赦免与婴儿的洗礼
Retractationes	Reconsiderations	回顾篇
Sermones	Sermons	布道
Ad Simplicianum	To Simplicianus	致辛普里西安
De spiritu et littera	On the Spirit and the Letter	论圣灵与仪文
De Trinitate	The Trinity	论三位一体

续表

拉丁篇名	英文译名	中文译名
De utilitate credendi	*On the Advantage of Believing*	论信仰的益处
De vera religione	*On True Religion*	论真宗教

说明：其中的拉丁篇名和英文译名，参见 Allan Fitzgerald ed. , *Augustine Through the Ages: An Encyclopedia*, Grand Rapids: William B. Eerdmans Publishing Company, 1999, pp. xxxv – il.

奥古斯丁著作中译本

成官泯译：《论自由意志》（包括《论自由意志》《独语录》），上海人民出版社 2010 年版。

石敏敏译：《论灵魂及其起源》（包括《论灵魂及其起源》《论基督教教义》），中国社会科学出版社 2007 年版。

石敏敏译，《道德论集》（包括《论自制》《论婚姻的益处》《论圣洁的童贞》《论寡居的益处》《论说谎》《致康塞提乌：驳说谎》《论修士的工作》《论忍耐》《论对死者的料理》），生活·读书·新知三联书店 2009 年版。

石敏敏译：《驳朱利安》，中国社会科学出版社 2017 年版。

石敏敏译：《论秩序：奥古斯丁早期作品选》（包括《论幸福生活》《论秩序》《论教师》《论真宗教》和《论善的本性》），中国社会科学出版社 2017 年版。

石敏敏译：《创世记字疏》（上、下），中国社会科学出版社 2018 年版。

石敏敏、汪聂才译：《论灵魂的伟大》（包括《驳学园派》《论灵魂不朽》和《论灵魂的伟大》），中国社会科学出版社 2019 年版。

石敏敏译：《时间、恶与意志：问题汇编》（包括《八十三个问题汇编》《答辛普利奇的问题汇编》和《杜尔西提乌斯的八个问题》），中国社会科学出版社 2020 年版。

石敏敏译：《论音乐》，中国社会科学出版社 2021 年版。

石敏敏译：《论自由意志》（包括《独语录》《论自由意志》《罗马书章句》《罗马书断评》《八十三个问题之 66、67 和 68》《答辛普利奇的问题汇编》），中国社会科学出版社 2022 年版。

石敏敏、花威译，《奥古斯丁书信集》（第一卷），中国社会科学出版社 2022 年版。

汤清译：《奥古斯丁选集》（包括《三位一体论》节译、《论自由意志》、《论本性与恩典》、《教义手册》），宗教文化出版社 2010 年版。

王晓朝译：《上帝之城》（上、下），人民出版社 2006 年版。

吴飞译：《上帝之城：驳异教徒》（上、下），上海三联书店 2022 年版。

吴宗文译：《天主之城》（上、下），吉林出版集团有限责任公司 2015 年版。

许一新译：《论四福音的和谐》，生活·读书·新知三联书店 2010 年版。

许一新译：《论信望爱》（包括《论信望爱手册：致劳伦修》《向初学者传授教义》《论信仰与信经》《论信经》《给初信预备受洗者的一篇讲道》《信之功用》《论信那未见之事》），生活·读书·新知三联书店 2009 年版。

赵敦华主编，《中世纪哲学》（上）（包括《忏悔录》节译、《论教师》、《论自由决断》、《论三位一体》节译、《上帝之城》节译、《论圣徒的预定：致普罗斯伯和希拉里》），商务印书馆 2013 年版。

庄陶、陈维振译：《上帝之城》（节译），复旦大学出版社 2011 年版。

周士良译：《忏悔录》，商务印书馆 1963 年版。

周伟驰译：《论三位一体》，商务印书馆 2015 年版。

周伟驰译：《论原罪与恩典：驳佩拉纠派》（包括《论圣灵与仪文：致马色林》《论本性与恩典：致提马修和雅各》《论佩拉纠决议：致迦太基主教奥勒留》《论基督的恩典：致阿尔宾娜、平利安和麦娜丽》《论原罪》《论恩典与自由意志：致瓦伦廷和阿德荣敦的修士》《论圣徒的预定：致普罗斯伯和希拉里》《附录：佩拉纠致德米特里的信》），商务印书馆 2012 年版。

其他古代作者中译本

［古希腊］柏拉图：《理想国》，顾寿观译，吴天岳校注，岳麓书社 2010 年版。

[古希腊] 柏拉图：《理想国》，郭斌和、张竹明译，商务印书馆 1963 年版。

[古罗马] 查士丁：《护教篇》，石敏敏译，生活·读书·新知三联书店 2014 年版。

[古罗马] 德尔图良：《护教篇》，涂世华译，商务印书馆 2012 年版。

[古罗马] 克莱门等：《使徒教父著作》，黄锡木主编，高陈宝婵等译，生活·读书·新知三联书店 2013 年版。

[古罗马] 苏维托尼乌斯：《罗马十二帝王传》，张竹明、王乃新、蒋平等译，商务印书馆 1995 年版。

[古罗马] 塔西佗：《编年史》，王以铸、崔妙音译，商务印书馆 1997 年版。

[古罗马] 特伦提乌斯：《古罗马戏剧全集·特伦提乌斯》，王焕生译，吉林出版集团有限责任公司 2015 年版。

[古罗马] 维吉尔：《埃涅阿斯纪》，杨周翰译，上海人民出版社 2016 年版。

[古罗马] 西塞罗：《西塞罗文集·政治学卷》，王焕生译，中央编译出版社 2010 年版。

[古希腊] 亚里士多德：《尼各马可伦理学》，廖申白译，商务印书馆 2003 年版。

[古希腊] 亚里士多德：《政治学》，吴寿彭译，商务印书馆 2005 年版。

[古罗马] 优西比乌：《教会史》，保罗·梅尔英译，瞿旭彤译，生活·读书·新知三联书店 2009 年版。

[古罗马] 优西比乌：《君士坦丁传》，林中泽译，商务印书馆 2015 年。

[拜占庭] 约达尼斯：《哥特史》，罗三洋译注，商务印书馆 2012 年版。

[东罗马] 佐西莫斯：《罗马新史》，谢品巍译，上海人民出版社 2013 年版。

[古罗马] 朱利安：《尤利安文选》，马勇编译，华夏出版社 2017 年版。

中文研究文献

鲍会园：《罗马书注释》（卷下），上海三联书店 2013 年版。

陈斯一：《存在与试探：奥古斯丁的〈忏悔录〉》，台湾基督教文艺出版社 2021 年版。

陈驯：《创造与恩典：奥古斯丁〈创世记字义解释〉中的神学人类学》，宗教文化出版社 2012 年版。

陈越骅：《跨文化视野中的奥古斯丁：拉丁教父的新柏拉图主义源流》，浙江大学出版社 2014 年版。

褚潇白：《"塔"的空间形式和救赎意蕴：〈赫马牧人书〉的救赎论阐释》，《道风：基督教文化评论》2013 年第 38 期。

褚潇白：《空间叙事与终末意识：古典时代晚期基督教文学研究》，中国社会科学出版社 2016 年版。

邓子美：《略论奥古斯丁的基督教法律思想：由多纳特派之争展开》，《西南民族大学学报》2008 年第 7 期。

花威：《试论〈罗马书〉中的 sarx 和 sōma》，《圣经文学研究》2012 年第 6 辑。

花威：《〈加拉太书〉二章 11–14 节与奥古斯丁与杰罗姆的释经辩论》，《道风：基督教文化评论》2015 年第 42 期。

花威：《安提阿事件与早期基督教中的释经纷争》，《基督教学术》2015 年第 12 辑。

花威：《基督的新娘：孙帅〈自然与团契：奥古斯丁婚姻家庭学说研究〉述评》，《基督教学术》2016 年第 16 辑。

花威：《德性与信仰：论奥古斯丁〈忏悔录〉中的阿利比》，《伦理学研究》2016 年第 2 期。

花威：《爱邻如己：基督教的伦理旨归》，《中国宗教》2016 年第 3 期。

花威：《洗礼与信仰：论奥古斯丁〈忏悔录〉中的洗礼试探》，《神学美学》2018 年第 6 辑。

花威：《奥古斯丁与内省良心的起源》，《汉语基督教学术论评》2021 年第 31 期。

黄美玲：《法律帝国的崛起：罗马人的法律智慧》，北京大学出版社 2020 年版。

黄裕生：《宗教与哲学的相遇：奥古斯丁与托马斯·阿奎那的基督教哲

学研究》，江苏凤凰出版集团 2008 年版。

李隆国：《透过战争说和平：奥罗修与基督教史学的转型》，《历史研究》2009 年第 2 期。

李隆国：《君士坦丁皇帝的东方战略》，《光明日报》2018 年 6 月 18 日第 6 版。

李艳：《"宽容"或"不宽容"：从奥古斯丁与多纳图派之争谈起》，《基督教学术》2019 年第 19 辑。

刘津瑜：《罗马史研究入门》，北京大学出版社 2014 年版。

刘训练：《在荣耀与德性之间：西塞罗对罗马政治伦理的再造》，《学海》2017 年第 4 期。

彭小瑜：《格兰西之〈教会法汇要〉对奴隶和农奴法律地位的解释》，《世界历史》1999 年第 3 期。

石敏敏：《论奥古斯丁的世界历史观念》，《浙江工商大学学报》2013 年第 2 期。

石敏敏：《论奥古斯丁〈上帝之城〉的教会历史观念》，《浙江工商大学学报》2015 年第 1 期。

石敏敏、章雪富：《友爱、团结与羞耻：论奥古斯丁〈忏悔录〉和〈上帝之城〉的共同体观念》，《道风：基督教文化评论》2016 年秋第 45 期。

孙帅：《自然与团契：奥古斯丁婚姻家庭学说研究》，上海三联书店 2014 年版。

孙帅：《社会的动物：奥古斯丁思想中的家国问题》，载李猛编《奥古斯丁的新世界》，上海三联书店 2016 年版。

孙帅：《爱的重量：奥古斯丁世界的自由秩序》，《道风：基督教文化评论》2016 年秋第 45 期。

陶杨华：《奥古斯丁是现实主义者吗?》，《基督教学术》2018 年第 18 辑。

王涛：《内布利提乌斯的双面孔？一个有趣的对读：〈忏悔录〉和〈书信〉》，《基督教思想评论》2006 年第 4 辑。

王涛：《奥古斯丁书信的发现、整理与研究》，《历史研究》2006 年第 4 期。

王涛：《奥古斯丁书信〈书信〉10 和〈书信〉24 的个案研究》，《西学研究》2006 年第 2 辑。

王涛：《主教的书信空间：奥古斯丁的交往范式在书信中的体现》，南京大学出版社 2011 年版。

王晓朝：《基督教与帝国文化：关于希腊罗马护教论与中国护教论的比较研究》，东方出版社 1997 年版。

王晓朝：《信仰与理性：古代基督教教父思想家评传》，东方出版社 2001 年版。

王晓朝：《教父学研究：文化视野下的教父哲学》，河北大学出版社 2003 年版。

王寅丽：《邻人之爱何以可能：阿伦特论奥古斯丁的爱的概念》，《文化研究》2016 年第 3 期。

王寅丽：《爱邻人和爱世界：阿伦特的奥古斯丁之旅》，《现代外国哲学》2020 年第 18 辑。

王玉峰：《城邦的正义与灵魂的正义：对柏拉图〈理想国〉的一种批判性分析》，北京大学出版社 2009 年版。

吴飞：《尘世的惶恐与安慰》，北京大学出版社 2018 年版。

吴飞：《奥古斯丁论前性情》，《世界哲学》2010 年第 1 期。

吴飞：《奥古斯丁与罗马的陷落》，《复旦学报》2011 年第 4 期。

吴飞：《奥古斯丁与尘世政治的价值：关于第三座城的争论》，《北京大学学报》2012 年第 2 期。

吴飞：《心灵秩序与世界历史：奥古斯丁对西方古典文明的终结》，生活·读书·新知三联书店 2013 年版。

吴飞：《尘世之城与魔鬼之城：奥古斯丁政治哲学中的一对张力》，载于李猛编《奥古斯丁的新世界》，上海三联书店 2016 年。

吴飞：《奥古斯丁的政治哲学与世界历史》，载于刘玮主编《西方政治哲学史第一卷：从古希腊到宗教改革》，中国人民大学出版社 2019 年版。

吴功青：《上帝与罗马：奥利金与早期基督教的宗教—政治革命》，上海三联书店 2018 年版。

吴天岳：《重思〈理想国〉中的城邦-灵魂类比》，《江苏社会科学》2009年第3期。

吴天岳：《意愿与自由：奥古斯丁意愿概念的道德心理学解读》，北京大学出版社2010年版。

夏洞奇：《尘世的权威：奥古斯丁的社会政治思想》，上海三联书店2007年版。

夏洞奇：《政治权威与自然本性：奥古斯丁〈上帝之城〉第19卷第14-15章析微》，载刘擎编《权威的理由：中西政治思想与正当性观念》，新星出版社2008年版。

夏洞奇：《奥古斯丁：历史神学与国家》，载高全喜主编《从古典思想到现代政制：关于哲学、政治与法律的讲演》，法律出版社2008年版。

夏洞奇：《何谓"共和国"：两种罗马的回答》，《华东师范大学学报》2008年第1期。

夏洞奇：《制度史的意义：以奥古斯丁〈忏悔录〉为例》，载北京大学历史学系世界古代史教研室编《多元视角下的封建主义》，社科文献出版社2013年。

夏洞奇：《奥古斯丁的政治思想》，载吴玉军编《西方政治思想史》，中国社会科学出版社2013年版。

夏洞奇：《奥罗修重放光芒?》，《世界宗教研究》2015年第1期。

夏洞奇：《"普通市民"抑或"上等人"：奥古斯丁家庭背景重估》，《历史研究》2016年第6期。

徐龙飞：《永恒之路：奥古斯丁本体形上时间哲学研究》，商务印书馆2018年。

许志言：《安布罗斯政治伦理思想研究》，硕士学位论文，中央民族大学2013年。

张久宣译：《圣经后典》，商务印书馆1981年版。

张荣：《神圣的呼唤：奥古斯丁的宗教人类学研究》，河北教育出版社1999年版。

张荣：《自由、心灵与时间：奥古斯丁心灵转向问题的文本学研究》，江苏人民出版社 2010 年版。

张荣：《爱、自由与责任：中世纪哲学的道德阐释》，社科文献出版社 2015 年版。

张晓梅：《使徒保罗和他的世界》，社会科学文献出版社 2012 年版。

张新樟：《"诺斯"与拯救：古代诺斯替主义的神话、哲学与精神修炼》，生活·读书·新知三联书店 2005 年版。

张新樟编译：《古代诺斯替主义经典文集》，东方出版社 2017 年版。

章雪富：《救赎——一种记忆的降临：奥古斯丁〈忏悔录〉第十至十三卷研究》，世界图书出版公司 2013 年版。

赵敦华：《奥古斯丁与"原罪"的观念》，《社会科学战线》2011 年第 4 期。

赵敦华：《从自然状态到社会状态的历史过渡：从圣经的观点看》，《哲学研究》2013 年第 1 期。

赵敦华：《圣经历史哲学》（修订版），江苏人民出版社 2016 年版。

赵敦华：《基督教哲学 1500 年》，人民出版社 2007 年版。

赵敦华：《中世纪哲学十讲》，复旦大学出版社 2020 年版。

赵敦华：《西方近代早期政治哲学的起源和形态》，北京大学出版社 2022 年版。

周伟驰：《记忆与光照：奥古斯丁神哲学研究》，社会科学文献出版社 2001 年。

周伟驰：《奥古斯丁的基督教思想》，中国社会科学出版社 2005 年版。

周伟驰：《现代奥古斯丁研究》，《现代哲学》2005 年第 3 期。

周伟驰：《涕泣之谷的外部秩序》，《读书》2013 年第 8 期。

周之桓：《〈悼吾皇〉小考：安布罗修对 386 年"米兰教堂事件"的回忆》，硕士学位论文，复旦大学 2017 年。

中文翻译文献

［美］汉娜·阿伦特，《爱与奥古斯丁》，J. V. 斯考特、J. C. 斯塔克编，王寅丽、池伟添译，漓江出版社 2019 年版。

［美］詹姆斯·奥唐奈：《新罗马帝国衰亡史》，夏洞奇、康凯、宋可即

译，中信出版社 2013 年版。

［英］J. H. 伯因斯主编：《剑桥中世纪政治思想史：350 年至 1450 年》（上下），程志敏等译，生活·读书·新知三联书店 2009 年版。

［美］彼得·布朗：《希波的奥古斯丁》，钱金飞译，中国社会科学出版社 2013 年版。

［德］哈特温·布兰特：《古典时代的终结：罗马帝国晚期的历史》，周锐译，上海三联书店 2018 年版。

［英］沃尔特·厄尔曼：《中世纪政治思想史》，夏洞奇译，译林出版社 2011 年版。

［德］哈纳克：《论马克安：陌生上帝的福音》，朱雁冰译，生活·读书·新知三联书店 2007 年版。

［美］霍桑、马挺主编：《21 世纪保罗书信辞典》，杨长慧译，团结出版社 2015 年版。

［法］吉尔松：《中世纪哲学精神》，沈清松译，上海世纪出版集团 2008 年版。

［英］菲利普·W. 康福特编：《圣经的来源》，李洪昌译，孙毅校，上海人民出版社 2011 年版。

［法］科耶夫：《尤利安皇帝与其写作技艺》，黄旭东译，载刘小枫、陈少明主编：《阅读的德性》，华夏出版社 2006 年版。

［美］罗宾逊、史密斯：《灵知派经典》，杨克勤译，华东师范大学出版社 2008 年版。

［芬］罗明嘉：《奥古斯丁〈上帝之城〉中的社会生活神学》，中国社会科学出版社 2008 年版。

［法］皮埃尔·马南：《城邦变形记》，曹明、苏婉儿译，广西师范大学出版社 2019 年版。

［德］特奥多尔·E. 蒙森：《圣奥古斯丁与基督教的进步观念：〈上帝之城〉的背景》，夏洞奇译，《西学研究》2006 年第 2 辑；转载于彭小瑜、高岱编《外国史读本》（上册），北京大学出版社 2006 年版。

［法］菲利普·内莫：《教会法与神圣帝国的兴衰：中世纪政治思想史讲稿》，张竝译，华东师范大学出版社 2011 年版。

［美］罗德尼·斯塔克：《基督教的兴起：一个社会学家对历史的再思》，黄剑波、高民贵译，上海古籍出版社2005年版。

［美］施特劳斯讲疏：《西塞罗的政治哲学》，尼科尔斯编订，于璐译，华东师范大学出版社2018年版。

［英］伯纳德·威廉姆斯：《柏拉图〈理想国〉中城邦和灵魂的类比》，聂敏里译，《云南大学学报》2010年第1期。

［德］马克斯·文森：《保罗与马克安：一种思想史考察》，郑淑红译，华夏出版社2018年版。

［美］杨克勤：《圣经修辞学：希罗文化与新约诠释》，宗教文化出版社2007年版。

［美］杨克勤：《孔子与保罗：天道与圣言的相遇》，华东师范大学出版社2010年版。

［美］杨克勤：《圣经文明导论：希伯来与基督教文化》，宗教文化出版社2011年版。

［英］彼得·希瑟：《罗马帝国的陨落：一部新的历史》，向俊译，中信出版社2016年版。

奥古斯丁作品英译本

WSA 系列（部分）

Augustine, *Letter* 1 – 99, Roland Teske trans., The Works of Saint Augustine: A Translation for the 21st Century, Part 2, Vol. 1, New York: New City Press, 2001.

Augustine, *Letter* 100 – 155, Roland Teske trans., The Works of Saint Augustine: A Translation for the 21st Century, Part 2, Vol. 2, New York: New City Press, 2003.

Augustine, *Letter* 156 – 210, Roland Teske trans., The Works of Saint Augustine: A Translation for the 21st Century, Part 2, Vol. 3, New York: New City Press, 2004.

Augustine, *Letter* 211 – 270, 1* – 29*, Roland Teske trans., The Works of Saint Augustine: A Translation for the 21st Century, Part 2, Vol. 4,

New York: New City Press, 2005.

Augustine, *Expositions of the Psalms* 33 – 50, Maria Boulding trans. , The Works of Saint Augustine: A Translation for the 21st Century, Part 3, Vol. 16, New York: New City Press, 2000.

Augustine, *Revisions*, Roland Teske trans. , The Works of Saint Augustine: A Translation for the 21st Century, Part 1, Vol. 2, New York: New City Press, 2010.

Augustine, *The Manichean Debate* (*The Catholic Way of Life and the Manichean Way of Life*; *The Two Souls*; *A Debate with Fortunatus, a Manichean*; *Answer to Adimatus, a Disciple of Mani*; *Answer to the Letter of Mani known as the Foundation*; *Answer to Felix, a Manichean*; *The Nature of the Good*; *Answer to Secundinus, a Manichean*), Roland Teske trans. , The Works of Saint Augustine: A Translation for the 21st Century, Part 1, Vol. 19, New York: New City Press, 2006.

Augustine, *Answer to Faustus A Manichean*, Roland Teske trans. , The Works of Saint Augustine: A Translation for the 21st Century, Part 1, Vol. 20, New York: New City Press, 2007.

Augustine, *On Christian Belief* (*True Religion*; *The Advantage of Believing*; *Faith and the Creed*; *Faith in the Unseen*; *Demonic Divination*; *Faith and Works*; *Enchiridion*), Matthew O'Connell trans. , The Works of Saint Augustine: A Translation for the 21st Century, Part 1, Vol. 8, New York: New City Press, 2005.

Augustine, *The Donatist Controvery I* (*Psalm against the Party of Donatus*; *Answer to the Writings of Petilian*; *Answer to the Letter of Parmenian*; *Baptism*; *Letter to Catholics on the Sect of the Donatists*), Maureen Tilley & Boniface Ramsey trans. , WSA 1/21, Hyde Park: New City Press, 2019.

Augustine, *Sermons* 51 – 94, Edmund Hill trans. , The Works of Saint Augustine: A Translation for the 21st Century, Part 3, Vol. 3, New York: New City Press, 1991.

Augustine, *Sermons* 148 – 183, Edmund Hill trans. , The Works of Saint Augustine: A Translation for the 21st Century, Part 3, Vol. 5, New York: New City Press, 1992.

Augustine, *Sermons* 273 – 305A, Edmund Hill trans. , The Works of Saint Augustine: A Translation for the 21st Century, Part 3, Vol. 8, New York: New City Press, 1994.

Augustine, *The Trinity*, Edmund Hill trans. , The Works of Saint Augustine: A Translation for the 21st Century, Part 1, Vol. 5, New York: New City Press, 1991.

Augustine, *On Genesis* (*On Genesis: A Refutation of the Manichees*; *Unfinished Literal Commentary on Genesis*; *The Literal Meaning of Genesis*), Edmund Hill trans. , The Works of Saint Augustine: A Translation for the 21st Century, Part 1, Vol. 13, New York: New City Press, 2002.

Augustine, *The City of God* (*Book* 1 – 10), William Babcock trans. , WSA 1/6, Hyde Park: New City Press, 2012.

Augustine, *The City of God* (*Book* 11 – 22), William Babcock trans. , WSA 1/6, Hyde Park: New City Press, 2013.

其他著作英译本

Henry Chadwick trans. , *Augustine: Confessions*, Oxford: Oxford University Press, 1991.

E. M. Atkins & R. J. Dodaro eds. , *Augustine: Political Writings*, Cambridge: Cambridge University Press, 2004.

Henry Paolucci ed. , *The Political Writings of St. Augustine*, Gateway Editions, 1996.

Michael W. Tkacz & Douglas Kries trans. , *Augustine: Political Writings*, Indianapolis: Hackett, 1994

Robert W. Dyson trans. , 《上帝之城》(*The City of God: Against the Pagans*), 中国政法大学出版社 2003 年版。

其他古代作者英译本

Julian, *The Works of the Emperor Julian*, *Volume* 3, Wilmer Cave Wright trans. ,

Loeb Classical Library, Cambridge: Harvard University Press, 1923.

J. H. W. G. Liebeschuetz trans., *Ambrose of Milan: Political Letters and Speeches*, Liverpool: Liverpool University Press, 2010.

Ammianus Marcellinus, *The Later Roman Empire* (A. D. 354 –378), Walter Hamilton trans., New York: Penguin Books, 1986.

Optatus, *Against the Donatists*, Mark Edwards trans., Liverpool: Liverpool University Press, 1998.

Orosius, *Seven Books of History against the Pagans*, A. T. Fear trans., Liverpool: Liverpool University Press, 2010.

Origen, *Contra Celsum*, Henry Chadwick trans., Cambridge: Cambridge University Press, 1953.

Orosius, *The Seven Books of History against the Pagans*, Roy J. Deferrari trans., Washington, D. C.: The Catholic University of America Press, 1964.

Possidius, *The Life of Saint Augustine: A Translation of the Sancti Augustini Vita by Possidius* (Christian Roman Empire Series), Herbert T. Weiskotten trans., Evolution Pub & Manufacturing, 2008.

外文研究著作

Andrew Alföldi, *The Conversion of Constantine and Pagan Rome*, Harold Mattingly trans., Oxford: Oxford University Press, 1948.

Hannah Arendt, *Love and Saint Augustine*, Joanna Vecchiarelli Scott and Judith Chelius Stark eds., Chicago: University of Chicago Press, 1996.

A. H. Armstrong ed., *The Cambridge History of Later Greek and Early Medieval Philosophy*, Cambridge: Cambridge University Press, 1967.

Henri-Xavier Arquilliere, *L'augustinisme politique: essai sur la formation des theories politiques du Moyen âge*, Paris: Vrin, 1934.

Timothy D. Barnes, *Constantine and Eusebius*, Cambridge: Harvard University Press, 1981.

Timothy D. Barnes, *From Eusebius to Augusitine: Selected Papers*, 1982 –

1983, Aldershot: Ashgate, 1994.

R. H. Barrow, *Introduction to St. Augustine: The Ctiy of God*, London: Faber & Faber, 1950.

Herbert W. Basser and Marsha B. Cohen, *The Gospel of Matthew and Judaic Traditions: A Relevance-Based Commentary*, Leiden: Brill, 2015.

Peter Denis Bathory, *Political Theory as Public Confession: The Social and Political Thought of St Augustine of Hippo*, New Brunswick, N. J. : Transaction, 1981.

Roy W. Battenhouse ed. , *A Companion to the Study of St. Augustine*, New York: Oxford University Press, 1955.

Norman H. Baynes, *The Political Ideas of St. Augustine's De Civitate Dei*, London: G. Bell & Sons, 1936.

Jason D. BeDuhn, *The First New Testament: Marcion's Scriptural Canon*, Farmington: Polebridge Press, 2013.

Bede the Venerable, *Excepts from the Works of Saint Augustine on the Letters of the Blessed Apostle Paul*, David Hurst trans. , Kalamozoo: Cistercian Publications, 1999.

James K. Beilbyand Paul Rhodes Eddy eds. , *The Historical Jesus: Five views*, Downers Grove: Inter Varsity Press, 2009.

Hans Dieter Betz, *Galatians: A Commentary on Paul's Letter to the Churches in Galatia*, Philadelphia: Fortress, 1979.

Markus Bockmuehl and Guy G. Stroumsa eds. , *Paradise in Antiquity: Jewish and Christian Views*, Cambridge: Cambridge University Press, 2010.

Helen K. Bond, *The Historical Jesus: A Guide for the Perplexed*, London: T & T Clark, 2012.

Gerald Bonner, *St Augustine of Hippo: Life and Controversies*, Norwich: The Canterbury Press, 1986.

William K. Boyd, *The Ecclesiastical Edicts of the Theodosian Code*, Union, New Jersey: The Lawbook Exchange, 2005.

Keith Bradley, *Slave and Society in Rome*, Cambridge: Cambridge University

Press, 1994.

Keith Bradley, *Slaves and Masters in Roman Empire: A Study in Social Control*, Oxford: Oxford University Press, 1987.

Colin Brown ed., *The New International Dictionary of New Testament Theology*, Vol. 3, Grand Rapids: Zondervan Publishing House, 1978.

Peter Brown, *Augustine of Hippo: A Biography*, a new edition with an epilogue, Berkeley and Los Angeles: University of California Press, 2000.

Peter Brown, *Religion and Society in the Age of Saint Augustine*, London: Faber & Faber, 1972.

Peter Brown, *Authority and the Sacred: Aspects of the Christianization of the Roman World*, Cambridge: Cambridge University Press, 1997.

Peter Brown, *The Body and Society: Men, Women and Sexual Renunciation in Early Christianity*, New York: Columbia University Press, 1988.

Peter Brown, *The Making of Late Antiquity*, Cambridge: Harvard University Press, 1978.

Peter Brown, *The World of Late Antiquity, AD* 150 – 750, London: Thames & Hudson, 1989.

Robert McAfee Brown ed., *The Essential Reinhold Niebuhr: Selected Essays and Addresses*, New Haven: Yale University Press, 1986.

Michael Bruno, *Political Augustinianism: Modern Interpretations of Augustine's Political Thought*, Augsburg: Fortress Press, 2014.

J. H. S. Burleigh, *The City of God: A Study of St Augustine's Philosophy*, London: Nisbet, 1949.

Peter J. Burnell, *The Augustinian Person*, Washington D. C.: Catholic University of America Press, 2005.

J. H. Burns ed., *The Cambridge History of Medieval Political Thought c.* 350 – *c.* 1450, Cambridge: Cambridge University Press, 1998.

J. Patout Burns Jr. and Robin M. Jensen, *Christianity in Roman Africa: The Development of Its Practices and Beliefs*, Grand Rapids: William B. Eerdmans Publishing Company, 2014.

Donald X. Burt, *Friendship and Society: An Introduction to Augustine's Practical Philosophy*, Grand Rapids: Eerdmans, 1999.

Raymond Canning, *The Unity of Love for God and Neighbor in St. Augustine*, Heverlee-Leuven: Augustinian Historical Institute, 1993.

R. W. Carlyle and A. J. Carlyle, *A History of Medieval Political Theory in the West*, vol. 1, A. J. Carlyle, *The Second Century to the Nine*, New York: Barnes & Noble, Inc., 1921.

AugustineCasiday and Frederick W. Norris eds., *The Cambridge History of Christianity: Volume 2, Constantine to C. 600*, Cambridge: Cambridge University Press, 2007.

Howard Clarke, *The Gospel of Matthew and Its Readers: A Historical Introduction to the First Gospel*, Indianapolis: Indiana University Press, 2003.

Janet Coleman, *A History of Political Thought: From Ancient Greece to Early Christianity*, Malden: Blackwell, 2000.

Gustave Combès, *La doctrine politique de saint Augstin*, Paris: Plon, 1927.

William E. Connolly, *The Augustinian Imperative: A Reflection on the Politics of Morality*, Newbury Park: Sage Publications, 1993.

Hans Conzelmann, *Acts of the Apostles*, James Limburg, A. Thomas Kraabel and Donald H. Juel trans., Hermeneia, Philadephia: Fotress Press, 1987.

Herbert A. Deane, *The Political and Social Ideas of St. Augustine*, New York: Columbia University Press, 1963.

Francois Decret, *Early Christianity in North Africa*, Edward L. Smither trans., Eugene: Cascade Books, 2009.

Craig J. N. de Paulo, Patrick A. Messina and Daniel P. Tompkins eds., *Augustinian Just War Theory and the Wars in Afghanistan and Iraq: Confessions, Contentions, and the Lust for Power*, New York: Peter Lang, 2011.

Beate Dignas & Engelbert Winter, *Rome and Persia in Late Antiquity: Neighbours and Rivals*, Cambridge: Cambridge University Press, 2007.

Robert Dodaro and George Lawless eds., *Augustine and His Critics: Essays in honour of Gerald Bonner*, New York: Routledge, 2000.

Robert Dodaro, *Christ and the Just Society in the Thought of Augustine*, New York: Cambridge University Press, 2004.

Maria E. Doerfler ed., *Church and Empire*, Minneapolis: Fortress Press, 2016.

Dorothy F. Donnelly ed., *The City of God: A Collection of Critical Essays*, New York: Peter Lang, 1995.

John Doody, Kevin L. Hughes and Kim Paffenroth eds., *Augustine and Politics*, Lanham: Lexington Books, 2005.

Jan Willem Drijvers and David Hunt eds., *Late Roman World and its Historians: Interpreting Ammianus Marcellinus*, London & New York: Routledge, 1999.

James D. G. Dunn, *The Epistles to the Colossians and to Philemon: A Commentary on the Greek Text*, Grand Rapids: Wm. B. Eerdmans Publishing Company, 1996.

James D. G. Dunn, *The Theology of Paul the Apostle*, Grand Rapids: Wm. B. Eerdmans Publishing Company, 2006.

John Dunn and Ian Harris eds., *Augustine*, 2 Vols., Cheltenham: E. Elgar, 1997.

Anthony Dupont, Matthew Alan Gaumer and Mathijs Lamberigts eds., *The Uniquely African Controversy: Studies on Donatist Christianity*, Leuven: Peeters, 2015.

Jeremy duQuesnay Adams, *The Populus of Augustine and Jerome: A Study in the Patristic Sense of Community*, New Haven: Yale University Press, 1971.

Robert Dyson, *The Pilgrim City: Social and Political Ideas in the Writings of St. Augustine of Hippo*, Woodbridge: The Boydell Press, 2001.

Robert Dyson, *St Augustine of Hippo: The Christian Transformation of Political Philosophy*, London: Continuum, 2005.

Robert Dyson, *Natural Law and Political Realism in the History of Political Thought*, vol. 1, *From the Sophists to Machiavelli*, New York: Peter Lang, 2005.

Donald Earl, *The Moral and Political Tradition of Rome*, Ithaca: Cornell University Press, 1967.

Jean Bethke Elshtain, *Augustine and the Limits of Politics*, Notre Dame: University of Notre Dame Press, 1995.

Everett Ferguson, *Backgrounds of Early Christianity*, Grand Rapids: William B. Eerdmans Publishing Company, 1993.

Leo C. Ferrari, *The Conversions of Saint Augustine*, Villanova: Villanova University Press, 1984.

John Figgis, *The Political Aspect of Augustine's City of God*, London: Longman's, 1921.

Allan D. Fitzgerald ed., *Augustine through the Ages: An Encyclopedia*, Grand Rapids: William B. Eerdmans Publishing Company, 1999.

Joseph A. Fitzmyer, *Romans*, The Anchor Yale Bible, New York: Doubleday, 1993.

Joseph A. Fitzmyer, *The Acts of the Apostles*, The Anchor Yale Bible, New Haven: Yale University Press, 1998.

Ernest L. Fortin, *Classical Christianity and the Political Order: Reflections on the Theologico-Political Problem*, J. Brian Benestad ed., Lanham: Rowman & Littlefield, 1996.

Ernest L. Fortin, *Political Idealism and Christianity in the Thought of St. Augustine*, Villanova: Villanova University Press, 1972.

Charles Freeman, *A. D 381: Heretics, Pagans and the Dawn of the Monotheistic State*, New York: The Overlook Press, 2009.

David Noel Freedmanand others eds., *The Anchor Yale Bible Dictionary, Si-Z: Volume* 6, New Haven: Yale University Press, 1992.

WilliamH. C. Frend, *The Donatist Church: A Movement of Protest in Roman North Africa*, Clarendon: Oxford University Press, 1952.

William H. C. Frend, *Martyrdom and Persecution in the Early Church: A Study of a Conflict from the Maccabees to Donatus*, Grand Rapids: Baker Book House, 1965.

WilliamH. C. Frend, *Orthodoxy, Paganism and Dissent in the Early Christian Centuries*, Aldershot: Ashgate, 2002.

Bruce Frier, *Landlords and Tenants in Imperial Rome*, Princeton: Princeton University Press, 1980.

Michael Gaddis, *There Is No Crime for Those Who Have Christ: Religious Violence in the Christian Roman Empire*, Berkeley: University of California Press, 2005.

Peter Garnsey, *Ideas of Slavery from Aristotle to Augustine*, Cambridge: Cambridge University Press, 1996.

Etienne Gilson, *The Christian Philosophy of St Augustine of Hippo*, L. E. M. Lynch trans., New York: Random House, 1960.

Etienne Gilson, *Les Métamorphoses de la Cité de Dieu*, Paris: Librairie Philosophique J. Vrin, 2005.

Robert M. Grant, *Augustus to Constantine: The Thrust of the Christian Movement into the Roman World*, New York: Harper & Row, 1970; repr. Louisville, Ky.: Westminster John Knox, 2004.

S. L. Greenslade, *Church and State from Constantine to Theodosius*, London: SCM Press, 1954.

Eric Gregory, *Politics and the Order of Love: An Augustinian Ethic of Democratic Citizenship*, Chicago: University of Chicago Press, 2008.

Emmanouela Grypeouand Helen Spurling, *The Book of Genesis in Late Antiquity: Encounters between Jewish and Christian Exegesis*, Leiden: Brill, 2013.

Harald Hagendahl, *Augustine and the Latin Classics*, Stockholm: Almqvist & Wiksell, 1967.

Dean Hammer, *Roman Political Thought: From Cicero to Augustine*, Cambridge: Cambridge University Press, 2018.

Brian Harding, *Augustine and Roman Virtue*, London: Continuum, 2008.

Adolf Harnack, *Militia Christi: The Christian Religion and the Military in the First Three Centuries*, Philadelphia: Fortress Press, 1981.

Carol Harrison, *Augustine: Christian Truth and Fractured Humanity*, Oxford: Oxford University Press, 2000.

Gerald F. Hawthorneand Ralph P. Martin eds., *Dictionary of Paul and His Letters*, Downers Grove: InterVarsity Press, 1993.

Richard B. Hays, *Echoes of Scripture in the Letters of Paul*, New Haven: Yale University Press, 1989, pp. 111 – 121.

Erika T. Hermanowicz, *Possidius of Calama: A Study of the North African Episcopate at the Time of Augustine*, Oxford: Oxford University Press, 2008.

John von Heyking, *Augustine and Politics as Longing in the World*, Columbia: University of Missouri Press, 2001.

Ben Holland, *Self and City in the Thought of Saint Augustine*, Switzerland: Palgrave Macmillan, 2020.

Miles Hollingworth, *The Pilgrim City: St. Augustine of Hippo and his Innovation in Political Thought*, London: Bloomsbury, 2010.

Jesse A. Hoover, *The Donatist Church in an Apocalyptic Age*, Oxford: Oxford University Press, 2018.

Harro Höpfl ed. and trans., *Luther and Calvin on Secular Authority*, Cambridge: Cambridge University Press, 1991.

Christopher Horn, *Augustinus: "De civitate Dei"*, Berlin: Academie Verlag, 1997.

E. D. Hunt, *Holy Land Pilgrimage in the Later Roman Empire AD 312 – 460*, Oxford: Clarendon Press, 1982.

Robert Jewett, *Romans: A Commentary*, Hermeneia, Minneapolis: Fortress, 2007.

Robert Jewett, *Romans: A Short Commentary*, Minneapolis: Fortress, 2013.

A. H. M. Jones, J. R. Martindaleand J. Morris, *The Prosopography of the Later Roman Empire*, volume 1, A. D. 260 – 395, Cambridge: Cambridge University Press, 1971.

A. H. M. Jones, J. R. Martindaleand J. Morris, *The Prosopography of the Later Roman Empire*, volume 1, A. D. 260 – 395, Cambridge: Cambridge University Press, 1971.

A. H. M. Jones, *Constantine and the Conversion of Europe*, London: Hodder & Stoughton Limited, 1948.

George Kalantzis, *Caesar and the Lamb: Early Christian Attitudes on War and Military Service*, Eugene: Cascade Books, 2012.

Peter Iver Kaufman, *Church, Book, and Bishop: Conflict and Authority in Early Latin Christianity*, Boulder: Westview Press, 1996.

Peter Iver Kaufman, *Redeeming Politics*, Princeton: Princeton University Press, 1990.

James P. Keleher, *Saint Augustine's Notion of Schism in the Donatist Controversy*, Mundelein: Saint Mary of the Lake Seminary, 1961.

G. L. Keyes, *Christian Faith and the Interpretation of History: A Study of St. Augustine's Philosophy of History*, Lincoln, M. E.: University of Nebraska Press, 1966.

Seyoon Kim, *Christ and Caesar: The Gospel and the Roman Empire in the Writings of Paul and Luke*, Grand Rapids: Eerdmans, 2008.

Edward B. Kingand Jacqueline T. Schaefer ed., *St. Augustine and His Influence in the Middle Ages*, Sewanee Medieval Colloquium, 1988.

N. Q. King, *The Emperor Theodosius and the Establishment of Christianity*, London: SCM Press, 1961.

Hans-Josef Klauck, *The Religious Context of Early Christianity: A Guide to Graeco-Roman Religions*, Brian McNeil trans., Edinburgh: T & T Clark, 2000.

William E. Klingshirn and Mark Vessey eds., *The Limits of Ancient Christianity: Essays on Late Antique Thought and Culture in Honor of R. A. Markus*, Ann Arbor: University of Michigan Press, 1999.

Emilien Lamirande, *Church, State and Toleration: An Intriguing Change of Mind in Augustine*, Villanova: Villanova University Press, 1975.

Joseph T. Lienhard, Earl C. Mullerand Roland J. Teske eds., *Collectanea Augustiniana: Augustine: Presbyter Factus Sum*, New York: Peter Lang, 1993.

Richard N. Longenecker, *Galatians*, Grand Rapids, Michigan: Zondervan, 1990, pp. 200 – 203.

Pierre Manent, *Metamorphoses of the City: On the Western Dynamic*, Cambridge: Harvard University Press, 2013.

John Marenbon, *Pagans and Philosophers: The Problem of Paganism from Augustine to Leibniz*, Pinceton: Princeton University Press, 2015.

Robert A. Markus, *Saeculum: History and Society in the Theology of St. Augustine*, Cambridge: Cambridge University Press, 1970.

Robert A. Markus ed., *Augustine: A Collection of Critical Essays*, Garden City: Doubleday & Company, 1972.

Robert A. Markus, *Conversion and Disenchantment in Augustine's Spiritual Career*, Saint Augustine Lecture 1984, Villanova: Villanova University Press, 1989.

Robert A. Markus, *The End of Ancient Christianity*, Cambridge: Cambridge University Press, 1990.

Robert A. Markus, *Sacred and Secular: Studies on Augustine and Latin Christianity*, London: Routledge, 1994.

Ralph W. Mathisen ed., *Law, Society, and Authority in Late Antiquity*, Oxford: Oxford University Press, 2001.

J. R. Martindale, *The Prosopography of the Later Roman Empire*, volume 2, A. D. 395 – 527, Cambridge: Cambridge University Press, 1980.

J. Louis Martyn, *Galatians*, New Haven: Yale University Press, 1997, pp. 18.

Ralph W. Mathisen ed., *Law, Society, and Authority in Late Antiquity*, Oxford: Oxford University Press, 2001.

Gareth B. Matthews ed., *The Augustinian Tradition*, Berkeley: University of California Press, 1999.

John Matthews, *Western Aristocracies and Imperial Court A. D. 364 – 425*, Oxford: Clarendon Press, 1990.

John Mark Mattox, *Saint Augustine and the Theory of Just War*, London: Continuum, 2006.

J. S. McClelland, *A History of Western Political Thought*, London & New York: Routledge, 1996.

Neil B. McLynn, *Ambrose of Milan: Church and Court in a Christian Capital*, Berkeley: University of California Press, 1994.

David Vincent Meconiand Eleonore Stump eds., *The Cambridge Companion to Augustine*, second edition, Cambridge: Cambridge University Press, 2014.

Wayne A. Meeks, *The Prophet-King: Moses Traditions and the Johannine Christology*, Leiden: Brill, 1967.

Jane E. Merdinger, *Rome and the African Church in the Time of Augustine*, New Haven: Yale University Press, 1997.

Andrew H. Merrills ed., *Vandals, Romans and Berbers: New Perspective on Late Antique North Africa*, Burlington: Ashgate, 2004.

Andrew H. Merrills, *History and Geography in Late Antiquity*, Cambridge: Cambridge University Press, 2008.

H. A. Meynell ed., *Grace, Politics and Desire: Essays on Augustine*, Calgary: University of Calgary Press, 1990.

Richard Miles ed., *The Donatist Schism: Controversy and Context*, Liverpool: Liverpool University Press, 2016.

Sophia Moesch, *Augustine and the Art of Ruling in the Carolingian Imperial Period: Political Discourse in Alcuin of York and Hincmar of Rheims*, London & New York: Routledge, 2020.

ArnaldoMomigliano, ed., *The Conflict Between Paganism and Christianity in the Fourth Century*, Oxford: Clarendon Press, 1963.

ArnaldoMomigliano, *Essays in Ancient and Modern Historiography*, Middletown: Wesleyan University Press,

Reinhold Niebuhr, *Christian Realism and Political Problems*, New York: Charles Scribner's Sons, 1953.

Peter Van Nuffelen, *Orosius and the Rhethoric of History*, Oxford: Oxford University Press, 2012.

Francis Oakley, *Empty Bottles of Gentilism: Kingship and the Divine in Late Antiquity and the Early Middle Ages (to 1050)*, New Haven: Yale University Press, 2010.

Jerome Murphy-O'Conner, *Paul: A Critical Life*, Oxford: Clarendon Press, 1996.

Gerard J. P. O'Daly, *Augustine's City of God: A Reader's Guide*, Oxford: Clarendon Press, 1999.

James O'Donnell, *Augustine: A New Biography*, New York: HarperCollins Publishers, 2006.

OliverO'Donovan, *The Problem of Self-Love in St. Augustine*, New Haven: Yale University Press, 1980.

Oliver O'Donovan & Joan Lockwood O'Donovan eds. , *From Irenaeus to Grotius: A Sourcebook in Christian Political Thought*, Grand Rapids: William B Eerdmans Publishing Co. , 1999.

Oliver O'Donovan Oliver and Joan Lockwood O'Donovan, *Bonds of Imperfection: Christian Politics, Past and Present*, Grand Rapids: Eerdmans, 2004.

John J. O'Meara, *Charter of Christendom: The Significance of the City of God*, New York: MacMillan, 1961.

John J. O'Meara, *Porphyry's Philosophy from Oracles in Augustine*, Paris: Études Augustiniennes, 1959.

Marie Vianney O'Reilly, *Sancti Aurelii Augustini De Excidio Urbis Romae Sermo: A Critical Text and Translation with Introduction and Commentary*, Washington, D. C. : The Catholic University of America Press, 1955.

Ioannis Papadopoulos, *The Idea of Rome in Late Antiquity*, Dissertation, University of Leeds, 2018.

Clyde Parr trans. , *The Theodosian Code and Novels and the Sirmondian Constitutions*, Union, New Jersey: The Lawbook Exchange, Ltd. , 2001.

Erik Peterson, *Theological Tractates*, Michael J. Hollerich trans. , Stanford: Stanford University Press, 2011.

Adam Ployd, *Augustine, the Trinity, and the Church: A Reading of the Anti-*

Donatist Sermons, Oxford: Oxford University Press, 2015.

Karla Pollmann and Willemien Otten eds., *The Oxford Guide to the Historical Reception of Augustine: Three Volume Set*, Oxford: Oxford University Press, 2013.

Mark Allan Powell ed., *Harpercollins Bible Dictionary*, Revised and Updated, New York: Harpercollins Publisher, 2011.

Éric Rebillard, *Christians and Their Many Identities in Late Antiquity, North Africa, 200 – 450 CE*, Ithaca: Cornell University Press, 2012.

John Rich ed., *The City in Late Antiquity*, London: Routledge, 1992.

Lance Byron Richey, *Roman Imperial Ideology and the Gospel of John*, Washington, D. C.: The Catholic Biblical Association of America, 2007.

James B. Rives, *Religion in the Roman Empire*, Oxford: Blackwell Publishing, 2007.

James Harvey Robinson ed., *Readings in European History*, New York: Ginn and Company, 1904.

Davia Rohrbacher, *The Historians of Late Antiquity*, London: Routledge, 2002.

Alan J. Ross, *Ammianus' Julian: Narrative and Genre in the Res Gestae*, Oxford: Oxford University Press, 2006.

Mikka Ruokanen, *Theology of Social Life in Augustine's De civitate Dei*, Göttingen: Vandenhoeck & Ruprecht, 1993.

Frederick H. Russell, *The Just War in the Middle Ages*, Cambridge: Cambridge University Press, 1975.

Michele Renee Salzman, *The Making of a Christian Aristocracy: Social and Religious Change in the Western Roman Empire*, Cambridge: Harvard University Press, 2002.

Isabella Sandwell, *Religious Identity in Late Antiquity: Greeks, Jews and Christians in Antioch*, Cambridge: Cambridge University Press, 2007.

Peter Sarris, Matthew Dal Santoand Phil Booth eds., *An Age of Saints? Power, Conflict and Dissent in Early Medieval Christianity*, Leiden: Brill, 2011.

Joseph C. Schnaubeltand Frederick Van Fleteren eds., *Collectanea Augustin-*

iana: *Augustine: Second Founder of the Faith*, New York: Peter Lang, 1991.

Thomas R. Schreiner, *Galatians: Exegetical Commentary on the New Testament*, Grand Rapids, Michigan: Zondervan, 2010.

T. Kermit Scott, *Augustine: His Thought in Context*, New York: Paulist Press, 1995.

Brent Shaw, *Rulers, Nomads, and Christians in Roman North Africa*, Aldershot: Variorum, 1995.

Brent Shaw, *Sacred Violence: African Christians and Sectarian Hatred in the Age of Augustine*, Cambridge: Cambridge University Press, 2011.

A. N. Sherwin-White, *Roman Society and Roman Law in the New Testament*, The Sarum Lectures 1960 – 1961, Oxford: The Clarendon Press, 1963.

Horace E. Six-Means, *Augustine and Catholic Christianization: The Catholicization of Roman Africa*, 391 – 408, New York: Peter Lang, 2011, pp. 57 – 58.

Beryl Smalley ed. , *Trends in Medieval Political Thought*, Oxford: Basil Blackwell, 1965.

Marta Sordi, *The Christians and the Roman Empire*, Annabel Bedini trans. , London: Routledge, 1994.

J. Stevenson ed. , *Creeds, Councils and Controversies: Documents Illustrating the History of the Church*, AD 337 – 461, revised by W. H. C. Frend, Grand Rapids: BakerAcademic, 2012.

J. Stevenson ed. , *A New Eusebius: Documents Illustrating the History of the Church to AD* 337, revised by W. H. C. Frend, Grand Rapids: BakerAcademic, 2013.

William R. Stevenson, *Christian Love and Just War: Moral Paradox and Political Life in St. Augustine and His Modern Interpreters*, Macon: Mercer University Press, 1987.

William A. Sumruld, *Augustine and the Arians: The Bishop of Hippo's Encounters With Ulfilan Arianism*, Selinsgrove: Susquehanna University

Press, 1994.

Louis J. Swift, *The Early Fathers on War and Military Service*, Wilmington: Michael Glazier, Inc., 1983.

Eugene TeSelle, *Augustine the Theologian*, New York: Herder & Herder, 1970.

Eugene TeSelle, *Augustine's Strategy as an Apologist*, Saint Augustine Lecture, 1973, Villanova: Villanova University Press, 1974.

Eugene TeSelle, *Living in Two Cities: Augustinian Trajectories in Political Thought*, Scranton: University of Scranton Press, 1998.

Maureen A. Tilley trans., *Donatist Martyr Stories: The Church in Conflict in Roman North Africa*, Liverpool: Liverpool University Press, 1996.

Maureen A. Tilley, *The Bible in Christian North Africa: the Donatist World*, Minneapolis: Fortress Press, 1997.

Frederik van der Meer, *Augustine the Bishop: Church and Society at the Dawn of the Middle Ages*, B. Battershaw & G. R. Lamb trans., London and New York: Harper & Row Torchbooks, 1961.

Johannes Van Oort, *Jerusalem and Babylon: A Study into Augustine's City of God and the Sources of His Doctrine of the Two Cities*, Linden: Brill, 1991.

Mark Vessey, Karla Pollmann and Allan Fitzgerald eds., *History, Apocalypse, and the Secular Imagination: New Essays on Augustine's City of God*, Bowling Green: Philosophical Document Center, 1999.

B. H. Warmington, *The North African Provinces from Diocletian to the Vandal Conquest*, Cambridge: Cambridge University Press, 1954.

Ronald Weed and John von Heyking eds., *Civil Religion in Political Thought: Its Perennial Questions and Enduring Relevance in North America*, Washington D. C.: The Catholic University of America Press, 2010.

Clemens Weidmann ed., *Collatio Carthaginensis anni 411: Gesta collationis Carthaginensis Augustinus, Breviculus collationis Augustinus, Ad Donatistas post collationem*, Corpus Scriptorum Ecclesiasticorum Latinorum 104, Berlin: De Gruyter, 2018.

James Wetzel ed. , *Augustine's City of God: A Critical Guide*, Cambridge: Cambridge University Press, 2012.

James Wetzel, *Parting Knowledge: Essays after Augustine*, Eugene, Oregon: Cascade Books, 2013.

Geoffrey Grimshaw Willis, *Saint Augustine and the Donatist Controversy*, Eugene, Oregon: Wipf & Stock Publishers, 1950.

Ben Witherington III, *Grace in Galatia: A Commentary on Paul's Letter to the Galatians*, Grand Rapids, Michigan: William B. Eerdmans Publishing Company, 1998, p. 324.

Philip Wynn, *Augustine on War and Military Service*, Minneapolis: Fortress Press, 2013.

K. K. Yeo, *Rhetorical Interaction in 1 Corinthians 8 and 10: A Formal Analysis with Implications for a Cross-Cultural, Chinese Hermeneutic*, Leiden: E. J. Brill, 1995.

Adolar Zumkeller, *Augustine's Ideal of the Religious Life*, Edmund Colledge trans. , New York: Fordham University Press, 1986.

外文研究论文

J. S. Alexander, "The Motive for a Distinction Between Donatus of Carthage and Donatus of Casae Nigrae", *Journal of Theological Studies*, Vol. 31, No. 2, 1980, pp. 540–547.

J. S. Alexander, "Aspects of Donatist Scriptural Interpretation at the Conference of Carthage of 411", *Studia Patristica*, Vol. 15, 1984, pp. 125–130.

Clifford Ando, "Pagan Apologetics and Christian Intolerance in the Ages of Themistius and Augustine", *Journal of Early Christian Studies*, Vol. 4, 1996, pp. 171–207.

A. H. Armstrong, "The Way and the Ways: Religious Tolerance and Intolerance in the Fourth Century A. D. ", *Vigiliae Christianae*, Vol. 38, 1984, pp. 1–17.

Ryan K. Balot, "Truth, Lies, Deception, Esotericism: The Case of St. Augustine", in Richard J. Dougherty ed. , *Augustine's Political Thought*, New York: University of Rochester Press, 2019, pp. 173 – 199.

Catherine Batten Balk, "Augustine and the Donatists", *Chicago Theological Seminary Register*, Vol. 86, No. 3, 1996, pp. 12 – 23.

Timothy D. Barnes, "Aspects of the Background of the City of God", *Revue de l'Université d'Ottawa*, Vol. 52, 1982, pp. 64 – 80.

Timothy D. Barnes, "Religion and Society in the Age of Theodosius", in H. A. Meynell ed. , *Grace, Politics and Desire: Essays on Augustine*, Calgary: University of Calgary Press, 1990, pp. 157 – 175.

C. K. Barrett, "The Allegory of Sarah and Hagar", in C. K. Barrett, *Essays on Paul*, Philadelphia: Westminster, 1982, pp. 154 – 170

Rudiger Bittner, "Augustine's Philosophy of History", in Gareth B. Matthews ed. , *The Augustinian Tradition*, Berkeley: University of California Press, 1999, pp. 345 – 360.

David J. Bobb, "The Humility of True Religion: Augustine's Critique of Roman Civil Religion", in Ronald Weed and John von Heyking eds. , *Civil Religion in Political Thought: Its Perennial Questions and Enduring Relevance in North America*, Washington D. C. : The Catholic University of America Press, 2010, pp. 66 – 92.

Gerald Bonner, "Towards a Text of Tynconius", *Studia Patristica*, Vol. 10, No. 1, 1970, pp. 9 – 13.

Gerald Bonner, "Quid imperatori cum ecclesia? St. Augustine on History and Society", *Augustinian Studies*, Vol. 2, 1971, pp. 231 – 251.

John R. Bowlin, "Augustine on Justifying Coercion", *Annual of the Society of Christian Ethics*, Vol. 17, 1997, pp. 273 – 282.

James Breckenridge, "Augustine and the Donatists", *Foundations*, Vol. 19, No. 1, 1976, pp. 69 – 77.

Todd Breyfogle, "Citizenship and Signs: Rethinking Augustine on the Two Cities", in Byan K. Balot ed. , *A Companion to Greek and Roman Political Thought*, West Sussex: Blackwell, 2009, pp. 501 – 526.

Peter Brown, "Augustine", in Beryl Smalley ed., *Trends in Medieval Political Thought*, Oxford: Basil Blackwell, 1965, pp. 1 – 21.

Peter Brown, "St. Augustine's Attitude to Religious Coercion", *Journal of Roman Studies*, Vol. 54, 1964, pp. 107 – 116, and in Peter Brown, *Religion and Society in the Age of Saint Augustine*, London: Faber & Faber, 1972, pp. 260 – 278.

Peter Brown, "Religious Coercion in the Later Roman Empire: The Case of North Africa", *History*, Vol. 48, 1963, pp. 283 – 305, and in Peter Brown, *Religion and Society in the Age of Saint Augustine*, London: Faber & Faber, 1972, pp. 301 – 331.

Peter Brown, "Christianity and Local Culture in Late Roman Africa", *Journal of Roman Studies*, Vol. 58, 1968, pp. 85 – 95.

Peter J. Burnell, "The Status of Politics in St. Augustine's *City of God*", *History of Political Thought*, Vol. 8, No. 1, 1992, pp. 13 – 29.

Peter J. Burnell, "The Problem of Service to Unjust Regimes in Augustine's City of God", *Journal of the History of Ideas*, Vol. 54, No. 2, 1993, pp. 177 – 188.

Peter J. Burnell, "The Function of Family and of Civil Society in Augustine's City of God", *Studia Patristica*, Vol. 33, 1997, pp. 35 – 39.

Daniel E. Burns, "Augustine and Platonic Political Philosophy: The Contribution of Joseph Ratzinger", in Richard J. Dougherty ed., *Augustine's Political Thought*, New York: University of Rochester Press, 2019, pp. 245 – 272.

Donald X. Burt, "Augustine on the State as a Natural Society", *Augustiniana*, Vol. 40/41, 1990, pp. 155 – 166.

Donald X. Burt, "Friendly Persuasion: Augustine on Religious Toleration", *American Catholic Philosophical Quarterly*, Vol. 74, 2000, pp. 63 – 76.

Donald X. Burt, "St. Augustine's Evaluation of Civil Society", *Augustinianum*, Vol. 3, 1963, pp. 87 – 94.

Peter Busch, "Peace in the Order of Nature: Augustine, Giles, and Dante", in Richard J. Dougherty ed. , *Augustine's Political Thought*, New York: University of Rochester Press, 2019, pp. 53 – 73.

Alan Cameron, "Theodosius the Great and the Regency of Stilico", *Harvard Studies in Classical Philology*, Vol. 73, 1969, pp. 247 – 280.

Averil Cameron, "Earthquake 400", *Chiron*, Vol. 17, 1987, pp. 351 – 354.

Kevin Carnahan, "Perturbations of the Soul and Pains of the Body: Augustine on Evil Suffered and Done in War", *The Journal of Religious Ethics*, Vol. 36, No. 2, 2008, pp. 269 – 294.

Warren Carter, "Matthew and Empire", in Stanley E. Porter and Cynthia Long Westfall eds. , *Empire in the New Testament*, Eugene, Oregon: Pickwick Publications, 2011, pp. 90 – 119.

Anton-Hermann Chroust, "The Fundamental Ideas in St. Augustine's Philosophy of Law", *American Journal of Jurisprudence*, Vol. 18, 1973, pp. 59 – 79.

Paul J. Cornish, "Augustine's Contribution to the Republican Tradition", *European Journal of Political Theory*, Vol. 9, No. 2, 2010, pp. 133 – 148.

Alan Cottrell, "*Auctoritas* and *Potestas*: A Reevaluation of the Correspondence of Gelasius I on Papal-Imperial Relations", *Mediaeval Studies*, Vol. 55, 1993, pp. 95 – 109.

F. Edward Cranz, "The Development of Augustine's Ideas on Society before the Donatist Controversy", *The Harvard Theological Review*, Vol. 47, No. 4, 1954, pp. 255 – 316.

F. Edward Cranz, "De Civitate Dei, XV, 2, and Augustine's Idea of the Christian Society", *Speculum*, Vol. 25, No. 2, 1950, pp. 215 – 225.

Caius Cuţaru, "From Historical Event to Reflection upon History. St. Augustine and the Birth of the Theology of History", *Teologia*, Vol. 58, No. 1, 2014, pp. 137 – 154.

P. S. Davies, "The Origin and Purpose of the Persecution of AD 303", *Journal of Theological Studies*, Vol. 40, 1989, pp. 66 – 94.

María Teresa Dávila, "Breaking from the Dominance of Power and Order in

Augustine's Ethics of War", in Teresa Delgado, John Doody and Kim Paffenroth, eds. , *Augustine and Social Justice*, Lanham: Lexington Books, 2015, pp. 145 – 162.

Herbert A. Deane, "Classical and Christian Political Thought", *Political Theory*, Vol. 1, 1973, pp. 415 – 425.

Herbert A. Deane, "Augustine and the State: The Return of Order upon Disorder", in Dorothy F. Donnelly ed. , *The City of God: A Collection of Critical Essays*, New York: Peter Lang, 1995, pp. 51 – 73.

Robert Dodaro, "Eloquent Lies, Just Wars and the Politics of Persuasion: Reading Augustine's City of God in a 'Postmodern' World", *Augustinian Studies*, Vol. 25, 1994, pp. 77 – 137.

Robert Dodaro, "Augustine's Secular City", in Robert Dodaro and George Lawless eds. , *Augustine and His Critics: Essays in Honour of Gerald Bonner*, New York: Routledge, 2000, pp. 231 – 259.

Leslie Dossey, "Judicial Violence and the Ecclesiastical Courts in Late Antique North Africa", in Ralph W. Mathisen ed. , *Law, Society, and Authority in Late Antiquity*, Oxford: Oxford University Press, 2001, pp. 98 – 114.

James Dougherty, "The Sacred City and the City of God", *Augustinian Studies*, Vol. 10, 1979, pp. 81 – 90.

Richard J. Dougherty, "Christian and Citizen: The Tension in St. Augustine's *De civitate Dei*", in Joseph C. Schofield and Frederick Van Fleteren eds. , *Collectanea Augustiniana: Augustine: Second Founder of the Faith*, New York: Peter Lang, 1991, pp. 205 – 224.

Richard J. Dougherty, "St. Augustine and the Problem of Political Ethics in The City of God", in Richard J. Dougherty ed. , *Augustine's Political Thought*, New York: University of Rochester Press, 2019, pp. 13 – 35.

Anthony Dupont, "Using or Enjoying Humans: *Uti* and *Frui* in Augustine", *Augustiniana*, Vol. 54, 2004, pp. 475 – 506.

F. Dvornik, "Pope Gelasius and Emperor Anastasius I", *Byzantinische Zeits-*

chrift, Vol. 44, 1951, pp. 111 – 116.

Leo C. Ferrari, "Augustine's Cosmography", *Augustinian Studies*, Vol. 27, 1996, pp. 129 – 177.

Michael P. Foley, "The Other Happy Life: The Political Dimensions to St. Augustine's Cassiciacum Diagloues", *The Review of Politics*, Vol. 65, 2003, pp. 165 – 183; in Richard J. Dougherty ed., *Augustine's Political Thought*, New York: University of Rochester Press, 2019, pp. 36 – 52.

Ernest L. Fortin, "Augustine's City of God and the Modern Historical Consciousness", *The Review of Politics*, Vol. 41, 1979, pp. 739 – 746.

Ernest L. Fortin, "Justice as the Foundation of the Political Community: Augustine and His Pagan Models", in Christopher Horn ed., *Augustinus*: "*De civitate Dei*", Berlin: Academie Verlag, 1997, pp. 41 – 62.

Ernest L. Fortin, "Augustine and Roman Civil Religion: Some Critical Reflections", in *REA*, Vol. 26, 1980, pp. 238 – 256.

David Frankfurter, "Christianity and Paganism, I: Egypt", in Augustine Casiday and Frederick W. Norris eds., *The Cambridge History of Christianity: Volume 2, Constantine to C. 600*, Cambridge: Cambridge University Press, 2007, pp. 173 – 188.

Paula Fredriksen, "Paul and Augustine: Conversion Narratives, Orthodox Traditions, and the Retrospective Self", *Journal of Theological Studies*, Vol. 37, 1986, pp. 3 – 34.

William H. C. Frend, "Augustine and Orosius: On the End of the Ancient World", *Augustinian Studies*, Vol. 20, 1989, pp. 1 – 38.

William H. C. Frend, "Augustine and State Authority: The Example of the Donatists", in Francesco Giunta ed., *Agostino D'Ippona "Quaestiones Disputatae"*, Palermo: Edizioni Augustinus, 1989, pp. 49 – 73.

William H. C. Frend, "Augustine's Reaction to the Barbarian Invasions of the West", *Augustinus*, Vol. 39, 1994, pp. 241 – 255.

William H. C. Frend, "Donatus 'paene totam Africam decepit.' How?" *Journal of Ecclesiastical History*, Vol. 48, No. 4, 1997, pp. 611 – 627.

Collin Garbarino, "Augustine, Donatists and Martyrdom", in Peter Sarris, Matthew Dal Santo, and Phil Booth eds., *An Age of Saints? Power, Conflict and Dissent in Early Medieval Christianity*, Leiden: Brill, 2011, pp. 49 – 61.

Peter Garnsey, "Religious Toleration in Classical Antiquity", in W. J. Sheils ed., *Persecution and Toleration*, Oxford: Basil Blackwell, 1984, pp. 1 – 27.

Robert J. Goar, "Reflections on Some anti-Roman Elements in *De civitate Dei*, Books I-V", *Augustinian Studies*, Vol. 19, 1988, pp. 71 – 84.

Eric Gregory and Joseph Clair, "Augustinianisms and Thomisms", in Craig Hovey and Elizabeth Phillips eds., *The Cambridge Companion to Christian Political Theology*, Cambridge: Cambridge University Press, 2015, pp. 176 – 195.

William P. Haggerty, "Augustine, the 'Mixed Life,' and Classical Political Philosophy: Reflections on *Composito* in Book 19 of the *City of God*", *Augustinian Studies*, Vol. 23, 1992, pp. 149 – 163.

Thomas P. Harmon, "The Few, the Many, and the Universal Way of Salvation: Augustine's Point of Engagement with Platonic Political Thought", in Richard J. Dougherty ed., *Augustine's Political Thought*, New York: University of Rochester Press, 2019, pp. 129 – 151.

Richard Sheely Hartigan, "Saint Augustine on War and Killing: The Problem of the Innocent", *Journal of the History of Ideas*, Vol. 27, No. 2, 1966, pp. 195 – 204.

Peter S. Hawkins, "Polemical Counterpoint in De Civitate Dei", *Augustinian Studies*, Vol. 6, 1975, pp. 97 – 106.

Erika T. Hermanowicz, "Book Six of Augustine's *De musica* and the Episcopal Embassies of 408", *Augustinian Studies*, Vol. 35, 2004, pp. 165 – 198.

Erika T. Hermanowicz, "Catholic Bishops and Appeals to the Imperial Court: A Legal Study of the Calama Riots in 408", *Journal of Early Christian Studies*, Vol. 12, 2004, pp. 481 – 521.

John von Heyking, "A Headless Body Politic? Augustine's Understanding of populus and Its Representation", *History of Political Thought*, Vol. 20, 1999, pp. 549 – 574.

Michael J. Hollerich, "Augustine as a Civil Theologian?" in Joseph T. Lienhard, Earl C. Muller and Roland J. Teske eds. , *Collectanea Augustiniana: Augustine: Presbyter Factus Sum*, New York: Peter Lang, 1993, pp. 57 – 69.

Michael J. Hollerich, "John Milbank, Augustine, and the 'Secular'," in Mark Vessey, Karla Pollmann and Allan Fitzgerald eds. , *History, Apocalypse, and the Secular Imagination: New Essays on Augustine's City of God*, Bowling Green: Philosophical Document Center, 1999, pp. 311 – 326.

Robert L. Holmes, "St. Augustine and the Just War Theory", in Gareth B. Matthews ed. , *The Augustinian Tradition*, Berkeley: University of California Press, 1999, pp. 323 – 344.

Kevin L. Hughes, "Local Politics: The Political Place of the Household in Augustine's City of God", in John Doody, Kevin L. Hughes and Kim Paffenroth eds. , *Augustine and Politics*, Lanham: Lexington Books, 2005, pp. 145 – 164.

MichaelIoriaux, "The Realists and Saint Augustine: Skepticism, Psychology, and Moral Action in International Relations Thought", *International Studies Quarterly*, Vol. 36, No. 4, 1992, pp. 401 – 420.

Robert Jewett, "Romans as an Ambassadorial Letter", *Interpretation*, Vol. 36, No. 1, 1982, pp. 5 – 20.

Penelope D. Johnson, "Virtus: Transition from Classical Latin to the *De Civitate Dei*", *Augustinian Studies*, Vol. 6, 1975, pp. 117 – 124.

Peter Iver Kaufman, "Patience and/or Politics: Augustine and the Crisis at Calama, 408 – 409", *Vigiliae Christianae*, Vol. 57, No. 1, 2003, pp. 22 – 35.

Peter Iver Kaufman, "Augustine, Macedonius and the Courts", *Augustinian Studies*, Vol. 34, 2003, pp. 67 – 82.

Peter Iver Kaufman, "Augustine's Dystopia", in James Wetzel ed. , *Augustine's*

City of God: *A Critical Guide*, Cambridge: Cambridge University Press, 2012, pp. 55 – 74.

Paul Keresztes, "From the Great Persecution to the Peace of Galerius", *Vig Christ*, Vol. 37, 1983, pp. 379 – 399.

Paul Keresztes, "Saint Augustine's Good Christian Ruler", in *Congresso internazionale su S. Agostino nel XVI centenario della conversione* (*Roma* 15 – 20 *Settembre* 1986), (Studia Ephemeridis《Augustinianum》24 – 26), Atti, 3 vol. Roma: Institutum Patristicum Augustinianum, 1987, pp. 507 – 530.

Mary M. Keys and Colleen E. Mitchell, "Love's Labor Leisured: Augustine on Charity, Contemplation, and Politics", *Pensando il lavoro*, Vol. 2, No. 5, 2018, pp. 315 – 332.

Mary M. Keys, "Religion, Empire, and Law among Nations in *The City of God*: From Augustine to the Salamanca School, and Back Again", in Martti Koskenniemi, Monica Garcia-Salmones Rovira and Paolo Amorosa eds., *International Law and Religion*: *Historical and Contemporary Perspectives*, Oxford: Oxford University Press, 2017, pp. 64 – 86.

Mary M. Keys, Peer reviewed book review of Michael J. S. Bruno's *Political Augustinianism*: *Modern Interpretations of Augustine's Political Thought*, in *Journal of Church and State*, Vol. 57, No. 4, 2015, pp. 766 – 768.

Catarina Kinnvall, "Globalization and Religious Nationalism: Self, Identity, and the Search for Ontological Security", *Political Psychology*, Vol. 25, No. 5, 2004, pp. 741 – 767.

Petr Kitzler, "Christian Atheism, Political Disloyalty, and State Power in the *Apologeticum*: Some Aspects of Tertullian's 'Political Theology'," *Vetera Christianorum*, Vol. 46, 2009, pp. 245 – 259.

Douglas Kries, "Augustine's Response to the Political Critics of Christianity in the *De civitate Dei*", *American Catholic Philosophical Quarterly*, Vol. 74, 2000, pp. 77 – 93.

Douglas Kries, "Echoes and Adaptations in Augustine's *Confessions* of Plato's

Teaching on Art and Politics in the *Republic*", in Richard J. Dougherty ed. , *Augustine's Political Thought*, New York: University of Rochester Press, 2019, pp. 152 – 172.

Emilien Lamirande, "Augustine and the Discussion on the Sinners in the Church at the Conference of Carthage (411)", *Augustinian Studies*, Vol. 3, 1972, pp. 97 – 112.

John C. Lamoreaux, "Episcopal Courts in Late Antiquity", *Journal of Early Christian Studies*, Vol. 3, 1995, pp. 143 – 167.

John Langan, "The Elements of St. Augustine's Just War Theory", *Journal of Religious Ethics*, Vol. 12, 1984, pp. 19 – 38.

George J. Lavere, "The Political Realism of Sanit Augustine", *Augustinian Studies*, Vol. 11, 1980, pp. 135 – 144.

George J. Lavere, "The Influence of Saint Augustine on Early Medieval Political Theory", *Augustinian Studies*, Vol. 12, 1981, pp. 1 – 9.

George J. Lavere, "The Problem of the Common Good in Saint Augustine's *Civitas Terrena*", *Augustinian Studies*, Vol. 14, 1983, pp. 1 – 10.

Gregory W. Lee, "Using the Earthly City: Ecclesiology, Political Activity, and Religious Coercion in Augustine", *Augustinian Studies*, Vol. 47, No. 1, 2016, pp. 41 – 63.

Peter Lee, "Selective Memory: Augustine and Contemporary Just War Discourse", *Scottish Journal of Theology*, Vol. 65, No. 3, 2012, pp. 309 – 322.

Gordon Leff, "The Theology of St. Augustine's Two Cities", in Gordon Leff, *Heresy, Philosophy, and Religion in the Medieval West*, Aldershot: Ashgate, 2002, pp. 1 – 17.

Hans Leisegang, "Der Ursprung der Lehre Augustine von der Civitas Dei", *Archiv für Kirchengeschichte*, Vol. 16, 1925, pp. 127 – 158.

David A. Lenihan, "The Just War Theory in the Work of Saint Augustine", *Augustinian Studies*, Vol. 19, 1988, pp. 37 – 70.

David A. Lenihan, "The Influence of Augustine's Just War: the Early Middle

Ages", *Augustinian Studies*, Vol. 27, 1996. pp. 55 – 93.

Anna Leone, "Christianity and Paganism, IV: North Africa", in Augustine Casiday and Frederick W. Norris eds., *The Cambridge History of Christianity: Volume 2, Constantine to C. 600*, Cambridge: Cambridge University Press, 2007, pp. 231 – 247.

Claude Lepelley, "The Survival and the Fall of the Classical City in Late Roman Africa", in John Rich ed., *The City in Late Antiquity*, London: Routledge, 1992, pp. 50 – 76.

Gordon R. Lewis, "Violence in the Name of Christ: The Significance of Augustine's Donatist Controversy for Today", *Journal of the Evangelical Theological Society*, Vol. 14, No. 2, 1971, pp. 103 – 110.

WolfgangLiebeschuetz, "The End of Ancient City", in John Rich ed., *The City in Late Antiquity*, London: Routledge, 1992, pp. 1 – 49.

Frederick William Loetscher, "St. Augustine's Conception of the State", *Church History*, Vol. 4, No. 1, 1935, pp. 16 – 42.

Henri de Lubac, "Political Augustinism?" in Henri de Lubac, *Theological Fragments*, Rebecca Howell Balinski trans., San Francisco: Ignatius Press, 1989, pp. 235 – 286.

D. J. MacQueen, "Contemptus Dei: St. Augustine on the Disorder of Pride", *Recherches Augustiniennes*, Vol. 9, 1973, pp. 227 – 293; and in John Dunn and Ian Harris eds., *Augustine*, Vol. 2, Cheltenham: E. Elgar, 1997, pp. 43 – 109.

D. J. MacQueen, "The Origin and Dynamics of Society and the State", *Augustinian Studies*, Vol. 4, 1973, pp. 73 – 101.

Harry O. Maier, "Religious Dissent, Heresy and Households in Late Antiquity", *VigChrist*, Vol. 49, 1995, pp. 49 – 63.

Harry O. Maier, "The End of the City and the City without End: *The City of God* as Revelation", in Mark Vessey, Karla Pollmann and Allan Fitzgerald eds., *History, Apocalypse, and the Secular Imagination: New Essays on Augustine's City of God*, Bowling Green: Philosophical Document

Center, 1999, pp. 153 – 164.

Brook Manville, "Donatism and St. Augustine: The Confessions of a Fourth Century Bishop", *Augustinian Studies*, Vol. 8, 1977, pp. 125 – 137.

Robert A. Markus, "Two Conceptions of Political Authority: Augustine, *De civitate Dei*, XXI, 14 – 15, and Some Thirteenth-century Interpretations", in Robert A. Markus, *Saeculum: History and Society in the Theology of St. Augustine*, Cambridge: Cambridge University Press, 1970, pp. 197 – 230; and in John Dunn and Ian Harris eds. , *Augustine*, Vol. 1, Cheltenham: E. Elgar, 1997, pp. 413 – 445.

Robert A. Markus, "Christianity and Dissent in Roman North Africa: Changing Perspectives in Recent Word", in Derek Baker ed. , *Schism, Heresy and Religious Protest*, Cambridge: Cambridge University Press, 1972, pp. 21 – 36.

Robert A. Markus, "Saint Augustine's Views on the Just War", *Studies in Church History*, Vol. 20, 1983, pp. 1 – 13

Robert A. Markus, "The Sacred and the Secular: From Augustine to Gregory the Great", *Journal of Theological Studies*, Vol. 36, 1985, pp. 84 – 96; and in John Dunn and Ian Harris eds. , *Augustine*, Vol. 2, Cheltenham: E. Elgar, 1997, pp. 215 – 227.

Robert A. Markus, "Refusing to Bless the State: Prophetic Church and Secular State," in *God and Caesar: Church and State in the Britian of the 1990s*, *New Blackfriars* 70, Oxford, 1989, pp. 372 – 379.

Robert A. Markus, "*De civitate Dei*: Pride and the Common Good", in Joseph C. Schnaubelt and Frederick Van Fleteren eds. , *Collectanea Augustiniana: Augustine: Second Founder of the Faith*, New York: Peter Lang, 1991, pp. 245 – 259.

Robert A. Markus, "The Latin Fathers", in J. H. Burns ed. , *The Cambridge History of Medieval Political Thought c. 350 – c. 1450*, Cambridge: Cambridge University Press, 1998, pp. 92 – 122.

Robert A. Markus, " '*Tempora christiana*' revisited", in Robert Dodaro and

George Lawless eds. , *Augustine and His Critics: Essays in honour of Gerald Bonner*, New York: Routledge, 2000, pp. 199 – 211.

Henri-Irénée Marrou, "Civitas Dei, civitas terrena: num tertium quid?" *Studia Patristica*, Vol. 2, 1957, pp. 342 – 350.

Rex Martin, "The Two Cities in Augustine's Political Philosophy", *Journal of the History of Ideas*, Vol. 33, No. 2, 1972, pp. 195 – 216.

Thomas F. Martin, "Augustine and the Politics of Monasticism", in John Doody, Kevin L. Hughes and Kim Paffenroth eds. , *Augustine and Politics*, Lanham: Lexington Books, 2005, pp. 165 – 186.

Neil B. McLynn, "Augustine's Roman Empire", in Mark Vessey, Karla Pollmann and Allan Fitzgerald eds. , *History, Apocalypse, and the Secular Imagination: New Essays on Augustine's City of God*, Bowling Green: Philosophical Document Center, 1999, pp. 29 – 44.

Ashleen Menchaca-Bagnulo, "Deeds and Words: Latreia, Justice, and Mercy in Augustine's Political Thought", in Richard J. Dougherty, *Augustine's Political Thought*, New York: University of Rochester Press, 2019, pp. 74 – 104.

ArnaldoMomigliano, "Pagan and Christian Historiography in the Fourth Century A. D. ", in Arnaldo Momigliano, ed. , *The Conflict Between Paganism and Christianity in the Fourth Century*, Oxford: Clarendon Press, 1963, pp. 79 – 99.

Theodor E. Mommsen, "St Augustine and the Christian Idea of Progress: The Background of the *City of God*", *Journal of the History of Ideas*, Vol. 12, 1951, pp. 346 – 374.

Sigrid Mratschek, "Te Velimus—Consilii Participem: Augustine of Hippo and Olympius: A Case Study of Religious-Political Cooperation in the Fifth Century", *Studia Patristica*, Vol. 38, pp. 224 – 232.

Andrew R. Murphy, "Augustine and the Rhetoric of Roman Decline", *History of Political Thought*, Vol. 25, No. 4, 2005, pp. 586 – 606.

Reinhold Niebuhr, "Augustine's Political Realism", in Robert McAfee Brown ed. , *The Essential Reinhold Niebuhr*: *Selected Essays and Addresses*, New Haven: Yale University Press, 1986, pp. 123 – 141; and in Dorothy F. Donnelly ed. , *The City of God*: *A Collection of Critical Essays*, New York: Peter Lang, 1995, pp. 119 – 134.

William RiordanO'Conner, "The *Uti/Frui* Distinction in Augustine's Ethics", *Augsutinian Studies*, Vol. 14, 1983, pp. 45 – 62.

Gerard J. P. O'Daly, "Thinking through History: Augustine's Method in the City of God and its Ciceronian Dimension", in Mark Vessey, Karla Pollmann and Allan Fitzgerald eds. , *History, Apocalypse, and the Secular Imagination*: *New Essays on Augustine's City of God*, Bowling Green: Philosophical Document Center, 1999, pp. 45 – 57.

James O'Donnell, "The Authority of Augustine", *Augustinian Studies*, Vol. 22, 1991, pp. 7 – 35.

James O'Donnell, "The Inspiration for Augustine's *De civitate Dei*", *Augustinian Studies*, Vol. 10, 1979, pp. 75 – 79; and in John Dunn and Ian Harris eds. , *Augustine*, Vol. 2, Cheltenham: E. Elgar, 1997, pp. 133 – 137.

OliverO'Donovan, "Augustine' *City of God* XIX and Western Political Thought", *Dionysius*, Vol. 11, 1987, pp. 89 – 110; and in John Dunn and Ian Harris eds. , *Augustine*, Vol. 2, Cheltenham: E. Elgar, 1997, pp. 228 – 249; and in Dorothy F. Donnelly ed. , *The City of God*: *A Collection of Critical Essays*, New York: Peter Lang, 1995, pp. 135 – 149.

OliverO'Donovan, "The Western Political Thought of *City of God* 19", in Oliver O'Donovan Oliver and Joan Lockwood O'Donovan, *Bonds of Imperfection*: *Christian Politics, Past and Present*, Grand Rapids: Eerdmans, 2004, pp. 48 – 72.

Dariusz Kasprzak OFMCap, "The Theological Principles Underlying Augustine's '*City of God*'," *Theological Research*, Vol. 1, 2013, pp. 95 – 107.

Veronica Roberts Ogle, "Augustine's Ciceronian Response to the Ciceronian Patriot", *Perspectives on Political Science*, Vol. 45, No. 2, 2016, pp. 113 – 124; and in Richard J. Dougherty and Douglas Kries eds. , *Augustine's*

Political Thought, New York: University of Rochester Press, 2019, pp. 200 – 221.

Veronica Roberts Ogle, "Idolatry as the Source of Injustice in Augustine's *De Civitate Dei*", *Studia Patristica*, Vol. 14, 2017, pp. 69 – 78.

Veronica Roberts Ogle, "Sheathing the Sword: Augustine and the Good Judge", *Journal of Religious Ethics*, Vol. 46, No. 4, 2018, pp. 718 – 747.

Veronica Roberts Ogle, "Therapeutic Deception: Cicero and Augustine on the Myth of Philosophic Happiness", *Augustinian Studies*, Vol. 50, No. 1, 2019, pp. 13 – 42.

Stewart Irvin Oost, "Count Gildo and Theodosius the Great", *Classical Philology*, Vol. 57, 1962, pp. 27 – 30.

Stewart Irvin Oost, "The Revolt of Herclian", *Classical Philology*, Vol. 61, 1966, pp. 236 – 242.

Anthony J. Parel, "Justice and Love in the Political Thought of St. Augustine", in H. A. Meynell ed., *Grace, Politics and Desire: Essays on Augustine*, Calgary: University of Calgary Press, 1990, pp. 71 – 84; and in John Dunn and Ian Harris eds., *Augustine*, 2 vols., Cheltenham: E. Elgar, 1997, pp. 404 – 417.

Aaron Pelttari, "Donatist self-identity and 'The Church of the Truth'," *Augustinianum*, Vol. 49, 2009, pp. 359 – 369.

Emile Perreau-Saussine, "Heaven as a Political Theme in Augustine's City of God", in Markus Bockmuehl and Guy G. Stroumsa eds., *Paradise in Antiquity: Jewish and Christian Views*, Cambridge: Cambridge University Press, 2010, pp. 179 – 191.

Erik Peterson, "Monotheism as a Political Problem: A Contribution to the History of Political Theology in the Roman Empire", in Erik Peterson, *Theological Tractates*, Michael J. Hollerich trans., Stanford: Stanford University Press, 2011, pp. 68 – 105.

Darryl J. Pigeon, "Cyprian, Augustine and the Donatist Schism", *Ashland Theological Journal*, Vol. 23, 1991, pp. 37 – 47.

Adam Ployd, "The Unity of the Dove: The Sixth Homily on the Gospel of John and Augustine's Trinitarian Solution to the Donatist Schism", *Augustinian Studies*, Vol. 42, No. 1, 2011, pp. 57 – 77.

Adam Ployd, "The Power of Baptism: Augustine's Pro-Nicene Response to the Donatists", *Journal of Early Christian Studies*, Vol. 22, No. 4, 2014, pp. 519 – 540.

Adam Ployd, "Non poena sed cause: Augustine's Anti-Donatist Rhetoric of Martyrdom", *Augustinian Studies*, Vol. 49, No. 1, 2018, pp. 25 – 44.

Karla Pollmann, "Moulding the Present: Apocalyptic as Hermeneutics in *City of God* 21 – 22", in Mark Vessey, Karla Pollmann and Allan Fitzgerald eds., *History, Apocalypse, and the Secular Imagination: New Essays on Augustine's City of God*, Bowling Green: Philosophical Document Center, 1999, pp. 165 – 182.

Stanley E. Porter, "Paul Confronts Caesar with the Good News", in Stanley E. Porter and Cynthia Long Westfall eds., *Empire in the New Testament*, Eugene, Oregon: Pickwick Publications, 2011, pp. 164 – 196.

Kauko K. Raikas, "St. Augustine on Juridical Duties: Some Aspects of the Episcopal Office", in Joseph C. Schnaubelt and Frederick Van Fleteren eds., *Collectanea Augustiniana: Augustine: Second Founder of the Faith*, New York: Peter Lang, 1991, pp. 467 – 483.

PaulRamsey, "The Just War according to St Augustine", in Jean Bethke Elshtain ed., *Just War Theory*, New York: New York University Press, 1992, pp. 8 – 22.

Matthias Riedl, "Truth versus Utility: The Debate on Civil Religion in the Roman Empire of the Third and Fourth Centuries", in Ronald Weed and John von Heyking eds., *Civil Religion in Political Thought: Its Perennial Questions and Enduring Relevance in North America*, Washington D. C.: The Catholic University of America Press, 2010, pp. 47 – 65.

John A. Rohr, "Religious Toleration in St. Augustine", *Journal of Church and State*, Vol. 9, 1967, pp. 51 – 70.

R. R. Ruether, "Augustine and Christian Political Theology", *Interpretation*, Vol. 29, 1975, pp. 252 – 265.

Edmund N. Santurriand William Werpehowski, "Augustinian Realism and the Morality of War: An Exchange", in Teresa Delgado, John Doody and Kim Paffenroth eds., *Augustine and Social Justice*, Lanham: Lexington Books, 2015, pp. 163 – 191.

Charles J. Scalise, "Exegetical Warrants for Religious Persecution: Augustine vs. the Donatists", *Review and Expositor*, Vol. 93, No. 4, 1996, pp. 497 – 506.

Malcolm Schofield, "Cicero's Definition of *Res Publica*", in J. G. F. Powell, *Cicero the Philosopher: Twelve Papers*, Oxford: Clarendon Press, 1995, pp. 63 – 83.

Brent Shaw, "African Christianity: Disputes, Definitions and 'Donatists'," in M. R. Greenshields and T. A. Robinson eds., *Orthodoxy and Heresy in Religious Movements: Discipline and Dissent*, Lewiston: Edwin Mellen, 1992, pp. 5 – 34.

Brent Shaw, "Who Were the Circumcellions", in Andrew H. Merrills ed., *Vandals, Romans and Berbers: New Perspective on Late Antique North Africa*, Burlington: Ashgate, 2004, pp. 227 – 258.

J. Warren Smith, "Augustine and the Limits of Preemptive and Preventive War", *The Journal of Religious Ethics*, Vol. 35, No. 1, 2007, pp. 141 – 162.

Rowland Smith, "Telling tales: Ammianus' narrative of the Persian Expedition of Julian", in Jan Willem Drijvers and David Hunt eds., *Late Roman World and Its Historians: Interpreting Ammianus Marcellinus*, London & New York: Routledge, 1999, pp. 79 – 92.

Thomas W. Smith, "The Glory and Tragedy of Politics", in John Doody, Kevin L. Hughes and Kim Paffenroth eds., *Augustine and Politics*, Lanham: Lexington Books, 2005, pp. 187 – 213.

Colin Starnes, "Augustine's Audience in the First Ten Books of the *City of*

God and the Logic of His Argument", *Studia Patristica*, Vol. 27, pp. 388 – 393.

Daniel Strand, "Augustine's *City of God* and Roman Sacral Politics", in Richard J. Dougherty ed., *Augustine's Political Thought*, New York: University of Rochester Press, 2019, pp. 222 – 244.

Eugene TeSelle, "Toward an Augustinian Politics", *Journal of Religious Ethics*, Vol. 16, No. 1, 1988, pp. 87 – 108.

Adam Thomas, "The Investigation of Justice in Augustine's *Confessions*", in Richard J. Dougherty ed., *Augustine's Political Thought*, New York: University of Rochester Press, 2019, pp. 105 – 126.

Maureen A. Tilley, "Dilatory Donatists or Procrastination Catholics: The Trial at the Conference of Carthage", *Church History*, Vol. 60, No. 1, 1991, pp. 7 – 19.

Maureen A. Tilley, "Sustaining Donatist Self-Identity: From the Church of the Martyrs to the Collecta of the Desert", *Journal of Early Christian Studies*, Vol. 5, No. 1, 1997, pp. 21 – 35.

Maureen A. Tilley, "Redefining Donatism: Moving Forward", *Augustinian Studies*, Vol. 42, No. 1, 2011, pp. 21 – 32.

Maureen A. Tilley, "Family and Financial Conflict in the Donatist Controversy: Augustine's Pastoral Problem", *Augustinian Studies*, Vol. 43, No. 1/2, 2012, pp. 49 – 64.

Joseph N. Torchia, "The Significance of Ordo in St. Augustine's Moral Theology", in Joseph T. Lienhard, Earl C. Muller and Roland J. Teske eds., *Collectanea Augustiniana: Augustine: Presbyter Factus Sum*, New York: Peter Lang, 1993, pp. 263 – 276.

John Vanderspoel, "The Background to Augustine's Denial of Religious Plurality", in H. A. Meynell ed., *Grace, Politics and Desire: Essays on Augustine*, Calgary: University of Calgary Press, 1990, pp. 179 – 193.

Johannes Van Oort, "Augustine's Letters to Firmus (1A * and 2 *) and the Purpose of the *De civitate Dei*", *Studia Patristica*, Vol. 27, pp. 417 – 423.

Hent de Vries, "Philsophia Ancilla Theologiae: Allegory and Ascension in Philo's *On Mating with the Preliminary Studies* (*De congressu quaerendae eruditionis gratia*)", Jack Ben-Levi trans., in *The Bible and Critical Theory*, Vol. 5, No. 3, 2009, 41.1 – 41.19.

John M. Warnera and John T. Scottb, "Sin City: Augustine and Machiavelli's Reordering of Rome", *The Journal of Politics*, Vol. 73, No. 3, 2011, pp. 857 – 871.

Paul Weithman, "Augustine's Political Philosophy", in David Vincent Meconi and Eleonore Stump eds., *The Cambridge Companion to Augustine*, second edition, Cambridge: Cambridge University Press, 2014, pp. 234 – 252.

Paul Weithman, "Toward an Augustinian Liberalism", in Gareth B. Matthews ed., *The Augustinian Tradition*, Berkeley: University of California Press, 1999, pp. 304 – 322.

James Wetzel, "A Tangle of Two Cities", The 2012 Saint Augustine Lecture, *Augustinian Studies*, Vol. 43, No. 1 – 2, 2012, pp. 5 – 23.

John Whitehouse, "The Scholarship of the Donatist Controversy", in Richard Miles ed., *The Donatist Schism: Controversy and Context*, Liverpool: Liverpool University Press, 2016, pp. 34 – 53.

Michael J. Wilks, "Roman Empire and Christian State in the *De civitate Dei*", *Augustinus*, Vol. 12, 1967, pp. 489 – 510; and in John Dunn and Ian Harris eds., *Augustine*, 2 Vols., Cheltenham: E. Elgar, 1997, pp. 512 – 533.

Rowan Williams, "Politics and the Soul: A Reading of the *City of God*", *Milltown Studies*, Vol. 19, 1987, pp. 55 – 72.

Garry Wills, "Augustine's Hippo: Power Relations (410 – 417)", *Arion: A Journal of Humanities and the Classics*, Vol. 7, No. 1, 1999, pp. 98 – 119.

B. Hoon Woo, "Pilgrim's Progress in Society: Augustine's Political Thought in *The City of God*", *Political Theology*, Vol. 16, No. 5, 2015, pp. 421 – 441.

B. D. Woods, "An Earthquake at Constantinople: Augustine's '*De Excidio Urbis*' VI. 7", *Augustiniana*, Vol. 42, 1992, pp. 331 – 337.

Aloysius K. Ziegler, "Pope Gelasius I and His Teaching on the Relation of Church and State", *The Catholic Historical Review*, Vol. 27, 1942, pp. 412 – 437.

David J. Zucker, "Conflicting Conclusions: The Hatred of Isaac and Ishmael", *Judaism*, Vol. 39, No. 1, 1990, pp. 37 – 46.

后　记

这本书脱胎于我 2014 年度国家社科基金青年项目"奥古斯丁与罗马帝国政教关系研究"（14CZJ002）的结项成果，在此基础上有适当的扩充修订。

现在书稿既成，终于到了写后记的时候。

"却顾所来径，苍苍横翠微。"复盘一下十余年来的研究心路，以慰自己，以启来者，总会有些许的价值。

我于 2007 年考上北大外国哲学专业的博士研究生，跟随赵敦华教授学习，同时也在杨克勤教授的指导下撰写博士论文。因为有意研究基督教和圣经学，同时兼顾外哲方向，我就与两位导师商量，最终在 2009 年初选定"奥古斯丁注释《罗马书》"作为论文的选题。与此同时，我跟随吴飞教授学习了三个学期的古希腊语，在 2009 年春季学期继续修读他的《上帝之城》课程，算是开始入门奥古斯丁研究。

在 2009 年 9 月，经杨克勤教授的安排，我前往芝加哥做联合培养，接收的学校是惠顿学院，但住在芝北埃文斯顿的枫叶街，主要在西北大学和迦勒特神学院学习。芝加哥被称为"风城"，是全美第三大城市，东临碧波荡漾的密西根湖，四季分明，枫红雪白，是生活和学习的理想之选。

我在迦勒特神学院修读圣经学，在西北大学修读两年整整六个学季的拉丁语和一个学季的古希腊语，同时经常搭乘火车到惠顿学院旁听博士生的论文进展报告。在学习语言之余，我把大半时间用于奥古斯丁研究的资料收集和阅读，为此购买了十余箱书籍，花光了每月领到的不菲津贴。

在 2011 年 6 月回国之后，我开始撰写博士论文，在不断阅读、思考和重新定向中，最终把题目确定为《意志与恩典：奥古斯丁早期意志学说研究》，并于 2012 年 5 月完成。在其中，我借助奥古斯丁对《罗马书》的注释，重新解释其早期意志学说的演进路径，试图以"变革说"来回应国际学界流行的"革命说"和新提出的"连续说"。经过修订扩充，这本博士论文于 2022 年 10 月由商务印书馆出版，定名为《奥古斯丁早期意志哲学研究》。

博士毕业之后，我到华侨大学哲学系任教，见证了哲学专业最好的发展阶段。八年之后，历经一番波折，我得以调入湖南大学岳麓书院任教。

正如赵敦华教授在给我第一本专著的序言中所说，"奥古斯丁对西方神学研究，犹如柏拉图对西方哲学研究，不是一篇博士论文就能达到学成者的深度，因此需要经久不息的深入，才能有所成就，有所创新"，在以博士论文申请到 2013 年度教育部青年基金项目之后，我就开始思考如何继续自己的奥古斯丁研究。

延承北大哲学"论从史出、史论结合"的治学传统，我在阅读和教学中越来越偏爱把奥古斯丁放回到四、五世纪的晚期罗马帝国，把他的个人经历与思想演变结合起来，从中管窥这一历史大转折时期的政治、社会、宗教与思想的互动关系，特别是基督教合法化、帝国基督教化、政教关系、教派分裂、宗教暴力和宗教强制等议题。为此，我申请到 2014 年度国家社科基金青年项目"奥古斯丁与罗马帝国政教关系研究"，而本书就是其结项成果。

在这项研究中，我开设了多门研究生课程，先后阅读奥古斯丁政治书信集、安布罗斯政治书信集、朱利安反基督教著作、晚期罗马帝国政教关系史和早期基督教历史哲学等文献，并把研究重心仍然放在奥古斯丁的经历和著作上。

奥古斯丁从来不是书斋里的思想家，而是深度参与了与多纳图派的教派斗争和与帝国异教知识分子的理论交锋，对现实中的重大政治问题做出学理上和实践上的回应，比如组织北非大公教会向皇帝请愿，回答沃鲁西安对基督教伦理的质疑，驳斥内卡塔瑞对卡拉马暴乱的求情，回应普通异教徒对罗马陷落的解释，甚至积极营救因涉嫌叛乱而被捕的马科林兄弟。活生生的、有输有赢有悲有喜的政治实践拓展了学理思考的广度和深度，而奥古斯丁的经历和著作也最好地见证了晚期罗马帝国的这段暴风骤雨。

"小园香径独徘徊。"从选定博士论文题目，到现在出版第二本拙著，我已经在奥古斯丁研究这条小园香径上徘徊了14年之久，其间得到众多师友的悉心教导和无私帮助，其中特别感谢吴飞教授和周伟驰研究员在百忙之中为本书惠赐推荐序言，他们的不吝奖掖让人动容，同时也祝愿教父哲学研究这块小小的学术园圃将结出更多果实。

最后需要说明的是，本书出版得到湖南大学科研启动经费和"双一流"建设专项资金的资助。中国社会科学出版社韩国茹编辑以极大的耐心和热情编校本书，尽量减少其中错谬。本书中涉及罗马史、教会史的诸多内容，虽小心查考，但仍不免会有疏漏，恳请大家批评指正。对于以上，在此一并表示衷心感谢。

花威

谨识于岳麓书院胜利斋

2023年7月2日